D1722852

*La fabuleuse découverte de*

# LA CITÉ PERDUE
# DES INCAS

La découverte de Machu Picchu

HIRAM BINGHAM

*La fabuleuse découverte de*
# LA CITÉ PERDUE
# DES INCAS
## La découverte de Machu Picchu

Préface de
Danièle Lavallée
Directeur de Recherche au CNRS

Traduit de l'américain et annoté
par Philippe Babo

Pygmalion
*Gérard Watelet*
Paris

Titre original :
LOST CITY OF THE INCAS

*Ce livre a été publié grâce à la recommandation de Philippe Babo.*

Sur simple demande adressée aux
*Éditions Pygmalion/Gérard Watelet 70, avenue de Breteuil, 75007 Paris*
vous recevrez gratuitement notre catalogue
qui vous tiendra au courant de nos dernières publications.

© 1948, Duell, Sloan and Pearce
© 1976, Hiram Bingham
© 1990, Editions Pygmalion/Gérard Watelet à Paris
   pour l'édition en langue française.

ISBN 2-85704-308-2

La loi du 11 mars 1957 n'autorisant, aux termes des alinéas 2 et 3 de l'article 41, d'une part, que les *copies ou reproductions strictement réservées à l'usage privé du copiste et non destinées à une utilisation collective*, et, d'autre part, que les analyses et les courtes citations dans un but d'exemple et d'illustration, *toute représentation ou reproduction intégrale ou partielle, faite sans le consentement de l'auteur ou de ses ayants droit ou ayants cause, est illicite* (alinéa 1er de l'article 40).
   Cette représentation ou reproduction, par quelque procédé que ce soit, constituerait donc une contrefaçon sanctionnée par les articles 425 et suivants du Code pénal.

*à Suzanne Carroll Bingham*
*avec admiration et affection*

# PRÉFACE
## à l'édition française

*Fascination. C'est bien ce qu'éprouve Hiram Bingham à l'égard du Pérou ancien et de l'Empire des Incas. Il n'est pourtant ni archéologue, ni historien spécialiste des temps précolombiens. Jusqu'en 1906 — il a alors trente ans — il n'a fait, après ses études, qu'enseigner durant cinq ans l'histoire de l'Amérique coloniale et républicaine dans diverses universités des États-Unis, et son premier contact direct avec l'Amérique du Sud a été, en 1906-1907, de refaire, à dos de mule, le chemin parcouru au siècle précédent par Simon Bolivar à travers les Andes du Vénézuela et la Colombie. Trois ans plus tard, il entreprend un deuxième voyage qui doit cette fois le mener d'Argentine au Pérou, le long de l'ancienne route commerciale ouverte par les Espagnols au XVIIe siècle et reliant l'estuaire de La Plata, principal débouché maritime sur la façade atlantique, à Lima, à l'époque capitale de la vice-royauté du Pérou. Ce parcours de plus de trois mille kilomètres, il décide de le faire à nouveau (quoique en partie seulement) à dos de mule ! Curiosité scientifique, afin de revivre les véritables conditions, épuisantes, que connaissaient les voyageurs des siècles passés, ou désir d'exploit et surtout de dépaysement, comme un enfant joue "au sauvage" ? On penche pour la deuxième hypothèse. Car c'est là un trait révélateur : Hiram Bingham, digne historien de l'époque républicaine, est aussi — d'abord ? — un "aventurier", ce terme devant être compris dans son acception la plus large et la plus noble. Un homme qu'attire l'Aventure, la Découverte et que ne rebute aucun risque. Étudier le XIXe siècle et décortiquer la vie et les actes de Simon Bolivar, soit, mais pas en bibliothèque et pas seulement à l'usage d'étudiants sages. Sur le terrain et en endossant les habits du personnage. Et on ne nous fera pas croire que son premier voyage contribua à enrichir notablement nos connaissances sur les motivations ou la signification politique des actions du grand Libertador. Pas plus que, trois ans plus tard, une traversée de la Cordillère au rythme*

9

*lent d'une mule n'était* a priori *susceptible d'entraîner un bouleversement scientifique.*

*Pourtant, ce bouleversement aura lieu, à peine deux ans plus tard (en 1911), lorsque Bingham se laissera vraiment guider par sa passion. Ce sera la découverte des ruines de Machu Picchu. Pour l'instant, il est donc parti pour rejoindre Lima et prévoit juste de* "visiter le pays des Incas à dos de mulet". *Il atteint le Cuzco, l'ancien siège du pouvoir inca devenu une riche capitale provinciale située dans les Andes sud du Pérou, en février 1909. Et là il s'arrête, sous le prétexte que le préfet de l'Apurimac* "l'engage à visiter sa province et, notamment, à explorer les ruines de Choqquequirau". *A l'évidence, il n'attend que cela avec, derrière la tête, une idée qui le tient depuis son départ des États-Unis : retrouver les ruines des ultimes refuges des Incas après la défaite de Manco. Celui-ci, demi-frère de Huascar et d'Atahualpa (l'Inca régnant au moment de l'arrivée des Espagnols, exécuté en 1533), souverain fantoche à qui les Espagnols avaient permis de porter symboliquement les insignes du pouvoir impérial, prit soudain son rôle au sérieux, se révolta en 1536 et fut un moment bien près de la victoire. La reprise du Cuzco par les armées espagnoles, grâce à des renforts opportunément arrivés de Panama, et la fuite de Manco devaient mettre fin à cette tentative aussi courageuse qu'irréaliste. Manco se réfugia alors dans les confins amazoniens où il réussit à maintenir un petit État inca indépendant jusqu'en 1572.*

*D'après les chroniques espagnoles de la Conquête, les noms des cités-refuges de Manco II le Rebelle (pour le différencier de Manco Cápac, le fondateur de la dynastie à l'existence quelque peu légendaire), lieux qui n'avaient jamais pu être identifiés depuis avec certitude, étaient Vitcos, ou Viticos, et Vilcabamba. Selon ces textes souvent obscurs, parfois contradictoires, la première était une forteresse édifiée sur le chemin de Vilcabamba et qui en protégeait les abords ; visitée à diverses reprises par quelques groupes espagnols isolés — des partisans d'Almagro, alors en lutte contre le pouvoir détenu par Pizarre —, elle ne fut jamais conquise par les troupes de ce dernier. Quant à la seconde,* "principale cité de la province" *et siège d'une* "Université de l'Idolâtrie", *selon Antonio de La Calancha, la dernière capitale d'où les Incas insoumis, sous les ordres successifs de Manco, de son fils Sayri Tupac puis de son frère Titu Cusi Yupanqui, tour à tour assassinés ou morts de manière suspecte, ne cessèrent de lancer des raids de harcèlement et de pillage contre les établissements espagnols, elle devait être finalement occupée par ceux-ci en 1572 et son dernier souverain Tupac Amaru emmené captif puis exécuté sur la grand-place du Cuzco.*

*De toute cette épopée et, surtout, de l'emplacement possible des deux cités, Bingham connaît cependant peu de chose car, à l'époque, plusieurs des documents anciens qui permettent aujourd'hui de reconstituer avec quelque exactitude les hauts faits de Manco II et de ses fugaces successeurs sont encore inconnus. Notamment la* Historia general del Perú *du frère Martin de Murúa (découverte seulement en 1945) et la* Relación de la Conquista del Perú, *dictée en 1570 par Titu Cusi Yupanqui lui-même au moine espagnol venu pour l'évangéliser. Cette narration fraîche, directe, émouvante, des luttes de Manco, rédigée symboliquement dans la cité même de Vilcabamba, ne sera publiée qu'en 1916, après trois siècles et demi d'oubli. En 1911, Bingham ne peut se fonder que sur quelques phrases des* Comentarios reales de los Incas *de Garcilaso de La Vega (publiés dès 1609), de la* Crónica del Perú *de Cieza de León (1553) et, surtout, sur les descriptions laissées de Vilcabamba et de ses abords par le père Antonio de La Calancha, auteur de la* Corónica moralizada del Orden de San Agustin en el Perú *(publiée en 1639).*

*Mais revenons à Choqquequirau. La rumeur locale dit qu'elle a pu abriter, au temps de sa splendeur, plus de dix mille habitants et qu'elle renferme encore un trésor enfoui par les Incas. Peut-il s'agir d'une des deux cités légendaires ? Hiram Bingham, le fils de pasteur, l'universitaire, de "Délégué officiel des États-Unis" se transforme alors en ce qu'il a au fond toujours rêvé d'être : un explorateur. Certes, il prétend avoir rechigné à entreprendre cette expédition, en raison du mauvais temps, des difficultés du chemin, et ne l'avoir accomplie que sur l'insistance du préfet local (qui désire avant tout retrouver le fameux trésor censé y être dissimulé). Mais comment ne pas voir que l'envoûtement a commencé ?* "Des genêts jaune d'or poussaient en abondance de part et d'autre du sentier, et l'air était rempli du parfum de l'héliotrope. Des lantaniers versicolores proliféraient dans un enchevêtrement d'agaves et de plantes grimpantes. Nous avions pénétré dans un autre monde" *(chap. 4, p. 115). Un peu plus loin :* "Le paysage était, ce jour-là, des plus enchanteurs : de gigantesques montagnes recouvertes du manteau vert sombre de la sylve tropicale formaient, à perte de vue, une série d'étagements majestueux, striés par d'innombrables cataractes. Des perroquets verts voletant au-dessus de nos têtes et des iris jaunes jonchant le sol sous nos pieds conféraient un surcroît de couleurs à la scène" *(ibid., p. 116) ; ou bien encore.* "Nous longeâmes les hautes falaises de granite, sur lesquelles la jungle lançait çà et là ses tentacules, et pénétrâmes dans une région d'une beauté envoûtante [...]. D'étroites et profondes vallées s'ouvraient à droite et à gauche surplombées par d'imposants nevados scintillant dans l'azur" *(chap. 5, p. 135-136). Quel contraste avec l'Espagnol Baltazar de Ocampo qui, au XVIe siècle, dut pourtant éprouver, face aux mêmes paysages et aux mêmes difficultés, un émerveillement et une peur autrement justifiés mais ne trouva, pour décrire les mêmes choses, que :* "Le chemin qui nous mena en haut de la montagne était étroit ; il était bordé par la forêt sur la droite, et, sur la gauche, par un ravin de grande profondeur." *Les éléments y sont, non l'émotion.*

*Choqquequirau est la première étape de Bingham sur la piste de ces "cités perdues". En 1834, Eugène de Sartiges, secrétaire à l'ambassade de France à Rio de Janeiro, a passé une courte semaine dans les ruines qu'il a fait très partiellement nettoyer, espérant surtout y trouver un trésor ; il repartira bredouille et plein de désillusion, ne rapportant que "quelques* fragments de vases et deux ou trois topos {sortes de longues épingles} de cuivre", *mais cependant persuadé qu'il a retrouvé l'ancienne Vilcabamba. A la suite de divers autres visiteurs de passage, Bingham atteint à son tour ces ruines. Il ne se targue d'aucune compétence archéologique et a tenté en vain, dit-il, d'en persuader le préfet.* "Mes dénégations quant à l'étendue de mes connaissances archéologiques apparurent à ses yeux comme la preuve de ma grande modestie — alors qu'elles reflétaient la plus stricte vérité" *(chap. 4, p. 113). Il a pourtant pris la précaution de se munir d'un recueil de* Conseils aux voyageurs, *qui indique la marche à suivre en cas de découverte d'un site préhistorique : prendre des mesures, des photographies, et rapporter des descriptions aussi exactes que possible ! Ces conseils prudents doivent au moins garantir les trouvailles éventuelles contre des coups de pioche aussi enthousiastes que destructeurs. Sur place, Bingham fera en tout cas preuve, sinon d'expérience, du moins de plus d'acuité d'observation et de raisonnement que ses prédécesseurs dans ce lieu et se rendra vite à l'évidence : Choqquequirau ne peut être ni Vitcos, ni Vilcabamba. Rien ne "colle" avec les anciennes descriptions des chroniqueurs. Il faudra revenir et chercher ailleurs.*

*L'expédition de 1911, celle qui le conduira finalement à Machu Picchu, a une autre allure. Patronnée par la prestigieuse Université de Yale et par la non moins respectable* Geographic Society *de Washington, elle lui demandera deux ans de préparation, employés à trouver des subsides — essentiellement auprès de sa famille et d'amis —, recruter des collaborateurs, bref, préparer cette fois une véritable expédition scientifique. Pourtant, on ne peut s'y tromper. Le professeur Hiram Bingham reste, à bien des égards, un homme du XIX$^e$ siècle. Plus proche des "grands voyageurs" des années 1840-1880, eux-mêmes héritiers des naturalistes et premiers ethnographes du Siècle des Lumières, que des "scientifiques" du début du XX$^e$ ; émule et digne continuateur de l'Américain Ephraïm G. Squier, qui parcourut longuement le Pérou entre 1863 et 1865 et dont les récits et descriptions l'impressionnèrent, de l'Allemand Ernst W. Middendorf qui, de 1885 à 1888, visita le pays en tous sens et consigna ses observations, qui touchent à la géographie, à l'histoire, à l'archéologie, à l'ethnographie, dans* Peru, *œuvre monumentale, et surtout du Français Charles Wiener,* *qui explora entre 1875 et 1877 les mêmes régions que Bingham. C'est d'ailleurs dans le récit de Wiener que se trouve la première référence connue à Machu Picchu (qu'il orthographie Matcho-Picchu), dont on lui avait signalé l'existence mais qu'il ne chercha pas à atteindre. A bien des égards, le style de Bingham est proche de celui de Wiener. Une même acuité de notation, un même lyrisme lorsque l'enthousiasme les saisit devant un paysage, une même flamme pour narrer, de manière très pittoresque, les dangers — parfois un peu exagérés par le souvenir ? — encourus en longeant les précipices. A l'époque où voyage Bingham pourtant, sans parler de celle, trente-sept ans plus tard, où il rédige cet ouvrage, les relations géographiques et plus encore archéologiques ont changé de style. Dans la dernière décennie du XIX$^e$ siècle et les premières années du XX$^e$, un Wilhelm Reiss, un Alphons Stübel, un Max Uhle ont déjà publié de savantes monographies de sites et des comptes rendus de fouilles où l'emphase du récit laisse désormais place à la rigueur de la description stratigraphique ou de l'analyse stylistique.*

*Ce qui fait d'Hiram Bingham un homme du XIX$^e$, c'est aussi sa curiosité, systématique, insatiable. Il observe tout, s'intéresse à tout, note tout pour en faire ensuite profiter son lecteur. Évoque-t-il, à propos de Vilcabamba, la plante (huilca) que ce nom rappelle ? Il dérive aussitôt sur la pharmacopée indigène (on apprend que cette plante est aujourd'hui utilisée en lavement), les rites indiens de sorcellerie (on apprend que sa poudre est un narcotique puissant). Doit-il, l'heure du repas arrivant, interrompre sa route pour partager le repas d'une famille indigène ? Nous saurons tout sur les mœurs du cobaye et la saveur exquise de ce petit animal une fois grillé. Imaginerait-on aujourd'hui l'archéologue, auteur d'une monographie scientifique, émaillant son texte de considérations de ce genre, à moins qu'elles ne soient directement en relation avec son propos ?*

*Voilà donc Bingham reparti, assisté cette fois d'une solide équipe. Il visite ou découvre à nouveau les nombreux sites incas qui jalonnent la vallée de l'Urubamba entre le Cuzco et Torontoy, où commence la gorge impression- nante du "Cañon de l'Urubamba", et bivouaque une nuit — le 23 juillet 1911 et, semble-t-il, par hasard — au lieu dit Mandor Pampa. Le matin du 24 juillet 1911, il part accompagné de l'unique habitant du lieu qui s'est offert, puisque c'est là ce qu'il recherche, à lui montrer d'"excellentes" ruines sur la rive opposée. Au terme d'une ascension que la chaleur, les serpents, la roche escarpée et glissante ont rendue épuisante et même dangereuse, et qu'il termine presque à contrecœur, commençant "à envier ses compagnons restés dans la vallée", il découvre Machu Picchu. D'abord une volée de terrasses — "pas de quoi s'enflammer" — puis, "sous une énorme corniche en surplomb, un renfoncement revêtu de pierres taillées de la manière la plus exquise". Et l'on comprend qu'il* ait été impressionné par l'élégance de la construction, la qualité de la maçonnerie, la beauté de la pierre. Comme il conclut lui-même : "j'en avais le souffle coupé". On l'aurait à moins en effet car, du premier coup, il vient de se heurter à l'édifice aujourd'hui baptisé Torreón, ou Mausolée royal, sans conteste un des plus beaux de la cité. Il a atteint son but, du moins le croit-il, et découvert la vraie Vilcabamba. Il ne cessera jamais de le croire.

Pourquoi Bingham garda-t-il jusqu'au bout la conviction que Machu Picchu n'était autre que la cité légendaire ? Son erreur est d'autant plus étrange qu'après avoir trouvé Machu Picchu, il visitera Vilcabamba, la vraie, et ne la reconnaîtra pas ! En effet, lorsqu'il décide de poursuivre son exploration jusqu'à Eromboni Pampa, lieu redouté par les "sauvages" où existent, paraît-il, des ruines importantes auxquelles mènerait un ancien chemin inca, il doit pour y parvenir suivre la "vallée de Vilcabamba", une appellation qui aurait dû piquer sa curiosité mais à laquelle il n'attache qu'un intérêt empreint de scepticisme ; il arrive sur les lieux, visite un premier ensemble de ruines, puis un second, distingue des groupes de maisons, des terrasses, des édifices de belle facture et, tout de même, s'interroge. S'agirait-il malgré tout du site de "Vilcabamba Vieja", "la plus grande ville de la province", dans cette vallée chaude, ce pays difficile ? Il est déçu. On ne distingue pas grand-chose de ces ruines mangées par la végétation. Il reconnaît cependant que l'endroit correspond assez bien aux descriptions des chroniqueurs, doute un instant mais ne s'attarde guère et n'entreprend pas de travaux de dégagement. Les ruines de Machu Picchu, qu'il a explorées le mois précédent, sont d'une ampleur et d'une qualité autrement plus suggestives !

Imaginons que le hasard ne l'ait pas mis en présence de l'ensemble splendide et impressionnant de Machu Picchu. Il serait sans doute retourné à Eromboni (ou Espiritu) Pampa, aurait entrepris des fouilles et perçu alors l'étendue des ruines ; il aurait relu soigneusement les passages des chroniques alors publiées se référant à Vilcabamba-la-Vieille — quoique imprécises, parfois même contradictoires, elles contiennent cependant des indications topographiques précieuses — et aurait sans doute conclu, avec logique, qu'il s'agissait en effet de la capitale de Manco II. Mais la magnificence de Machu Picchu le subjugua, l'aveugla.

Aujourd'hui, le mythe de Machu Picchu "dernier refuge des Incas" est mort. L'authentique Vilcabamba a enfin été reconnue en 1964 par l'explorateur américain Gene Savoy, là où elle devait être et là où la situaient les chroniques espagnoles, à 150 kilomètres au nord-ouest de Machu Picchu, c'est-à-dire à Espiritu Pampa. Il n'existe plus aucun doute à ce sujet. Mais alors, qu'était Machu Picchu, cette citadelle magnifique dont n'entendirent jamais parler les conquérants espagnols, qu'aucune

14

*chronique ne mentionne et dont l'emplacement demeura oublié pendant près de quatre siècles, jusqu'à ce que Bingham la découvre ? On sait maintenant, depuis les expéditions de Paul Fejos en 1940-1941, qu'elle fait partie d'une longue chaîne de cités, forteresses ou postes de guet qui jalonnent le cours de l'Urubamba depuis Ollantaytambo et dont elle constitue l'extrémité. On sait aussi, notamment depuis les travaux de dégagement effectués en 1934 par Luis Valcarcel et les recherches érudites de Luis Pardo, qu'il ne s'agit pas d'un ensemble à fonction uniquement religieuse, sorte de couvent réservé aux "Vierges du Soleil", comme avaient pu le suggérer les nombreux squelettes féminins exhumés par Bingham, ou sanctuaire réservé à des "Initiés" pratiquant on ne sait quels rites secrets, comme se plaisent encore à l'affirmer quelques pseudo-archéologues en mal d'ésotérisme. On sait enfin que, si Machu Picchu n'est pas Vilcabamba, elle n'est pas non plus Tampu Tocco (ou Paccari Tampu), le lieu d'origine mythique de la dynastie inca que Bingham crut aussi y reconnaître, hypnotisé par sa découverte au point d'en faire l'alpha et l'oméga de la civilisation inca. Plus vraisemblablement, elle fut édifiée au cours du XV^e siècle, c'est-à-dire tardivement dans l'histoire de l'empire inca, par le grand empereur conquérant Pachacútec ou ses successeurs immédiats (entre 1475 et 1500). Probablement aussi, il s'agit d'un ensemble à la fois administratif et militaire, intégré dans le vaste dipositif fortifié qui protégeait l'accès de la "vallée sacrée" de Yucay et, au-delà, du bassin du Cuzco, contre une possible incursion des tribus guerrières de la forêt. Comme toute cité inca, Machu Picchu comportait des édifices religieux, temple du Soleil et* ushnu *(autel de sacrifices présent dans chaque cité), des logements réservés à l'élite religieuse ou militaire et des aménagements à vocation agricole tels que greniers, dépôts et surtout terrasses, dont l'importance est ici relativement grande.*

*En cela, elle ne diffère pas d'autres cités, souvent même plus vastes, édifiées un peu partout au Pérou par les Incas, à mesure de leurs conquêtes. Mais par sa situation exceptionnelle qui montre à quel point les Incas savaient "dominer l'abrupt, utiliser le scabreux et mettre à profit l'irrégulier" (Gasparini et Margolies, 1977) ; par la qualité et la diversité des constructions qui la composent, ses dimensions modestes qui permettent, justement, d'en apprécier d'un coup d'œil la conception et le dessin ; par son excellent état de préservation enfin (puisqu'elle ne fut jamais ni prise, ni visitée depuis le XVI^e siècle), Machu Picchu est à juste titre considérée comme la plus belle des cités incas, même si elle n'en est pas l'exemple le plus parfait.*

*En 1930, Bingham publia une description très précise et minutieuse des ruines qu'il avait, sinon découvertes, du moins révélées au monde (*Machu Picchu, A Citadel of the Incas), *destinée aux spécialistes plus qu'au* *grand public. Lorsque, presque vingt ans plus tard, il rédige le présent ouvrage, qui raconte l'ensemble de ses explorations au Pérou et non plus seulement celles de 1911 et 1915, il met davantage l'accent sur les prémisses et les circonstances, sur le côté "aventure" de ses voyages, avec un enthousiasme demeuré intact. Cependant, ses connaissances à propos de l'empire inca se sont approfondies, grâce notamment aux travaux d'historiens ou archéologues tels que le Français Louis Baudin (L'Empire socialiste des Incas, 1928), les Américains Philip A. Means (The Incas : Empire Builders of the Andes, 1938) et John Rowe (Inca Culture at the Time of the Spanish Conquest, 1946), le Péruvien Luis Valcarcel et d'autres encore. Bingham peut ainsi faire précéder son récit d'un tableau très vivant de cette civilisation où, dans les descriptions minutieuses de l'équipement domestique et des objets usuels, des faits et gestes de la vie quotidienne, se note un souci de précision extrême allié au goût, dont il ne se départit jamais, du détail pittoresque. De la même façon, le style lyrique, foisonnant, auquel il s'abandonne souvent, s'accompagne toujours d'un sens aigu de l'observation, de la précision technique, particulièrement sensible lorsqu'il décrit une construction, qu'il s'agisse d'un monument imposant ou d'un simple mur de terrasse. Tout cela fait un livre attachant, passionnant, mi-récit d'aventures mi-document scientifique et combinant le meilleur des deux genres. Le seul point sur lequel Bingham n'a pas cédé, c'est sur l'identification de Machu Picchu à Vilcabamba, qu'il réaffirme avec une conviction que n'ont entamée ni ses propres fouilles effectuées lors des nouvelles expéditions réalisées en 1914 et 1915, ni les opinions contraires avancées par plusieurs archéologues (Means, Valcarcel et d'autres), ni même les contradictions, pourtant évidentes, entre la situation géographique et les caractéristiques de Machu Picchu, comparées aux descriptions que donnent de Vilcabamba les chroniqueurs du XVI$^e$ siècle. Quant à sa conviction que Machu Picchu est aussi Tampu Tocco — qui, d'ailleurs, n'a jamais pu être identifié avec certitude mais que les chroniques situent au sud-est du Cuzco et non pas au nord-ouest, où se trouve Machu Picchu — elle n'est pas non plus ébranlée le moins du monde. Au reste, cette obstination, touchante à force d'être aveugle, n'enlève rien à la richesse et l'intérêt du récit.*

*Souvent qualifiée de "huitième merveille du monde", Machu Picchu est aujourd'hui classée dans le patrimoine culturel de l'humanité. Mais il fallut attendre 1934, soit plus de vingt ans après sa découverte, pour que le Pérou s'y intéresse et qu'un programme de recherche soit enfin confié à Luis Valcarcel, alors directeur du Musée national de Lima. Les ruines, que la forêt avait à nouveau envahies, furent nettoyées et un chemin d'accès aménagé depuis le fond de la vallée. Le dernier voyage au Pérou d'Hiram Bingham, historien visionnaire mais explorateur infatigable et obstiné,*

16

*aura lieu en 1948, cette fois comme invité officiel du gouvernement péruvien, afin d'inaugurer un pont sur l'Urubamba, le pont donnant accès au sentier sinueux qui porte désormais, en toute justice, le nom de "sentier Hiram Bingham".*

DANIÈLE LAVALLÉE

# PRÉFACE

Peu d'Occidentaux mesurent à quel point nous sommes redevables aux anciens Péruviens. Combien d'entre eux savent qu'ils nous ont légué la pomme de terre, de nombreuses variétés de maïs, et des substances aussi utiles que la quinine et la cocaïne ? Leur civilisation, qui mit plusieurs milliers d'années à s'épanouir, témoigne d'un génie inventif prodigieux, d'un remarquable sens artistique, et d'une connaissance de l'agriculture qui n'a jamais été surpassée. En matière de céramique et de tissage, ils se sont montrés les égaux des Égyptiens et des Grecs de l'Antiquité. S'ils imposèrent leur domination à des millions d'hommes, exerçant un despotisme bienveillant qui préservait chacun de la faim et du froid, les Incas ne connurent jamais l'écriture, tant phonétique qu'idéographique. De ce fait, ce que l'on sait d'eux nous est fourni par les seuls vestiges matériels de leur civilisation, ainsi que par les chroniqueurs espagnols du seizième siècle contemporains de Pizarre et des conquistadors, dont la plupart ont traité de leur histoire et de leur organisation politique avec leur regard d'Européens. Même l'Inca Garcilaso de La Vega avait vécu en Espagne pendant quarante années avant d'écrire ses fameux *Commentaires*[1]*.

Il y a environ quatre cents ans, les derniers Incas vivaient retranchés dans l'une des parties les plus inaccessibles des Andes — la région comprise entre les rios Apurimac et Urubamba, deux grands tributaires de l'Amazone. Ils s'y trouvaient isolés de la partie du Pérou tombée sous le joug de Pizarre et des conquistadors par de formidables précipices, des cols hauts de cinq mille mètres, des glaciers et des jungles immenses, de gigantesques canyons de granite au fond desquels grondaient de redoutables rapides. Trente-cinq années durant, ils jouirent en ces lieux de la même indépendance que leurs ancêtres. Ils se donnèrent deux capitales : Vitcos, un quartier général édifié à la hâte, où ils reçurent à l'occasion des réfugiés, des émissaires

---

* Les notes figurent à la fin de chaque chapitre.

espagnols et des missionnaires augustiniens, et Vilcabamba, leur résidence principale, un sanctuaire magnifiquement construit dans lequel aucun Espagnol n'a jamais pénétré[2].

A la mort du dernier Inca, en 1571, Vitcos fut abandonnée. Il s'agissait d'une forteresse juchée sur la cime d'une montagne, et, par là même, impropre à un séjour permanent. Son nom était oublié, et son emplacement obscur, lorsque nous la redécouvrîmes. Quant à la cité royale de Vilcabamba, elle avait totalement disparu de la mémoire des hommes. C'était un sanctuaire caché au sommet de précipices vertigineux, dans le repli d'un canyon où son existence fut tenue secrète pendant trois siècles, à l'ombre du pic de Machu Picchu. Ses ruines portent aujourd'hui le nom de cette montagne, car lorsque nous les découvrîmes, personne ne savait comment les appeler autrement.

Ce merveilleux sanctuaire inca, tombé dans l'oubli pendant trois siècles, est devenu aujourd'hui une véritable « Mecque » pour les touristes, une étape obligée pour quiconque entreprend de visiter l'Amérique du Sud. Jusqu'à une date récente, deux ou trois longues journées de voyage à pied ou à dos de mulet étaient nécessaires pour s'y rendre, mais aujourd'hui, la cité est accessible en train, et en un jour. Une route doit y être construite prochainement[3]. Par ailleurs, le Cuzco, qui était jadis à une semaine de Lima, peut désormais être atteint en avion depuis la capitale péruvienne en quelques heures ! Les « pèlerins » viennent de Buenos Aires et de Santiago comme de New York et de Washington. Tous considéreront avec feu Frank Chapman[4] que « pour la majesté de ses alentours, la splendeur de son site, le caractère de ses constructions et le mystère qui entoure leurs origines, Machu Picchu n'a pas d'équivalent dans l'hémisphère occidental ».

Après que j'eus découvert la cité perdue en 1911, l'Université de Yale et la National Geographic Society me donnèrent la possibilité d'explorer la région de manière plus approfondie et de publier les résultats de mes recherches. Ces travaux sont aujourd'hui difficilement consultables. Divers documents ayant entre-temps été mis au jour, et les archéologues ayant grandement fait progresser notre connaissance de la civilisation inca, il nous a paru utile de rassembler tout ce que l'on savait de Machu Picchu, de ses origines, de la façon dont la cité fut oubliée et, finalement, redécouverte — et de présenter ce travail de synthèse sous une forme accessible à tous ceux qui pourraient un jour s'intéresser aux Incas et à la cité sacrée dont les conquérants espagnols ne connurent jamais l'existence.

Au cœur du pays des Incas, à quatre-vingts kilomètres de leur ancienne capitale, le Cuzco, se découpe le grand canyon de l'Urubamba, l'un des plus beaux sites naturels au monde. Pendant très longtemps, les voyageurs n'ont pu s'y aventurer, les à-pic de granite qui surplombent de près de mille mètres la rivière défiant tous leurs efforts pour y pénétrer. Les planteurs qui cultivaient la coca et la canne à sucre en aval du défilé ne pouvaient acheminer le produit de leurs récoltes au Cuzco qu'en empruntant un col enneigé haut de quatre mille trois cents mètres. Ils réussirent finalement à convaincre le gouvernement péruvien d'ouvrir à la dynamite une route le long du rio, à même la roche. Ils l'empruntèrent pendant plusieurs années sans se douter qu'au sommet d'une crête, à six cents mètres au-dessus de leurs têtes, gisaient les ruines d'un grand sanctuaire inca. Antonio Raimondi[5], le plus grand explorateur des Andes péruviennes, n'en entendit jamais parler. Le grand dictionnaire géographique du Pérou de Paz Soldán[6] n'en fait pas mention, même si des rumeurs avaient déjà couru sur leur existence. En 1875, un explorateur français intrépide, Charles Wiener, les rechercha sans succès[7]... Elles avaient pourtant été visitées par plusieurs métis et quelques Indiens au cours des décennies précédentes. De nombreux chercheurs de trésors avaient vainement tenté, à travers les siècles, de retrouver la dernière capitale inca. Seule la nouvelle route a rendu possibles les découvertes effectuées au cours des Yale Peruvian Expeditions, dont on lira le récit dans ce livre[8].

NOTES

1. Les *Comentarios Reales de los Incas* ("Commentaires royaux sur le Pérou des Incas", 1609 et 1617) du chroniqueur espagnol Garcilaso de La Vega (1539-1616), d'origine inca par sa mère. Cf. chap. 2, note 1.

2. Des documents mis au jour après la mort d'Hiram Bingham prouvent que les Espagnols se sont en fait emparé de Vilcabamba en 1572. On y reviendra plus loin. Cf. chap. 6, note 9.

3. La route reliant le terminus ferroviaire, dans la vallée de l'Urubamba, et les ruines fut inaugurée par Hiram Bingham en 1948, quelques mois après la parution de *Lost City of the Incas*.

4. Frank Chapman (1864-1945), ornithologiste américain. Conservateur du département d'ornithologie de l'American Museum of Natural History, il dirigea de nombreuses expéditions zoologiques en Amérique tropicale. Auteur de *Birds of Urubamba Valley* (1921).

5. Antonio Raimondi, géographe et naturaliste italien (1828-1890). Auteur d'*El Perú* (Lima 1874-1913). Cf. Chap. 4, note 19.

6. M.F. Paz Soldán, géographe péruvien. Auteur d'un *Diccionario Geográfico-Estadístico del Perú* (1877). Cf. Chap. 4, note 18.

7. Charles Wiener, explorateur français (1851-1913). Auteur de *Pérou, Bolivie* (1880), ouvrage dans lequel figure la première mention des ruines de *"Matcho-Picchu"*. Cf. *infra*, Chap. 5, note 6.

8. Les expéditions d'Hiram Bingham au Pérou furent patronnées par l'Université de Yale (New Haven, Connecticut) — université où il avait fait ses études et où il enseignait. Fils de pasteur, Bingham naquit le 19 novembre 1875 à Honolulu (îles Hawaii). Diplômé des Universités de Yale, Californie et Harvard, il enseigna l'histoire de l'Amérique latine aux Universités de Harvard et de Princeton (1901-06), puis de Yale (lecteur, 1907-09 ; assistant, 1909-15 ; professeur, 1915-24) et publia deux études sur la doctrine de Monroe (*The Monroe Doctrine, an Obsolete Shibboleth*, 1913 ; *The Future of the Monroe Doctrine*, 1920). Il dirigea cinq expéditions en Amérique du Sud entre 1906 et 1915. En 1906-07, il reconnut la route suivie par Bolivar au Venezuela et en Colombie, avant de suivre en 1908-09 l'ancienne route coloniale espagnole reliant Buenos Aires à Lima (*Journal of an Expedition across Venezuela and Colombia*, 1909 ; *Across South America*, 1911). En 1911, il prit la tête de l'expédition archéologique de l'Université de Yale dans les Andes de Vilcabamba (Pérou), au cours de laquelle il localisa les sites de Machu Picchu, Vitcos et Espiritu Pampa ("In the Wonderland of

Peru", *National Geographic Magazine,* n° spécial, 1913 ; *Inca Land. Explorations in the Highlands of Peru,* 1922). Il mena ensuite deux campagnes de fouilles archéologiques sur le site de Machu Picchu pour le compte de l'Université de Yale et de la National Geographic Society (*Machu Picchu, a Citadel of the Incas. Report of the explorations and excavations made in 1911, 1912 and 1915,* 1930 ; *Lost City of the Incas. The Story of Machu Picchu and its Builders,* 1948, trad. esp. Santiago du Chili, 1964). Après avoir collaboré à la création des premières "écoles de l'air" américaines pendant la Première Guerre mondiale (*An Explorer in the Air Service,* 1920), il entreprit à partir de 1924 une carrière politique. Gouverneur du Connecticut en 1924 et auteur de *Freedom under the Constitution* (1924), il siégea au Sénat américain dans les rangs des Républicains de 1924 à 1933. Il mourut à Washington en 1956.

# PREMIÈRE PARTIE

# LES BÂTISSEURS

# 1

## LES INCAS ET LEUR CIVILISATION[1]

A l'origine, le nom d'« Inca », qui signifie « roi » ou « empereur », ne s'appliquait qu'au souverain de ce peuple qui, par sa vaillance et son génie organisateur, conquit au quinzième siècle de notre ère, à partir de la région du Cuzco, la plus grande partie du Pérou, de l'Équateur et de la Bolivie, ainsi que le nord du Chili et de l'Argentine. Survinrent au siècle suivant les conquistadors espagnols, qui désignèrent par ce terme la classe dirigeante de l'empire — membres de la famille de l'Inca, nobles, prêtres et administrateurs. Ces derniers devaient cependant être bientôt pourchassés et massacrés par les nouveaux maîtres des Andes : la plupart de leurs lignages, en effet, s'éteignirent progressivement dans la seconde moitié du seizième siècle. Aujourd'hui, le terme d'« Incas » recouvre les différents peuples qui, pendant plusieurs millénaires, édifièrent une remarquable civilisation sur les hauts plateaux du Pérou et de la Bolivie. Les maçons qui œuvrèrent à Machu Picchu pour le compte des puissants souverains du Cuzco étaient en fait les héritiers des innombrables générations d'artisans des royaumes andins ayant précédé l'empire inca.

Le premier « Inca » n'était, en réalité, que le chef d'une petite tribu indienne de langue quechua qui occupait les environs du Cuzco vers l'an 1200 de notre ère. Tenu pour le fils du Soleil, il était vénéré à l'égal d'un demi-dieu. Ce n'est qu'une centaine d'années avant l'arrivée de Pizarre et des conquistadors que le neuvième Inca repoussa les frontières de ses États jusqu'à l'actuel Équateur, au nord, et jusqu'au Chili central, au sud. Au vrai, l'empire inca venait d'atteindre son apogée et d'entamer son déclin lorsque les Espagnols débarquèrent sur les côtes du Pérou, en 1527. S'ils avaient touché terre à l'époque du grand Inca Pachacuti (vers 1450), les conquistadors auraient probablement été rejetés sur-le-champ à la mer. En fait, ils prirent pied au Pérou alors que l'empire était déjà affaibli par une longue guerre civile.

En raison de l'absence de sources écrites, et du fait que l'interprétation des fameux *quipus,* ou cordelettes nouées[2], et la reconstitution du passé étaient tributaires de la mémoire ou de l'imagination des hommes qui furent interrogés par les premiers chroniqueurs espagnols, aucune date, aucun événement concernant l'histoire des Incas ne peuvent être tenus pour certains. Il est très probable que le développement en milieu andin d'arts et de techniques tels que l'agriculture, la métallurgie, la céramique, le tissage ou le travail de la pierre, se fit principalement au cours des siècles, voire des millénaires, qui précédèrent l'avènement du premier Inca. Par souci de simplification, les historiens ont cependant pris l'habitude d'appliquer ce dernier terme à l'ensemble de la civilisation que les Espagnols découvrirent au Pérou. De la même façon, le terme « aztèque » désignera pour les Européens la civilisation du Mexique ancien, et le terme « maya », la civilisation mise au jour au Yucatan et au Guatemala. En réalité, de nombreuses tribus et ethnies du Pérou sont restées suffisamment longtemps indépendantes — avant d'être assujetties par les Incas — pour faire montre de remarquables capacités artistiques, notamment en matière de céramique et de tissage.

Le Cuzco, la capitale de l'empire inca, est l'un des hauts lieux de l'histoire humaine. A l'époque de la conquête espagnole, il constituait la plus importante cité du continent américain. Édifiée sur une hauteur surplombant la ville, la forteresse cyclopéenne de Sacsahuaman (*phot.* 2) a servi de refuge aux Cuzquéniens pendant plusieurs siècles. Sa muraille septentrionale constitue peut-être la plus extraordinaire structure construite de la main de l'homme dans l'hémisphère occidental avant le seizième siècle. En matière de technique architecturale, il s'agit en fait de la construction précolombienne la plus achevée. Les plus petites pierres qui la composent pèsent entre dix et vingt tonnes. Quant aux plus gros blocs, leur poids est estimé à deux cents tonnes. Quelques-uns d'entre eux pèsent jusqu'à trois cents tonnes ! Et pourtant, ils sont parfaitement ajustés les uns aux autres. Les maçons incas n'utilisaient ni agrafes, ni mortier. Les gigantesques blocs polygonaux sont cependant si rigoureusement jointifs qu'il est impossible d'insérer entre eux la pointe d'un couteau. Ils proviennent de carrières situées dans un rayon de deux kilomètres du site, où ils étaient préalablement équarris à l'aide d'outils de pierre. Ils étaient ensuite déplacés au moyen de leviers et de remblais de terre. Les Incas ne connaissaient ni le fer ni l'acier, mais ils employaient des pinces de carrier en bronze très résistantes. A défaut de grues, de poulies et même de roues, ils disposaient de la force de travail de milliers d'ouvriers. Défiant l'entendement, l'opiniâtreté et la persévérance des bâtisseurs incas forcent notre admiration et excitent notre curiosité à l'endroit de la civilisation des anciens Péruviens.

## Architecture

L'architecture inca est marquée par un grand sens des proportions et de la symétrie, qui vient tempérer le caractère massif et la lourde sévérité de ses constructions. De nombreux temples et palais du Pérou précolombien sont construits en pierres de granite blanc soigneusement sélectionnées et équarries. Les assises inférieures de leurs murs sont généralement constituées de blocs de plus grande taille que les supérieures, ce qui accentue l'aspect imposant des ensembles. Les lits supérieurs, composés de pierres de dimensions décroissantes, confèrent quant à eux grâce et majesté aux structures. Faute d'instruments de précision, l'artiste-architecte ne pouvait compter que sur l'acuité de son regard. Bon nombre de réalisations de l'architecture inca sont pourtant plus agréables à l'œil que les constructions géométriques de l'Ancien Monde. Les Incas, reconnaissons-le, étaient de prodigieux maçons. Quiconque a visité Machu Picchu en conviendra aisément.

Au Cuzco comme dans les autres cités incas, les murs des temples et des palais présentent une légère inclinaison vers l'arrière. Plus étroits à leur sommet qu'à leur base, ils rappellent les structures trapézoïdales de l'architecture égyptienne.

Certaines maisons d'anciens villages reculés de la *sierra* comportent des combles sur pignons. Ces derniers semblent caractéristiques d'édifices construits longtemps avant la conquête. On peut voir généralement sur la face extérieure de ces pignons des rangées de saillies de pierre, ou tenons, de forme grossièrement cylindrique. Ces appendices particuliers à l'architecture inca font partie intégrante de l'appareil du mur et se détachent d'environ trente centimètres de sa surface. On pourrait à première vue les considérer comme des éléments purement ornementaux, ces tenons semblant dans certains cas figurer les extrémités pétrifiées de poutres et de pannes en bois. Cette thèse, qui fait référence à l'architecture dorique, est désormais abandonnée par les archéologues. Les pignons de certaines huttes indiennes d'aujourd'hui comportent en effet des saillies en bois utilisées comme des chevilles auxquelles sont attachées les cordes maintenant le chaume de la toiture. On peut en conclure que les protubérances de pierres observées sur les pignons des anciennes demeures incas n'étaient pas seulement décoratives, mais constituaient de véritables tenons, destinés à une fin pratique.

Un jour, alors que nous examinions et nettoyions les pignons d'un des plus beaux édifices de Machu Picchu, nous découvrîmes une particularité de l'architecture inca qui avait jusque-là échappé à l'attention des archéologues. Nous remarquâmes, fichée dans l'une des deux arêtes inclinées du mur de pignon, une pierre plate mal équarrie percée d'un trou fraisé, ou œil, à environ cinq centimètres de son bord externe (*phot. 3*). Ce dispositif, auquel nous donnâmes le nom d'*eye-bonder* (« œil d'amarre »), formait un angle droit avec l'arête du mur, dans le même plan que ce dernier, et permettait précisément d'amarrer les pannes du comble au rampant du pignon. Chaque pignon était dentelé de huit à dix de ces « yeux d'amarre ». Ces petites pierres évidées étaient longues d'environ trente centimètres, larges de quinze, et épaisses de cinq. L'orifice fraisé était vraisemblablement percé au moyen de bâtonnets de bambou vigoureusement frottés entre les paumes de la main, de grandes quantités d'eau et de sable facilitant l'érosion. Bien évidemment, une telle méthode demandait beaucoup de temps et de patience, mais elle donnait des résultats aussi probants que le maillet et le ciseau de nos maçons — avec moins de risques de fragmentation de la pierre.

Les Incas n'utilisaient ni tuiles ni bardeaux pour couvrir leurs toits. Ils employaient exclusivement du chaume à base de paille ou de branchages. Afin qu'il ne soit pas emporté par le vent, le chaume était attaché à la fois aux pannes des combles et aux tenons des pignons, les pannes prenant elles-mêmes appui sur les pignons par l'intermédiaire des « yeux d'amarre ».

Pour autant que je sache, cette méthode de fixation d'un toit de chaume sur des arêtes inclinées de pignons est spécifique aux Incas. On ne la rencontre dans aucune autre partie du monde. Son invention s'explique peut-être par le fait que les hauts plateaux où l'architecture inca s'est épanouie sont totalement dépourvus d'arbres et souvent balayés par les vents. A ce propos, je ferai remarquer que l'absence d'arbres dans les vallées tempérées des hautes terres andines n'est pas due à l'altitude : j'ai en effet découvert des forêts remontant à la nuit des temps dans les parties les plus inaccessibles de la cordillère de Vilcabamba, à plus de 5 000 mètres d'altitude. Elle semble bien plutôt avoir eu pour origines, comme en Chine, la longue occupation des sols par l'homme, et la nécessité, pour ce dernier, de se chauffer. S'ils avaient disposé de bois en de plus grandes quantités, les Incas n'auraient probablement pas eu besoin de construire des maisons en pierres.

Les portes des demeures incas étaient en général assez hautes pour permettre à un homme de les franchir sans se cogner la tête. Elles étaient généralement de forme trapézoïdale, particularité qui rappelle, là encore, l'architecture égyptienne. Parfois en bois (lorsque les édifices étaient construits près d'une région de forêts), leurs linteaux consistaient le plus souvent en deux ou trois blocs de pierre taillés en longueur. Pour certains de leurs plus beaux édifices, les Incas poussèrent la difficulté en utilisant des linteaux monolithes (ceux-ci pouvaient peser jusqu'à une ou deux tonnes). Ne disposant ni de grues, ni de poulies, les bâtisseurs mettaient vraisemblablement en place ces linteaux en amassant des pierres ou de la terre devant la porte, de façon à former un plan incliné. Puis, à l'aide de leviers en bois très résistants (et, semble-t-il, de rouleaux du même matériau), ils hissaient le linteau au-dessus de la porte avec une relative facilité. Une fois ce dernier en position, la levée de terre (ou de pierres) était retirée.

Les maisons incas étaient fréquemment disposées autour d'une cour, de manière à former une sorte d'enceinte, comme en Extrême-Orient. On pénétrait généralement dans la cour par une seule entrée.

Dispositif de
verrouillage des portes
des incas
*(Dessin de Philippe Babo)*

Le chambranle de cette dernière comportait parfois un angle rentrant, comme si la porte avait été ouverte dans le fond d'une niche. Les *portadas* incas étaient pourvues d'un dispositif de « verrouillage » permettant de disposer une barre en travers de l'entrée (*phot.* 41). De petites pierres de forme cylindrique, auxquelles j'ai donné le nom de *bar-holds* (« chevilles à barre »), étaient fichées verticalement dans deux cavités creusées dans les montants du chambranle, de part et d'autre de la porte. Les barres défendant l'accès aux cours étaient attachées à ces chevilles à l'aide de cordages.

Il est cependant possible que ce dispositif n'ait jamais rien supporté d'autre qu'un bâton « tabou », placé là pour dissuader un visiteur inopportun (et superstitieux) d'entrer dans une cour où il n'était pas attendu. On trouve mention de cette pratique dans le testament d'un conquistador, lequel rapporte que lorsqu'ils quittaient leur maison, les Indiens en laissaient la porte grande ouverte, « seul un bâtonnet étant placé en travers du seuil de la cour de manière à indiquer que le maître des lieux était absent et que personne ne devait entrer ». Dans une requête adressée à son souverain, Philippe II, ce même conquistador écrivait : « Lorsqu'ils virent que nous placions des verrous et des clefs sur nos portes, ils [les Incas] comprirent que nous agissions ainsi par peur des voleurs, et lorsqu'ils virent qu'il y avait des voleurs parmi nous, ils nous tinrent dans le plus grand des mépris. »

L'usage de ne placer qu'un bâton en travers d'une porte pour en interdire l'entrée était rendu en partie possible par le fait que chez les Incas, la propriété individuelle se limitait à quelques objets personnels — plats, épingles à châles, ustensiles de cuisine et vêtements. Sous le régime de « despotisme bienveillant » qui prévalait dans l'empire inca — où personne ne pouvait mourir de faim et de froid, où chacun se voyait dicter ses devoirs, et où tout objet de quelque importance appartenait aux gouvernants — il était vain de tenter de s'approprier le bien d'autrui ou d'accumuler ce dont on ne se servait pas quotidiennement.

La mise au point par les Incas de ces divers dispositifs de fixation et de verrouillage témoigne de leur génie inventif — génie éclos à la faveur d'un long séjour sur les hauts plateaux andins. Ces dispositifs n'ont pas d'équivalents en Asie ou en Europe. Ils n'ont été ni empruntés, ni importés. Leur origine est autochtone.

Pour autant que l'on puisse l'affirmer, les Incas ne garnissaient leurs maisons d'aucun mobilier. N'utilisant ni chaises ni tables, il s'asseyaient à même le sol, ou sur une pile de couvertures en laine de lama ou d'alpaca. En lieu et place de meubles, une série de niches étaient aménagées symétriquement dans les murs. Ces niches mesuraient généralement un mètre de haut, soixante centimètres de large et vingt-cinq centimètres de profondeur ; de forme trapézoïdale (à l'instar des portes), elles étaient plus proches du sol que du plafond. Peut-être conçues à l'origine à des fins cultuelles, elles finirent par être couramment utilisées par les différents membres de la maisonnée. Des niches rudimentaires peuvent être vues aujourd'hui dans les huttes des Indiens de la *montaña*, où elles font tout à la fois office d'étagères, d'armoires et de tables. Des chevilles de pierre étaient placées habituellement entre les niches, à la hauteur de leurs linteaux. Elles constituaient d'utiles « patères » auxquelles pouvaient être suspendus toutes sortes d'objets. Il se peut fort que les fameuses jarres à eau ou à *chicha* incas — les « aryballes » à fond conique — y aient été accrochées. Leurs anses étaient placées dans l'axe de leur centre de gravité, de manière à ce que l'on pût facilement les suspendre et verser une partie de leur contenu (en les faisant basculer à l'aide de la protubérance située à la base de leur encolure), sans avoir à les décrocher des chevilles.

Ces dernières servaient également à suspendre l'un des deux bâtonnets de bois d'un métier à tisser « portatif ». L'autre bâtonnet était attaché à la ceinture du tisserand accroupi ou agenouillé à même le sol (en inclinant plus ou moins son corps, l'ouvrier pouvait faire varier la tension des fils). Parfois, une sorte d'anneau en pierre était scellé dans le mur à une hauteur appropriée. Experts en matière de tissage (ils fabriquaient de grandes quantités de vêtements et de couvertures en laine ou en coton), les anciens Péruviens semblent avoir utilisé fréquemment à cette fin les chevilles et anneaux qui garnissaient les murs de leurs logis.

Les architectes incas accordaient également une grande attention au drainage des sols. Ils veillaient à empêcher toute accumulation d'eau dans les lieux devant être préservés de l'humidité. Ainsi, de petits canaux ou conduits ceinturaient les entrepôts à grain et les cours où des mares étaient susceptibles de se former.

## Grands travaux

En construisant routes, ponts, aqueducs et fossés d'irrigation, les Incas firent montre d'une extraordinaire maîtrise technique. A l'époque de la conquête, ils disposaient d'un réseau de chaussées pavées de plusieurs milliers de kilomètres : la principale d'entre elles reliait Quito (capitale de l'Équateur) aux régions septentrionales du Chili et de l'Argentine via les Andes centrales ; une autre route, transversale, permettait de se rendre de la côte pacifique aux vallées subtropicales du versant oriental des Andes. Ignorant la roue, les Incas construisirent des chaussées quasi rectilignes, faisant fi du relief tourmenté du Pérou. Lorsque la route devait franchir une montagne, des marches étaient taillées dans la roche vive ; lorsqu'elle devait longer un à-pic sur une courte distance, des tunnels juste assez larges pour permettre le passage d'une bête de somme ou d'un porteur avec son chargement étaient creusés dans la paroi de granite.

Sur ces routes, des coureurs à pied se relayaient pour transporter en un temps record des messages entre la capitale de l'empire et ses provinces les plus reculées. On raconte que des poissons pêchés dans l'océan Pacifique étaient acheminés par les messagers particuliers de l'Inca, par-delà les montagnes, jusqu'à la table du souverain, qu'ils atteignaient en excellent état. Le long des principales routes, de petits postes étaient construits à intervalles réguliers. La distance qui séparait deux de ces relais était généralement très faible, de manière à permettre aux coureurs de la couvrir à la plus grande vitesse possible. Dès qu'il atteignait le relais voisin, le « courrier » transmettait son message à un autre coureur, qui s'élançait sur-le-champ en direction du poste suivant. Ces *chasquis* (messagers) jouissaient du rare privilège de pouvoir mâcher des feuilles de coca, réputées atténuer la fatigue.

S'ils ne connaissaient pas l'écriture, les Incas avaient en revanche mis au point un système élaboré de « cordelettes nouées » appelées *quipus*. Ces cordelettes en laine de lama ou d'alpaca étaient peintes de diverses couleurs, dont la signification était connue des seuls fonctionnaires de l'empire. Attachées à intervalles rapprochés à un cordon principal, elles comportaient chacune une série de nœuds représentant le système décimal. Ainsi, d'importants messages concernant le volume des récoltes d'une région, le montant des impôts collectés, ou encore l'approche d'un ennemi pouvaient être rapidement acheminés de relais en relais par les coureurs à pied.

Les caravanes de lamas transportant des marchandises pouvaient voyager en toute sécurité, bien que lentement, dans les régions les plus montagneuses de l'empire. Des auberges publiques (*tambos*), ainsi que des dépôts de vivres étaient également construits le long des chaussées. Les fonctionnaires en déplacement — il n'existait guère de voyageurs « privés » au temps de l'empire inca — pouvaient y être confortablement logés et nourris. Les dépôts étaient suffisamment grands pour approvisionner une caravane ou un corps expéditionnaire entier.

Les routes enjambaient précipices et rivières sur des ponts suspendus faits de cordes tressées avec des fibres d'agave, liane communément répandue dans les jungles du bassin de l'Amazone. Grâce à ces câbles de fort diamètre, les ingénieurs incas pouvaient construire des ponts longs de soixante-quinze, voire cent mètres, lorsque la nécessité s'en présentait. Ces ponts librement suspendus au-dessus de l'abîme s'affaissaient en leur milieu et se balançaient dangereusement sous l'effet du vent ; leur franchissement constituait une véritable épreuve. Ils pouvaient par ailleurs être facilement détruits, mais la peine de mort frappait tout homme convaincu d'un tel forfait. S'ils n'avaient pas été si hautement considérés, et si les Incas avaient eu la présence d'esprit de les détruire lorsque Pizarre et ses hommes pénétrèrent dans les Andes centrales, la conquête du Pérou se serait révélée extrêmement difficile, sinon quasi impossible.

## Irrigation

Au même titre que le réseau de chaussées de l'empire inca, les canaux d'irrigation qui courent sur plusieurs milliers de kilomètres dans les Andes centrales stupéfièrent les conquérants espagnols. La cordillère andine, dont un grand nombre de sommets culminent à plus de 5 500 mètres, voire 6 000 mètres, forme une gigantesque barrière au contact de laquelle les vents provenant du bassin amazonien se déchargent de leurs énormes réserves d'humidité. Les pentes occidentales de la chaîne sont en revanche très peu arrosées (l'un des plus grands déserts du monde s'étend sur plus de trois mille kilomètres le long de l'océan Pacifique, formant une étroite bande côtière de l'Équateur au Chili septentrional).

Le sol des vallées qui entaillent cette dernière région est assez riche pour qu'on puisse y cultiver canne à sucre, coton et maïs, mais il a besoin pour ce faire d'être régulièrement irrigué. A cette fin, l'eau des rivières alimentées par la fonte des neiges coiffant les pics de la cordillère était déviée à l'époque précolombienne dans des rigoles d'irrigation qui épousaient le relief des versants sur plusieurs dizaines de kilomètres. Ne disposant d'aucun des instruments dont se servent aujourd'hui nos ingénieurs, les architectes incas devaient se fier à leur coup d'œil et à leur sens aigu de l'horizontalité pour construire un tel réseau de canaux. Dessiner un tracé parfait à très faible déclivité sur plus de trente kilomètres sans le moindre instrument de mesure relève tout simplement de l'exploit !

S'ils fournissaient en eau leurs champs, les Incas assurèrent également l'approvisionnement de leurs bourgs et de leurs cités au moyen d'aqueducs.

## Agriculture

L'agriculture constituait pour les Incas une activité primordiale. Les anciens Péruviens portèrent leurs techniques de culture à un degré de sophistication extrême, attachant plus d'importance à la glèbe que les Occidentaux ne l'ont jamais fait. Non seulement sélectionnèrent-ils de nombreuses espèces végétales (vivrières ou médicinales), mais ils maîtrisèrent parfaitement les techniques de mise en valeur et de conservation des sols (en construisant des terrasses au prix d'efforts herculéens) et les méthodes d'irrigation et de drainage. La plupart des terres agricoles des Andes péruviennes ne sont pas naturelles. Bien souvent, les sols ont été assemblés, mis en place à flanc de montagne de manière artificielle ; ils restent encore aujourd'hui fertiles après plusieurs siècles d'exploitation.

Les Incas utilisaient déjà des engrais pour accroître la richesse et le rendement de leurs terres. Ils avaient découvert les formidables propriétés du *guano* (fiente) recueilli sur les îles peuplées d'oiseaux situées au large des côtes péruviennes[3]. La production de chaque île était destinée à une province particulière de l'empire. Il était interdit de se rendre dans l'archipel au moment de la ponte. Même si plusieurs centaines de milliers d'oiseaux se nourrissant de poissons nichaient dans les îles, les Incas punissaient de mort quiconque tuait un seul palmipède susceptible de produire du *guano*. Mais l'agriculture inca n'aurait pu connaître un tel degré de développement sans les innombrables terrasses à cultures (*andenes*) qui transforment certains versants des Andes en escaliers géants. On rencontre des terrasses agricoles dans de nombreux autres pays, notamment en Extrême-Orient et aux Philippines, mais aucune d'entre elles n'égalera celles construites par les Incas. Au Pérou, l'aménagement du sol n'était pas limité aux flancs des montagnes : en effet, d'importantes surfaces de terre arable furent également gagnées sur les lits des cours d'eau. Les Incas n'hésitaient pas à endiguer les rivières, voire à corriger leur cours. Les espaces compris entre les digues (qui servaient en même temps de murs de contention) et le pied des montagnes étaient comblés par des remblais recouverts d'une fine couche de terreau.

Chaque terrasse comprenait en général trois parties : le mur de contention, et deux couches distinctes de terre remplissant l'espace délimité par le mur. L'assise inférieure, une sous-couche artificielle, se composait d'argile et de graviers ; son épaisseur variait selon la hauteur du mur. Cette couche était recouverte d'une strate d'humus épaisse de soixante à quatre-vingt-dix centimètres.

Les champs ainsi aménagés à flanc de montagne résistaient à l'érosion. Quelques mottes ou un petit talus de terre suffisaient à contenir les écoulements d'eaux de pluie — lesquels, ainsi déviés, étaient utilisés pour l'irrigation des terrasses. Par endroits, de profondes entailles pratiquées dans les mœllons supérieurs des murs faisaient office de dégorgeoirs pour évacuer l'eau d'une terrasse, formule qui permettait d'écarter tout danger d'érosion ou de dégradation par infiltration.

La hauteur et la largeur des terrasses étaient fonction de la déclivité de la pente. Les *andenes* aménagés sur des versants très escarpés formaient d'étroites corniches (certaines étaient larges de moins d'un mètre cinquante). Près du fond des vallées, en revanche, la largeur des terrasses à cultures pouvait atteindre cinq mètres, voire davantage. Quant à leur hauteur, elle variait de deux mètres cinquante à quatre mètres. Dans certaines parties des Andes, les *andenes,* tels de gigantesques gradins, s'échelonnent du fond des vallées jusqu'à la limite des neiges éternelles. En maints endroits, ils sont encore utilisés aujourd'hui par les Indiens, qui y cultivent du blé et de l'orge (à l'origine, ils étaient destinés pour l'essentiel à la culture du maïs et des pommes de terre).

Ces longs gradins qui épousent très exactement le relief des pentes sont coupés à intervalles réguliers par des passages servant tout à la fois de voies d'accès et de canaux de drainage. Ces derniers permettent aux eaux de s'écouler librement sans emporter les sols, hissés sur les hauteurs à l'aide de paniers ou de nattes transportés à dos d'homme. On a peine à imaginer l'immense somme de travail que réclama la construction de ces pyramides de terrasses. La culture étagée étant largement pratiquée aux Philippines et en Extrême-Orient, certains anthropologues en ont déduit que les Incas (ou plus exactement, leurs lointains ancêtres) avaient apporté avec eux leurs techniques agricoles lorsqu'ils migrèrent d'Asie. S'ils franchirent un jour le détroit de Béring, il est étrange qu'ils n'aient amené avec eux en Amérique aucune plante vivrière asiatique.

O.F. Cook[4], grand spécialiste américain de l'agriculture tropicale et botaniste de l'une de mes expéditions au Pérou, me confia que les Incas et leurs prédécesseurs avaient domestiqué un plus grand nombre de plantes nutritives et médicinales qu'aucun autre peuple au monde.

Ils découvrirent notamment dans les hautes Andes une petite plante agreste dont la racine tubéreuse avait à peine la taille d'un petit pois. Cette racine s'étant révélée comestible, les Indiens du Pérou sélectionnèrent par la suite une douzaine de variétés de ce tubercule auquel les Occidentaux ont donné le nom de « pomme de terre », variétés susceptibles d'être cultivées à des altitudes comprises entre le niveau de la mer et 4 200 mètres. Après la conquête du Pérou, trois siècles devaient s'écouler avant que les Européens ne commencent à apprécier l'aliment de base des Incas. En fait, si les Français et les Irlandais n'avaient pas souffert de la famine au dix-huitième siècle, la pomme de terre péruvienne n'aurait peut-être jamais fait partie de leur ordinaire.

L'habileté et l'ingéniosité des agriculteurs incas trouvent également leur reflet dans les nombreuses variétés de maïs, ou « blé indien » — également cultivables à diverses altitudes — qu'ils surent arracher à l'état sauvage. On ignore de quelle plante le maïs procède. Certains spécialistes estiment qu'il constitue la forme domestiquée d'une plante andine ayant disparu depuis très longtemps ; d'autres pensent qu'il fut importé du Guatemala (l'ancienne aire de civilisation des Mayas), où pousse une plante sauvage qui présente avec le « blé indien » de troublantes similitudes. Il ne fait aucun doute, cependant, que les Incas disposaient de toute une série de variétés de maïs sans équivalents en Amérique centrale et au Mexique, et qu'ils portèrent les techniques d'hybridation des essences végétales à un bien plus haut degré de sophistication que les Mayas.

Nous ne savons pas — nous ne saurons probablement jamais — quand le maïs commença à être cultivé au Pérou. O.F. Cook estime que la culture du maïs dans les Andes remonte à la nuit des temps, non seulement en raison de la profusion de spécimens retrouvés dans les anciennes tombes, mais également parce que les variétés de maïs les plus communes au Pérou sont spécifiques à cette région du monde.

Une autre plante vivrière inca, la *canihua* (sorte d'ansérine), est quasi inconnue des Européens. Elle est récoltée au mois d'avril. Ses tiges sont séchées et placées sur une couverture étendue sur le sol en guise d'aire de battage. Cette couverture sert à maintenir en place les petites graines grisâtres de la plante lorsqu'elles sont battues au fléau.

Une autre plante comestible peu familière des Occidentaux porte le nom de *quinoa*. Il s'agit là encore d'une variété d'ansérine. Poussant spontanément sur les hauts plateaux andins, elle peut atteindre un mètre à un mètre cinquante de hauteur et donne d'abondantes récoltes. Très agréables au palais, ses graines sont cuites et consommées comme les autres céréales.

A plus basse altitude, les Incas faisaient croître d'autres plantes tubéreuses dont la plupart restent encore aujourd'hui très peu connues des Européens — à l'exception de la « patate douce », cultivée de nos jours dans de nombreux pays. Domestiquée à partir d'une plante sauvage des Andes orientales, cette dernière est appelée *cumara* par les Indiens quechuas de la vallée de l'Urubamba. Les Polynésiens lui donnent pratiquement le même nom (*kumala*, ou *kumara*), ce qui laisserait penser qu'elle s'est répandue dans le Pacifique à partir du Pérou. Embarqués sur leurs doubles pirogues, ces extraordinaires navigateurs des temps anciens que furent les Polynésiens l'introduisirent à Hawaii, aux Samoa, à Tahiti et en Nouvelle-Zélande.

Mais les Incas ne se bornèrent pas à découvrir et à domestiquer de nombreuses plantes vivrières. Ils furent également les premiers à déceler les propriétés médicinales de certains arbrisseaux ou plantes, en particulier la *chincona* (dont l'écorce fournit la quinine), qu'ils utilisèrent très tôt pour soigner la malaria[5]. Ils découvrirent également les effets spécifiques de la cocaïne, substance extraite des feuilles de coca ; mais seuls les Indiens affectés à des tâches particulièrement harassantes ou pénibles (tels les messagers de l'Inca) étaient autorisés à en consommer. A en juger par les « médicaments » vendus aujourd'hui par les « apothicaires » indiens sur les marchés des bourgades de montagne, la pharmacopée inca comprenait vraisemblablement des substances d'origine minérale (tel le soufre), végétale (graines, racines et feuilles séchées de plantes tropicales), voire animale (extraits d'étoiles de mer) !

## Animaux domestiques

Les Incas se montrèrent aussi habiles dans la domestication des animaux que dans celle des plantes. Dans les Andes, vit un petit rongeur appelé *cuy* par les Indiens. C'est un animal extrêmement timide et, à l'état sauvage, difficile à attraper. Les Anglo-Saxons lui ont donné le nom de *guinea pig* (et les Français, celui de « cochon d'Inde »), bien qu'il ne soit originaire ni de Guinée, ni d'Inde, et qu'il n'ait rien d'un cochon. Ayant découvert qu'il constituait un mets des plus savoureux lorsqu'il était rôti au-dessus d'un feu ou bouilli dans une marmite, les Incas le domestiquèrent et en sélectionnèrent une douzaine de variétés différentes. Cet animal inoffensif est généralement laissé en liberté par les Indiens dans leurs huttes ; il se laisse alors facilement prendre et tuer, et constitue un plat délicieux pouvant être servi à tout visiteur impromptu.

Le père Cobo, un Jésuite lettré qui parcourut les Andes en l'an 1600, raconte comment le cochon d'Inde était cuisiné à son époque. Pour préparer leurs ragoûts, les Indiens assaisonnaient le *cuy* au poivre rouge et utilisaient des petits cailloux plats qu'ils ramassaient au fond des rivières. Ces derniers étaient placés dans le ventre de l'animal après avoir été intensément chauffés, de manière à hâter « de l'intérieur » la cuisson. Le père Cobo rapporte avec candeur que : « ce plat était davantage estimé des Indiens qu'aucun des mets les plus raffinés que préparent les Espagnols. La chair de l'espèce domestiquée est la plus délicate que l'on puisse connaître. Plus petites que la variété domestiquée, les trois espèces sauvages sont rencontrées en grandes quantités de par les champs »[6].

Les Incas domestiquèrent au moins trois races de chiens, mais ils ne semblent pas, à la différence des Polynésiens, les avoir jamais utilisés pour leur alimentation.

Une autre preuve de la formidable habileté déployée par les Incas dans la domestication d'animaux réside dans la place centrale qu'occupaient dans leur économie les trois camélidés américains — le *guanaco*, le *lama* et l'*alpaca*. Il n'y a pas si longtemps, on pouvait encore voir de grands troupeaux de guanacos en Patagonie, dont le climat est semblable à celui des hauts plateaux péruviens. Ces petits camélidés peuvent mesurer jusqu'à deux mètres de haut. Dans un passé récent, la

36

chasse au guanaco était considérée en Amérique du Sud comme le sport le plus noble. Ces animaux sont extrêmement farouches : réussir à les tenir en joue réclame des trésors de patience. Bien que curieux et impatient de nature, le guanaco se tient constamment sur ses gardes. L'acuité de sa vue et de son odorat est prodigieuse. Composés principalement de femelles, les troupeaux sont guidés par de vieux mâles vigoureux qui, faisant le guet sur les hauteurs, décèlent instantanément le moindre mouvement inhabituel dans le lointain. En cas de danger, les bêtes s'élancent dans un même mouvement au galop pour se regrouper un peu plus loin (leur allure habituelle est cependant le trot). Malgré leur extrême timidité, les guanacos furent capturés et apprivoisés par les premiers occupants de la *montaña*.

Les Indiens ne seraient jamais parvenus à attraper ces animaux si farouches et si rapides s'ils n'avaient utilisé cette remarquable arme de jet que constituent les *bolas* — deux boules, ou pierres, reliées entre elles par une corde. Lancer les *bolas* de manière à ce qu'elles s'enroulent autour des pattes des animaux pourchassés requiert une formidable adresse. S'ils n'avaient disposé que de frondes, flèches et massues, les anciens Péruviens n'auraient probablement jamais réussi à domestiquer comme ils le firent les petits camélidés des Andes.

Si les guanacos sont tous de la même couleur, les lamas et les alpacas qui en dérivent ont de nombreuses robes différentes. Les Indiens des Andes sont en effet parvenus, à force de persévérance, à créer à partir de l'espèce originelle autochtone deux espèces domestiques, chacune à une fin différente. La première, le lama, à la silhouette élancée, est particulièrement adaptée au transport de charges — bien qu'il ne soit pas assez robuste pour porter plus de trente-cinq à quarante kilos. Son pelage dru, qui lui recouvre la totalité du corps (à l'exception des pattes), lui permet de charrier des marchandises sans souffrir de frottements. La seconde, l'alpaca, proche cousin du lama, a quant à elle le corps entièrement couvert de laine. Son pelage, délicat et doux, est aujourd'hui très prisé des fabricants de lainages de premier choix. En fait, des négociants avisés adoptèrent jadis le terme « alpaca » (ou « alpaga ») pour désigner un matériau plus grossier — un mélange de laine de mouton et de coton — qu'ils utilisaient à grande échelle pour la confection de manteaux. Pour éviter toute confusion, les pardessus et les châles en véritable laine d'alpaca péruvien portent paradoxalement les labels « poil de chameau », « vicuña » (« vigogne »), voire « lama » ! Peu d'acheteurs de l'hémisphère Nord savent que la laine de lama est trop rêche pour un tel usage.

On notera avec intérêt que l'aire d'influence des Incas dans les Andes se confond avec la zone d'extension du lama. De fait, on peut considérer que leur civilisation n'a pu se développer dans une large mesure qu'à la faveur de la domestication du lama. En disposant de grands troupeaux de lamas dressés pour servir de bêtes de somme, les agriculteurs et les bâtisseurs de la *montaña* purent mener à bien des travaux beaucoup plus ambitieux que s'ils n'avaient compté que sur la force de leurs bras.

## La langue parlée

Certains archéologues américains raccourcissent volontiers la période pendant laquelle la civilisation inca s'est développée. Parce que les Mayas d'Amérique centrale utilisaient des hiéroglyphes et avaient inventé un calendrier, on est prêt à faire remonter la naissance de leur civilisation au début de notre ère, alors que les Incas ne sont crédités pour leur part que de quelques siècles. *Stricto sensu,* cette thèse est juste — si l'on décide au départ de restreindre l'usage du mot « Inca » aux quelques centaines d'années durant lesquelles les maîtres du Pérou portèrent effectivement le nom d'« Incas ». Si, en revanche, on emploie ce terme pour désigner, dans toute sa dimension historique et sa complexité, la civilisation découverte par les Espagnols au seizième siècle — avec son agriculture avancée, ses magnifiques ouvrages d'ingénierie, ses prodigieuses techniques de domestication de la nature — alors on peut affirmer à bon droit que les fondements de cette très ancienne civilisation furent jetés plusieurs millénaires avant J.-C.

Cette thèse est confirmée par le grand nombre de variétés de pommes de terre et de maïs trouvées en terre inca, et par le fait que les cochons d'Inde domestiqués par les anciens Péruviens sont de couleurs et de pelages aussi différents que peuvent l'être ceux des chats du bassin méditerranéen, animaux qui apparurent à une époque reculée de notre histoire.

Malheureusement, les Indiens des Andes ne disposèrent jamais d'aucune forme d'écriture, tant idéographique que phonétique. On peut en effet regretter que les Incas n'aient eu à aucun moment de leur histoire l'occasion, à l'instar des Grecs et des Romains, d'entrer en contact avec un peuple qui, tels les Phéniciens, avait su se doter d'un alphabet.

La langue des Incas était le quechua. A l'origine, cet idiome n'était parlé que dans les environs immédiats du Cuzco, où la dynastie inca apparut, probablement au dixième ou au onzième siècle de notre ère. Pendant les cinq siècles qui suivirent — au cours desquels ils réussirent à soumettre de nombreuses tribus, de l'Équateur, au nord, à l'Argentine, au sud — les Incas contraignirent les peuples tombés sous leur joug à adopter la langue quechua. Celle-ci était parlée dans la plus grande partie de l'ancien empire inca à la fin du seizième siècle.

Aujourd'hui, la population totale du Pérou avoisine les sept millions d'habitants. Un récent recensement a établi que deux millions et demi de Péruviens parlent encore le quechua et que deux tiers de ces derniers ne connaissent que cette langue[7]. Si d'innombrables dialectes sont parlés par les diverses tribus du bassin amazonien, il n'existe plus que deux langues aborigènes numériquement importantes dans les Andes — le quechua et l'aymara. Ce dernier, parlé par les Indiens de la région du lac Titicaca et du Nord de la Bolivie, présente de grandes analogies avec le quechua quant à sa grammaire et à son système phonétique. Ces deux langues ne s'apparentent à aucun des idiomes de l'est de l'Amérique du Sud, et, *a fortiori*, à aucun autre idiome parlé en dehors de ce continent. Certains linguistes estiment que près de cinq millions d'Indiens sud-américains parlent encore l'ancienne langue des Incas. Le quechua constitue de loin la langue indigène la plus importante des deux Amériques. Le fait qu'il compte aujourd'hui tant de locuteurs constitue en soi un autre témoignage du génie civilisateur des anciens maîtres des Andes.

Le quechua compte peu de mots exprimant des abstractions. Malgré leurs nombreuses conquêtes, les Incas n'étaient pas un peuple belliqueux. Dans leur langue, en effet, le mot « soldat » voulait également dire « ennemi ». L'immensité de leur empire est mise en évidence par le fait que le terme quechua désignant « les étrangers » signifie littéralement « les hommes habitant une cité lointaine ». De même, l'importance que revêtait à leurs yeux l'agriculture est illustrée de manière saisissante par le fait qu'en quechua, un seul et même mot désigne les deux actions « travailler » et « cultiver ». Travailler la terre semble avoir constitué pour les Incas la seule activité qui méritait le nom de « travail ».

Un intéressant aperçu sur les manières de vivre des Incas nous est fourni par la profusion d'expressions quechuas marquant les différents degrés de l'ivresse. L'une de leurs principales occupations était la préparation de la *chicha*[8], sorte de bière à base de maïs fermenté (le maïs était préalablement bouilli et pilé sur une meule au moyen de pierres plus ou moins sphériques, utilisées par les Indiens des Andes comme des « meules courantes » ou des broyeurs). Pour moudre leur maïs, les Indiens du Mexique et d'Amérique centrale utilisent des « molettes » beaucoup plus rudimentaires, qu'ils frottent d'avant en arrière contre une pierre plate. Ce dernier procédé nécessite plus d'efforts que la technique mise au point dans les Andes. Le fait que l'ustensile le plus ordinaire de la maisonnée — celui qui permet de broyer le maïs — ne soit pas le même chez les Incas et chez les Mayas dénote une longue période d'évolution séparée.


*Céramique*


Outre l'agriculture, la domestication des animaux et la sélection des plantes, les Incas portèrent à un haut degré de raffinement la fabrication des poteries. Ils apprirent à reconnaître les différents types d'argile, et firent des localités d'où provenaient les plus délicats d'entre eux de véritables sanctuaires, voués au culte de divinités protectrices. Par ailleurs, il se peut qu'ils aient disposé d'une sorte de tour de potier pour modeler leurs jarres.

Les poteries incas, aux motifs symétriques et gracieux, n'ont rien de grossier et de fruste. La plupart d'entre elles ont été façonnées avec l'art le plus consommé : polies et peintes, leur surfaces ne portent aucune trace du processus de fabrication. A la différence des céramiques primitives des tribus indiennes du bassin amazonien et de nombreuses autres parties du Nouveau Continent, les poteries incas démontrent abondamment — de par leur symétrie, leurs proportions harmonieuses, et leur haut degré de finition — que leurs auteurs étaient les héritiers d'une civilisation millénaire, cultivant l'amour du beau depuis la nuit des temps. Les spécimens parvenus jusqu'à nous semblent admirablement adaptés aux usages auxquels ils étaient destinés — et juste assez décorés pour satisfaire le propriétaire le plus exigeant...

Sur la côte Pacifique, d'anciens peuples assujettis par les Incas avaient, avant eux, poussé leurs techniques de céramique à un degré encore plus élaboré[9]. Les motifs incas sont presque toujours géométriques et conventionnels : carrés imbriqués les uns dans les autres, hachures entrecroisées, rangées de triangles ou de losanges, lignes parallèles, spirales. On retrouve également sur un grand nombre d'objets une sorte de frise stylisée consistant en une série de disques suspendus chacun par des fils à une corde circulaire. Peut-être s'agissait-il là d'une représentation de la frange royale, l'insigne de souveraineté inca[10].

Le motif à barres et croix dédoublées qui orne fréquemment les anses des poteries incas rappelle sans aucun doute les corbeilles de vannerie de temps plus reculés. Ce motif, particulièrement prisé des céramistes incas, apparaît sous différentes variantes, et constitue souvent l'élément central d'une décoration géométrique.

La céramique inca fait aujourd'hui figure de « parente pauvre » au sein des collections de nombreux musées — non seulement du fait de sa rareté, mais également en raison de la ressemblance de ses lignes gracieuses et symétriques avec les formes classiques du bassin méditerranéen. Certaines jarres à deux anses péruviennes présentent des similitudes frappantes avec un grand vase ventru à fond conique retrouvé sur le site de Troie. D'autres renvoient aux formes grecques proprement dites.

Les plus belles céramiques péruviennes exposées dans les collections occidentales proviennent de la côte du nord du pays où, avant l'époque de l'empire inca, des potiers indigènes excellèrent dans la réalisation de groupes humains, voire de portraits, d'un réalisme saisissant. Certaines poteries originaires de cette région décrivent les activités et les émotions humaines avec un art qui n'a peut-être jamais été surpassé. Le corps nu y est notamment représenté dans diverses attitudes, parfois si dépravées que certaines pièces doivent être exclues des expositions publiques. Des silhouettes dépeintes dans toutes les postures concevables, des prêtres se livrant à des sacrifices humains, des hommes atteints de terribles maladies, des caricatures grotesques d'hommes sous l'empire de la drogue ou de l'alcool, le tragique et le comique — toutes les manifestations de la vie trouvent leur représentation dans l'art céramique côtier. L'absence frappante de telles tendances dans la poterie des Incas incite à penser que les maîtres de Cuzco ont éprouvé une profonde répugnance à utiliser les formes humaines à des fins décoratives, répugnance peut-être liée à l'habitude prise par les Péruviens des montagnes de se protéger du froid intense en restant constamment habillés. Mais il y a des milliers d'années, cet usage n'avait peut-être pas encore cours, si l'on considère que les Indiens des confins méridionaux de l'Amérique du Sud, qui vivent parmi les glaces de la Terre de Feu, sont à peine vêtus. Ce n'est qu'après l'apparition des premiers vêtements, dont la fabrication se trouva facilitée par la domestication du lama et de l'alpaca, que leur usage quotidien se généralisa progressivement. L'habitude aidant, les Indiens de la *montaña* en vinrent sans doute à juger indécente toute exhibition du corps. Un tel rigorisme finit par engendrer le sentiment de honte qui conduisit les artisans à peindre des motifs géométriques ou des animaux stylisés plutôt que des formes humaines. Telles sont les raisons qui semblent avoir poussé les Incas à ne jamais représenter le corps humain sur leurs poteries, même si leur sens aigu de la beauté leur permit de façonner des jarres et des plats qui ne le cèdent en rien aux céramiques de la Grèce ancienne.

Pratiquement toutes les poteries découvertes au cours de nos fouilles à Machu Picchu sont de pur style inca. La forme la plus caractéristique, et le type de récipient à liquides le plus fréquemment rencontré, est une sorte de vase ventru, à long col et à fond conique, haut de soixante à soixante-quinze centimètres et capable de contenir jusqu'à vingt-cinq litres ; deux anses en forme de courroies sont fixées sur sa partie inférieure, et le bord de son goulot s'orne de deux appendices évidés, ressemblant à des oreilles (*phot.* 11). Une protubérance figurant une tête de félin stylisée est fixée sur la panse du vase, à la base de son encolure ; outre la gueule, grossièrement incisée, et les deux yeux de la bête, on peut parfois distinguer ses oreilles, ses crocs et même ses narines. Selon certains spécialistes, les artisans incas pensaient que cette effrayante tête d'animal éloignait le mauvais démon qui faisait tourner la *chicha*. Cette protubérance peut également avoir été utilisée pour attacher un drap servant précisément à boucher le vase et à empêcher le précieux breuvage de tourner. Ou peut-être s'agissait-il d'un appendice décoratif indiquant, en fonction de sa couleur, la provenance de la *chicha*. Transportées à dos d'homme au moyen d'une courroie passée dans les anses et enroulée autour de la tête de félin stylisée, ces jarres n'étaient décorées que d'un seul côté (l'autre, celui qui frottait contre le dos du porteur, était généralement laissé tel quel). Bien qu'elles diffèrent grandement des « aryballes » grecs[11], elles sont désignées sous ce nom par les archéologues péruviens depuis des lustres. Pour autant que je sache, aucun vase de ce type n'a été retrouvé en dehors des limites de l'ancien empire inca. Un grand nombre de spécimens de ces pseudo-« aryballes » ont été mis au jour à Machu Picchu.

Les Incas buvaient leur *chicha* à l'aide d'une sorte de soucoupe ou coupelle dotée sur un de ses côtés d'une poignée — parfois une simple anse, plus souvent une tête stylisée d'oiseau ou d'un autre animal épousant parfaitement la forme du pouce — et, sur le bord opposé, d'un motif décoratif en relief. L'intérieur de ces récipients est orné de motifs géométriques élaborés, aux couleurs vives. Ces soucoupes présentent certaines ressemblances avec les patères dont se servaient les Romains pour les libations qu'ils offraient à leurs divinités. Il est amusant de noter que les poignées de ces coupelles sont aussi agréables à la vue que les protubérances en forme de tête de félin des grandes jarres sont rébarbatives : faut-il voir dans ce contraste une invitation à la boisson ?...

Vivant dans un pays montagneux où le bois de chauffage est rare et où l'ingestion d'eau froide provoque fréquemment le redoutable *soroche* (mal des montagnes), aux conséquences souvent fatales, les Indiens du Pérou satisfont leurs besoins de chaleur et étanchent leur soif en consommant de grandes quantités de soupe chaude et de bière. Les récipients dont se servaient les Incas pour boire sont soigneusement polis et peints — à la différence des marmites noircies par le feu, ou *ollas*, utilisées pour la préparation des soupes et des ragoûts (*phot. 8*).

L'*olla* du type le plus courant comporte une anse latérale et un pied unique. Le côté opposé à l'anse est généralement décoré d'un motif en bas-relief, figurant en lieu et place d'une seconde anse ayant peut-être existé à l'origine. Ces récipients en forme de coupe à fruits, ou de soupière, mesuraient en moyenne vingt-cinq centimètres de haut. Leur forme constitue l'aboutissement d'une longue évolution ayant débuté avec l'apparition de pots à deux anses, posés à même les braises d'un feu de bois. Puis quelque Indien ingénieux découvrit qu'un pied ou une base conféraient à ces pots une plus grande stabilité sur le foyer. Un peu plus tard, il apparut que seule l'anse la plus proche du cuisinier avait une réelle raison d'être, l'autre anse était trop chaude pour présenter quelque utilité. Cette dernière fut finalement supprimée, sa place étant désormais occupée par une petite décoration en bas-relief rajoutée sur le pot juste avant son passage au four.

Une autre pièce essentielle de la vaisselle inca consistait en un plat à deux anses fixées horizontalement sous son rebord, plat suffisamment large pour que ses utilisateurs puissent attraper facilement avec les mains la nourriture qu'il contenait — le plus souvent, des morceaux de ragoût, le mets favori des anciens Péruviens. Soigneusement polis et sobrement décorés de motifs géométriques standardisés, ces plats en argile fine ne pouvaient aller sur le feu.

Les tasses et les coupelles destinées à la consommation de la *chicha* étaient fréquemment ornées de deux jaguars ou pumas se défiant du regard, tous crocs dehors. Leurs anses affectaient parfois la forme d'une tête de renard ou de coyote aux traits rieurs, tête généralement modelée de manière exquise. En façonnant ces plats d'usage pourtant courant, les artisans andins ont fait montre de dons artistiques prodigieux, et — bien souvent — d'un remarquable sens de l'humour. Certaines cruches à *chicha* représentent un homme obèse, les mains confortablement calées sous son estomac.

Ces cruches ou pichets étaient parfois décorés d'un visage humain en bas-relief (ou moitié en relief, moitié peint). L'anse de certains de ces pichets était ornée d'une tête de jaguar en partie évidée ; le cordon permettant de suspendre à un support mural le pichet était retenu par les dents de l'animal.

Parmi les modèles de la céramique inca les plus intéressants et les plus rares figurent ces braseros tripodes, portables à l'aide d'une poignée en forme d'anse de panier et dotés d'un bec verseur latéral (*phot.* 10). Leur partie supérieure est perforée de trois ouvertures de ventilation ; leurs pieds, massifs et cylindriques, étaient suffisamment longs pour qu'un petit feu de bois pût être allumé sous leur fond. Les métallurgistes incas les utilisèrent de manière si intensive qu'ils avaient en général une durée de vie très courte. Aucun exemplaire en parfait état n'a été retrouvé.

Ces braseros sont pour la plupart aussi larges que hauts (dix-huit centimètres). Ils contenaient vraisemblablement les charbons ardents dans lesquels les métaux étaient travaillés. Des soufflets étaient introduits dans les ouvertures de ventilation — technique décrite par plusieurs chroniqueurs espagnols au lendemain de la conquête. Leur fond était suffisamment fin pour être rapidement chauffé. Il ne fait aucun doute que ces objets servirent à la fabrication d'objets en bronze — couteaux, haches, ciseaux et épingles à châle — qui devaient être chauffés et adoucis de manière répétée.

## Orfèvrerie

Des études ont révélé que le bronze inca était remarquablement pur — mis à part d'infimes quantités de soufre. La proportion de cuivre dans le bronze inca varie, selon les objets, de 86 à 97 %. Certains archéologues, arguant du fait que les plus grandes quantités d'étain ont été trouvées dans les bronzes qui en avaient précisément le moins besoin, en ont conclu que la présence de ce métal dans le bronze inca devait être considérée comme accidentelle. Cette hypothèse a été soigneusement examinée par les experts des plus grandes firmes d'extraction de cuivre exploitant actuellement des mines dans les

Andes. Tous s'accordent pour rejeter cette explication, aucun gisement mixte de cuivre et d'étain n'ayant jusque-là été découvert en Amérique du Sud. Pendant la Seconde Guerre mondiale, des quantités considérables d'étain furent extraites des mines boliviennes, où les manufacturiers alliés trouvèrent d'énormes réserves, en remplacement des gisements de Malaisie occupés par les Japonais. Il est également bien connu que d'importants filons de cuivre ont été mis au jour au Pérou et au Chili, mais jamais en combinaison avec de l'étain.

Mon ami le professeur Charles H. Matthewson[12], de l'Université de Yale, le premier métallographe moderne à avoir étudié de manière approfondie les bronzes incas, est parvenu à la conclusion que la teneur en cuivre de ces bronzes n'était pas dictée par les fonctions auxquelles ils étaient destinés, mais bien plutôt par les exigences des anciennes méthodes de fabrication. Tout ce que l'on sait de la métallurgie inca s'appuie sur ses travaux.

Les Incas découvrirent avec intérêt que le bronze contenant une forte proportion d'étain permet de meilleurs moulages, du fait qu'il se dilate davantage au cours du processus de solidification que le bronze à faible teneur en étain. Partant, les pièces les plus délicatement façonnées contiennent, à l'examen, le plus fort pourcentage d'étain, composition qui permet de faire mieux ressortir les détails ornementaux du produit fini. Il va sans dire que si les Incas avaient disposé de nos échoppes en acier, il en aurait été tout autrement.

Pour être plus précis, les orfèvres incas découvrirent que le moulage de petits objets est facilité lorsque le bronze comporte au moins 10 % d'étain. Un tel alliage conserve sa chaleur et sa fluidité initiales plus longtemps. De petits objets tendant à se refroidir plus rapidement, la connaissance de cette loi physique fut d'un grand secours aux artisans andins lorsqu'ils fabriquèrent des boucles d'oreilles et des épingles à châles ornementales ; elle rend compte du plus fort taux d'étain utilisé pour le façonnage de ces objets.

Ignorant les méthodes modernes de chauffe, ces métallurgistes primitifs durent sacrifier la dureté et la résistance des haches et des ciseaux qu'ils étaient appelés à couler au profit de la finesse de leurs lames en accroissant le taux d'étain entrant dans leur composition. De tels objets devaient être martelés et recuits à maintes reprises. Le travail à froid étant nécessaire pour obtenir la dureté finale de ces outils, les lames devaient être passées au feu plus d'une fois, processus qui nécessite normalement un faible taux d'étain. Par la force des choses, les orfèvres incas durent recourir à une formule combinant cuivre et étain dans des proportions qui ont étonné les archéologues. Aux yeux de ces derniers — qui s'en tinrent longtemps à des analyses chimiques — cet alliage semblait en bonne logique tout à fait inapproprié au moulage de haches, de ciseaux et de grands couteaux. Ce n'est qu'au terme d'une analyse métallographique des bronzes incas (au cours de laquelle les pièces examinées durent être brisées) que le professeur Matthewson découvrit la structure interne de ce type d'objets, les méthodes de leur fabrication et les raisons des variations de la teneur en étain ayant pu être observées. Les orfèvres incas façonnaient généralement leurs couteaux de bronze d'un seul bloc avant de les travailler à froid. Les recuites qui pouvaient intervenir avaient pour seul objet de ramollir le métal afin de faciliter le travail à froid, probablement effectué sans que les pièces soient au préalable chauffées au rouge. Certains bronzes incas portent les marques de martelages et de recuites répétés. Ces martelages ont vraisemblablement été effectués avec des outils de pierre, d'usage courant chez les Incas.

Les lames des couteaux semblent avoir été travaillées et martelées de manière à étendre le métal plus ou moins uniformément dans plusieurs directions. Les ciseaux et les haches, en revanche, étaient coulés pratiquement dans leur forme finale.

Les métallurgistes incas eurent l'idée de recourir à plusieurs variétés de bronze pour la fabrication de couteaux ouvragés. Les couteaux incas affectaient la forme d'un « T » inversé (*phot.* 19). L'extrémité de leur manche était parfois ornée d'une tête de lama ou d'oiseau en bronze à haute teneur en étain. Devant être travaillés à froid, la lame et le reste du manche, par contre, étaient façonnés dans un bronze à plus faible taux d'étain.

La partie ornementale du manche était coulée autour de la soie du couteau une fois cette dernière achevée. Héritier de traditions immémoriales, l'artisan inca, soucieux de réaliser tout à la fois un objet utilitaire et une œuvre d'art, pouvait consacrer un nombre d'heures infini au façonnage d'un seul couteau. S'il voulait percer un trou dans l'extrémité d'un couteau ou d'une aiguille, il devait le faire, faute d'outils en acier, pendant le moulage de l'objet.

Les orfèvres incas fabriquèrent également des *bolas* de bronze, cette arme de jet que les Indiens des Andes utilisaient pour capturer un perroquet ou un ara au plumage multicolore en plein vol. Les deux boules étaient reliées entre elles par une corde attachée à ses deux extrémités à des épingles ; ces dernières n'étaient pas fichées dans les *bolas,* mais coulées en place en même temps qu'elles. Du point de vue de l'aérodynamique, cette formule était celle qui offrait le moins de résistance à l'air. Voir un chasseur inca abattre un ara en vol à l'aide de *bolas* de bronze (l'arme s'enroulait autour des pattes et des ailes de l'oiseau, mais sans le blesser) constituait certainement un spectacle impressionnant.

Certaines lames de haches portent des marques semblant indiquer qu'elles furent utilisées pour briser ou façonner des objets en pierre. Leur structure comporte des traces de coups ne pouvant résulter que de chocs très violents. Ces haches servirent probablement à la taille de pierres d'appareil, fonction à laquelle aucun outil de pierre n'aurait pu se prêter. Certains auteurs estiment que les Incas employaient couramment des instruments de bronze pour la finition de leurs plus beaux ouvrages de pierre. Il me semble cependant que même leurs meilleurs bronzes n'étaient pas assez résistants pour subir longtemps un tel traitement. Il est douteux qu'un tel usage ait été « courant ». Des expériences menées au National Museum de Washington ont montré que la patience, la persévérance, « l'huile de coude » et beaucoup d'eau et de sable fin permettaient à des outils de pierre de formes diverses de dégrossir et de polir à merveille aussi bien du granite que de l'andésite.

On peut en revanche raisonnablement affirmer que les architectes incas utilisèrent de petites pinces à levier en bronze pour mettre en place des pierres de taille trop lourdes pour être soulevées à la seule force des bras. Appelées *champis* (*phot.* 22), ces pinces étaient assez résistantes pour servir à ajuster des blocs de pierre de dix ou vingt tonnes. Au cours d'un essai réalisé sous la direction du professeur Matthewson, un vieux *champi* inca de médiocre qualité résista à des forces de traction de près de treize tonnes au pouce carré. Nous soumîmes nous-mêmes à la même expérience un levier de bronze neuf de la même composition et durci avec les méthodes des orfèvres incas : il se révéla encore plus résistant.

Outre des outils tels que haches, couteaux, ciseaux et leviers, des ustensiles à usage domestique (pinces à épiler, épingles à châles et grandes aiguilles) ainsi que des parures et autres objets décoratifs (anneaux, bracelets, pendentifs et clochettes) figurent parmi les bronzes incas. Les orfèvres andins fabriquèrent même des cure-oreilles dont le manche était souvent décoré à son extrémité par une tête d'oiseau stylisée.

L'objet de bronze inca le plus courant est peut-être l'épingle à châle. Des estampes espagnoles de l'époque de la conquête montrent que ces épingles étaient déjà utilisées par les Indiennes pour attacher la pièce d'étoffe qu'elles drapent sur leurs épaules. Cette coutume a encore cours aujourd'hui dans les Andes, mais j'ai remarqué que la tête des épingles modernes revêt la forme d'une cuiller. Les Incas ne semblent pas avoir connu cet ustensile. Les têtes de leurs épingles à châles, dont la longueur varie de huit à vingt-trois centimètres, sont généralement plates et affectent la forme d'une demi-lune. Elles semblent avoir été longuement martelées, jusqu'à devenir extrêmement fines : leurs bords sont si tranchants qu'elles peuvent avoir été utilisées pour couper d'autres objets. Les femmes indiennes, fréquemment occupées à filer la laine au moyen d'un fuseau ou à tisser des étoffes, firent certainement un grand usage de ces petits couteaux si pratiques.

Les Incas réalisèrent également des miroirs de bronze semblables à ceux qui ont été retrouvés dans les tombes égyptiennes. Ils parvinrent même à façonner un miroir de bronze concave, qui, lorsqu'il était poli, permettait de concentrer les rayons du soleil sur un morceau de coton pour y mettre le feu. On ne peut se défendre d'admirer l'extraordinaire habileté des orfèvres incas, et de s'interroger sur le temps qu'il leur a fallu pour parvenir à une telle maîtrise dans le travail des métaux.

Ils fabriquèrent également de grandes aiguilles ou passe-lacets en bronze avec des chas assez larges pour qu'on pût y faire passer une corde. Les artisans perçaient parfois ces chas en aplatissant la tête de l'aiguille jusqu'à ce qu'elle forme une étroite lamelle ; celle-ci était ensuite repliée et plaquée contre le corps du passe-lacet, le chas étant ensuite obtenu par martelage de l'ensemble. Ces opérations étaient vraisemblablement accomplies à l'aide d'un de ces braseros de bronze décrits plus haut.

Les Incas, enfin, utilisaient des pinces à épiler en bronze en guise de rasoirs. La plupart des Indiens des Andes ont très souvent le visage glabre. A l'instar de leurs descendants, les Incas étaient probablement soucieux d'éliminer tous les poils qui pouvaient apparaître çà et là sur leur menton et leurs joues. La coutume de s'épiler à l'aide de petites pinces était pratiquée par les tribus des îles Gilbert, en Micronésie, bien avant que les Occidentaux n'aient commencé à se raser. Il est évident, pour l'observateur des mœurs et des coutumes, que le goût de la beauté et le désir de plaire sont aussi vieux que le monde...


## Textiles


Les Incas eurent la chance de régner sur une race industrieuse, habituée à soutenir de longs efforts. Aujourd'hui, si l'on rencontre parfois des hommes désœuvrés sur l'altiplano, on ne verra en revanche jamais de femmes quechuas oisives. Qu'elles gardent des troupeaux ou qu'elles marchent le long des routes, elles seront presque toujours occupées à filer ou à dévider de la laine. On les verra souvent tisser à l'aide d'un métier à main un châle ou une ceinture, un poncho ou un pagne. Les hommes et les adolescents se livrent également à ce type d'activité.

Porté à son plus haut degré de raffinement par les Incas, l'art textile andin fut l'un des plus remarquables que le monde ait jamais connu. Nous recourons à la soie et au lin pour fabriquer nos plus beaux tissus. Les Incas et leurs prédécesseurs, pour leur part, ne connaissaient ni le ver à soie, ni le chanvre. Ils utilisaient le coton et la laine douce de l'alpaca — ainsi que celle (extrêmement délicate et rare) de la *vicuña* (vigogne), le plus petit des camélidés américains, qu'ils ne se donnèrent jamais la peine de domestiquer. La production de tissus en laine de vigogne était bien évidemment tributaire des prises effectuées par les chasseurs incas lors de leurs grandes battues annuelles.

Les touristes visitant aujourd'hui le Pérou ne manquent pas d'acquérir des tapis en peau de vigogne, mais ces petits animaux sont devenus si rares qu'ils sont aujourd'hui protégés. A l'époque des Incas, la laine de *vicuña* était réservée, semble-t-il, aux dirigeants et aux nobles.

Certains tissus pouvant être datés des premières cultures andines témoignent déjà d'une prodigieuse maîtrise technique. De beaux spécimens de ces textiles primitifs sont conservés dans divers musées d'art, à Boston, New York et Washington notamment. Ils sont tout aussi dignes de notre admiration que les plus belles étoffes égyptiennes ou chinoises. L'esprit d'invention et l'ingéniosité des tisserands péruviens ont donné naissance à des matériaux témoignant d'une aussi longue période de mûrissement artistique que celle qu'ont connue les civilisations égyptienne ou chinoise. Les pièces aussi rares que somptueuses retrouvées dans les nécropoles de la côte Pacifique, où elles ont été conservées grâce à l'air sec de la région et à l'absence de pluies, constituent pour les archéologues et les historiens l'une des preuves du très grand âge de la civilisation andine. Et celle-ci ne doit rien à l'Asie.

Les chroniques nous enseignent qu'à l'époque des Incas, les plus beaux textiles étaient fabriqués dans les couvents attenant aux Temples du Soleil, où étaient cloîtrées les « Femmes choisies », ou « Vierges du Soleil », à qui étaient longuement enseignées les techniques de cet art difficile qu'est le tissage. Certains de ces textiles étaient aussi beaux et aussi doux au toucher que nos plus belles soies.


## Les hommes


Personne ne connaît l'origine des peuples sur lesquels les Incas étendirent leur domination. Les spécialistes d'anthropologie physique soutiennent que la conformation osseuse des Indiens d'Amérique présente de grandes similitudes avec celle des ethnies du nord-est de la Sibérie. Ces ressemblances ne prouvent cependant en aucun cas qu'une migration eut lieu d'Asie vers l'Amérique, pas plus qu'elles ne laissent penser que des peuples d'Asie orientale sont originaires d'Amérique. Quelle que soit sa date, et quel que soit le sens dans lequel elle s'est effectuée, cette migration se produisit en des temps si reculés que les preuves archéologiques font défaut. En tout état de cause, il semble n'exister aucune similitude entre les premières cultures connues du nord-est de l'Asie et celles de l'ouest de l'Amérique du Sud. Par ailleurs, dans la mesure où le blé, cultivé en Asie, était inconnu des Amérindiens, et où les peuples asiatiques, de leur côté, ignorèrent jusqu'à l'époque moderne l'existence du maïs et de la pomme de terre, on peut affirmer avec une quasi-certitude que la migration eut lieu plusieurs milliers d'années avant notre ère, avant les débuts de l'agriculture dans les deux Mondes. La récente découverte en Amérique du Nord du corps congelé d'un homme ayant, semble-t-il, vécu il y a près de 20 000 années est venue corroborer cette hypothèse[13].

Les Incas déployèrent tant d'efforts pour répandre l'usage de la langue quechua partout où ils assirent leur domination qu'il y a tout lieu de croire qu'ils étaient eux-mêmes d'origine quechua[14]. Les Indiens quechuas sont bruns de peau. Leurs cheveux sont raides et noirs (ils ne grisonnent que très rarement). Dans certaines régions du Pérou, les hommes ont encore coutume aujourd'hui de porter les cheveux longs et tressés. Ils ne portent en revanche que très rarement la barbe, et, lorsque tel est le cas, leur pilosité reste extrêmement clairsemée. Les Indiens barbus ont généralement du sang espagnol dans les veines.

Les Quechuas, par ailleurs, perdent peu leurs cheveux. Leur dentition semble également plus vivace que la nôtre. Seuls les Indiens travaillant dans des plantations de canne, où ils n'ont que trop souvent l'occasion de consommer du sucre brut, ou mêlé de maïs grillé — mixture qui constitue souvent leur ration quotidienne — souffrent parfois de caries. N'ayant pas connu le sucre, les Incas avaient probablement de bonnes dents et mâchaient sans difficulté leurs grains de maïs grillés.

Les Quechuas ont les traits épatés et les pommettes saillantes. Bon nombre d'Indiens des montagnes ont le visage grêlé (les taches de son, également, ne sont pas rares). La petite vérole (originaire d'Asie) était probablement inconnue dans les Andes à l'époque précolombienne. Par contre, de nombreux indices (des ossements découverts dans les tombes préhistoriques aux décorations « naturalistes » de la céramique côtière) tendent à prouver que la syphilis n'est pas originaire de l'Ancien Monde, mais qu'elle est autochtone. En fait, elle fut probablement importée d'Amérique en Europe par les marins des premières expéditions de découvertes. C'est là le pire cadeau que fit le Nouveau Monde à l'Ancien en échange des « bienfaits » de la civilisation européenne.

Rien n'indique que les Incas aient été corpulents. Les Indiens d'aujourd'hui le sont rarement. Il est difficile de déterminer s'il s'agit d'un caractère racial ou si ce trait physique est une conséquence d'un environnement naturel hostile. La consommation intensive de pommes de terre aurait pourtant plutôt tendance à faire grossir. Le régime alimentaire des Incas comportait peu de viande, les lamas et les alpacas étant par ailleurs beaucoup trop utiles pour servir à des fins alimentaires, sauf dans le cas d'animaux morts de vieillesse.

L'Indien des Andes fit le meilleur usage qu'il put du lama, mais il ne parvint jamais à lui faire porter des charges excédant une quarantaine de kilogrammes. Il ne pouvait compter que sur lui-même pour le transport de lourdes charges. De ce fait, il n'est pas surprenant de constater que si ses bras sont relativement chétifs, la musculature de ses épaules, de son dos et de ses jambes est en revanche particulièrement développée.


## Les « Femmes choisies »

Chez les Incas, pratiquement chaque homme se mariait au moins une fois dans sa vie. La polygamie était couramment pratiquée au sein des élites et considérée comme un état enviable, du moins pour ceux qui pouvaient se permettre ce luxe. Les hauts fonctionnaires de l'empire, les nobles et les chefs militaires les plus valeureux se voyaient attribuer des concubines. Ces dernières provenaient généralement de ces pensionnats ou couvents où de belles jeunes filles, ou « Femmes choisies » (*acclas*), sélectionnées chaque année dans les différentes provinces de l'empire, étaient éduquées.

Les « Femmes choisies », dont la vie était vouée au service du Dieu Soleil et de ses représentants, l'Inca et les prêtres, étaient regroupées dans des sanctuaires disséminés d'un bout à l'autre de l'empire. Le fait que l'Inca décidât de fonder l'un de ces *accla-huasis* (littéralement, « maisons de celles qui ont été choisies ») sur le territoire d'une province nouvellement conquise était tenu pour un grand honneur.

Selon les chroniqueurs espagnols, le couvent le plus important se trouvait au Cuzco, à côté du Temple du Soleil. Les autres femmes n'avaient pas le droit de pénétrer dans ce lieu sacré. De même, les hommes n'étaient pas admis dans l'enceinte des pensionnats impériaux. Les jeunes filles les plus belles et les mieux nées de chaque province étaient sélectionnées dès leur enfance — dès l'âge de huit ou neuf ans, semble-t-il. Leur éducation était confiée à des matrones (*mama-cunas*) vivant depuis longtemps dans les couvents. Les fillettes apprenaient non seulement à confectionner les vêtements destinés aux nobles (ainsi que les tuniques d'apparat et les tentures exhibées lors des grandes cérémonies officielles), mais également à préparer les mets et les breuvages utilisés pour la célébration des rites. Les jeunes filles restaient probablement cloîtrées dans les couvents jusqu'à l'âge de seize ans, date à laquelle elles étaient réparties en trois classes, en fonction de leur beauté. Les plus belles et les mieux nées devenaient probablement les concubines de l'Inca. D'autres[15], semble-t-il, étaient choisies pour être offertes en sacrifice au soleil — ou, du moins, pour être internées à vie dans l'un des couvents, où elles étaient parfois appelées à exercer les fonctions de gardiennes du Temple du Soleil, ou à devenir elles-mêmes instructrices des Femmes choisies. Les *acclas* du troisième groupe, enfin, étaient données comme épouses par l'Inca aux nobles et aux chefs militaires qu'il souhaitait récompenser.

Il est naturel que les femmes les plus désirables aient été vouées au culte du soleil, dans lequel les Incas voyaient une divinité bienveillante, dispensatrice de vie. Dans les Andes, où le climat devient vite âpre dès que le soleil disparaît, il est compréhensible que le culte rendu à l'astre suprême se soit traduit par diverses pratiques telles que sacrifices propitiatoires, supplications et « actions de grâces ». Aux yeux des Incas, il importait que le Dieu Soleil fût contenté de toutes les manières possibles et que ses prêtres fussent servis par les plus belles jeunes femmes de l'empire.

Ce que l'on sait des Femmes choisies et des Vierges du Soleil est en partie fondé sur les écrits de Cieza de Leon[16], le plus illustre des chroniqueurs espagnols de la conquête du Pérou. Cieza de Leon rapporte que des portiers étaient postés à l'entrée des couvents pour veiller sur les vierges, dont la beauté et (pour une part d'entre elles) la noble extraction suscitaient tentations et convoitises. Une chasteté rigoureuse était en effet imposée aux *acclas* sous la menace des pires sanctions. Cieza de Leon précise qu'une Vierge du Soleil convaincue de relations avec un homme était enterrée vivante, et que le même sort était réservé à son amant.

Selon l'un de ses contemporains, Polo de Ondegardo[17], les *acclas* étaient sélectionnées par les gouverneurs des provinces, qui avaient tout pouvoir de choisir des fillettes de l'âge requis sans limitation quant à leur nombre. L'éducation des jeunes élues était confiée aux *mama-cunas*.

Le nombre des jeunes filles enlevées ainsi à leurs familles était très élevé et leurs parents ne pouvaient en aucun cas les faire exempter ou les racheter. Aucun recours n'était possible.

Toujours selon Ondegardo, les couvents possédaient de grands domaines dont les récoltes leur étaient exclusivement destinées. Enfin, les vêtements tissés en quantités industrielles dans les *accla-huasis* étaient répartis entre l'entourage de l'Inca (ses capitaines favoris, sa suite), d'une part, et les entrepôts d'État, d'autre part.


## Religion


La religion des anciens peuples, tout comme leurs mœurs et coutumes, était dans une large mesure le reflet du climat de la région où chacun d'eux était établi. Dans une contrée chaude, où le soleil dispense une chaleur accablante au milieu de la journée et où les nuits sont fraîches, les hommes n'étaient guère enclins à adorer le soleil. Ils avaient par contre une tendance marquée à vénérer les étoiles et la lune. La connaissance intime des corps célestes (l'astronomie), voire de l'influence qu'ils exercent sur le destin des hommes (l'astrologie), est l'un des traits marquants de la civilisation arabe, comme de celle des Mayas, en Amérique centrale.

En revanche, dans les Andes, sur l'altiplano péruvien, où l'atmosphère raréfiée ne retient pas la chaleur du soleil et où un froid glacial règne pendant la nuit, il n'est guère surprenant que les hommes aient prêté peu d'attention aux astres et réservé leurs incantations au soleil. Les Incas révéraient également les hauts pics enneigés, les précipices et les cascades, ainsi que divers phénomènes naturels (tels les éclairs et le tonnerre) faisant partie de leur univers familier ; les offrandes propitiatoires qu'ils leur adressaient et le culte qu'ils leur rendaient avaient pour objet de protéger tout un chacun du mal.

La divinité suprême des Incas était tout naturellement le soleil, sans qui les récoltes ne pouvaient croître et sans qui la vie ne pouvait être envisagée. Sa faveur devait être constamment recherchée. Au mois de juin, au moment où le soleil, dans l'hémisphère austral, s'éloigne de plus en plus vers le nord et où les ombres s'allongent, les Incas craignaient que l'astre ne poursuive sa course vers le septentrion et disparaisse à tout jamais derrière l'horizon, laissant les hommes en proie à la faim et au froid. Les prêtres du Soleil, capables, les 21 ou 22 juin, d'arrêter sa course en amarrant symboliquement son orbe à un *intihuatana* (pilier de pierre servant à la fois d'autel et de cadran solaire), étaient hautement vénérés. Quand les ombres cessaient de s'allonger et recommençaient à diminuer — annonçant ainsi que le soleil viendrait à nouveau un jour au zénith et que son règne serait à nouveau fermement établi —, les Indiens donnaient libre cours à leur joie. La période du solstice d'été était marquée par toute une série de réjouissances ; celle du solstice d'hiver, en revanche, était vécue par les Indiens sous le signe de la peur et de l'angoisse. Il est probable que les prêtres du Soleil, dont la vie ne tenait qu'à un fil — leur aptitude à guider la course de l'astre dans le firmament — savaient « lire » la longueur des ombres projetées par ces énormes gnomons que consti- tuaient les *intihuatanas* (littéralement, « le lieu auquel le soleil est amarré »).

On s'attend naturellement à trouver ces pierres sacrées à l'intérieur des sanctuaires ou temples où le soleil était adoré et où l'on enseignait aux Femmes choisies à devenir ses servantes. Certaines d'entre elles y apprenaient également, on l'a vu, le métier d'épouse, en attendant que l'Inca les donne en cadeau aux dignitaires de sa suite ou à certains hommes ayant rendu de grands services à l'État : elles y tissaient des étoffes délicates et préparaient aliments et boissons — notamment la *chicha,* dont la saveur et la fraîcheur rasséréneraient plus tard le cœur et l'esprit de leurs futurs époux.

L'archéologue à qui il serait donné de découvrir au cœur des Andes les ruines d'un sanctuaire oublié renfermant des temples voués aux cultes du Soleil, de la Lune et des Étoiles, une source d'eau vive (pour la préparation de la *chicha*), des palais et un couvent de Femmes choisies, porterait certainement à la connaissance des hommes l'un des hauts lieux de la civilisation inca. Pizarre et les conquistadors révélèrent au monde un sanctuaire répondant à cette description lorsqu'ils pénétrèrent au Cuzco. Nous en découvrîmes pour notre part un autre à quelques dizaines de kilomètres de l'ancienne capitale. Ce sanctuaire perdu avait été construit avec le soin le plus consommé par les architectes et les maçons les plus doués de l'empire inca, dans une des parties les plus inaccessibles des Andes.

NOTES

1. Ce chapitre introductif présente l'état des recherches historiques et archéologiques sur la civilisation inca (ou, plus exactement, les civilisations andines) en 1948. Le lecteur se reportera avec profit aux synthèses les plus récentes (D. Lavallée et L. Lumbreras, *Les Andes,*

1985 ; H. Stierlin, *L'Art inca et ses origines, de Valdivia à Machu Picchu,* Fribourg, 1983) et à l'étude désormais classique d'Alfred Métraux, *Les Incas,* 1962 (rééd. 1983).

2. Cf. *infra,* sous-chapitre *Grands travaux.*

3. Il s'agit des îles Chincha, situées au large de Pisco, au sud de Lima.

4. Orator Fuller Cook (1867-1949), botaniste américain. Agent de la New York Colonization Society, il mena plusieurs expéditions d'exploration au Liberia entre 1891 et 1897. Spécialiste d'agriculture tropicale auprès de l'U.S. Department of Agriculture, professeur de botanique à l'Université G. Washington (1904), il accompagna Bingham au Pérou en 1915 et participa à une expédition de la Carnegie Institution en pays maya en 1922.

5. Bingham revient plus loin sur la quinine. Cf. *infra,* chap. 2, note 3.

6. Barnabé Cobo, missionnaire jésuite et historiographe espagnol (1582-1657). Il voyagea pendant quarante années dans l'Amérique espagnole, du Mexique à l'actuelle Bolivie, recueillant de nombreux renseignements concernant la géographie, l'ethnographie et l'histoire naturelle des anciens empires précolombiens, données qu'il utilisa pour son *Historia del Nuevo Mundo* (1653, rééd. 1890 et 1956).

7. Le quechua était parlé en 1987 par environ 6 500 000 Indiens : 1 100 000 en Équateur, 1 300 000 en Bolivie, et 4 100 000 au Pérou (soit environ un cinquième de la population de ce dernier pays, qui comptait en 1987 20 730 000 habitants).

8. Le terme *chicha* n'est pas indien ; il a été introduit par les Espagnols au début de la conquête. Le mot quechua désignant la bière de maïs est *aca.*

9. Cultures « Nazca » (côte sud, −500 av. J.-C. - 500 apr. J.-C.) et « Chimu » (côte nord, 1100-1400).

10. La *mascapaicha,* frange de laine rouge, insigne impérial de l'Inca ; elle est soutenue par le *llautu,* tresse multicolore enroulée autour de la tête de l'Inca.

11. *Aruballos,* « vase à mettre de l'huile ». Vase grec de forme globulaire sans pied, dont le col se termine en un large rebord, rattaché à la panse par une anse très courte. Il contenait l'huile dont se frottaient les athlètes. Il figure souvent dans les scènes de bain, de palestre ou de gymnase.

12. Champion H. Matthewson (et non Charles Matthewson), métallographe américain (1881-1950). Professeur à l'Université de Yale (1909-50). Spécialiste de l'étude de la composition des alliages et de cristallographie. Auteur de *Modern Uses of Nonferrous Metals* (ed.), 1935. L'étude à laquelle fait référence Bingham a été publiée dans l'*American Journal of Science* (« A Metallographic Description of some Ancient Peruvian Bronzes from Machu Picchu »), Dec. 1915, pp. 525-602.

13 Aucun anthropologue ne se risquerait aujourd'hui à émettre l'hypothèse d'une migration dans le sens est-ouest (de l'Alaska vers la Sibérie). On estime actuellement que le peuplement du « Nouveau Monde » s'est essentiellement fondé sur des vagues successives de tribus asiatiques ayant migré en Amérique par le détroit de Béring à la fin de différentes phases de glaciation (— 22 000 av. J.-C., — 13 000 et après — 10 000). Quant à la présence scientifiquement attestée de l'homme sur le continent sud-américain, elle ne semble pas antérieure à 15 000 ans avant notre ère. (Les débuts de l'agriculture peuvent, eux, être datés de — 7 000. Cette « révolution » s'est effectuée indépendamment de toute influence extérieure, les mouvements de populations intercontinentaux ayant dû cesser trois mille ans plus tôt environ.) Cf. J.K. Kozlowski et H.-G. Bandi. *Le problème des racines asiatiques du premier peuplement de l'Amérique,* Genève, 1981 ; H. Stierlin, *op. cit.,* p. 17.

14. Les Incas semblent être originaires de la forêt amazonienne : ils parlaient à l'origine un idiome dont la parenté avec celui de certaines tribus d'Amazonie a été soulignée. Le bassin du Cuzco était déjà occupé par d'autres tribus puissantes lorsqu'ils y parvinrent et avec qui ils firent alliance. Ce n'est qu'après leur installation qu'ils en adoptèrent la langue, le quechua (D. Lavallée et L. Lumbreras, *op. cit.,* p. 332.)

15. Les « Vierges du Soleil » proprement dites.

16. Pedro Cieza de León (1518-1560), historiographe espagnol. Après avoir participé aux guerres de conquête au Pérou (1531-48), il regagna l'Espagne pour publier une somme sur l'histoire, la géographie et l'ethnographie de l'ancien empire inca (*Primera parte de la*

*Crónica del Perú,* 1553, rééd. 1941). Longtemps considérées comme perdues, les trois autres parties de sa chronique furent publiées à la fin du 19ᵉ siècle.

17. Juan Polo de Ondegardo, conquistador et historiographe espagnol (1510 ?-1575). Arrivé au Pérou en 1545, il fut membre de la Cour de justice suprême de Lima, puis *corregidor* du Cuzco (1558-61). Chargé par le vice-roi d'étudier l'histoire des anciens Péruviens en vue d'éradiquer les « idolâtries », il a laissé une minutieuse enquête sur les religions indigènes (*Los errores y supersticiones de los Indios,* 1559, Lima, 1916).

# 2

# L'ORIGINE DES INCAS

Plus on étudie l'extraordinaire civilisation que les Espagnols découvrirent lorsqu'ils conquirent le Pérou, plus on regrette que les Incas n'aient pas connu l'écriture, ou, du moins, qu'ils n'aient pas laissé des hiéroglyphes ou des inscriptions dont le déchiffrement nous aurait révélé des pans entiers de leur histoire. Les spécialistes des civilisations précolombiennes estiment qu'il fallut autant de temps à l'art inca qu'à ses équivalents égyptien et grec pour atteindre sa pleine maturité.

L'histoire de l'Égypte et des civilisations méditerranéennes de l'Antiquité nous est connue grâce aux milliers de tablettes, d'inscriptions et de manuscrits parvenus jusqu'à nous. Elle fut gravée sur la pierre ou l'argile, écrite sur des papyrus ou des parchemins. Une étude scientifique de l'évolution de ces civilisations est possible. Les historiens et les archéologues qui se penchent sur le passé de l'ancien Pérou ne disposent en revanche d'aucune source similaire sur laquelle ils pourraient fonder leurs investigations. Ils doivent, pour ce faire, mettre bout à bout des traditions orales éparses et contradictoires, traditions qui ne furent couchées sur le papier qu'à l'époque de la conquête espagnole, plusieurs centaines d'années après les événements qu'elles relatent. Ils doivent se contenter de fragments d'étoffes et de poteries, de vestiges muets de temples et de terrasses, de pièces d'orfèvrerie et d'ustensiles découverts dans les tombes, enfin, du peu que l'on sait des réalisations des Incas et de leurs prédécesseurs en matière d'agriculture, d'horticulture et de domestication d'animaux. De tous ces matériaux, ils tireront — au mieux — un récit très fragmentaire, sur les détails duquel peu de spécialistes tomberont d'accord !

Le mieux que l'on puisse faire est d'étudier patiemment les enseignements du climat, de la géographie physique et de l'anthropologie de la région et, à partir de là, de bâtir une synthèse raisonnable, fondée sur des sources irréfutables et momentanément acceptable par tous. Quiconque a lu les récits qu'ont laissés les premiers conquistadors et leurs descendants — tel le métis Garcilaso de La Vega[1] — ou les missionnaires catholiques (prêtres, moines et jésuites), qui apprirent la langue des Incas et consignèrent par écrit ce qu'ils avaient vu et entendu, quiconque a lu ces récits sait que les assertions qu'ils contiennent sont souvent si contradictoires et inconciliables qu'on peut difficilement voir en eux des « sources irréfutables ». Bien des fois, les chroniques espagnoles vont à l'encontre de ce que nous révèlent les coutumes des Indiens des Andes, ou encore, les preuves matérielles fournies par les fouilles archéologiques ou la simple observation.

La première étude d'ensemble en langue anglaise sur la civilisation inca est celle de l'historien « héroïque » William H. Prescott[2], qui surmonta le handicap de sa cécité partielle et de son incapacité à voyager en rassemblant une formidable collection d'ouvrages et manuscrits concernant le Pérou. Ses récits, monumentaux et épiques, de la conquête du Mexique et du Pérou constituent des « classiques » qui enchanteront pendant encore longtemps des générations de lecteurs. Par la force des choses, son récit de l'effondrement de l'empire inca doit beaucoup à Garcilaso de La Vega, fils d'une princesse inca et d'un conquistador, né au Cuzco en l'an 1539. L'exactitude de ses fameux *Commentaires royaux* pâtit du fait que Garcilaso quitta le Pérou alors qu'il n'était encore qu'un adolescent, et qu'il ne retourna jamais dans son pays natal. Il passa la plus grande partie de sa vie en Espagne et n'entreprit de rédiger sa longue chronique sur le « Pérou des Incas » que lorsqu'il fut devenu un vieil homme.

Pendant les années qu'il passa en Europe, Garcilaso souffrit sans aucun doute des jugements acerbes de ses contemporains, enclins à considérer avec mépris le rejeton d'une « païenne » à peau brune des Andes. On l'imagine répétant tout au long de sa vie les récits et légendes relatifs à ses ancêtres maternels, à leurs réalisations, à leur civilisation, et à leur ascendance pluriséculaire. Il apprit au fil des années à distinguer, dans ce qu'il racontait, entre ce qui plaisait à ses auditeurs espagnols (ce qui les étonnait, ce qui leur semblait digne d'admiration et de louanges), et ce qui les choquait. Il est de ce fait tout à fait naturel qu'au cours des trente ou quarante années qu'il passa en Espagne avant d'entamer la rédaction de son récit, il en soit venu à croire que le peuple dont il descendait par sa mère était beaucoup plus semblable aux Européens qu'il ne l'était dans la réalité. Désirant que ces derniers admirassent ses ancêtres maternels, il écrivit son livre dans cette optique. Pour cette raison, de nombreuses pages de sa chronique (ainsi que de nombreux développements de la *Conquest of Peru* de Prescott, dont Garcilaso constituait la source principale) ont une connotation franchement européenne.

Un autre auteur, un ecclésiastique du dix-septième siècle qui n'a été reconnu que tout récemment à sa juste valeur, écrivit un tout autre type d'ouvrage. Son nom est Fernando Montesinos. En 1629, un siècle après la conquête, Montesinos se serait rendu au Pérou en qualité de

1. Vue partielle de la cordillère de Vilcabamba. C'est en apercevant au loin, depuis Choqquequirau, certains de ses sommets, que je conçus le désir d'aller « derrière les montagnes », à la recherche d'une de ces contrées « perdues » évoquées par Rudyard Kipling dans un de ses plus beaux poèmes, « The Explorer », en 1898.

Nous apprîmes longtemps après notre retour que ce dôme recouvert de glaciers a pour nom « mont Panta » et que son altitude est de 5 496 mètres, soit 689 mètres de plus que le mont Blanc. Nous découvrîmes les vestiges d'une chaussée inca dans la vallée en contrebas. Cette chaussée fut probablement utilisée par les guerriers de l'Inca Manco II lors des raids qu'ils lancèrent contre la grand-route qui reliait le Cuzco à Lima.

Pour leur valeur documentaire et malgré la qualité imparfaite des reproductions, il nous a paru intéressant de publier les soixante-six photographies extraites des collections constituées par Hiram Bingham lui-même, lors de son expédition au Pérou (1909-1915).
Leurs légendes sont celles de l'édition originale de 1948.

2. Une partie de la forteresse de Sacsahuaman, la plus incroyable réalisation de l'homme en Amérique avant la conquête. La caravane de lamas visible au premier plan se dirige probablement vers le Cuzco, l'ancienne capitale inca sise au pied de la colline sur laquelle se dresse la forteresse. Plusieurs blocs de l'enceinte inférieure de Sacsahuaman pèsent plus de dix tonnes. Ils furent pourtant façonnés et assemblés sans l'aide d'outils de fer par des ouvriers qui n'avaient à leur disposition ni treuils ni poulies, et qui ne connaissaient que les principes du levier et du plan incliné. Ils sont si parfaitement ajustés les uns aux autres qu'on ne pourrait insérer entre eux la moindre lame de couteau.

$\rightarrow$

3. Sur l'arête d'un des deux pignons de cette belle demeure de Machu Picchu, nous découvrîmes un dispositif permettant d'assujettir aux pignons les pannes d'un toit — dispositif qui n'avait jusque-là jamais été observé par les archéologues. Nous lui donnâmes le nom d'« œil d'amarre », car il consiste en une longue pierre plate évidée et fichée dans l'arête du pignon, perpendiculairement à sa ligne de pente. Quatre de ces « yeux » sont visibles sur cette photographie. Certains édifices incas en comportaient davantage. A Choqquequirau, les pignons de certaines habitations étaient dotés chacun de neuf de ces « yeux d'amarre ». On remarquera par ailleurs, sur la façade extérieure du pignon, six protubérances grossièrement cylindriques et solidement fichées dans le mur : ces saillies, ou tenons, servaient à maintenir les cordages qui amarraient une toiture de chaume aux combles. La partie du tenon incluse dans le mur présentait une section à peu près carrée, de manière à assurer au dispositif une plus grande solidité. Quant à sa partie externe, elle était arrondie, de façon à atténuer les frictions entre la pierre et la corde. « Yeux d'amarre » et tenons constituent des dispositifs spécifiques à l'architecture inca. Certaines huttes péruviennes d'aujourd'hui sont munies de tenons en bois.

58

4. Vue générale de la vallée d'Ollantaytambo. La ville et les ruines sont situées dans le fond de la vallée, sur la rive droite de l'Urubamba. On remarquera la largeur et la faible hauteur des terrasses agricoles sises sur les terrains alluviaux, près du rio — par opposition à l'étroitesse et à la forte déclivité des gradins accrochés aux versants de la vallée.

5. Pour cultiver leurs champs, les Incas mirent au point une sorte de bêche encore en usage aujourd'hui dans les Andes. Avec ses deux poignées et son cale-pied, cet outil permet d'ameublir facilement la terre, mais les mottes doivent être retournées à la main. Cette dernière tâche semble dévolue aux femmes. Les Indiens labourent leurs terres en commun, avec force cris et chants. De fréquentes pauses, au cours desquelles ils boivent de la *chicha* (bière de maïs), puis préparent leurs prises de feuilles de coca, leur permettent de travailler à de très hautes altitudes. Ces ouvriers agricoles cultivent un champ situé à plus de 4 200 mètres au-dessus du niveau de la mer.

6. C'est à Yucay, dans la haute vallée de l'Urubamba, que l'Inca Sayri Tupac choisit de résider. Fruits et fleurs abondaient en ce lieu enchanteur.

7. Grandes jarres, ou « aryballes », utilisées par les Incas pour la préparation et la conservation de leur breuvage favori, la *chicha*, bière de maïs germé. Ces jarres furent découvertes dans la jungle de la vallée du rio Pampaconas, non loin de la « Pampa des Esprits » (Espiritu Pampa). Le señor Saavedra (propriétaire du domaine de Conservidayoc, où fit étape Bingham) s'en servait pour fabriquer du sucre brun. La protubérance que l'on distingue à la base de l'encolure (et que l'on retrouve sur tous les « aryballes ») faisait à la fois fonction de point d'attache pour la corde qui, passée dans les deux anses, servait à maintenir le récipient sur le dos de son porteur, et de poignée permettant de faire basculer la jarre et de verser une partie de son contenu dans une coupe.

← 
8. *Olla* (pot à cuisson) en forme de soupière.

9. Cruche décorée d'un motif figurant la *mascapaicha* (frange royale), insigne de la souveraineté chez les Incas. →

10. Brasero tripode, utilisé pour le travail des objets de bronze.

11. « Aryballe » (jarre à *chicha*) découvert dans une grotte funéraire de Machu Picchu.

12,13,14, 15. Plats et coupelles à boire découverts dans les grottes funéraires de Machu Picchu.

16,17. Plats et coupelles à boire découverts dans les grottes funéraires de Machu Picchu.

$\rightarrow$

18. Cruche réalisée par l'une des tribus de la côte péruvienne soumises par les Incas (culture « chimu »). Elle figure ici pour permettre au lecteur de mesurer à quel point la céramique austère et géométrique des Incas différait de la poterie « côtière ». L'artiste a représenté ici un sacrifice humain — la décapitation de deux hommes. Un démon (à droite) vient d'exécuter la première victime, dont le visage présente des traits indiens très marqués. La seconde, penchée au-dessus d'un autel (à gauche), s'apprête à subir le même sort. Rien n'indique que des sacrifices humains aient jamais été pratiqués à Machu Picchu.

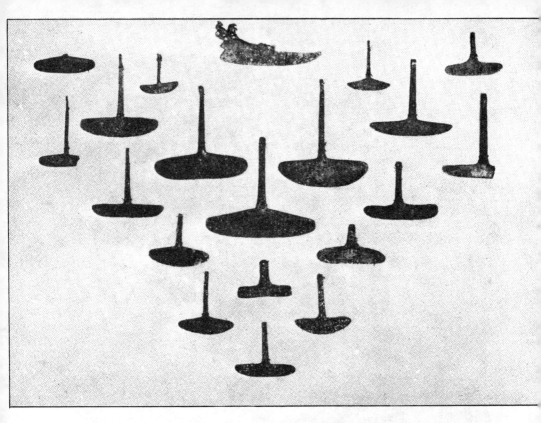

19,20. Couteaux et épingles à châle en bronze découverts dans les anfractuosités et grottes de la cime de Machu Picchu.

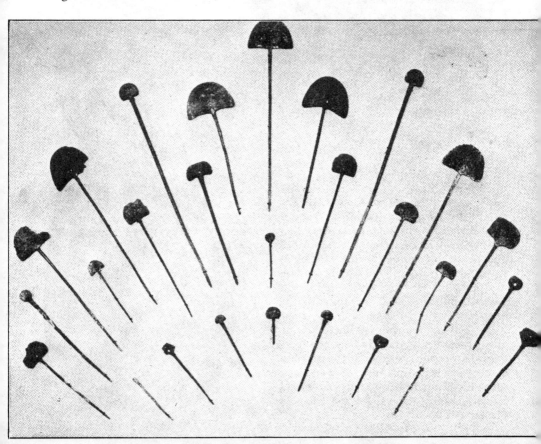

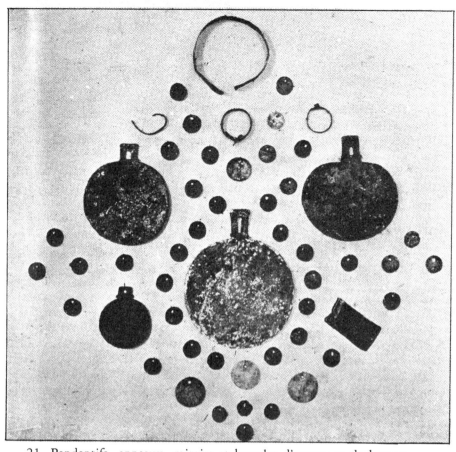

21. Pendentifs, anneaux, miroirs et bracelet d'argent et de bronze découverts à Machu Picchu.

22. Haches, burins et levier (*champi*) en bronze trouvés à Machu Picchu.

conseiller du vice-roi de l'époque, le comte de Chinchon — dont le nom est resté dans l'histoire après que sa femme eut guéri de la malaria en absorbant des extraits de *kina*, une écorce dont les propriétés curatives furent découvertes par les Incas et que nous appelons aujourd'hui « quinine ». Cet extraordinaire remède ayant été introduit en Europe grâce au comte de Chinchon, la plante de laquelle il provient a été baptisée *chincona*[3].

En qualité de secrétaire du vice-roi, Montesinos, qui était un fin lettré, semble s'être consacré à des recherches historiques approfondies. Après avoir sillonné le Pérou, il publia plusieurs études sur ce pays. Il rédigea notamment une histoire des Incas, les *Memorias Antiguas historiales y politicas del Perú*, ouvrage malheureusement assorti d'une introduction très fantaisiste dans laquelle il soutient (comme on pouvait s'y attendre de la part d'un ecclésiastique) que le Pérou fut peuplé sous la direction d'Ophir, l'arrière-petit-fils de Noé ! Malgré leurs présupposés bibliques, les travaux de Montesinos présentent encore aujourd'hui un grand intérêt pour l'historien. Sir Clements Markham[4] l'un des plus grands spécialistes anglais de la civilisation inca du début de ce siècle, accordait un grand crédit aux assertions de l'érudit espagnol. A partir d'informations recueillies auprès de vieux sages quechuas, Montesinos[5] parvint à reconstituer l'histoire d'une longue lignée de rois pré-incas — les « Amautas » — à qui doivent en fait être imputées bon nombre de réalisations attribuées traditionnellement aux « Incas », terme que nous utilisons abusivement pour désigner les diverses cultures et civilisations qui se sont succédé dans les Andes péruviennes depuis l'aube des temps historiques jusqu'à la conquête espagnole. Montesinos précise que le « cinquante-troisième roi du Pérou » s'appelait Huilcanota, ou Vilcanota. *Huilca* est le nom d'une plante dont les Indiens extraient une substance hallucinogène[6]. Peut-être fut-il le premier à découvrir les vertus de ce puissant stupéfiant ?

Le roi Vilcanota donna son nom à l'actuelle passe de La Raya, située sur la ligne de partage des eaux qui sépare le bassin amazonien et la dépression du lac Titicaca ; du moins savons-nous que cette passe était appelée « Vilcanota » à l'époque des Incas. Montesinos estime, au contraire, que le souverain emprunta son nom au col après y avoir remporté une grande victoire. C'est au Cuzco, sa capitale, qu'il avait appris par des rapports de ses gouverneurs provinciaux que des hordes de barbares venant des plaines de l'Argentine envahissaient l'altiplano bolivien et la région du lac Titicaca.

Le roi Vilcanota chargea ses espions de le renseigner sur les forces ennemies. Apprenant qu'elles progressaient en deux groupes distincts, il battit le rappel de ses troupes et prit position sur la haute passe enneigée de La Raya, qu'il fortifia. C'est en ce lieu, selon Montesinos, qu'il « livra bataille à la première armée des barbares, laquelle, faisant route dans le plus grand désordre, fut facilement vaincue. A la nouvelle de cette défaite, la seconde armée tenta de venir en aide à la première (ou à ce qui en restait), mais, atteignant le col en ordre dispersé, elle fut elle aussi mise en déroute. Le roi fit une entrée triomphale au Cuzco, précédé d'un long cortège de prisonniers, nus et poings liés. C'est en l'honneur de cet événement que les anciens appelèrent ce roi Huilcanota. »

Toujours selon Montesinos, Vilcanota réussit à pacifier son royaume. Il régna très longtemps et laissa de nombreux fils. L'un d'eux, nommé Tupac « Yupanqui » (« doué de toutes les vertus »), eut lui aussi une nombreuse descendance et fut un grand souverain. Il entretenait des relations pacifiques avec ses voisins, avec qui il échangeait des présents. Il enseigna à ses fils l'art de gouverner et sut les entourer de conseillers avisés. Son arrière-petit-fils, Huaman Tacco, fut le soixante et unième Amauta. De mauvais présages (le passage de comètes, des tremblements de terre) marquèrent son époque. Son héritier et successeur s'appela Pachacuti.

Pachacuti n'était ni sage, ni puissant. Pour son malheur et celui de ses sujets, les migrations des peuples barbares du sud-est — « de grandes armées de redoutables guerriers » — reprirent sous son règne. « Plongé dans le désarroi et la mélancolie » par la succession de mauvais présages et les sombres prédictions des sorciers et devins, il offrit des sacrifices aux dieux et s'efforça de défendre les frontières de ses États. Apprenant par ses espions que des hordes de guerriers avaient investi les rives du lac Titicaca et marchaient vers le nord-ouest, il prit des mesures irréfléchies : éparpillant ses forces, il dépêcha certains de ses capitaines vers l'altiplano bolivien et en posta d'autres sur différents cols, avant de gagner lui-même avec le gros de son armée la passe de La Raya, que son ancêtre le roi Vilcanota avait jadis fortifiée. Il y fit construire une forteresse, dont les vestiges peuvent être encore aujourd'hui admirés.

Au lieu d'attendre les assauts de l'ennemi, derrière les remparts et les terrasses de la citadelle, il tenta une sortie — contre l'avis de ses capitaines — et livra bataille. Ses soldats étaient armés de frondes, de gourdins et de lances. Les forces adverses, de leur côté, disposaient d'arcs et de flèches. L'affrontement fut effroyable. Porté sur une litière en or, Pachacuti tenta de galvaniser ses troupes. Il constituait hélas une cible facile pour les archers ennemis. Blessé par une flèche, il trépassa sur le champ de bataille. Sa mort sema la consternation parmi ses soldats qui, perdant courage, se réfugièrent dans un fortin avec le corps du souverain.

Puis, dans le plus grand secret, ils transportèrent nuitamment la dépouille royale en un lieu reculé appelé Tampu-tocco — « l'Auberge aux Fenêtres ». Ils y furent rejoints par ce qui restait de l'armée de Pachacuti en déroute.

Après ce désastre, écrit Montesinos : « les Provinces du Royaume, à l'annonce de la mort du roi, se soulevèrent toutes de concert, tandis que les hommes réfugiés à Tampu-tocco étaient déchirés par de grandes dissensions quant au choix d'un nouveau roi ».

« C'est ainsi que le gouvernement de la monarchie péruvienne tomba en décadence. Il ne devait retrouver sa puissance que quatre cents années plus tard, et l'usage de l'écriture se perdit. Dans chaque province, les hommes élurent leur propre roi, et celui qui fut finalement choisi pour succéder à Pachacuti fut Titu Huaman Quicho, un tout jeune garçon. Trop peu nombreux, les hommes qui lui restèrent fidèles ne pouvaient se mesurer aux autres peuples. Tous allèrent à Tampu-tocco et y firent de lui leur roi, car à cause des révoltes, personne ne pouvait vivre au Cuzco, siège de grands tumultes. Puis, comme les habitants de l'ancienne capitale venaient peu à peu s'installer à Tampu-tocco sous la protection du roi, le Cuzco fut quasi déserté, et seuls les ministres du temple y demeurèrent.

« Les vassaux fidèles vécurent en paix à Tampu-tocco avec l'enfant-roi, car c'est en ce lieu, si l'on en croit les légendes des Amautas, qu'est sise la très fameuse grotte dont sont issus les Incas. Ces légendes rapportent comme un fait certain qu'on n'y a jamais connu ni séismes, ni pestilences. Si le mauvais sort venait à poursuivre le jeune roi, ses vassaux pouvaient le cacher dans la grotte comme en un lieu sacré. Le souverain atteignit sa majorité et régna avec sagesse pendant maintes années. Il s'appela lui-même "roi de Tampu-tocco" et non du Cuzco, bien qu'en certains jours il s'y rendît pour vénérer les dieux dans le temple. il eut pour héritier Cozque Huaman Titu, qui vécut vingt-cinq années. De ce dernier et de ses successeurs, on ne sait rien de notable. »

Montesinos donne ensuite les noms d'une kyrielle de « rois de Tampu-tocco » (avec la durée de leur règne) sur une période couvrant environ quatre cents ans. Puis vint le règne d'un souverain appelé Pachacuti VII, qui entama la reconquête de certaines des cités et provinces perdues à l'époque de l'invasion des barbares du sud. « Comme les peuples [de ces provinces] répugnaient à lui obéir et qu'ils se montraient si corrompus au regard de la religion et des mœurs, il entreprit de les assujettir, car il disait que s'ils venaient à entrer en relation avec ses sujets, ces peuples risquaient de les pervertir par tous ces vices auxquels ils s'étaient abandonnés comme des bêtes ingouvernables. Pour ce faire, il usa de diplomatie, et dépêcha des messagers dans toutes les directions, demandant aux chefs locaux de mettre fin aux superstitions et à l'adoration des nombreux dieux et animaux auxquels leurs peuples vouaient un culte. Ces ambassades eurent pour seuls résultats un léger amendement des mœurs de ces peuples, et le meurtre des émissaires. Cherchant alors un subterfuge, le roi fit de grands sacrifices et invocations à l'adresse d'Illatici Huira Cocha[7]. Le dieu répondit notamment que l'écriture avait été la cause de la pestilence (qui avait jadis ravagé le royaume, avant l'invasion des barbares), et que personne ne devait chercher à la ressusciter, car de son emploi procéderaient de grands maux. Il fut dès lors interdit à quiconque, sous peine de mort, de commercer au moyen des *quilcas* — les parchemins et feuilles d'arbres sur lesquels les anciens écrivaient —

ou d'utiliser quelque sorte de lettres que ce fût. Ce commandement divinatoire fut observé avec une telle rigueur que les Péruviens perdirent à tout jamais l'usage de l'écriture. Et lorsque, plus tard, un Amauta lettré inventa de nouveaux caractères, ils le brûlèrent vif. De ce jour, ils n'utilisèrent plus que des fils et des *quipus*[8]. »

On ne peut s'empêcher de se demander s'il est vrai qu'à un certain stade de leur histoire, les anciens Péruviens, si habiles à tant d'égards, si inventifs dans les domaines de l'art, de l'agriculture et de la domestication de la nature, conçurent également le moyen de laisser des traces écrites de leur civilisation, mais qu'ils en furent empêchés par leurs prêtres et leurs devins, qui redoutaient le courroux des dieux. C'est une hypothèse à ne pas écarter.

Il était de notoriété, pour les habitants du Cuzco contemporains de Montesinos, que Tampu-tocco (« l'Auberge aux Fenêtres ») n'était autre que Paccari Tampu (« l'Auberge de l'Aube »), l'actuel village de Paccari-tampu, situé à une trentaine de kilomètres au sud-est du Cuzco. On ne sera pas surpris de lire sous la plume de Montesinos que Pachacuti y fit construire une « sorte d'Université où les nobles étaient formés aux arts de la guerre et où les jeunes garçons apprenaient à compter à l'aide des *quipus*, alliant leurs différentes couleurs, qui faisaient office de lettres, moyen par lequel ils accroissaient leurs maigres connaissances. Assuré de la loyauté de ses soldats et de son peuple, le roi résolut de soumettre les rebelles. A cette fin, tous les hommes du royaume furent appelés à prendre les armes, mais l'attaque ne put avoir lieu, car de violents tremblements de terre mirent à bas de nombreux édifices dans la région du Cuzco, et des torrents jaillirent dans les lits des rivières asséchées : dévalant pendant de nombreux jours des ravins arides où personne n'avait jamais vu d'eau auparavant, leurs flots impétueux dévastèrent de nombreux villages. Après quoi, une pestilence se déclara, dont d'innombrables hommes périrent. Selon les légendes amautas, seul Tampu-tocco fut épargné par l'épidémie — fait qui devait beaucoup plus tard inciter Manco Capac (le premier Inca) à y installer sa cour. » Après le règne de Pachacuti, les Amautas y vécurent pendant encore « cinq cents années », jusqu'à ce que la petite cité devienne trop exiguë pour une nation avide de conquêtes.

De ce récit des événements qui survinrent avant que Manco Capac, le premier souverain à avoir porté le nom d'« Inca »[9], ne règne à Tampu-tocco, on retiendra que cette localité était suffisamment distante du Cuzco pour que ni les tremblements de terre ni les épidémies frappant la ville ne l'atteignent. Elle devait en fait être beaucoup plus éloignée de l'ancienne capitale que le petit village de Paccari-tampu, où le climat est trop froid pour que l'on puisse y trouver des édifices à larges fenêtres, et qui n'est distant du Cuzco que de quelques lieues.

Il existe de nombreuses versions de l'ascension de Manco Capac, qui, une fois qu'il eut atteint l'âge d'homme, entreprit de conquérir de nouvelles terres pour son peuple. Pachacuti Yamqui Salcamayhua, issu d'une vieille famille noble inca (ses arrière-grands-parents vivaient au Cuzco à l'époque de la conquête espagnole), publia en 1620 une *Relation des Antiquités du Pérou*[10] dans laquelle il retrace l'histoire des Incas telle qu'elle fut transmise aux descendants des anciens maîtres des Andes. Nous savons par lui que Manco Capac, après avoir consulté ses frères, décida de partir avec eux « vers la colline au-dessus de laquelle le soleil se lève », et qu'il atteignit le Cuzco et s'y établit. Manco épousa l'une de ses propres sœurs, afin de préserver la pureté de son lignage et d'empêcher qu'aucune autre famille ne fût placée par d'éventuels liens de mariage sur un pied d'égalité avec la sienne. Considéré comme le fondateur de la dynastie inca, il édicta de bonnes lois et conquit de nombreuses provinces. Tombés sous son joug sans opposer de résistance, les Indiens de la *montaña* lui offrirent de somptueux présents. L'« Inca » — c'est ainsi qu'il se fit désormais appeler — fut bientôt reconnu comme le chef le plus puissant, le combattant le plus vaillant et le guerrier le plus heureux des Andes. Ses capitaines et ses soldats étaient braves, disciplinés et puissamment armés. Toutes ses entreprises furent couronnées de succès. « Plus tard, précisa Salcamayhua, il fit construire sur le lieu de sa naissance *un mur en pierre à trois fenêtres*, lesquelles constituaient les emblèmes de son lignage ». Les fenêtres portaient les noms de ses grands-parents paternels et maternels et de ses oncles. Nous aurons l'occasion de reparler de ces fenêtres plus loin[11].

Les descendants de Manco Capac étendirent progressivement leur domination à une grande partie de l'aire andine : au cours des décennies qui précédèrent la conquête espagnole, ils assujettirent la quasi-totalité des tribus et royaumes des Andes et de la côte occidentale de l'Amérique du Sud, de Quito, en Équateur, au nord, à l'Argentine septentrionale et au Chili central, au sud. Un despotisme bienveillant constituait leur mode de gouvernement. Leurs armes étaient redoutées. Leurs sujets durent tous apprendre à parler le quechua, la langue officielle de l'empire. Les nouveaux maîtres des Andes restaient cependant pour l'essentiel des hommes attachés à la glèbe, préférant les arts de la paix à ceux de la guerre. Celle-ci, en effet, n'occupait pas la première place dans l'ordre de leurs valeurs. On l'a vu, la langue quechua ne connaît qu'un seul et même terme pour désigner les « soldats » et les « ennemis ».

Quelque trois siècles s'étaient écoulés depuis l'avènement de Manco Capac lorsque l'empire entra en décadence : le goût immodéré de ses dirigeants pour les richesses et les plaisirs en constitua l'un des symptômes.

Un jour, apparut au nord un petit groupe de guerriers revêtus de cuirasses et munis d'armes qui, « usant du tonnerre et de l'éclair », tuaient les soldats à d'incroyables distances. Ils étaient accompagnés d'étranges animaux, deux fois plus grands que les lamas, et assez robustes pour transporter et mener au combat les cavaliers armés. Aux yeux d'un peuple aussi superstitieux que les Incas, les conquérants espagnols apparurent comme des êtres surnaturels — voire des dieux étrangers dotés de pouvoirs mystérieux et redoutables.

L'empereur du moment, l'Inca Atahualpa, un monarque faible et irrésolu, fut capturé par Pizarre, qui menaça de le mettre à mort à moins qu'il ne remplît d'or une pièce entière de son palais. Pour les Incas comme pour les Européens, l'or était un métal des plus précieux, extrait au prix d'efforts surhumains des mines du versant oriental des Andes. Les récipients en or que les anciens Péruviens façonnaient étaient extrêmement fins — trop fins aux yeux des conquérants assoiffés de richesses. Pizarre constata bientôt qu'Atahualpa était tenu par des centaines de milliers d'Indiens pour un dieu vivant, une autorité suprême régissant leur destin, sans laquelle ils se trouvaient totalement démunis et désorientés. Sur ces considérations, l'Inca fut mis à mort et son empire — avec ses millions de sujets et ses richesses mirifiques — tomba aux mains d'une poignée de soldats espagnols comme une manne du paradis. La conquête du Pérou constitue l'un des épisodes les plus stupéfiants de l'histoire humaine. Elle a été retracée en des termes épiques par Prescott et d'autres historiens*. On n'y reviendra pas ici, le sujet qui nous occupe touchant principalement aux « quatre derniers Incas » et à la résistance désespérée qu'ils opposèrent aux conquérants européens dans leur ultime bastion des Andes de Vilcabamba.

NOTES

1. Inca Garcilaso de La Vega (1539-1616), chroniqueur espagnol, fils naturel du conquistador Garcilaso de La Vega et de la princesse Chimpu Ocllo, nièce de l'Inca Huayna Capac. *Corregidor* du Cuzco, son père l'envoya peu avant sa mort faire ses études en Espagne (1560). Installé en Andalousie, Garcilaso prit part à plusieurs campagnes militaires avant d'entamer la rédaction d'une histoire de l'expédition en Floride d'Hernando de Soto et, surtout, de ses monumentaux *Comentarios reales de los Incas* (*Primera Parte*, Lisbonne 1609, trad. fr. 1633, 1959 et 1982 ; *Secunda Parte*, Cordoue, 1617, trad. fr. 1650).

2. William Hickling Prescott, historien américain, né à Salem en 1796, mort à Boston en 1859. Grièvement blessé à l'œil en 1814 alors qu'il faisait ses études au collège de Harvard, il devint quasi aveugle et décida de se consacrer aux lettres. Avec l'aide d'amis et de secrétaires qui lui lisaient à voix haute textes et documents, Prescott rédigea une histoire du règne de Ferdinand et Isabelle la Catholique (1838). Il mit ensuite en chantier une monumentale histoire de l'empire de Charles Quint et de l'épopée espagnole dans le Nouveau Monde (*History of the Conquest of Mexico*, 1843 ; *History of the Conquest of Peru*, 1847, trad. fr. 1863).

3. H. Bingham confond *kina* et quinine. La *kina* (ou *kinakina*) est notre « quinquina », arbre tropical (de la famille des rubiacées), scientifiquement appelé *cinchona* (et non *chincona*), dont l'écorce fournit la quinine et la cinchonine, deux alcaloïdes isolés en 1820. Cf. Henry Hobhouse, *Seeds of Change. Five plants that transformed mankind*, Londres, 1985, pp. 3-40.

4. Clements Markham (sir), géographe et explorateur anglais (1830-1916). Secrétaire

---

* L'éminent historien et biographe Victor Wolfgang von Hagen[12] prépare actuellement une nouvelle histoire de la conquête, fondée sur des centaines de documents inédits, ainsi que sur l'exploration scientifique de la route suivie par Pizarre et ses compagnons (*note d'Hiram Bingham 1948*).

(1863-88), puis président (1893-1905) de la Royal Geographical Society. Ancien officier de la Royal Navy, il participa en 1850 à l'une des expéditions envoyées dans l'Arctique canadien à la recherche de sir John Franklin. Il voyagea ensuite en Inde et au Pérou (*Cuzco and Lima*, 1856 ; *Travels in Peru and India*, 1862 ; *Peru*, 1880) ; il fut notamment chargé en 1860 d'étudier les possibilités d'introduction en Inde du quinquina, auquel il consacra une monographie (*Peruvian Bark*, 1880). Il a laissé plusieurs travaux sur la langue et la civilisation quechuas (*Contributions towards a Grammar and Dictionary of Quichua, the language of the Incas*, 1864 ; *The Incas of Peru*, 1910). Il fut ensuite l'un des principaux instigateurs des expéditions polaires britanniques de la fin du siècle. Parallèlement, il assura, dans le cadre des publications de l'Hakluyt Society (qu'il présida de 1889 à 1909), la traduction d'un grand nombre de chroniques et relations de voyage espagnoles de l'époque de la Conquête (dont Cieza de León, Andagoya et Pedro de Ursua). S'il fait aujourd'hui figure de pionnier dans l'étude des civilisations précolombiennes, Markham a parfois été critiqué pour le manque de rigueur scientifique de ses travaux.

5. Fernando Montesinos, ecclésiastique et chroniqueur espagnol (? - après 1652). Membre de l'*Audiencia* de Lima. Ses fonctions de *visitador* (inspecteur) le mirent en relation avec les vieux sages quechuas, dont il utilisa les témoignages pour rédiger ses *Memorias Antiguas historiales y políticas del Perú* (1652, trad. fr. 1840), « annales historiques » du Pérou pré-inca également inspirées des manuscrits (aujourd'hui perdus) d'un jésuite du XVIe siècle, le père Blas Valera. Les travaux de Montesinos eurent longtemps fâcheuse réputation. Seuls quelques historiens, dont Clements Markham et, plus récemment, Alfred Métraux, leur reconnurent quelque intérêt. « Beaucoup d'érudits négligent Montesinos, écrit Métraux. Cependant un mystère subsiste. Ces dynasties pré-incaïques ne peuvent avoir été inventées de toutes pièces (…). Blas Valera n'est pas une autorité négligeable. Garcilaso de La Vega l'a abondamment cité (…). Si, d'un point de vue historique, l'œuvre de Montesinos est de faible valeur, elle n'en est pas moins importante par ce qu'elle nous révèle des conceptions cosmogoniques des Incas » (*Les Incas, op. cit.*, pp. 34-36).

6. *Huilca* ou *Vilca* (en quechua, « chose sacrée »). L'arbuste — de la famille des légumineuses mimosées, genre piptadénie — pousse jusqu'à 1 500 mètres dans les vallées subtropicales du Pérou central. Les propriétés stupéfiantes de ses racines étaient bien connues des Indiens.

7. Viracocha, Dieu créateur. A partir du règne de Pachacuti (1438-1471), le culte qui lui était rendu supplanta celui du Dieu Soleil, relégué au rang de créature de l'Être suprême (A. Métraux, *op. cit.*, p. 109).

8. Cf. *supra*, chap. 1, sous-chapitre, *Grands travaux*.

9. Fondateur semi-légendaire de l'État inca (vers 1200 ap. J.-C.).

10. Juan de Santa Cruz Pachacuti Yamqui Salcamayhua, *Relación de las antigüedades desde reyno del Perú* (1613 ? ; Lima, 1927).

11. Bingham reviendra plus loin sur Tampu-tocco, cité semi-légendaire à laquelle, on l'aura deviné, il identifie Machu Picchu à ses origines (chap. 12).

12. Victor Wolfgang von Hagen, *Realm of the Incas*, 2e éd. 1957. Von Hagen est par ailleurs l'auteur de *The Ancient Sun Kingdoms of the Americas*, 1962 et de *The Incas, People of the Sun*, 1963.

# 3

## LES QUATRE DERNIERS INCAS

Pedro Sancho, l'un des secrétaires du grand Pizarre, rapporte qu'au lendemain de la prise du Cuzco par les Espagnols, en 1533, le conquistador choisit un jeune membre de la famille royale qui, par sa sagesse et sa force de caractère, lui apparut comme le meilleur parmi les Incas[1]. Pizarre le plaça sur le trône de ses ancêtres dans le but d'empêcher les nobles et les chefs militaires de s'enfuir sur leurs terres pour s'y tailler des fiefs indépendants — ou de rejoindre les Indiens du Nord, enclins à se rebeller contre l'autorité d'Atahualpa, que les Espagnols venaient de mettre à mort. Pour prévenir la révolte qui couvait dans les provinces septentrionales et empêcher les caciques d'organiser des bandes armées hostiles aux conquistadors, Pizarre ordonna à tous les chefs locaux d'obéir au jeune Manco II et de voir en lui leur nouvel empereur. En sa qualité de petit-fils du fameux Huayna le Grand[2], le nouveau souverain pouvait être légitimement considéré comme habilité à régner sur les anciens sujets des maîtres du Cuzco.

Le jeune homme accepta avec fierté de monter sur le trône de ses aïeux et de ceindre la frange sacrée qui constituait aux yeux des Incas le principal insigne de souveraineté[3]. Il se rendit bientôt compte, cependant, qu'il n'était qu'un monarque fantoche, privé de toute autorité et tenu d'obéir aux ordres des conquérants. De tempérament ambitieux et indomptable, il en vint à fomenter un soulèvement. Après tout, il savait qu'il pouvait compter sur la fidélité de milliers de guerriers incas. Il savait également que les conquérants espagnols n'étaient qu'une poignée — moins de deux cents au total — et que plusieurs milliers de kilomètres les séparaient du pays d'où ils venaient. Il ne tenait toutefois pas assez compte, dans ses plans de reconquête, de ce qui pouvait différencier des hommes bardés de cuirasses, bénéficiant d'une technologie militaire avancée, et ses propres soldats, qui ne disposaient que d'armes rudimentaires (arcs et flèches, lances, gourdins et frondes) pour affronter l'ennemi. Bien qu'ils fussent prêts à mourir pour lui, ses hommes étaient terrorisés par les canons et les tromblons des hommes blancs — et médusés par leur aptitude à « tuer à distance ». En outre, cruelle fut la déception de Manco lorsqu'il découvrit que les Espagnols avaient trouvé des alliés dans un très grand nombre d'Indiens n'éprouvant aucun sentiment de loyauté envers le nouvel Inca. En 1536, après plusieurs affrontements sanglants, les troupes de Manco mises en déroute se replièrent dans la vallée de l'Urubamba, près de Yucay.

Un contemporain, qui rédigea quelques années plus tard une relation haute en couleur des guerres du Pérou, rapporte que Manco emporta avec lui de véritables trésors — des ornements en or et « de nombreux chargements de vêtures de laine, délicates de texture, très belles et aux couleurs éclatantes ». Il fit charger sur plusieurs milliers de lamas un grand nombre d'objets d'or et d'argent. *Il est aujourd'hui établi qu'il emmena avec lui la plus grande et la plus précieuse des effigies en or du Dieu Soleil qui ornaient jusque-là le grand temple du Cuzco*[4].

Manco s'enfuit également avec ses trois fils. Le second, Titu Cusi, semble avoir été son favori, bien qu'il fût le fruit d'une union illégitime (sa mère était l'une des concubines du souverain, et non l'impératrice en titre).

Quelques années plus tard, Titu Cusi dicta à un métis, fils d'un soldat espagnol et d'une Indienne quechua, un récit de la vie et de la mort de l'Inca Manco II[5]. Selon toute vraisemblance, le métis, qui parlait aussi bien la langue de son père que celle de sa mère, en fit une traduction littérale, laquelle, étant destinée au roi d'Espagne, fut révisée et enjolivée par un missionnaire augustinien, le frère Marcos Garcia.

Selon sa propre relation, Titu Cusi n'était âgé que de six ans lorsque la famille impériale s'enfuit du Cuzco pour trouver refuge dans le canyon de l'Urubamba. Il se rappelle que son père, craignant que les Espagnols ne descendent à leur tour dans la vallée tempérée de Yucay (le séjour préféré des Incas, leur ancien « Jardin sacré »), décida de se replier plus loin en aval, au-delà de la cordillère de Vilcabamba, dans l'une des régions les plus inaccessibles des Andes. Lorsque Manco fit ses adieux aux soldats qui avaient participé à ses campagnes malheureuses contre l'envahisseur, ces derniers lui répondirent par de longues acclamations qui « semblèrent ébranler les montagnes ».

L'Inca permit à tous ceux qui le souhaitaient de regagner leurs foyers. De nombreux guerriers, cependant, résolurent de le suivre ; parmi eux, figuraient certains de ses plus braves capitaines ayant survécu aux combats livrés pendant le soulèvement.

La dernière cité importante que l'armée inca occupa dans la vallée supérieure de l'Urubamba fut Ollantaytambo. Avant de se séparer d'une partie de ses compagnons d'armes et de quitter la ville, Manco convia tous les Indiens de la région à un grand banquet. Il semble que ses soldats se soient enivrés et, ayant laissé leurs armes dans leurs cantonnements, aient été incapables de se défendre lorsqu'un groupe d'Espagnols fondit sur la ville à la faveur de cette fête. Les assaillants, rapporte Titu Cusi, s'emparèrent de plusieurs momies de ses ancêtres, qui avaient été emportées du Cuzco, et de nombreux bijoux et objets précieux. Ils firent également main basse sur « cinquante mille lamas et alpacas » des troupeaux de l'Inca.

Si Manco parvint à s'échapper, Titu Cusi, en revanche, fut capturé avec sa mère et plusieurs membres de la famille royale. Les conquistadors ramenèrent le jeune prince au Cuzco, où ils firent une entrée triomphale avec leur butin.

Les soldats qui tentèrent de poursuivre Manco et les restes de son armée durent vite rebrousser chemin. Chacun a en mémoire les terribles difficultés qu'Hannibal et Napoléon, à des époques différentes de l'histoire, durent affronter pour faire passer en Italie leurs armées par les cols relativement bas des Alpes. Il n'est pas surprenant que Pizarre ne soit pas parvenu à suivre l'Inca et ses troupes au-delà de passes plus hautes que le sommet du mont Blanc. C'est précisément dans cette partie des Andes — le massif de Vilcabamba — que l'on rencontre la plus forte concentration de pics. Dressant leurs arêtes bleutées dans l'azur, le Veronica (5 803 m), le Salccantay (6 169 m), le Soray (5 831 m) et le Soiriccocha (5 460 m) sont visibles à plus de 150 kilomètres de distance. Aucun de leurs sommets n'a jusque-là été vaincu, pour autant que je sache[6].

Les contreforts de ces montagnes sont recouverts d'innombrables glaciers sur lesquels ne se sont aventurés jusqu'ici que quelques prospecteurs et explorateurs particulièrement hardis. Les vallées qu'ils surplombent ne peuvent être atteintes qu'en franchissant des cols de 5 000 mètres, cols où le voyageur a toutes chances d'essuyer de violentes tempêtes de neige et de grêle. Pendant la saison des pluies, une grande partie de la région qui s'étend au-delà de ces montagnes devient totalement inaccessible. Même pendant la saison sèche, les difficultés de transport restent considérables. Les mules des Péruviens d'aujourd'hui sont souvent incapables d'emprunter sans assistance les sentiers du massif du Vilcabamba. Cette région constitua pour les fugitifs une véritable forteresse naturelle à l'intérieur de laquelle ils purent se retrancher.

Les troupes de Manco fuirent par la passe de Panticalla. Longeant ensuite le cours du Lucumayo, elles atteignirent le bassin inférieur de l'Urubamba, qu'elles franchirent par le pont suspendu de Chuquichaca. Elles pénétrèrent alors dans la vallée d'un des affluents de l'Urubamba, l'actuel rio Vilcabamba — vallée qu'elles remontèrent pour finalement s'établir dans une région hospitalière, propice aux cultures, où leurs lamas et alpacas trouvèrent de vastes pâturages.

Manco établit sa résidence au sommet d'une montagne où il fit construire un « palais » et d'autres édifices dans le style architectural inca. Il donna à ce refuge le nom de Vitcos, ou Uiticos. Le repère des derniers Incas est également mentionné dans plusieurs chroniques de l'époque sous le nom de « Vilcapampa », ou « Vilcabamba », qui désignait aussi, dès cette époque, l'ensemble de la région. Je reviendrai sur ce point dans un chapitre ultérieur[7]. En ce lieu, à l'abri des

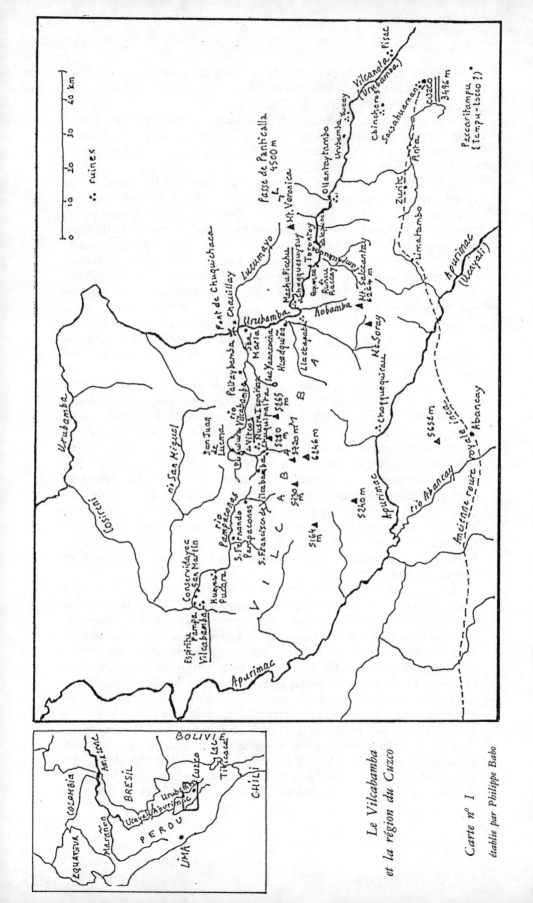

Le Vilcabamba
et la région du Cuzco

Carte n° 1

établie par Philippe Babo

attaques de l'ennemi, Manco et ses derniers sujets jouirent des bienfaits d'un climat sec, dans une région arrosée par de nombreux cours d'eau, où le maïs et la pomme de terre, ainsi que les fruits des zones tempérées et subtropicales, pouvaient croître en abondance.

Utilisant Vitcos comme base de repli, Manco et ses capitaines ne cessèrent de harceler les Espagnols. Sortant des montagnes à la tête d'une poignée de soldats par de mystérieux sentiers, ils surgissaient là où on les attendait le moins, franchissaient l'Apurimac sur des radeaux de fortune et atteignaient la grand-route qui reliait Lima, la capitale espagnole, à l'ancienne cité impériale du Cuzco. Au fil des années, les agents du vice-roi et les marchands empruntant cette chaussée (la seule qui permît de traverser les Andes centrales) voyagèrent dans des conditions de sécurité de plus en plus précaires. Manco galvanisa ses partisans en leur faisant comprendre qu'il leur était possible, par ces raids, de se venger des conquérants exécrés. Un chroniqueur espagnol alla jusqu'à donner raison à l'Inca, arguant que les conquistadors s'étaient indûment appropriés son patrimoine et l'avaient poussé à l'exil.

Les victoires remportées par Manco incitèrent de nombreux nobles du Cuzco à le rejoindre dans la cordillère de Vilcabamba. S'ils ne disposaient ni d'armes à feu, ni d'armures, les soldats de l'Inca maniaient avec une redoutable efficacité leurs *bolas* et leurs frondes. Les Espagnols rapportent que les Indiens utilisaient volontiers leurs *bolas* contre leurs chevaux : en s'enroulant autour de leurs pattes, elles faisaient trébucher leurs montures et permettaient leur capture. Les soldats eux-mêmes étaient parfois pris au piège et cloués sur place par cette arme imparable. Avec leurs grandes frondes, les Incas pouvaient par ailleurs lancer de grosses pierres avec assez de force pour tuer un cheval ou briser une épée à une distance de trente pas.

Les raids de Manco devinrent si préoccupants pour les Espagnols que Pizarre dépêcha dans les Andes de Vilcabamba un corps expéditionnaire. Mission lui était donnée de capturer le souverain, de disperser son armée et de détruire ses places fortes.

Faute de pouvoir utiliser leurs chevaux, les soldats espagnols durent gravir à pied les contreforts du massif. Exténués par leur marche, minés par le redoutable *soroche* (le terrible « mal des montagnes » qui affecte bon nombre d'Européens à plus de 4 000 mètres d'altitude), ils tombèrent dans une embuscade tendue par les soldats de Manco et furent presque tous exterminés. Quiconque a franchi la passe de Panticalla ne sera pas surpris par le fiasco de l'expédition de Pizarre : averti par des guetteurs postés, à la manière inca, en des points stratégiques d'où ils pouvaient émettre des signaux à l'aide de feux, Manco II n'éprouva aucune difficulté à tailler en pièces un petit détachement de soldats épuisés, peinant sous leurs armures et encombrés par les lourds tromblons de l'époque. Les hommes de Pizarre furent probablement massacrés sur place par les Indiens armés de frondes avant même d'avoir pu esquisser une riposte. Les rescapés regagnèrent le Cuzco où ils purent témoigner de l'étendue du désastre et de l'impossibilité d'emprunter la passe de Panticalla pour une opération de ce type. Le choc que leur récit produisit sur Pizarre et ses conseillers, et l'ampleur du revers, peuvent être mieux appréciés si l'on se souvient que l'expédition qui conquit le Pérou et captura Atahualpa comptait moins de deux cents hommes — soit guère plus du double du nombre des soldats tués par la petite bande armée de Manco, composée, selon les estimations des Espagnols, de seulement quatre-vingts Indiens (peut-être étaient-ils encore moins nombreux).

La nouvelle du désastre, atterrante pour les conquistadors, risquait de provoquer de nouveaux troubles au sein des populations indiennes à peine assujetties. Mesurant le danger, Pizarre partit lui-même sur-le-champ en campagne à la tête d'une poignée de soldats déterminés à punir le jeune Inca qui avait osé porter un tel coup au prestige des armes espagnoles. Cette tentative échoua également, même si Pizarre et ses hommes réussirent cette fois à franchir la passe de Panticalla. Manco, entre-temps, s'était retiré encore plus loin, dans la région inaccessible de Vitcos, détruisant derrière lui ponts et routes.

Gonzalo Pizarre, le frère de Francisco, se lança à la poursuite de l'Inca. Il réussit à occuper plusieurs cols et ponts, mais, à son tour, il ne parvint pas à pénétrer dans le dédale montagneux de la cordillère de Vilcabamba. Ses soldats n'entrèrent jamais en contact direct avec ceux de Manco. Incapable de soumettre l'Inca, ou d'empêcher ses raids meurtriers contre les voyageurs empruntant la route du Cuzco à Lima, Francisco Pizarre fonda la ville fortifiée d'Ayacucho pour assurer la protection des Espagnols dans les Andes centrales.

Promu « maréchal » par le roi d'Espagne Charles Quint, Francisco Pizarre entra bientôt en conflit avec Almagro, son compagnon des premiers jours. En 1541, les partisans d'Almagro assassinèrent le conquérant, meurtre qui combla probablement de joie Manco, retranché dans son repère de Vitcos. Sa joie, il est vrai, fut de courte durée, les Almagristes, rapidement vaincus, ayant dû fuir dans les montagnes. Une douzaine d'entre eux parvinrent à traverser l'Apurimac et, après avoir protesté de leur loyauté envers l'Inca, furent reçus avec égards par le souverain en 1542. Les chefs des fugitifs se nommaient Gomez Perez et Diego Mendez, des « canailles », écrit le père Calancha, « dignes de la faveur de Manco » (le père Calancha, un missionnaire envoyé au Pérou, rédigea une chronique à partir des rapports de deux moines augustiniens qui, on le verra plus loin, séjournèrent près de Vitcos pendant quelques années[8]).

Les Espagnols auraient appris à Manco à se servir des armes à feu et à monter à cheval (il semble en effet qu'ils aient réussi à s'enfuir et à atteindre Vitcos avec leurs montures). D'après les chroniqueurs, ils l'auraient également initié à divers jeux européens — aux palets, aux boules, et même aux échecs et aux dames. Les réfugiés prenaient ces jeux très au sérieux : à plusieurs reprises, de violentes disputes éclatèrent, au cours desquelles il leur arriva d'oublier le rang de leur hôte et la vénération que lui vouaient ses sujets.

Tant que Gonzalo Pizarre resta le maître du Pérou, les fugitifs se satisfirent d'être les hôtes de l'Inca, mais ils apprirent un jour que Charles Quint souhaitait mettre au pas les conquistadors, dont les méthodes brutales avaient fini par le heurter. En 1544, le souverain envoya au Pérou un « vice-roi » avec un nouveau corpus juridique, les « Nouvelles Lois », aboutissement des efforts du bon évêque Bartolomé de Las Casas[9] pour atténuer les souffrances des populations indiennes. Les « Nouvelles Lois » stipulaient, entre autres clauses, que les agents de la Couronne devaient renoncer à leurs *repartimientos*, ou contingents de serfs indiens[10], et que toutes les formes de « service personnel » devaient être entièrement abolies. Les *repartimientos* accordés à l'origine aux conquistadors ne devaient pas revenir à leurs héritiers, mais faire retour à la Couronne. En d'autres termes, les « Nouvelles Lois » démontraient que le roi d'Espagne entendait protéger les Indiens, et qu'il réprouvait les abus commis par les Pizarre. Leur promulgation fut accueillie avec satisfaction par Manco et laissa entrevoir de nouvelles perspectives aux réfugiés almagristes. Ces derniers convainquirent l'Inca d'adresser au vice-roi une lettre dans laquelle il sollicitait la permission de comparaître devant lui et offrait ses services au roi d'Espagne. Les réfugiés espagnols avaient assuré l'Inca qu'il pourrait, par ce moyen, espérer recouvrer un jour son empire, « ou, tout au moins, ses plus belles provinces ». Le but recherché par les anciens conjurés devient clair lorsqu'on apprend qu'ils écrivirent eux aussi une lettre au vice-roi par laquelle ils « imploraient pardon pour ce qui était le passé » et demandaient l'autorisation de regagner les territoires sous domination espagnole.

Gomez Perez, qui semble avoir été le meneur le plus actif du petit groupe, fut désigné pour porter à Lima les missives de l'Inca et des réfugiés. Escorté par une douzaine d'Indiens chargés par le souverain de lui servir à la fois de gardes du corps et de serviteurs, il quitta Vitcos, traversa les Andes et remit les lettres au vice-roi, à qui il fit « une longue description des États de l'Inca, et de sa véridique et réelle intention de faire acte d'allégeance. Le vice-roi accueillit avec joie la nouvelle et accorda un ample et complet pardon pour tous les crimes, comme il lui était demandé. Et pour ce qui était de l'Inca, il se répandit en affirmations de respect et d'amour, considérant sincèrement qu'il allait de l'intérêt de l'Inca comme du sien d'aboutir à un accord. Et avec cette réponse satisfaisante, Gomez Perez retourna auprès de l'Inca et de ses compagnons ».

Les réfugiés se réjouirent de la nouvelle de leur pardon et se préparèrent à retourner parmi leurs compatriotes. Leur départ, cependant, fut empêché par un tragique accident, décrit en ces termes par Garcilaso Inca de la Vega :

« Le prince Manco Inca, pour se divertir avec les Espagnols, avait fait faire un beau jeu de boule, par leurs avis même (...). Il s'y exerçait souvent avec Gomez Perez, qui, étant fort grossier et fort incivil, avait cette mauvaise coutume que toutes les fois qu'il jouait avec l'Inca, il contestait avec lui sur la mesure des boules, et pour la moindre chose que ce fût (…). En une partie qu'ils avaient faite, ne trouvant pas bien son compte, [Gomez] sortit entièrement des bornes du respect, et s'obstina si fort à tenir tête au prince qu'il le contraignit à lui donner un soufflet, et un coup de poing à l'estomac, en lui disant : « Ôte-toi de là ; regarde à qui tu parles. » Gomez Perez, (…) sans appréhender ni sa propre ruine, ni celle de ses compagnons, leva en même temps la main dont il tenait la boule, qu'il lança droit à la tête de l'Inca, qui tomba raide mort, par l'extrême violence de ce coup. » (Il mourut trois jours plus tard.) » Les Indiens, qui étaient présents, voulurent se jeter aussitôt sur Gomez Perez, mais il s'enfuit dans leur logis, avec les autres Espagnols, où, l'épée à la main, ils empêchèrent que ceux qui les poursuivaient ne puissent entrer. Les Indiens mirent le feu à la maison, d'où les Espagnols sortirent, mais en se sauvant de l'embrasement, ils ne purent éviter les flèches des Indiens, dont (ces derniers) les percèrent comme des bêtes sauvages, avec tout le ressentiment que pouvaient avoir des gens furieux (…). Après qu'ils les eurent tués, peu s'en fallut qu'ils ne les mangeassent, tant leur rage était grande : de manière que pour l'assouvir, ils résolurent de les brûler et d'en jeter la cendre dans la rivière, afin qu'il ne restât plus rien de leurs corps ; mais ils changèrent d'avis, et les abandonnèrent aux bêtes farouches, ne croyant pas les pouvoir mieux punir. » Garcilaso conclut : « [La mort de Manco Inca] se passa comme je viens de dire. J'en puis parler avec certitude, ayant eu la relation de cette malheureuse action des Incas qui s'y trouvaient présents. Je me souviens même de l'avoir ouï raconter à ma mère, par ses parents, qui en avaient les larmes aux yeux. »[11]

Le récit de Garcilaso, rédigé soixante-dix années après l'événement, comporte des descriptions de supplices auxquels il avait probablement assisté pendant ses années de service dans l'armée espagnole, ce qui lui donne un curieux parfum « européen ».

Il existe de nombreuses autres versions de la tragédie de Vitcos. Selon l'une d'elles, la querelle éclata à l'occasion d'une partie d'échecs entre l'Inca et Diego Mendez, un autre meneur du groupe des réfugiés, qui s'emporta et traita l'Inca de « chien ». Rendu furieux par le ton et le langage employés par son hôte, Manco lui donna un coup de poing, sur quoi Diego Mendez tira sa dague de son fourreau et tua le souverain.

Un témoin oculaire, le propre fils de Manco, Titu Cusi, devait donner, vingt ans après l'événement, une version des faits radicalement différente de celle recueillie par Garcilaso de La Vega.

« Parce qu'il n'aimait pas être séparé de moi », rapporte Titu Cusi, « mon père m'envoya quérir au Cuzco [ou il était retenu prisonnier]. Ses messagers me conduisirent en secret avec ma mère jusqu'à la ville de Vitcos, où mon père s'était établi pour la fraîcheur des lieux. Je devais y séjourner avec mon père de nombreux jours. Un peu plus tard, sept Espagnols arrivèrent en notre ville, soutenant qu'ils avaient dû fuir pour s'être rendus coupables de crimes, et qu'ils serviraient mon père de toutes leurs forces, pour le restant de leurs vies. Ils le supplièrent de leur permettre de demeurer dans ce pays et d'y finir leurs jours. Mon père, pensant qu'ils étaient animés de bonnes intentions, ordonna à ses capitaines de ne leur faire aucun mal, car il souhaitait les garder auprès de lui en qualité de serviteurs, et veilla à ce que leur fussent données des maisons où ils pussent vivre. Bien qu'ils eussent préféré occire les étrangers sur-le-champ, les capitaines obéirent aux ordres de mon père. Ce dernier les garda auprès de lui pendant maints jours et années, les traitant avec égards et leur donnant tout ce dont ils avaient besoin, allant même jusqu'à ordonner à ses propres femmes de préparer leurs mets et leurs breuvages et à prendre ses repas avec eux. Il les traita comme s'ils étaient ses propres frères.

« Après que ces Espagnols eurent vécu aux côtés de mon père pendant plusieurs années dans ladite ville de Vitcos, ils engagèrent un jour, en toute amitié, une partie de palet avec lui ; ne prenaient part au jeu, en dehors d'eux, que mon père et moi-même, qui n'étais alors qu'un jeune garçon [âgé d'environ quinze ans]. Au moment même où mon père leva le palet pour le lancer, ils se jetèrent sur lui avec force couteaux, dagues et épées. Mon père, sentant qu'il était blessé, tenta de parer les coups, mais il était seul et sans défense, et eux étaient sept, avec toutes leurs armees. Voyant mon père traité de la sorte, et bien que je ne fusse qu'un jeune garçon, je voulus lui porter secours, mais ils m'assaillirent furieusement à mon tour et l'un d'eux lança une javeline qui faillit me tuer. Terrifié, je réussis à fuir dans les taillis qui entouraient la ville. Ils me cherchèrent, mais ne purent me trouver. Les Espagnols, voyant que mon père avait cessé de respirer, sortirent de l'enceinte, dans un état de grande gaieté, en proclamant : "Maintenant que nous avons tué l'Inca, nous n'avons plus rien à redouter." Mais à ce moment, le capitaine Rimachi Yupanqui "Doué de toutes les vertus", survint avec quelques guerriers antis[12] et les pourchassa tant et si bien qu'avant d'avoir pu aller très loin sur la route sinueuse, ils furent pris et jetés à bas de leurs chevaux. Tous endurèrent une mort très cruelle. Certains furent brûlés vifs. Nonobstant ses blessures, mon père vécut encore pendant trois jours. »

## Sayri Tupac

A la mort de Manco II en 1545, son fils aîné Sayri Tupac monta sur le trône des Incas, bien qu'il fût encore mineur. Il n'avait rien d'un monarque belliqueux ; il semble, bien au contraire, avoir affectionné les fastes et le luxe. Conseillé par les nobles et les chefs militaires qui avaient formé l'entourage de son père, il régna pendant dix années sans éveiller l'hostilité de ses voisins espagnols.

En 1555, un nouveau vice-roi[13] entreprit la conquête pacifique du dernier réduit inca en invitant le jeune Sayri Tupac à quitter les solitudes de Vilcabamba et à venir s'installer dans la vallée enchanteresse de Yucay, non loin du Cuzco. Jouissant d'un climat tempéré et produisant fruits et fleurs en abondance, l'ancien « Jardin des Incas » est considéré comme l'un des plus beaux sites naturels du monde.

Le vice-roi ouvrit des négociations par l'intermédiaire de la tante du jeune Inca, Beatriz Coya, qui vivait au Cuzco et était mariée à un *hidalgo*. Beatriz envoya à la cour de Vitcos un ambassadeur de son choix, l'un de ses cousins de sang royal, escorté de toute une suite. Les conseillers de Sayri Tupac autorisèrent l'émissaire à entrer dans Vitcos et à remettre à l'Inca l'invitation du vice-roi, mais, prévenus contre les conquistadors — qui ne s'étaient guère distingués jusque-là aux yeux des Indiens par leur intégrité et leur sens de l'honneur — les nobles incas dissuadèrent Sayri Tupac de se livrer au vice-roi. En attendant, ils gardèrent en otage le parlementaire et dépêchèrent un messager au Cuzco pour demander qu'un membre de la famille royale « à qui l'on pût accorder plus de crédit » fût choisi comme légat.

Pendant ce temps-là, le vice-roi — qui commençait à perdre patience — envoya dans le Vilcabamba un prêtre, ainsi qu'un soldat qui avait épousé l'une des filles du malheureux Atahualpa, et qui parlait le quechua. Les deux hommes quittèrent Lima le cœur confiant, emportant avec eux les présents destinés au jeune Sayri Tupac et à ses amis — des coupes en argent et des lés de velours espagnol. Ils voyagèrent aussi vite qu'ils purent, mais ils furent retenus au pont de Chuquichaca, qui commandait l'entrée de la vallée au fond de laquelle Vitcos était sise. Ils y furent rejoints quelques jours plus tard par le cousin de l'Inca mandaté par la noblesse du Cuzco. Reçu à Vitcos, le nouvel émissaire s'efforça de convaincre Sayri Tupac d'accepter l'offre des Espagnols. Sur sa suggestion, les deux messagers du vice-roi furent autorisés à comparaître devant l'Inca. Ils lui offrirent les cadeaux que le vice-roi leur avait confiés ; mais, pour leur plus grande déception, Sayri Tupac semblait préférer rester libre et souverain dans sa vallée perdue. Le jeune monarque les pria de remporter les coupes en argent du vice-roi. Quelques jours plus tard, cependant, après que son cousin lui eut fait miroiter les fastes et les plaisirs de la vie au Cuzco, le jeune Inca décida finalement de reconsidérer la question et d'accepter, contre l'avis de sa cour, les propositions du vice-roi.

Avide de découvrir le monde, qu'il ne connaissait que par ouï-dire, Sayri Tupac se rendit même à Lima. Il y fit une entrée triomphale, transporté sur une litière par une cohorte de serviteurs et escorté d'environ trois cents Indiens. Reçu en grande pompe par le vice-roi, il regagna ensuite le Cuzco où il logea pendant quelque temps dans l'un des anciens palais incas. Son cousin, Garcilaso de La Vega, rapporte qu'il rendit visite à Sayri Tupac alors qu'il n'était lui-même qu'un enfant. Il le trouva occupé à jouer. Le souverain l'invita à rester et lui fit servir quelques tasses d'une excellente *chicha*.

Mettant à exécution son plan initial, le vice-roi exigea bientôt que Sayri Tupac ceigne en public la frange de laine rouge (l'insigne sacré de la souveraineté inca), embrasse le christianisme, épouse une princesse de sang royal, et prenne ses quartiers, comme il avait été entendu, dans la belle vallée de Yucay. Les penchants de Sayri Tupac pour le faste et le luxe devaient y être comblés. Entouré de serviteurs dévoués à satisfaire les moindres désirs du porteur de la frange sacrée, il semblait se contenter de son sort et avoir renoncé à toute ambition. Il va sans dire qu'il aurait été appelé à prendre la tête d'un soulèvement contre les Espagnols, si ce dernier avait eu lieu, mais rien n'indique qu'il ait souhaité tenir un jour ce rôle. En tout état de cause, il ne vécut à Yucay que deux années, de 1558 à 1560, date de son décès survenu dans des circonstances qui n'ont jamais été clairement élucidées. Le vice-roi déclara qu'il avait été emporté par une maladie. Les nobles restés à Vitcos, de leur côté, eurent la conviction qu'il avait été empoisonné. Quelle que fût la cause de la mort du jeune souverain, son demi-frère Titu Cusi, le fils favori (bien qu'illégitime) de Manco, lui succéda immédiatement sur le trône des Incas, non au Cuzco (ou à Yucay), mais, à nouveau, dans les solitudes du Vilcabamba.

## Titu Cusi

Grâce à la propre relation de Titu Cusi (dont il a déjà été fait mention dans le récit de la vie et de la mort tragique de son père) et à la chronique du père Calancha, nous en savons plus sur l'avant-dernier Inca que sur son père et ses deux frères réunis.

Titu Cusi, on l'a vu, avait passé une partie de son enfance au Cuzco, où il avait été retenu prisonnier avec sa mère par les Espagnols. Manco avait ensuite réussi à le délivrer et à le ramener auprès de lui. Il vivait à Vitcos lors de la fameuse partie de palet aux conséquences si tragiques pour son père.

On ignore où il se trouvait au moment de la mort de Sayri Tupac. On sait en revanche qu'il s'enfuit dans les vallées inaccessibles du Vilcabamba dès qu'il en eut connaissance, fit enfermer son jeune demi-frère Tupac Amaru « dans le temple du Soleil, avec les Femmes choisies et leurs matrones » et monta sur le trône de l'empire inca à l'agonie. Titu Cusi était alors âgé d'environ trente ans.

Le capitaine Baltazar de Ocampo, un soldat espagnol qui visita la vallée de Vilcabamba en quête d'or quelques années plus tard, a laissé une description de la province au lendemain de la conquête[14]. Il y dit que Tupac Amaru « était le Seigneur légitime et naturel de ces terres (...) mais que son frère aîné, par habileté et ruse, le tint enfermé et emprisonné, arguant de son manque d'expérience et usurpant le gouvernement pour lui-même ». Il ajoute cependant que l'internement des héritiers du trône dans les couvents des Vierges du Soleil était « une très ancienne coutume parmi tous les maîtres de ces royaumes avant l'arrivée des Espagnols ».

Un grand sanctuaire, regroupant temples, bains et gynécées, aurait constitué un lieu de captivité idéal pour le jeune homme. Tupac Amaru passa probablement la plus grande partie des dix années qui suivirent dans les palais de cette cité inviolable. Son emplacement étant resté inconnu des Espagnols, ce sanctuaire peut également avoir constitué l'un des lieux de séjour favoris de Titu Cusi. Le souverain pouvait y veiller en personne sur les Femmes choisies. Sa mère semble y avoir également habité. Titu Cusi devait cependant passer le plus clair de son temps en compagnie de ses conseillers et soldats à Vitcos.

L'un des premiers Espagnols à avoir visité la capitale militaire de l'Inca fut Don Diego Rodriguez de Figueroa, émissaire du vice-roi, qui l'avait chargé de convertir Titu Cusi au christianisme et de le convaincre de quitter le Vilcabamba. Rodriguez a laissé fort heureusement un récit détaillé de son voyage[15]. Sa relation, passionnante, décrit clairement les précautions dont Titu Cusi s'entourait pour se protéger des étrangers. A la différence de tant de nos sources de connaissance concernant les Incas, elle n'a pas été rédigée à partir de témoignages indirects, ou longtemps après l'événement. Pour cette raison, on en citera ici de longs passages.

Rodriguez, selon la traduction qu'a donnée de son récit Sir Clements Markham[16], rapporte les faits suivants :

« Je quittai le Cuzco le 8 avril 1565, après avoir reçu des mains du juge Matienzo[17] les lettres destinées à l'Inca Titu Cusi Yupanqui, ainsi qu'un laissez-passer pour la route du Vilcabamba. Je dormis à Ollantaytambo, où l'on me donna sept porteurs indiens chargés de m'indiquer le chemin. »

Rodriguez franchit ensuite la passe de Panticalla avant de redescendre le long du rio Lucumayo jusqu'à un ancien pont suspendu.

« Le cinquième jour du mois de mai, poursuit l'émissaire, dix capitaines (incas) vinrent jusqu'au pont, richement parés de diadèmes de plumes, le visage dissimulé par des masques et brandissant des lances. S'étant approchés de l'entrée du pont où je me tenais, ils me demandèrent si j'étais bien l'homme qui avait l'audace de venir parler à l'Inca. Je répondis par l'affirmative. Ils me rétorquèrent que je ne manquerai pas d'être terrifié, et que si j'éprouvais quelque crainte, je ne pouvais aller plus avant, car l'Inca était le grand ennemi des couards. A cela je répliquai que si leur souverain avait été un éléphant ou un géant, j'aurais eu quelque motif d'être saisi de frayeur, mais que dans la mesure où il était un homme comme moi-même, je n'avais pas lieu d'être apeuré et qu'en revanche je souhaitais être reçu à sa cour pour lui témoigner tout mon respect. S'il me laissait poursuivre ma route en échange de sa parole, j'agirais de la sorte, car je savais qu'il la tiendrait. » Rodriguez semble avoir craint d'emprunter le pont (à moins que ses interlocuteurs n'aient pas voulu le laisser l'utiliser), car il ajoute : « Le sixième jour de mai, je franchis la rivière dans une corbeille suspendue à un câble, et sept Indiens vinrent avec moi. Les dix Indiens de l'Inca m'aidèrent à traverser et m'accompagnèrent. Le soir même, je dormis au pied d'une montagne enneigée.

« Le 12 mai, je me remis en route pour Vitcos où les Espagnols avaient tué l'Inca (Manco), et où leurs têtes sont exposées. Les Indiens me racontèrent que ces Espagnols l'avaient assassiné pour soulever le pays, et qu'ils avaient décidé de le tuer alors qu'ils faisaient ensemble une partie de *herradura* [des fers à cheval tenant lieu de palets]. Un dénommé Mendez lui porta quatre ou cinq coups de poignard dans le dos avant de le tuer ; ils auraient fait subir le même sort à Titu Cusi, l'Inca régnant aujourd'hui, si ce dernier n'avait pas réussi à fuir dans les rochers, qu'ils me montrèrent. S'ils avaient voulu tuer les Indiens, ils l'auraient fait, mais leur propos était de tuer l'Inca. Puis de nombreux Indiens et soldats se rassemblèrent. Ils s'emparèrent des Espagnols et les occirent. »

On remarquera que cette version du meurtre de Manco II diffère sensiblement de celles de Garcilaso de La Vega et de Titu Cusi lui-même. Pour ces derniers, la mort de l'Inca semble moins le résultat d'une action concertée que d'un accident survenu au milieu d'une querelle. Les régicides étant des renégats et des hors-la-loi, il était peut-être naturel que Rodriguez, en sa qualité d'émissaire du gouvernement vice-royal, n'ait éprouvé aucun scrupule à les accuser de traîtrise envers leur hôte.

Rodriguez poursuit : « Le 13 mai, j'envoyai deux de mes Indiens chez l'Inca avec des paniers emplis de raisins, de figues et autres fruits. L'Inca les reçut avec égards et leur remit deux corbeilles de cacahuètes à mon intention, ainsi qu'un message m'informant qu'il viendrait au-devant de moi le lendemain, afin que nous puissions nous rencontrer sans délai, et que je n'avais pas besoin de voyager plus avant.

« Le 14 mai, les Indiens de Bambacona [Pampaconas] construisirent à mon intention une maison sur une hauteur entourée de fossés. En contrebas se trouvaient les maisons des habitants. La route par laquelle le souverain devait arriver traversait une grande plaine ; elle avait été soigneusement balayée. Armés de lances, les Indiens, au nombre de trois cents, et d'autres venant de la campagne environnante, avaient édifié un grand théâtre d'argile rouge pour l'Inca. Ils attendaient son arrivée, et m'engagèrent à me porter à sa rencontre. Ils me déclarèrent que les hommes du village se tiendraient dans la plaine, et qu'ils m'indiqueraient un endroit où ils avaient apporté deux bottes de paille, à un demi-jet de pierre du reste des hommes. Ils me dirent d'attendre là, et d'assister à l'arrivée de l'Inca, et de ne pas bouger avant que l'Inca me fasse quérir.

« Un mur de lances fut dressé au sommet d'une colline, et des messagers survinrent pour annoncer l'arrivée de l'Inca. A ce moment précis, l'escorte de l'Inca apparut dans le lointain. »

Rodriguez nous rend alors l'inestimable service de décrire avec un luxe de précisions la tenue d'apparat que portaient les souverains incas au temps de l'apogée de leur empire. « L'Inca venait en tête, paré d'une coiffe de plumes multicolores et d'un disque d'argent sur sa poitrine, un bouclier d'or dans une main et une hallebarde tout en or dans l'autre. Il portait des jarretières de plumes, auxquelles étaient attachés des grelots de bois. Son front et son cou étaient ceints chacun d'un diadème. Dans une main, il tenait une dague dorée, et son visage était dissimulé derrière un masque de plusieurs couleurs. » C'est à partir de cette description que certains peintres espagnols des seizième et dix-septième siècles exécutèrent des portraits des empereurs incas, qu'ils n'avaient pourtant jamais vus. Des copies de ces tableaux sont exposées aujourd'hui au Cuzco.

« Arrivant sur le plateau où les Indiens se tenaient, et où son siège avait été dressé, ainsi que le mien, il regarda dans la direction du soleil, fit une manière de salut de la main qu'ils appellent *mucha* (baiser), puis alla s'asseoir. Il était accompagné d'un métis armé d'un bouclier et d'une épée et vêtu d'un costume espagnol (un très vieux manteau). Il porta alors son regard dans ma direction, et j'ôtai mon couvre-chef. Les Indiens ne remarquèrent pas ce qui suivit. Je brandis en effet une image de Notre-Dame la Vierge Marie, que je transportais par-devers moi, et bien que les Indiens aient vu mon geste, ils n'y prêtèrent pas attention. Alors, deux *orejones* [nobles, littéralement "grandes oreilles"] s'approchèrent de l'Inca[18] : munis de hallebardes, ils arboraient des diadèmes de plumes avec une grande profusion d'argent et d'or. Ils saluèrent le soleil, puis l'Inca, avec force prosternations et révérences. Le reste de la suite impériale se tenait près du souverain, qu'ils entouraient en bon ordre. C'est alors que survint le gouverneur nommé Yamqui Mayta, escorté de soixante à soixante-dix serviteurs munis, à l'instar de tous ceux qui étaient venus avec l'Inca, de disques d'argent, de lances et de ceintures en or et en argent. Puis apparut le Mestre de Camp, accompagné d'une escorte mêmement vêtue de couleurs vives ; et tous firent leur révérence, d'abord au soleil, puis à l'Inca, proclamant : "Enfant du Soleil, tu es l'enfant du jour". Tous prirent ensuite place autour de l'Inca. Puis un autre capitaine nommé Vilcapari Guaman fit son entrée, suivi d'une trentaine d'Indiens portant des lances ornées de plumes versicolores. Puis vingt hommes armés de haches se prosternèrent devant le soleil, comme les autres avant eux. Tous portaient des masques de couleurs différentes, qu'ils mirent devant leur visage. Ensuite, un petit Indien s'approcha, lequel, après avoir salué le soleil et l'Inca, vint vers moi, brandissant une lance et l'agitant avec une grande effronterie. Il se mit alors à crier en espagnol : "Va-t'en ! va-t'en !" et me menaça de sa lance. Vint ensuite le tour d'un autre capitaine nommé Cusi Puma, accompagné d'une cinquantaine d'archers, tous des Antis cannibales. Alors, tous ces guerriers retirèrent leurs panaches de plumes et abaissèrent leurs lances. Avec leurs poignards de bronze et leurs boucliers d'argent, de cuir ou de plumes, chacun alla s'incliner devant l'Inca qui était assis, puis retourna à sa place.

« Alors l'Inca me fit quérir. Traversant cette multitude d'Indiens, j'ôtai à nouveau mon couvre-chef et tins au souverain ce discours. Je lui déclarai que j'étais venu du Cuzco dans la seule intention de le connaître et de le servir. Si je portais un poignard et une épée, c'était pour le servir et non pour lui faire offense. A cela il répondit qu'il appartenait aux hommes, et non aux femmes et aux couards, de porter des armes, et qu'il ne me portait pas en plus grande estime pour cela. Mais il m'assura qu'il était très flatté que je me fusse donné la peine de venir de si loin pour le voir, ajoutant qu'il avait lui-même parcouru quarante lieues à seule fin de me rencontrer et de converser avec moi. Puis il me donna une coupe de *chicha*, me priant de la boire pour lui faire plaisir. J'en bus quelques gorgées, mais, pris de dégoût, je grimaçai et m'essuyai la bouche avec mon mouchoir. Le souverain éclata alors de rire, comprenant que je ne connaissais pas cette liqueur.

« L'Inca était un homme d'environ quarante ans et de taille moyenne, avec quelques marques de petite vérole sur le visage, de mine plutôt sévère et virile. Il portait une tunique bleue rehaussée d'une fine mante de laine. Il était servi dans des plats d'argent et une trentaine de femmes de grande beauté se tenaient derrière lui. Il m'invita à venir déjeuner là où il se trouvait avec ses femmes et son gouverneur. Le repas se composait de maïs, pommes de terre, fèves et autres denrées du pays, à cela près qu'il n'y avait que très peu de viande, et que celle-ci consistait en des morceaux de chevreuil, de volaille, d'ara et de singe, tant bouillis que rôtis. Quand la nuit vint, l'Inca me demanda si j'avais rencontré ses capitaines. Après que je lui eus répondu par l'affirmative, il prit congé. Il se rendit dans la maison qui avait été préparée pour lui, selon exactement le même protocole que lors de son arrivée, au son de trompettes et de flûtes d'argent. Pendant la nuit qui suivit, le site fut surveillé par une centaine d'Indiens montant la garde à tour de rôle. On entendit des flûtes et des tambours à chaque relève. Quinze Indiens armés de lances veillèrent devant la porte de la maison où je logeais, à l'extérieur du village. Je calculai que les Indiens qui étaient venus avec l'Inca étaient, avec ceux qui habitaient le village, au nombre de quatre cent cinquante.

« Le 15 mai au matin, l'Inca me manda à sa résidence, car il pleuvait. La plupart de ses soldats faisaient cercle autour d'un grand feu. L'Inca se tenait assis, vêtu d'un pourpoint de velours pourpre, avec une mante du même tissu et de la même couleur. Tous ses capitaines avaient retiré les masques qu'ils portaient la veille (...).

« Comme le jour se levait, et qu'ils avaient tous abondamment bu, je demandai à l'Inca la permission de retourner à mon logis pour m'y restaurer, ajoutant qu'un autre jour je lui expliquerais sans détour ce pourquoi j'étais venu. Sur ces entrefaites, je pris congé, les laissant à leurs forfanteries, mais tous étaient très profondément troublés dans leurs esprits.

« Peu après, ils me firent tenir un mouton de Castille [capturé vraisemblablement au cours d'un raid sur une ferme espagnole], maintes poules et perdrix, et d'autres denrées de leur pays. A ceux qui avaient porté ces présents, je donnai quelques colifichets, aiguilles et autres objets d'origine espagnole. C'est alors que l'Inca me fit à nouveau quérir. Je me rendis auprès de lui, et y demeurai jusqu'à la nuit, sans qu'une parole fût échangée. La raison de ce silence semble avoir été que trop de *chicha* avait été bue. » (Encore aujourd'hui, les Indiens quechuas se montrent fort peu loquaces après avoir absorbé trop de ce breuvage.)

Rodriguez avait apporté des présents pour l'Inca — des bracelets en argent, des pendentifs de cristal et des perles. Avec la permission de l'Inca, il prononça un discours au cours duquel il fit l'éloge du christianisme et invita les Indiens à dresser des croix, comme le faisaient les chrétiens en témoignage de leur foi. Cette harangue ne fut pas du goût de l'Inca, qui rappela à l'Espagnol qu'il lui suffisait de donner un ordre pour l'envoyer à la mort.

« Du haut d'un terrain surélevé, poursuit Rodriguez, j'assistai aux fêtes données en l'honneur de l'Inca et entendis les chants des Indiens. Leurs gesticulations étaient des danses de guerre, les hommes tenant dans leurs mains des javelines qu'ils se lançaient mutuellement. Je pense qu'ils firent de telles choses à cause de la quantité de *chicha* qu'ils avaient bue.

« L'Inca me fit mander à la tombée du jour et je me rendis chez lui contre mon gré. Il me dit de m'asseoir et commença à se vanter, prétendant qu'il pouvait tuer à lui seul cinquante Espagnols et qu'il s'apprêtait à faire mettre à mort tous les Espagnols du royaume. S'étant saisi d'une lance et d'un bouclier, il se prit à jouer les héros, criant à l'adresse de ses capitaines : "Partez sur-le-champ, et allez quérir tous les hommes qui vivent au-delà des montagnes, car je veux aller combattre les Espagnols, les tuer tous, et donner leurs cadavres aux Indiens cannibales pour qu'ils les dévorent."

« Puis défilèrent devant moi environ six cents ou sept cents Indiens Antis, tous armés d'arcs et de flèches, de massues et de haches. Ils saluèrent le soleil et l'Inca et prirent leurs positions. Alors l'Inca recommença à brandir sa lance, se faisant fort de soulever tous les Indiens du Pérou et proclamant qu'il n'avait qu'un seul ordre à donner pour qu'ils prennent les armes. Puis tous ces Antis proposèrent à l'Inca de me dévorer tout cru, s'il le souhaitait. Ils lui déclarèrent : "Que fais-tu avec ce petit barbu qui essaie de te tromper ? Ne convient-il pas de le manger sans attendre ?" Puis deux *orejones* renégats accoururent vers moi avec leurs lances à la main, gesticulant et criant : "Les barbus ! Voilà nos ennemis." Je m'esclaffai à ces mots, tout en recommandant mon âme à Dieu. M'adressant à l'Inca, j'implorai pitié et protection. M'ayant entendu, il me délivra et me cacha jusqu'au matin. » (Il semble, à en croire cette scène, que Titu Cusi ait craint un moment que ses nobles aillent trop loin dans leur désir de se venger des Espagnols.)

« Le 16 mai au matin, l'Inca me pria de me rendre sur la plaine, où il arriva avec la même pompe que précédemment. Je saluai l'Inca à mon arrivée et m'assis. L'Inca et tous ses capitaines éclatèrent alors de rire en songeant à mes malheurs de la soirée précédente et me demandèrent mon opinion sur les fêtes de la veille. Je répondis qu'il s'agissait à mon sens de festivités plutôt exceptionnelles, mais qu'il n'était pas juste de m'avoir traité de la sorte, m'étant rendu auprès de l'Inca pour de sérieuses affaires. Ils m'expliquèrent qu'ils n'avaient fait que plaisanter, et qu'ils n'avaient pu s'en empêcher (...). »

Probablement pour se rendre agréable à son visiteur, Titu Cusi permit qu'une croix fût dressée près de l'endroit où il séjournait. Puis Rodriguez évoqua devant le souverain la toute-puissance du roi Charles Quint d'Espagne.

« A cela il répondit que le pouvoir de [mon] roi avait beau être grand et qu'il avait beau régner sur tant de nations, ainsi que sur des hommes noirs tels les Maures, lui, l'Inca, à l'instar de Manco Inca son père avant lui, savait comment se défendre dans ces montagnes (...). Il envoya alors chercher des renforts à Vilcapampa. » Les soldats avec qui il était arrivé quelques jours plus tôt — des Indiens sauvages armés d'arcs et de flèches — venaient des forêts chaudes des contreforts amazoniens, en aval du rio Pampaconas. Pour impressionner Rodriguez, Titu Cusi battait désormais le rappel de ses guerriers de la *montaña*, en garnison dans son autre « capitale », l'antique sanctuaire de Vilcabamba[19].

« Le 25 mai, l'un des généraux de Titu Cusi arriva avec trois cents hommes armés de lances, qui débouchèrent sur la plaine où les autres soldats étaient déjà en rang, et se prosternèrent devant le soleil et l'Inca. Puis les capitaines des troupes qui venaient de Vilcabamba s'approchèrent du gouverneur Yamqui Mayta et lui demandèrent pourquoi il avait accepté qu'une croix fût plantée sur leur terre, chose qui eût été inconcevable du temps de Manco Inca. Que faisait-elle là ? Si j'avais réussi à convaincre l'Inca de planter cette croix, alors je méritais la mort. L'Inca répondit que tout avait été fait sur son ordre et qu'il était souhaitable qu'ils acceptassent la croix du créateur de toutes choses. Ayant entendu cette réponse, ils regagnèrent leurs sièges et la fête commença. »

Homme de courage et de convictions, Rodriguez de Figueroa agit avec tant de bravoure et de tact qu'il réussit dans une grande mesure à éveiller l'admiration et le respect de l'Inca. Sur ses instances, le souverain faillit même accepter les propositions réitérées des autorités espagnoles, qui l'enjoignaient de suivre l'exemple de Sayri Tupac et de quitter Vitcos pour Yucay, où lui seraient offerts terres et honneurs.

Rodriguez informa Lima du déroulement de sa mission. Les résultats qu'il avait obtenus furent jugés suffisamment encourageants pour qu'un autre ambassadeur, accompagné de trente soldats espagnols et d'un nombre équivalent d'auxiliaires indiens, gagnât à son tour le pont suspendu de Chuquichaca. L'apparition de cette force armée, qui comprenait vingt arquebusiers, inquiéta à tel point Titu Cusi qu'il fit trancher le pont, renvoya Rodriguez et tous les autres émissaires espagnols au Cuzco et se retira précipitamment à Vitcos.

Il semble cependant avoir gardé auprès de lui comme secrétaire un métis du nom de Martin Pando, qui parlait probablement à la fois l'espagnol et le quechua.

Martin Pando paraît avoir vécu à Vitcos pendant les cinq années qui suivirent et avoir gagné à un si haut degré la confiance de Titu Cusi que l'Inca décida, sur ses conseils, d'entretenir une correspondance avec les autorités espagnoles. C'est peut-être sous son influence qu'environ trois ans plus tard, Titu Cusi acquit la conviction qu'il était préférable pour lui d'adopter la religion des conquérants.

La nouvelle de l'abdication de Charles Quint et de l'accession au trône d'Espagne et des Indes en 1556 de son fils Philippe II, intolérant et autoritaire, a-t-elle pu atteindre Vitcos ? Dans l'affirmative, aurait-elle incité certains des conseillers de Titu Cusi — et probablement certains membres de la famille royale restés au Cuzco — à lui suggérer d'embrasser ne serait-ce que les formes de la religion chrétienne, d'accueillir des missionnaires dans son royaume, et, finalement, de demander à Philippe II de reconnaître ses droits à s'asseoir sur le trône de son père et à ceindre la frange sacrée, symbole de la souveraineté inca ? On ne peut répondre à ces questions. En tout état de cause, Titu Cusi fit tenir à Don Lopez Garcia une lettre dont tous les termes semblent avoir été pesés pour flatter la bigoterie du monarque espagnol :

« Ayant reçu les missives de Votre Seigneurie me priant d'embrasser la religion chrétienne et m'assurant que mon éventuelle conversion amènerait la paix dans le pays, j'ai demandé à Diego Rodriguez et Martin de Pando quel était le principal ecclésiastique parmi tous ceux qui résident au Cuzco, et de tous les ordres religieux, quel était le plus vénéré et le plus influent. Tous deux me répondirent que l'ordre le plus florissant était celui de saint Augustin, et que son Prieur était la personnalité religieuse la plus éminente du Cuzco. Ayant pris connaissance de cela, je devins plus attaché aux Augustiniens qu'à aucun autre ordre. J'écrivis ensuite au Prieur, l'enjoignant de venir en personne me baptiser, car rien ne me donnerait de plus grande joie que de recevoir le baptême des mains d'un personnage aussi considérable. Ce dernier prit la peine de se rendre dans mes États et de me baptiser, amenant avec lui un autre missionnaire, ainsi que Gonzalo Perez de Vivero et Atilano de Anaya, qui arrivèrent le 15 août 1568 à Rayangalla [Huarancalque ?] où je me rendis depuis Vilcapampa pour recevoir le baptême. Là, dans ce village de Rayangalla, se tenaient ledit Prieur nommé Juan de Vivero et ses compagnons. On m'instruisit des choses de la foi pendant deux semaines, à la fin desquelles, au jour dédié au fameux saint Augustin, le Prieur me donna l'onction du baptême » (Titu Cusi prit le nom de "Diego de Castro"). « Mon parrain était Gonzalo Perez de Vivero, et ma marraine, Doña Angelina Zica Occlo.

Après mon baptême, le Prieur resta huit jours [à Rayangalla] pour m'instruire dans la Sainte Église catholique et m'initier à ses mystères. Il prit ensuite congé avec Gonzalo Perez de Vivero, laissant auprès de moi l'un de ses compagnons, le frère Marcos Garcia. Celui-ci était chargé d'instiller dans mon esprit ce que le Prieur m'avait enseigné, de veiller à ce que je n'oublie pas cet enseignement et aussi de prêcher la parole de Dieu au peuple de mon royaume. Avant son départ, j'expliquai aux hommes de ma suite la raison pour laquelle j'avais été baptisé et avais fait venir ces gens dans mon royaume. Tous répondirent qu'ils se réjouissaient de mon baptême et que le frère missionnaire devait rester. Et en effet, le frère resta auprès de moi. »

La longue *Chronique édifiante de l'ordre de saint Augustin au Pérou* du père Calancha[20] relate comment deux moines augustiniens faillirent réussir à pénétrer à l'intérieur du grand sanctuaire inca alors appelé Vilcapampa. A partir de quelques passages extraits de ses centaines de pages in-folio (consacrées essentiellement à l'édification religieuse du lecteur), il est possible de reconstituer un récit qui jette un jour des plus intéressants sur les événements survenus au-delà des passes enneigées de la cordillère de Vilcabamba sous le règne de Titu Cusi, l'avant-dernier Inca.

Le principal souci du père Calancha étant de fournir des matériaux aux missionnaires de son ordre pour leurs sermons, plus des neuf dixièmes de sa chronique consistent en des références aux Vies de Saints et à leurs Enseignements. Pour cette raison, elle n'a jamais été rééditée depuis 1639, et probablement ne le sera-t-elle jamais.

De la « Province de Vilcabamba », il dit : « C'est une contrée chaude et montagneuse des Andes, qui comprend cependant des hautes terres très froides et désolées. Elle renferme des collines d'argent, desquelles certaines quantités de ce métal ont été extraites, et produit de l'or dont en cette époque beaucoup a été trouvé (...). C'est un pays peu hospitalier, avec de grandes rivières et des pluies presque continuelles. »

Le massif de Vilcabamba, c'est un fait, constitue l'une des régions les plus arrosées du Pérou.

« Dans ces Andes et hautes terres se rendit le frère Marcos Garcia en l'année 1566 après qu'il eut servi comme missionnaire pendant trois années en la cité et vallée de Capinota. » Capinota n'apparaît sur aucune carte moderne, mais il s'agit vraisemblablement de la ville appelée aujourd'hui Qquente, ou Patallacta, et de la vallée nommée diversement Pampacahuana ou Chamana et située à quelques kilomètres en aval d'Ollantaytambo, dans le bassin de l'Urubamba. On y trouve aujourd'hui de nombreux sites archéologiques. Pendant son séjour en ces lieux, le frère Garcia entendit très certainement parler du sanctuaire de « Vilcapampa ». En tout état de cause, Calancha écrit que les fruits de son travail à Capinota « le pénétrèrent du désir de rechercher des âmes là où aucun prédicateur ne s'était rendu jusque-là et où le message de l'Évangile n'avait jamais été entendu ».

« Il fit part de sa vocation à l'honorable Père Juan de Vivero, Prieur du monastère augustinien du Cuzco et Provincial de ces territoires. Le Prieur approuva son projet, lui donna l'autorité d'un mandat direct, ainsi que les investitures sacrées et tout ce dont il pouvait avoir besoin pour son voyage, et l'envoya convertir ces infidèles. Son voyage fut semé d'embûches, car l'Inca avait fait couper les ponts, murer les passes et inonder les routes. Lorsque frère Marcos demandait son chemin aux Indiens qu'il rencontrait, ceux-ci répondaient soit qu'ils ne savaient pas — selon la consigne de leur roi —, soit que la route était quasi impraticable et que les périls étaient si grands qu'il fallait renoncer à l'idée de l'emprunter, à moins d'"être muni des ailes d'un oiseau". »

Malgré tout, frère Marcos atteignit au terme de nombreuses épreuves la résidence de l'Inca, « qui le reçut fort mal et se montra très contrarié et affligé de voir que des Espagnols pouvaient pénétrer dans sa retraite, et surtout que l'un d'eux était venu prêcher contre ses idolâtries dans ses propres cités ».

Cette version de l'arrivée de frère Marcos Garcia à Vitcos, on l'aura noté, diffère grandement de celle rapportée par Titu Cusi lui-même dans sa lettre au gouverneur du Cuzco. L'Inca, on l'a vu, y raconte comment il avait invité le Prieur augustinien Juan de Vivero à se rendre à « Rayangalla » pour l'y baptiser ; l'ecclésiastique avait ensuite regagné l'ancienne capitale et laissé sur place frère Marcos en qualité de chapelain de l'Inca.

Le récit de Calancha s'écarte naturellement de la version des faits que Titu Cusi voulait accréditer auprès des autorités espagnoles. Frère Marcos parvint néanmoins à gagner la faveur de l'Inca et obtint toute liberté de prêcher, mais il abandonna bientôt « toute prudence et déploya l'étendard de la croix ». Il fonda une église à Puquiura (tout près de Vitcos), ville située « à deux longues journées de voyage de Vilcapampa » et « dans laquelle le Roi Inca tenait sa cour et siégeait parmi ses soldats ». A sa grande déception, frère Marcos constata que Puquiura était fort éloigné de « Vilcapampa », le grand sanctuaire dans lequel il comptait s'introduire. Néanmoins, « il dressa des croix par tout le pays, sur les montagnes et dans les forêts ».

Finalement, le Prieur du Cuzco chargea un autre missionnaire, le frère Diego, de rejoindre frère Marcos Garcia dans la vallée du rio Vilcabamba. Ce nouvel émissaire de Dieu voyagea seul, « endurant de grandes souffrances en chemin, moins en raison des lieues et des distances — car du Cuzco aux premières terres de Vilcabamba il y a un peu moins de dix lieues » (environ soixante-cinq kilomètres) — qu'à cause des détours qu'il dut emprunter, « sans guide pour trouver son chemin dans les montagnes, pour la raison que les rivières n'avaient pas de ponts, et que les routes changeaient de trace à chaque crue ». Il pénétra dans les retraites de l'Inca, et, accompagné du frère Marcos, fut admis en sa présence. Si l'arrivée du nouveau missionnaire ne le combla pas de joie, l'Inca espérait au moins gagner au change avec le départ prochain de frère Marcos, qui avait manifesté le désir de rentrer au Cuzco. Le frère Diego, escomptait-il, « n'essaierait pas de le réprimander pour un oui ou pour un non », comme le faisait frère Marcos (prédicateur en croisade, ce dernier était ulcéré par son incapacité à produire la moindre impression sur Titu Cusi).

Frère Diego était en effet un homme au caractère plus amène. Missionnaire-médecin, très aimé des Indiens, il sut « en quelques jours s'attirer à un si haut degré les faveurs de l'Inca que le souverain lui faisait fête chaque fois que le père lui rendait visite, disant qu'il l'aimait comme un frère ». Il lui fit don de volailles et de denrées provenant des magasins royaux (peut-être, il est vrai, aux fins de rendre jaloux frère Marcos). « Cependant, comme ce qui animait ce saint homme n'était pas la recherche de richesses, mais la conquête de nouvelles âmes et la propagation de la foi, il [frère Diego] demanda à l'Inca la permission de fonder une autre église et d'évangéliser un autre *pueblo*. » Titu Cusi lui ayant accordé son autorisation, il choisit le *pueblo* de Guarancalla (Huarancalque ?) que « deux à trois jours de voyage séparaient de la première mission ». Frère Diego construisit une église et un logement attenant, et aménagea un hôpital, « tous ces édifices étant de modestes constructions que les Indiens, avec amour et ardeur, achevèrent en quelques jours. Il alla par tout le pays, érigeant en chemin de grandes croix, et ces symboles sacrés furent plantés partout dans les montagnes et sur les temples (païens), et les idoles abattues. Les sorciers (*echizeros*) furent pris d'une grande rage, mais les autres Indiens se réjouirent de ses actions, car ils l'aimaient du fond de leur âme, moins en raison des vertus qu'ils lui reconnaissaient que des bienfaits continuels avec lesquels il avait conquis leur confiance, ne cessant de les soigner, de les vêtir, de les instruire. Il rassembla de nombreux enfants et devint leur maître d'école, leur nombre croissant chaque jour ; et de nombreux Indiens des deux sexes et de tous âges demandèrent à recevoir le baptême. La communauté chrétienne s'accrut de façon spectaculaire en quelques mois, le saint frère Diego allant quérir des Indiens dans les profondeurs des forêts, les attirant avec douceur, les guidant par la prière et les subjuguant par ses bienfaits (…) ». Huarancalque est situé à proximité de la passe qui donne accès à la chaude vallée du rio Pampaconas, encore habitée aujourd'hui par des Indiens sauvages.

Pendant que frère Diego était occupé au progrès de son église, aimé de tous, frère Marcos (poursuit Calancha) « endurait toutes sortes de persécutions, car lui, avec un courage tout catholique, bataillait contre les superstitions parmi les chefs indiens, et certains actes païens dont se rendait coupable l'Inca, les exhortant tous à mettre un terme à l'ivrognerie qui est cause de tous les malheurs de ces Indiens. Elle les pousse à l'inceste, à la sodomie et à l'homicide, et il n'est guère de beuverie où ne se mêlent des rites païens, le Diable en personne étant souvent ostensiblement présent, travesti en la personne d'un Indien. » Frère Marcos mena une si violente croisade contre l'intempérance de

Titu Cusi et de ses nobles qu'il finit par irriter grandement l'Inca et ses caciques. Ces derniers projetèrent même de tuer le père en secret « en tentant de lui faire absorber des herbes et des poudres mortelles. Bien que le plus grand secret régnât sur leurs intentions, il se trouva un Indien qui prétendait haïr frère Marcos, afin de ne pas courroucer l'Inca, mais qui était en réalité un Catholique et secrètement l'ami du Père. Il l'avertit qu'ils [les nobles] se proposaient de le tuer et l'enjoignit de se tenir sur ses gardes. Affligé par cette nouvelle, le moine resta à son poste, mais voyant que les empoisonneurs demeuraient près de lui, il résolut de retourner au Cuzco. »

Il informa frère Diego de sa décision, « lui confia les ornements de l'église, et seul, à pied, avec deux quignons de pain, marcha lentement à travers le pays, forçant son allure après la tombée de la nuit et entrant dans les vallées les moins dangereuses au lever du soleil, afin d'atteindre le Cuzco en moins de quatre jours. L'Inca eut vent de son départ. La nouvelle lui fut probablement donnée par l'Indien à qui le père avait remis les ornements de son église, non par inimitié envers lui, mais afin que le père, auquel les Indiens pauvres et déshérités étaient si profondément attachés, ne les quittât point. Ces Indiens ignoraient qu'il était menacé de mort. »

Entré dans une terrible colère, l'Inca chargea cinq de ses capitaines armés de lances de rattraper le père augustinien. Titu Cusi le réprimanda « de manière offensante, l'accablant d'injures pour avoir quitté sa province sans sa permission ». Le père Marcos répondit avec calme : « Señor, les Indiens de ce *pueblo*, qui sont vos sujets, ne désirent ni recevoir la foi, ni entendre la parole de Dieu ; ils me fuient et insultent les saintes doctrines que je prêche, la plupart de ceux qui avaient demandé le baptême étant derechef des ennemis du Christ notre Créateur. Si vos Indiens avaient reçu la foi, ou si ceux qui l'ont reçue n'avaient pas apostasié, je resterais parmi eux jusqu'à ma mort. Ceux qui désormais acceptent la foi et se font baptiser sont des Indiens venant du Cuzco ; les autres craignent de venir à moi ». Pour toute réponse, l'Inca le renvoya dans son église.

Un jour que les frères Marcos et Diego devisaient avec Titu Cusi, le souverain leur déclara qu'il souhaitait les conduire jusqu'à la cité de Vilcabamba, « sa principale résidence », qu'aucun d'eux ne connaissait. « Venez avec moi, leur dit-il. Je désire vous recevoir dignement. » Ils partirent le lendemain avec l'Inca, qui était accompagné de quelques-uns de ses capitaines et caciques. « Ils allèrent en un lieu nommé Ungacacha, où leurs guides perpétrèrent l'infamie qu'ils avaient tramée. L'Inca avait fait recouvrir les routes d'eau et inonder le pays, les rivières étant déviées de leur cours, car les pères avaient formé le désir et avaient à plusieurs reprises tenté d'aller prêcher à Vilcapampa, la principale cité de l'Inca, qui renfermait l'Université de l'Idolâtrie avec ses professeurs de sorcellerie, maîtres de toutes les abominations.

« L'Inca, afin de les apeurer tant et si bien qu'ils ne tenteraient plus de s'installer et prêcher à Vilcapampa, mais qu'ils quitteraient la province, ourdit un stratagème sacrilège et diabolique. Peu après le lever du jour, alors qu'ils descendaient vers une plaine, les deux moines crurent être arrivés à un lac. L'Inca leur déclara : "Nous devons tous traverser cette eau. Ô cruel apostat ! [Le souverain ne prenait pas son baptême aussi au sérieux que l'auraient souhaité les deux missionnaires.] Il voyageait dans une litière, et les deux prêtres devaient le suivre à pied, sans souliers ! Les deux ministres de Jésus-Christ s'enfoncèrent dans l'eau et avancèrent le cœur léger, comme si leurs pieds reposaient sur de beaux tapis, car ils savaient qu'ils enduraient ces insultes et tourments à cause de la haine qu'éprouvait l'Inca pour leurs sermons. » Avec de l'eau jusqu'à la ceinture, et transis de froid, ils glissaient et trébuchaient, « et il n'y avait personne pour les aider à se relever. Ils se tenaient mutuellement par la main, tandis que ces hommes sacrilèges riaient aux éclats et prenaient plaisir à les insulter. Avec leurs habits trempés, et par un froid mordant, ces serviteurs de Dieu allèrent de l'avant, sans montrer le moindre signe de colère ou d'irritation. »

« Grelottant et couverts de boue, ils gagnèrent la terre ferme, où l'Inca leur expliqua qu'il avait emprunté cette route difficile parce qu'il espérait qu'elle leur ferait passer l'envie de s'installer à Vilcapampa et qu'ils s'en retourneraient directement au Cuzco (...). »

Trois jours de marche séparent Puquiura de Machu Picchu... Les deux missionnaires rapportèrent qu'il leur fallut précisément voyager trois jours durant, par un froid terrible, et dans des conditions éprouvantes, pour parcourir la distance qui sépare les deux capitales de Titu Cusi, Vitcos (ou plus exactement, Puquiura, siège du quartier général de son armée), et le grand sanctuaire de Vilcabamba la Vieja, sa principale résidence, que les Espagnols n'approchèrent jamais[21].

« Les deux moines, poursuit le père Calancha, finirent par atteindre les abords immédiats de Vilcabamba, où ils prêchèrent pendant trois semaines. L'Inca avait interdit aux pères d'entrer dans la ville. Il ordonna qu'un logis leur fût donné à l'extérieur de la cité afin qu'ils ne puissent assister aux prières, cérémonies et rites auxquels lui-même et ses capitaines prenaient part chaque jour avec les sorciers. »

S'agissant à la fois de la principale cité de toute la province et — toutes nos sources semblent l'indiquer — d'un grand sanctuaire, « Vilcapampa » devait sans nul doute receler de nombreux temples et palais, ainsi qu'un couvent pour les Vierges du Soleil, mais l'Inca empêcha les moines de s'approcher de la cité sacrée et d'apercevoir, ne fût-ce que de loin, ses édifices. Titu Cusi n'avait nullement l'intention de permettre aux deux frères augustiniens de pénétrer dans son « Université de l'Idolâtrie » et de profaner le sanctuaire jusque-là inviolé. Il avait fait tout son possible pour les maintenir à l'écart et les dégoûter à tout jamais de vouloir revenir en ces lieux. Nullement découragés, les deux moines profitèrent de leur présence à Vilcabamba pour prêcher contre les idoles, insistant sur leur caractère sacrilège. La grande masse du petit peuple qui vivait aux abords de Vilcabamba étant elle aussi tenue à l'écart du sanctuaire, les deux frères disposèrent là d'un vaste auditoire qu'ils tentèrent de convertir. Leurs menées plongèrent à nouveau l'Inca et ses capitaines dans un grand courroux. La coupe était pleine : l'audace des Espagnols ne pouvait demeurer impunie. Le souverain consulta ses sorciers sur ce qui pouvait être fait pour mettre au pas les moines et les réduire au silence. « Les sorciers demandèrent une journée de délai pour prendre l'avis des démons auxquels ils donnaient le nom d'idoles ou de Dieux.

« Il ressortit de ce colloque infernal qu'étant peu susceptibles de succomber aux offres d'or et d'argent, leurs ennemis, les frères, devaient être subjugués par un autre moyen : il fallait les contraindre à renier leurs vœux de chasteté. » Titu Cusi et ses conseillers firent venir les plus belles et les plus lascives des Femmes choisies, originaires non seulement de la *montaña*, mais également des vallées chaudes et humides des provinces côtières, où la pudeur et la chasteté étaient inconnues — des femmes tenues « pour les plus belles et les plus charmantes de ces régions, les plus élégamment parées et, sans nul doute, les plus séduisantes ».

Les Femmes choisies reçurent « l'assurance qu'elles pouvaient subjuguer ces serviteurs de Dieu et, ce faisant, gagner la faveur de l'Inca. Elles recoururent à toutes les ruses que le démon leur avait enseignées, pratiquant tous les arts de la sensualité et se livrant aux plus dangereux jeux de la séduction. Mais ces hommes apostoliques se défendirent si vaillamment que les femmes finirent par battre en retraite, vaincues et décontenancées, les frères restant humbles dans leur victoire. »

« L'Inca et ses sorciers, irrités par leur échec et courroucés par l'affront qui leur avait été infligé, consultèrent à nouveau le Démon, et de ce second conciliabule procéda un nouveau stratagème encore plus outrageant. Ils firent confectionner des habits imitant les bures des moines à partir de ponchos noirs et blancs, en vêtirent plusieurs femmes indiennes choisies parmi les plus belles et les plus dissolues et les envoyèrent (auprès des frères) dans cet ordre : deux d'entre elles portant des habits noirs allèrent là où logeaient les prêtres, prétendant qu'elles avaient ordre de les amuser et les distraire. Elles y firent ce que les démons leur avaient enseigné, mais les serviteurs de Dieu les repoussèrent avec force reproches ». A une heure avancée de la nuit, deux autres femmes, vêtues cette fois d'habits blancs, à la manière des Augustiniens, tentèrent à leur tour de s'introduire chez les deux frères. Les huttes et les auberges des Indiens n'ayant ni portes ni serrures, les *acclas* purent atteindre sans difficulté les couches des deux missionnaires. Cependant, ces « émissaires de l'enfer, novices de la fourberie et prêtresses de la luxure ne produisirent aucun effet sur les frères (…). Lorsqu'elles engageaient de jour leur infernal combat, ils les admonestaient ; lorsqu'elles venaient nuitamment, ils leur prêchaient la parole de Dieu. Ils les tancèrent tant et si bien qu'elles finirent par ne plus revenir, voyant qu'elles étaient vaincues (...). Ce bataillon de femmes sans cesse renouvelé poursuivit son œuvre nuit et jour. Échangeant leurs habits, les Indiennes se relayaient dans la hutte des deux missionnaires. Lorsque les moines quittaient leur logis et allaient par la campagne, elles les y pourchassaient. Les assaillantes ne cessaient d'inventer de nouvelles ruses et de provoquer de terribles tentations ».

Même si le stratagème de l'Inca et des Prêtres du Soleil se révéla sans effet, les deux frères finirent par perdre courage, constatant qu'ils ne faisaient aucun progrès dans la conquête des âmes et qu'ils ne seraient jamais admis à l'intérieur du sanctuaire de Vilcabamba. Ils demandèrent à l'Inca l'autorisation de regagner leurs églises et leurs écoles de Puquiura et Guarancalla.

Malgré les épreuves qu'ils avaient endurées près de Vilcabamba la Vieja, les deux missionnaires continuèrent à rechercher les faveurs de Titu Cusi. Leurs relations avec le souverain semblent être restées bonnes pendant encore quelque temps. Titu Cusi alla jusqu'à dicter à frère Marcos le récit de la vie et de la mort de son père Manco II, récit auquel nous avons déjà fait référence à plusieurs reprises[22]. Frère Marcos le dicta à son tour à Martin Pando, le jeune métis lettré venu dans la vallée de Vilcabamba avec Rodriguez de Figueroa et qui servait depuis lors l'Inca en qualité de secrétaire-interprète. Pando signale qu'il coucha sur le papier la relation de Titu Cusi en présence du père Diego Ortiz et de trois capitaines indiens. Il fait allusion à une localité, « San Salvador de Vilcabamba », qui a aujourd'hui disparu des cartes. Peut-être s'agissait-il de la résidence de frère Marcos. Le document fut signé de la main de Titu Cusi et apostillé par les deux moines augustiniens en février 1570. Il se présentait sous la forme d'une requête adressée au roi Philippe II afin que le souverain espagnol « accordât sa faveur à lui-même (Titu Cusi), à ses fils et à ses descendants ». L'Inca écrivait en conclusion de son récit :

« Moi, Don Diego de Castro Titu Cusi Yupanqui, fils naturel de Manco Inca, doué de toutes les vertus, ancien seigneur de ces royaumes du Pérou, déclare qu'attendu qu'il m'est nécessaire d'adresser au roi Don Felipe notre Seigneur cette déclaration contenant maints sujets d'importance pour moi-même et mes successeurs, et ignorant le style et la manière employés par les Espagnols pour de tels rapports, ai prié le très Révérend Père Missionnaire Marcos Garcia et Martin de Pando d'ordonner et composer, conformément à l'usage en de telles circonstances, la relation ci-dessus, pour que le très illustre Seigneur et Auditeur Licencié Lope de Garcia de Castro, l'envoie en Espagne ; que pour moi, maître et souverain de mes États, tout puisse être expliqué en mon nom à Sa Majesté Don Felipe notre Roi et Seigneur. »

Après avoir dicté cette requête en manière d'autobiographie et de testament, Titu Cusi retourna probablement à sa cour de Vilcabamba où lui-même et sa mère pouvaient bénéficier des soins attentionnés des

Femmes choisies. Son « apostasie », cependant, convainquit frère Marcos qu'une action d'éclat devait être tentée pour discréditer à tout jamais les dieux incas et rendre courage aux Indiens convertis. Ainsi décida-t-il avec frère Diego de faire irruption dans le Temple du Soleil de Yurak Rumi, situé « près d'un grand rocher blanc surplombant une source d'eau ». Selon le père Calancha, il s'agissait du principal lieu de culte de la région dédié au Dieu Soleil. Les Indiens s'y rendaient en foule pour y adorer et saluer l'astre suprême — probablement en juin, lors du solstice d'hiver austral, pour implorer son retour ardemment désiré.

Le Livre de *Job*, dans la Bible, fait référence aux cultes idolâtres des Gentils, qui « lorsque le soleil resplendit ou que la lune brille dans le ciel de la nuit, exultent dans leurs cœurs et étendent leurs mains en direction du soleil et lui adressent des baisers »[23]. Le culte du soleil constituait dans les sociétés anciennes l'une des formes les plus naturelles et les plus courantes du sentiment religieux.

Ainsi, frère Marcos et frère Diego avaient résolu de lancer une attaque spectaculaire contre le démon qui hantait le temple de Yurak Rumi. Ils profitèrent de l'absence de l'Inca et de sa mère (comme de celle de ses principaux conseillers et gardes du corps) pour battre le rappel de tous les Indiens qui fréquentaient leurs églises. Ils leur demandèrent d'amener avec eux des fagots de bois afin de mettre le feu au temple et de « brûler le démon qui les avait tourmentés ».

Le père Calancha nous prie de le croire lorsqu'il affirme que les Indiens convertis étaient impatients de se mesurer à ce démon à qui tant de vies humaines avaient été offertes en sacrifice. Ceux qui avaient jusque-là hésité à embrasser la religion chrétienne étaient curieux de connaître la tournure qu'allaient prendre les événements. Quant aux prêtres incas, ils étaient également présents pour voir leur dieu défier les chrétiens. Le reste de la population, comme on peut aisément l'imaginer, afflua pour assister à l'échauffourée.

Il fallait beaucoup d'audace et de courage aux deux frères augustiniens pour s'attaquer ainsi à l'un des principaux sanctuaires du peuple qui les avait accueillis. On a presque peine à croire que dans cette vallée perdue, située à plusieurs dizaines de lieues du premier poste espagnol, les deux moines aient osé insulter de manière aussi provocante la religion de leurs hôtes.

Crucifix en tête, les deux frères conduisirent hardiment leurs fidèles de Puquiura jusqu'au temple de Yurak Rumi. Chaque converti portait un fagot de bois. Calancha rapporte que les Indiens vouaient un culte à l'eau, l'une de leurs divinités, et que le Diable était parfois apparu en personne dans la mare sise à côté du temple, à l'ombre du « grand rocher blanc ». Les moines augustiniens dressèrent l'étendard de la croix, récitèrent leurs oraisons et empilèrent les bûches et les brindilles apportées par leurs Indiens autour du temple et du rocher. Exorcisant le Démon et l'appelant par les noms les plus infamants qui leur venaient à l'esprit, les deux frères lui commandèrent de disparaître à tout jamais de ces lieux. Mettant ensuite le feu aux piles de bois, ils incendièrent le temple et tentèrent même de brûler le rocher, ce qui fit grande impression sur les Indiens et, rapporte le père Calancha, obligea le pauvre Démon à prendre la fuite, « vociférant de fureur ». « Le cruel Démon ne revint jamais plus près de ce rocher, ni dans ce district. » L'histoire ne dit pas si la conflagration réussit momentanément à assécher la source et à faire disparaître l'inquiétante mare d'eau noire...

Titu Cusi et sa mère, qui, semble-t-il, visitaient l'« Université de l'Idolâtrie » de Vilcabamba lorsque ces événements survinrent, entrèrent dans une colère folle dès qu'ils en eurent connaissance et regagnèrent immédiatement Vitcos. Les nobles de leur suite voulaient mettre à mort les missionnaires, et probablement seraient-ils passés aux actes si frère Diego n'avait été tenu en si haute estime par le souverain pour ses talents de médecin. Frère Marcos eut moins de chance que son compagnon : il fut expulsé sur-le-champ de la province et menacé de mort s'il tentait un jour d'y revenir. Frère Diego, adoré des Indiens qui venaient des forêts infestées par les fièvres des contreforts amazoniens pour se faire soigner par lui, fut non seulement autorisé à rester, mais devint le confident et le conseiller de Titu Cusi.

Il est possible que frère Diego ait suggéré au souverain d'accepter de se rendre à une invitation de son cousin Carlos Inca, qui vivait au Cuzco et dont le fils devait être baptisé en grande pompe. Le capitaine Ocampo, qui habitait à l'époque au Cuzco, rapporte que la cérémonie fut agrémentée de « festivités, réjouissances, feux d'artifice et danses, et de maintes autres futilités nouvellement inventées et fort coûteuses ». Des invitations furent lancées dans toute la région, « dans un rayon de quarante lieues autour du Cuzco », à l'adresse de tous les membres de l'ancienne famille royale encore en vie. Ocampo affirme qu'« entre autres invités, se rendirent au baptême Titu Cusi Yupanqui Inca et son jeune frère, qui se déplacèrent de la province de Vilcapampa ». Le parrain de l'enfant n'était autre que le nouveau vice-roi espagnol Don Francisco de Toledo, qui venait d'arriver au Cuzco. S'ils vinrent dans la capitale, comme le prétend Ocampo, ils dissimulèrent leur présence et restèrent enfermés dans le palais de Colcampata, la résidence de leurs cousins, situé sur une colline dominant l'ancienne capitale. Comme le brave capitaine Ocampo semble s'être borné à se faire l'écho de rumeurs et de racontars, son récit ne mérite guère de crédit. Il ne fait en revanche aucun doute qu'après que frère Marcos eut été banni du Vilcabamba, frère Diego conforta sa position et gagna l'estime de l'Inca, en dépit de l'hostilité des prêtres du Soleil.

« Il advint, écrit Calancha, qu'un jour arriva dans la province de Vilcabamba un Espagnol du nom de Romero. Il demanda à l'Inca l'autorisation de chercher de l'or et de l'argent de par les montagnes, arguant de sa grande connaissance des métaux et de tout ce qui touchait aux mines. L'Inca lui donna sa permission, et ses prospections furent très fructueuses. Il découvrit un filon particulièrement riche et, en quelques jours, procéda à l'extraction de grandes quantités d'or. Estimant qu'il allait de son intérêt de flatter l'Inca, il lui montra son or, dans l'espoir qu'il lui accordât une nouvelle licence pour une période supplémentaire. Dès qu'il eut vu cet or, l'Inca se prit à redouter qu'il ne suscitât la cupidité des Espagnols et n'attirât des milliers d'entre eux, en tel nombre qu'il en vînt à perdre la Province sur laquelle était assis son pouvoir ». Sur ces considérations, il ordonna l'exécution de Romero.

« L'infortuné et avaricieux prospecteur tenta tant bien que mal de se défendre. Ses cris et appels à l'aide, et les désordres qui s'ensuivirent, vinrent à l'attention de frère Diego, qui vola sur les ailes de la charité jusqu'à la résidence de l'Inca afin d'échanger la vie de l'Espagnol contre rançon, suppliant l'Inca de le pardonner, ou, au moins, de permettre à l'infortuné de se confesser. L'Inca fut averti que frère Diego accourait vers lui à toutes jambes. Connaissant la raison de sa venue, il lui fit dire de retourner dans son église et de le laisser tuer cet homme, car s'il se mêlait de prendre sa défense, il le tuerait lui aussi. Le saint homme rebroussa chemin en pleurant toutes les larmes de son corps, car le prospecteur allait devoir mourir sans avoir confessé ses péchés (...). Ils tuèrent Romero et lui coupèrent la tête (...).

« Frère Diego fit demander à l'Inca que la dépouille mortelle de l'Espagnol lui fût remise afin qu'elle pût recevoir une sépulture chrétienne, puisque justice avait déjà été faite. Sa requête fut rejetée, l'Inca désirant que les oiseaux de l'air et les bêtes de la terre dévorassent le corps. Il ordonna que ce dernier fût jeté à la rivière et interdit à quiconque, sous peine d'encourir son déplaisir, de le repêcher et de l'enterrer. »

Malgré cet avertissement, frère Diego sortit plusieurs fois nuitamment dans l'espoir de retrouver le corps et de l'inhumer. Lorsqu'il en eut vent, l'Inca entra dans une grande colère et menaça de tuer le moine la prochaine fois qu'il quitterait son église pendant la nuit.

Peu après ce tragique épisode, rapporte Calancha, Titu Cusi donna une grande fête copieusement arrosée de *chicha* — fête à laquelle frère Diego qui « avait horreur du bruit et des orgies », fut instamment prié d'assister. Son refus de se rendre à l'invitation de l'Inca aurait profondément contrarié le souverain et sa cour. L'Inca, semble-t-il, contracta une double pneumonie au cours de ces libations. Pour son malheur, frère Diego se porta à son chevet dans le vain espoir de le guérir à l'aide de ses remèdes rudimentaires, ou, du moins, de confesser Titu Cusi et de lui administrer l'absolution, mais le souverain passa peu après de vie à trépas. Les nobles et l'une des femmes de l'Inca rendirent alors frère Diego responsable de l'issue fatale de la maladie de l'Inca et le moine fut mis à mort avec des raffinements de cruauté inouïs. Calancha a consacré plusieurs pages de sa chronique à la description des effroyables supplices qu'il dut endurer.

Le métis Martin Pando (le secrétaire de Titu Cusi) fut également exécuté sur ordre des caciques. Ayant appris la mort de son ami frère

Diego, frère Marcos tenta de retourner dans la vallée de laquelle il avait été expulsé par Titu Cusi, mais il se noya en essayant de traverser une rivière.

Ainsi prit fin la première et dernière tentative de christianisation des Incas rebelles.

Le capitaine Baltazar de Ocampo a laissé un récit des funérailles de Titu Cusi telles qu'elles lui furent décrites par des témoins oculaires.

Il rapporte qu'une dernière fois, les insignes de l'Inca — la frange rouge, les parures d'or, la masse d'armes — furent promenés solennellement par les plus grands seigneurs, dans le plus profond recueillement, au son des lamentations de la population et des roulements de tambour. Puis le cortège « se dirigea vers le Temple du Soleil, où se tenait le (nouvel) Inca Tupac Amaru, le véritable et légitime Seigneur, aux côtés des *Acllus* (les Femmes choisies) et de leurs *Mama-cunas*, les matrones chargées de veiller sur elles, car leur beauté était très grande ».


## Tupac Amaru


C'est ainsi qu'en 1571 vint le tour du troisième fils de Manco II, Tupac Amaru — élevé dans le couvent des Femmes choisies et désormais marié à l'une d'entre elles — de présider aux destinées du petit royaume de Vilcabamba. Son front fut bientôt ceint de la frange rouge, symbole de la souveraineté inca.

Hélas, par suite de la jalousie et de la crainte qu'il avait inspirées à son demi-frère Titu Cusi, son éducation n'avait pas été celle d'un monarque avisé, ni même d'un soldat.

Le nouveau souverain espérait pouvoir continuer à vivre dans le grand sanctuaire de Vilcabamba, entouré de courtisans et de serviteurs fidèles, à l'écart de toute influence étrangère. Il entrait cependant dans ses devoirs de passer une partie de son temps à Vitcos, auprès de ses capitaines et de sa petite armée.

Ses conseillers avaient de bonnes raisons de redouter les conquérants espagnols et de craindre l'avenir. Pour le malheur des Incas, le vice-roi Don Francisco de Toledo, un soldat infatigable et un grand administrateur, était un homme fanatique, cruel et impitoyable. Son souverain, le roi Philippe II avait résolu, avec l'aval du Conseil des Indes, d'en finir avec l'ultime bastion inca de « Vilcapampa », où les Espagnols étaient toujours interdits de séjour et où, comme frère Marcos aurait pu le lui confirmer, les missionnaires couraient de grands dangers lorsque d'aventure ils y pénétraient. Sans même avoir eu connaissance du décès de Titu Cusi et du martyre de frère Diego, le vice-roi résolut d'obtenir de l'Inca qu'il vînt vivre en un lieu où les autorités espagnoles pourraient avoir prise sur lui. Il dépêcha à

Vilcabamba un émissaire de haut rang[24] chargé de convaincre le souverain de quitter les montagnes.

Si les nouvelles du Cuzco atteignaient très rapidement Vilcabamba et Vitcos, le vice-roi, en revanche, prenait connaissance avec plusieurs mois, voire plusieurs années de retard des événements qui survenaient dans le dernier réduit inca. Les capitaines et les conseillers du jeune souverain eurent vent de ce qui se tramait au Cuzco — probablement par l'intermédiaire de membres de leur famille résidant dans l'ancienne capitale. Ils avaient assisté à l'effondrement du grand empire des Incas, désormais réduit à une simple province perdue dans les replis de la cordillère des Andes — là même où leurs lointains ancêtres avaient trouvé refuge au cours des siècles passés. Ils espéraient encore, à la suite de Manco II, entamer une lente reconquête du Pérou à partir de ce dernier bastion. Ils n'avaient pas oublié que Manco avait été assassiné par des hommes blancs à qui il avait offert l'hospitalité, et ils étaient fermement convaincus que Sayri Tupac avait été empoisonné alors qu'il était l'hôte des Espagnols à Yucay. Enfin, ils se souvenaient que Titu Cusi avait rendu l'âme alors qu'il était soigné par un moine espagnol. Lorsqu'ils apprirent que le vice-roi envoyait un ambassadeur à Vitcos dans le but exprès de convaincre le jeune Tupac Amaru de quitter son repère de Vilcabamba et d'aller résider au Cuzco, ils décidèrent d'empêcher par tous les moyens que le souverain, dans un moment de faiblesse, ne donnât dans le piège que lui tendaient les hommes blancs.

Ils chargèrent ainsi sept guerriers d'intercepter l'émissaire sur la route et de le tuer. On ignore si Tupac Amaru avait été mis dans la confidence. Si tel était le cas, un jeune souverain plus avisé et plus expérimenté aurait compris qu'un tel plan conduisait droit à la catastrophe. Les comploteurs en avaient eux-mêmes à tel point conscience qu'ils mirent en sécurité le jeune monarque dans la vallée inférieure du Pampaconas, où son frère Titu Cusi avait fait édifier un palais[25], près du territoire des sauvages Antis, qui lui étaient restés fidèles. A tout le moins, les soldats espagnols ne pourraient l'y atteindre.

Le vice-roi Francisco de Toledo apprit la nouvelle du meurtre de son ambassadeur en même temps que celle du martyre du frère augustinien Diego. Deux symboles de la domination espagnole avaient été gravement insultés. Si un représentant de l'envoyé de Dieu sur terre — le pape — et un messager du vice-roi, dépositaire de l'autorité du souverain Philippe II, n'étaient pas invulnérables, qui pouvait alors se considérer en sûreté au Pérou ? Tirant les conclusions de ces événements, Toledo décida de proclamer une guerre de feu et de sang contre l'infortuné Tupac Amaru et promit une récompense substantielle au soldat qui assurerait sa capture. En outre, les Espagnols espéraient, en emprisonnant le souverain, mettre enfin la main sur le fabuleux « trésor des Incas », censé comprendre la chaîne en or que le grand Inca Huayna arborait lors des grandes cérémonies, ainsi que la fameuse effigie en or du soleil qui ornait le grand Temple du Cuzco. Le Conseil des Indes prétendait d'ailleurs que la chaîne d'or et le reste du trésor « appartenaient » à Philippe II « par droit de conquête ». En tout état de cause, l'arrêt de mort de la famille royale inca avait été signé.

Le corps expéditionnaire espagnol fut divisé en deux détachements : le premier fut chargé de capturer l'Inca dans le cas où il tenterait de franchir l'Apurimac par l'une des routes qu'avait utilisées son père pour ses raids de harcèlement contre les convois espagnols ; le second, d'emprunter le trajet suivi par Rodriguez de Figueroa, via Ollantaytambo. Ce dernier détachement descendit la vallée de l'Urubamba jusqu'au grand canyon granitique qui, depuis la nuit des temps, avait défendu l'accès du Vilcabamba. Quittant ensuite le défilé, il en gravit les pentes jusqu'à la passe de Panticalla, où il ne rencontra aucune résistance. Trente-cinq années auparavant, une expédition similaire, on s'en souvient, avait été anéantie par les soldats armés de frondes de l'Inca Manco II. Les Espagnols purent ainsi atteindre sans coup férir le pont stratégique de Chuquichaca, sur le bas Urubamba.

L'étroit pont suspendu, fait, à la manière inca, de fibres végétales tressées, se balançait si dangereusement au-dessus de la gorge de l'Urubamba qu'il ne pouvait être emprunté que par un seul homme à la fois. L'impétueux rio était trop profond pour être traversé à gué et les hommes de Toledo ne disposaient d'aucune pirogue. La construction de radeaux aurait posé de grandes difficultés, la plupart des arbres de la région étant d'un bois très dur ne pouvant flotter. Lorsqu'ils atteignirent le pont, les Espagnols découvrirent à leur grande stupeur qu'il n'avait pas été détruit. Le jeune Tupac Amaru n'avait aucune expérience de la guerre, et ses capitaines comptaient apparemment exterminer les soldats du vice-roi un par un, lorsqu'ils s'engageraient sur la frêle structure suspendue au-dessus de l'abîme. Hélas, ils étaient loin de se douter de ce qui les attendait : les envahisseurs avaient en effet amené avec eux une ou deux pièces d'artillerie, arme nouvelle et terrifiante pour la petite armée du dernier Inca, munie seulement d'arcs et de frondes. Répercuté à l'infini par les gigantesques à-pics de granite qui surplombaient la rivière près du pont de Chuquichaca, l'infernal roulement des canons terrorisa les Indiens. Quelques volées d'arquebuse et quelques salves de canon semèrent la panique parmi les soldats de l'Inca, qui se débandèrent en laissant le pont pratiquement sans défense.

La colonne espagnole était commandée par un certain capitaine Garcia de Loyola, qui avait épousé une nièce de Tupac Amaru et parlait vraisemblablement le quechua. La route, au-delà de Chuquichaca, se réduisait à un étroit sentier bordé d'un côté par la forêt et, de l'autre, par un précipice. Elle était juste assez large pour que deux hommes pussent y avancer de front. Faisant montre de la bravoure coutumière des conquistadors, Garcia ouvrit la marche. A un détour du chemin, un homme, surgissant de la jungle touffue, bondit sur Garcia et tenta de le précipiter dans le ravin. Il s'agissait du chef inca Hualpa, resté en arrière pour protéger la fuite de Tupac Amaru. Le capitaine Garcia eut la vie sauve grâce à la présence d'esprit d'un de ses serviteurs indiens qui, chargé de porter son épée, marchait à quelques mètres derrière lui. Tirant sur-le-champ l'arme de son fourreau, l'auxiliaire indien larda de coups Hualpa et sauva la vie de Garcia.

Le détachement continua donc à remonter la vallée du rio Vilca-bamba. Après avoir laissé derrière eux Puquiura (où frère Marcos avait édifié quelques années plus tôt son église), les soldats espagnols prirent d'assaut plusieurs fortins incas. « Puis, écrit le capitaine Garcia, nous parvînmes au pied de la forteresse principale de Huayna Pucara (le « Nouveau Fort »), à l'intérieur de laquelle s'étaient retranchés le propre fils de l'Inca Titu Cusi, le prince Felipe Quispetu-tio, et leurs soldats. Le fort est juché sur un éperon dont les flancs abrupts, couverts d'aspérités et de taillis, sont très dangereux à escalader et rendent la position quasi inexpugnable. Néanmoins, accompagné de ma compagnie de soldats, j'atteignis le sommet de la montagne et me rendis maître de la forteresse, mais au prix des plus grands efforts et périls. »

Tout laisse penser que le « nouveau fort » n'était autre que Vitcos, la dernière « capitale » militaire des Incas. Il est possible que seul le « palais » de l'Inca ait porté le nom de Vitcos, tandis que les fortifications qui le ceinturaient étaient appelées « Huayna Pucara ».

Le capitaine Garcia espérait y surprendre Tupac Amaru, mais il devait bientôt apprendre, à sa grande déception, que le souverain s'était enfui avec sa garde personnelle, emportant avec lui la grande effigie en or du Soleil retirée du Cuzco par son père Manco.

Puissamment armés, guidés d'une main de fer par Garcia, les soldats espagnols poursuivirent le souverain jusque dans la vallée du rio Pampaconas, au-delà de Huarancalla, aux portes mêmes de l'« enfer vert » amazonien. Envoûtés par le mirage des fastueuses récompenses promises par le vice-roi, ils s'enfoncèrent dans les profondeurs moites et inconnues de la *selva*.

Bravant tous les périls — les rapides bouillonnants des torrents, les pièges mortels de la forêt, les attaques des tribus d'Indiens sauvages — Garcia pénétra fort avant dans la jungle. Il finit par capturer Tupac Amaru, qui préféra se livrer aux Espagnols plutôt que de périr dans la sylve amazonienne — que ce fût des fièvres et de faim, ou sous les coups des sauvages.

Probablement pensait-il être traité avec tout le respect dû à son rang, mais il devait à cet égard être cruellement déçu. Avec son épouse et son enfant, il fut ramené chaînes aux pieds au Cuzco, où l'ex-pédition de Garcia effectua un retour triomphal. Le vice-roi Francisco de Toledo se rendit tout spécialement au Cuzco pour assister au spectacle du « procès » du souverain et de son dernier supplice. Les principaux chefs militaires incas, eux aussi tombés aux mains des

Espagnols, furent torturés à mort avec une cruauté inouïe. L'épouse de Tupac Amaru fut massacrée sous ses yeux. Le souverain fut lui-même décapité sur la grande-place du Cuzco et sa tête placée au bout d'une pique. Ses jeunes fils ne lui survécurent pas longtemps. Ainsi périt en 1572 le dernier des Incas, l'ultime descendant des plus grands souverains que le continent américain ait jamais connus.

NOTES

1. Pedro Sancho de la Hoz, *Relación de lo sucedido en la conquista...* (1535 ; Lima, 1917).

2. Le souverain inca Huayna Capac régna de 1493 à 1527, date du débarquement de Pizarre à Tumbez. Son fils préféré, Atahualpa, s'empara du nord de l'empire et vainquit les armées de son demi-frère, Huascar, officiellement couronné empereur au Cuzco (1528-1532). Peu après avoir fait assassiner Huascar, Atahualpa, tombé aux mains des Espagnols lors du « guet-apens de Cajamarca » (novembre 1532), fut mis à mort par Pizarre (29 août 1533).

3. Cf. chap. 1, note 10.

4. Le fameux « Punchao ».

5. Diego de Castro Titu Cusi Yupangui, *Relación de la Conquista del Perú y Hechos del Inca Manco II* (1570 ; Lima, 1916).

6. Les trois pics du redoutable mont Salccantay furent conquis successivement par l'expédition suisse de B. et S. Heller-F. Marx (sommet inférieur, 1952), l'expédition franco-américaine de B. Pierre (sommet principal, 1952) et l'expédition franco-néerlandaise Terray-Jenny-De Booy-Egeler (pic oriental, 1956).

7. Cf. chap. 6.

8. Antonio de la Calancha, *Crónica moralizada del orden de San Agustín en el Perú*, Barcelone, 1639.

9. Bartolomé de Las Casas (1474-1566). Ancien propriétaire terrien d'Hispaniola (Saint-Domingue), il devint prêtre en 1512 et prit à partir de 1514 la défense des populations indigènes d'Amérique contre les excès des conquistadors. Entré dans l'ordre des Dominicains en 1522, il inspira les *Leyes Nuevas* (Lois Nouvelles) de Charles Quint (1542). Devenu évêque du Chiapas (Mexique), il rédigea en 1552 sa fameuse *Brevísima Relación de la destrucción de las Indias* (trad. fr. 1979).

10. Les *Repartimientos* (contingents de main-d'œuvre locale) furent attribués aux colons par la Couronne espagnole dès les premiers temps de la conquête. Ils étaient confiés à la « charge » (*encomienda*) de l'Espagnol bénéficiaire (*encomendero*). Par extension, les termes *repartimiento* et *encomienda* en vinrent à désigner le territoire auquel chaque contingent était affecté. L'*encomendero* était officiellement responsable de l'instruction religieuse des Indiens de son domaine.

11. El Inca Garcilaso de la Vega, *Segunda Parte de los Comentarios reales de los Incas : Historia general del Perú* (Cordoue, 1617 ; Buenos Aires, 1943). La traduction donnée ici est celle qu'en fit J. Baudoin en 1650 (*Histoire des guerres civiles des Espagnols dans les Indes*, Siméon Piget, Paris, livre IV, chap. VII, pp. 564-566 — B.N. 01.509). Seuls l'orthographe et quelques points de syntaxe ont été modernisés. A la différence de la première partie, la seconde partie des *Commentaires royaux* de Garcilaso n'a jamais été retraduite en français depuis le XVIIᵉ siècle.

12. Antis : tribu de l'Amazonie péruvienne, vassale des Incas. Ancien nom des tribus arawaks (Campas, Machiguengas ou Piros) riveraines de l'Apurimac et de l'Urubamba (Cf. André-Marcel d'Ans, *L'Amazonie péruvienne indigène*, 1982, pp. 80-84).

13. Hurtado de Mendoza.

14. Baltazar de Ocampo Conejeros, *Descripción y Sucesos Históricos de la Provincia de Vilcabamba*, s.d.

15. La relation de Diego Rodriguez de Figueroa, écrite en 1565, a été traduite en anglais (*Narrative of the Route and Journey made by D.R. to the Land of War of Manco Inca...* Hakluyt Society, 2th Series, XXXI, Londres, 1913).

16. Cf. chap. 2, note 4.

17. Juan de Matienzo, président de l'Audiencia de Charcas, lui-même auteur de l'ouvrage *Gobierno del Perú* (1567 ; Paris-Lima, 1967).

18. Les jeunes garçons apparentés aux lignages nobles subissaient à la puberté un rite de passage appelé *huarachico*, au cours duquel on leur perforait le lobe de l'oreille. Ils devenaient alors des guerriers. Cette tradition des *Orejones* existe encore aujourd'hui, mais sous d'autres formes (Cf. Carmen Bernand, *Les Incas, peuple du Soleil*, 1988, p. 21).

19. Bingham pense ici à Machu Picchu, qu'il identifie (à tort) à Vilcabamba. Cf. note 21.

20. Cf. *supra* note 8.

21. Bingham anticipe ici sur la suite de son récit en mentionnant pour la première fois le nom de Machu Picchu — cité qui, dans son esprit, ne fait qu'une avec la capitale des quatre derniers Incas, le sanctuaire de Vilcabamba. Cette thèse, comme on le verra plus loin (chap. 6, note 9), n'est plus retenue aujourd'hui par les archéologues. Précisons dès à présent que Vilcabamba fut bel et bien visitée par les Espagnols en 1572 (des documents dont Bingham n'avait pas connaissance le prouvent sans l'ombre d'un doute), et que l'ultime sanctuaire inca ne peut être confondu avec Machu Picchu.

22. Cf. *supra* note 5.

23. *Job*, 31, 26 : « Est-ce qu'en voyant briller le soleil, la lune cheminer avec majesté, mon cœur a été secrètement séduit, et ai-je présenté ma main aux baisers de ma bouche ? Cela aussi eût été un crime capital, car j'eusse renié le Dieu fort d'en haut » (version massorétique, Éd. Colbo, 1967).

24. Atilano de Ayana.

25. Bingham fait ici référence aux ruines qu'il découvrira lors de son expédition en 1911 près du village d'Espiritu Pampa (cf. chap. 6, note 9), et que son compatriote Gene Savoy, en 1964, identifiera *comme étant le véritable site de Vilcabamba, situé dans la direction opposée de Machu Picchu par rapport à Vitcos* (voir *supra* carte).

DEUXIÈME PARTIE

LA RECHERCHE

# 4

## MON PREMIER VOYAGE AU PAYS DES INCAS

On me pose souvent la question : « Comment en êtes-vous venu à découvrir Machu Picchu ? » Ma réponse est invariable : je voulais retrouver la dernière capitale inca. Diverses sources semblaient indiquer que ses ruines étaient situées dans la Cordillère de Vilcabamba. C'est ainsi que mes recherches débutèrent.

Il y a une quarantaine d'années, en 1907, désireux de me spécialiser dans le domaine de l'histoire de l'Amérique du Sud et de rédiger une étude sur Simon Bolivar, je décidai de suivre l'itinéraire emprunté par le *Libertador* à travers les Andes, du Venezuela à la Colombie[1]. Elihu Root[2], alors secrétaire d'État, s'intéressa à mon voyage et m'interrogea longuement, à mon retour, sur ce que j'avais vu. Ayant apprécié mes observations, il me donna l'occasion, dès l'année suivante, de retourner en Amérique du Sud en me nommant délégué au premier Congrès scientifique panaméricain, qui se tenait à Santiago du Chili en décembre 1908.

Mon voyage au Venezuela et en Colombie m'ayant montré à quel point il était avantageux pour un explorateur de bénéficier de l'appui des plus hautes autorités de son pays, je décidai de tirer profit de ma qualité de *Delegado Official de los Estados Unidos* pour m'aventurer dans les Andes centrales et suivre l'ancienne route commerciale espagnole reliant Buenos Aires à Lima. A partir du Cuzco, accompagné d'un ami, Clarence L. Hay[3], j'entrepris de traverser le pays des Incas à dos de mulet.

Nous quittâmes l'ancienne capitale au mois de février. Malheureusement, nous ne savions rien des conditions météorologiques régnant habituellement dans les Andes centrales pendant les mois de l'été austral. Le climat argentin avait été agréablement chaud. Celui du Chili avait été tout aussi clément. En fait, février est le mois le moins propice à l'exploration de l'*altiplano* péruvien. Les pluies débutent en novembre pour ne prendre fin qu'au mois d'avril. Ce mois de février 1909 s'étant précisément révélé « le mois le plus pluvieux de la saison la plus pluvieuse » dont on eût gardé le souvenir au Pérou depuis un quart de siècle, nous trouvâmes les chemins de montagne dans leur pire état. On ne pouvait imaginer conditions plus déplorables pour un premier voyage en terre inca. Les ondées continuelles découragèrent plus d'une fois la bonne volonté des notables locaux qui souhaitaient faire un bout de chemin avec nous. Cependant, le préfet de la province de l'Apurimac, l'Honorable J.J. Nuñez, se rendit spécialement au Cuzco pour nous accueillir. Il nous engagea à visiter sa province et, notamment, à explorer les ruines de Choqquequirau (il s'agissait, selon lui, de la résidence du dernier Inca). Choqquequirau signifiant « le Berceau d'Or », plusieurs expéditions avaient récemment exploré ses ruines dans l'espoir de découvrir le trésor que les Incas pouvaient avoir caché en ce lieu, de peur qu'il ne tombât aux mains des conquérants espagnols.

Du fait de sa très grande difficulté d'accès, ce site n'avait été visité que trois fois en cent ans[4]. De l'avis des agents du gouvernement et des cultivateurs de canne à sucre de la région d'Abancay, Choqquequirau avait été jadis une grande cité, « peuplée de plus de quinze mille habitants » : à leurs yeux, le trésor qui y était sans doute enfoui valait largement qu'on y organisât une véritable expédition, malgré tous les frais qu'une telle entreprise supposait.

Le préfet nous raconta qu'un petit groupe d'aventuriers avait réussi jadis à atteindre les ruines avec deux jours de vivres. Ils y avaient creusé deux ou trois excavations dans le vain espoir de trouver le trésor enfoui. Le récit de leurs souffrances, enrichi de nouveaux détails avec le temps, dissuada quiconque de suivre leur exemple pendant plusieurs décennies — bien qu'ils eussent fait mention à leur retour de « palais, temples, prisons et bains », tous recouverts d'une épaisse végétation.

Un magistrat de la région, rêvant de trésors perdus, avait jadis entrepris de construire un chemin qui permettrait d'atteindre Choqquequirau. Ravitaillés par une noria de porteurs indiens, une équipe d'ouvriers devait fouiller de façon systématique le site du « Berceau d'Or ». Bien qu'il disposât d'une compagnie entière de soldats et d'autant d'Indiens qu'il voulait, il réussit seulement à atteindre un col au sommet de la chaîne qui domine de 3 600 mètres la vallée du rio Apurimac (cette dernière se transforme à cet endroit en un gigantesque canyon de plus de 3 000 mètres de profondeur) et ne parvint pas à franchir les précipices qui défendent Choqquequirau.

D'autres que lui tentèrent d'utiliser le chemin qu'il avait tracé. Le dernier à l'avoir fait n'était autre que notre nouvel ami, Señor Nuñez, préfet de la province de l'Apurimac. Sous l'impulsion de cet administrateur entreprenant (il devait plus tard mener d'importants travaux d'urbanisme au Cuzco), un groupe de chercheurs de trésors fut constitué, et plusieurs milliers de *soles* furent investis dans l'entreprise.

Les premières difficultés avaient surgi lorsqu'il s'était agi de construire un pont au-dessus des redoutables rapides de l'Apurimac. Grâce au courage d'un vieux colporteur chinois qui bravait les dangers de la Cordillère andine depuis maintes années — et qui réussit à traverser la rivière à la nage pendant la « saison sèche », une corde attachée autour de la taille — un pont suspendu fait de six câbles télégraphiques fut finalement construit. Une piste de dix-huit kilomètres pouvant être empruntée par des porteurs fut ensuite ouverte à travers la forêt qui tapissait les montagnes, par-delà torrents et précipices. La tâche que personne n'avait jusque-là réussi à mener à bien était enfin accomplie.

Les résultats de l'expédition, cependant, n'avaient pas été à la hauteur des espoirs placés dans l'entreprise, du moins en ce qui concernait la mise au jour d'un éventuel trésor. Les seuls objets en métal découverts furent des broches en bronze et un petit levier. Ce dernier avait une teinte jaunâtre qui laissa longtemps supposer qu'il était en or massif. Hélas, il ne s'agissait que d'une variété de bronze — du cuivre durci avec de l'étain[5]. Nullement découragé, le préfet Nuñez tenait malgré tout à ce que je visite les ruines, afin que je puisse faire part en personne de leur importance au président du Pérou.

Señor Nuñez était convaincu qu'en ma double qualité de docteur de l'Université de Yale et de délégué d'un gouvernement à un congrès scientifique, je ne devais rien ignorer en matière d'archéologie. Il espérait notamment que je lui confirme que le site de Choqquequirau était susceptible de receler un trésor, et qu'il s'agissait bien, comme il le pensait, des ruines de « Vilcabamba la Vieille », la capitale des quatre derniers Incas. Mes dénégations quant à l'étendue de mes connaissances archéologiques apparurent à ses yeux comme la preuve de ma grande modestie — alors qu'elles reflétaient la plus stricte vérité.

Mes recherches sur l'histoire de l'Amérique du Sud s'étaient jusque-là limitées pour l'essentiel à l'empire colonial espagnol, aux guerres d'indépendance et à l'évolution ultérieure des différentes républiques. L'archéologie se trouvait en dehors de mon champ d'étude et je connaissais très peu de chose au sujet des Incas, hormis l'histoire fascinante de la chute de leur empire telle que l'avait relatée Prescott dans sa fameuse *Conquête du Pérou*[6]. Le peu d'empressement que je manifestai à visiter les ruines de Choqquequirau était également dû aux très mauvaises conditions météorologiques qui régnaient alors, et à l'extrême difficulté d'accès du site.

Le secrétaire d'État Root nous avait instamment recommandé de veiller à entretenir des relations harmonieuses avec les hauts responsables des pays que nous visitions, et à satisfaire dans la mesure du possible leurs desiderata. J'acceptai en conséquence la proposition du préfet, sans savoir que cette dernière allait m'ouvrir les portes d'un monde envoûtant et entièrement nouveau pour moi — celui de l'Amérique précolombienne.

Sans le préfet Nuñez et sa passion — toute prosaïque il est vrai — pour Choqquequirau, je n'aurais probablement jamais été amené à rechercher des ruines incas et, du même coup, à découvrir deux cités ayant disparu de la mémoire des hommes depuis plusieurs siècles.

Nous partîmes du Cuzco le 1er février au matin. Le temps s'annonçait fort mauvais. La pluie tombait en trombes. La veille, plusieurs notables locaux nous avaient assuré par téléphone qu'ils nous accompagneraient le lendemain matin jusqu'à la sortie de la ville, mais les pluies incessantes eurent raison de leur prévenance. Même l'adjoint du préfet, qui n'avait cessé de nous prodiguer ses attentions au cours des jours précédents, nous abandonna au troisième pâté de maisons, après que nous lui eûmes laissé entendre que nous avions été très honorés par sa compagnie, ce dont apparemment il se satisfit.

Le préfet avait veillé personnellement à ce que nous ne manquions de rien. Bien que nous l'ayons assuré que nous préférions voyager sans escorte militaire, il tint absolument à ce qu'un sergent et au moins un soldat nous accompagnent tant que nous nous trouverions à l'intérieur des limites de son département. Je n'ai jamais compris pourquoi il se montra si insistant. Aucun danger particulier n'était à redouter. Les bandits de grand chemin, notamment, sont inconnus au Pérou. Peut-être craignait-il que des *delegados* étrangers ne trouvent pas de quoi se nourrir dans le fin fond de la *sierra,* où des Indiens inhospitaliers et sous-alimentés risquaient de leur fermer leur porte ; ou peut-être estimait-il qu'il était déshonorant pour nous de voyager sans escorte. Quelles que fussent ses raisons, il ne voulait que notre bien. Il ne nous réclama pas un *sol,* les frais des soldats qui devaient nous accompagner étant entièrement à la charge du gouvernement péruvien.

Nous partîmes dans la direction du nord-ouest, laissant la forteresse cyclopéenne de Sacsahuaman sur notre droite. Nous y vîmes certains de ces blocs polygonaux dont le poids, on l'a vu, est estimé à plus de deux cents tonnes. Après avoir franchi les hauteurs surplombant la vallée du Cuzco, nous redescendîmes progressivement vers la grande plaine d'Anta, fameuse pour avoir été le théâtre de plusieurs batailles à l'époque précolombienne. Nous la traversâmes par l'ancienne chaussée inca, une route pavée large d'environ deux mètres, bordée de part et d'autre par des fossés et des marais. Laissée à l'abandon, cette route a tout bonnement disparu en plusieurs points de son tracé. Nous dûmes par ailleurs faire de longs détours pour éviter les marais et les étangs qui, pendant la saison des pluies, débordent sur la chaussée. Longeant les collines au nord de la plaine d'Anta, nous passâmes devant plusieurs étagements de hautes terrasses longues de plus de cinq cents mètres, pour atteindre à la tombée de la nuit Zurita, une bourgade indienne. Nous fûmes conduits dès notre arrivée à la demeure du très hospitalier *gobernador.*

Nous repartîmes de Zurita le lendemain matin, accompagnés du gouverneur et de ses amis. Laissant derrière nous, sous la protection de l'escorte militaire, notre muletier et ses bêtes avec leur chargement, nous avançâmes à bonne allure et atteignîmes à midi Challabamba, sur la ligne de partage des eaux entre les vallées de l'Urubamba et de l'Apurimac. Formant un contraste marqué avec la grande plaine herbeuse et dépourvue d'arbres d'Anta que nous venions de quitter, des vallées profondes et boisées s'offrirent à notre regard.

La route, un chemin rocailleux qui n'était pas sans ressembler au lit d'un torrent de montagne, nous conduisit bientôt au cœur d'une région dont la végétation exubérante et le climat chaud et doux nous rassérénèrent après notre traversée des hauts plateaux désolés. Des genêts jaune d'or poussaient en abondance de part et d'autre du sentier, et l'air était empli du parfum de l'héliotrope. Des lantaniers versicolores proliféraient dans un enchevêtrement d'agaves et de plantes grimpantes. Nous avions pénétré dans un autre monde.

Une sente escarpée nous mena à la ville de Limatambo, où l'on peut encore contempler d'intéressantes terrasses et d'autres vestiges d'une forteresse inca contemporaine de Pizarre. La vallée de la rivière du même nom étant à cet endroit extrêmement étroite, les fortifications avaient été disposées de manière à interdire à un éventuel ennemi l'accès du Cuzco par l'ouest et le nord. Une bataille particulièrement sanglante y avait opposé les conquérants espagnols à l'armée inca.

La pluie était tombée pendant la plus grande partie de la journée et la rivière avait considérablement monté. Le gué étant devenu infranchissable, nous dûmes construire au pied levé un petit pont de fortune. Voyant l'assemblage de branchages et de troncs ployer dangereusement sous leur poids, nos mules avancèrent à pas comptés. Peu après, nous traversâmes le rio Blanco et quittâmes l'ancien chemin. Ce dernier passe par le village indien de Mollepata, décrit par Squier[7] comme un « groupe de huttes délabrées perchées sur le rebord d'une montagne à l'ombre d'une église en ruine avec un gouverneur gorgé d'alcool — également tenancier d'un bouge appelé pompeusement "relais de poste" — et un prêtre aussi dissolu : en bref, le lieu le plus mal famé de tout le Pérou ». Heureusement pour nous, depuis l'époque de Squier, un Péruvien entreprenant avait défriché une partie de la forêt sur le flanc de la montagne, à La Estrella, pour y créer une plantation de canne à sucre. Nous y reçûmes le plus cordial accueil, bien que le señor Montes, le propriétaire — réputé pour son hospitalité jusqu'au Cuzco — fût absent ce jour-là. Notre escorte militaire arriva trois heures plus tard, dans un piteux état : les mules étaient exténuées, et la petite colonne avait failli à plusieurs reprises tomber dans le précipice.

Le lendemain matin, nous poursuivîmes notre descente par un étroit sentier accroché à la montagne. Par endroits, nos mules lourdement chargées semblèrent sur le point de perdre l'équilibre et de s'abîmer dans les rapides de l'Apurimac, cinq cents mètres plus bas. Au prix de mille efforts, nous parvînmes à Tablachaca, un pont moderne que nous pûmes traverser sans avoir à mettre pied à terre, luxe que nous devions rarement nous permettre pendant ce voyage.

Jadis, un splendide pont suspendu inca constituait le seul point de passage de l'Apurimac de toute la région. On trouve des descriptions de ce pont — toutes aussi différentes les unes des autres — dans divers récits de voyage, tels que le *Peru* de Squier, *Cuzco and Lima* de Sir Clements Markham[8], ou, encore, *Exploration of the Valley Amazon* du lieutenant Gibbon[9]. Bien qu'ils ne s'accordent pas sur sa hauteur au-dessus de l'eau et sa longueur, ces trois voyageurs furent fortement impressionnés par le formidable canyon qu'il enjambe. Selon Gibbon, « le pont surplombait de quarante-cinq mètres les eaux vert sombre du fleuve » ; Markham, qui passa au même endroit deux ans plus tard, écrit quant à lui que le pont « dessinait une courbe gracieuse à plus de quatre-vingt-dix mètres au-dessus du vide ». Si l'on considère que Gibbon franchit le pont au mois d'août, en pleine « saison sèche » (pendant laquelle la rivière atteint son plus bas niveau), et que Markham l'emprunta, pour sa part, en mars, à la fin de la saison des pluies (période de crues), le contraste entre leurs estimations de la hauteur du pont est pour le moins surprenant. L'ouvrage inca ayant hélas disparu, les voyageurs ne peuvent plus débattre de ses dimensions. La fascination que j'avais ressentie en voyant pour la première fois le dessin de Squier constituait l'une des raisons qui m'avaient poussé à visiter le Pérou (mon intention première était de descendre le Beni et le Madeira jusqu'à l'Amazone à partir de La Paz, en Bolivie). J'étais de ce fait très déçu, mais je ne devais pas le rester longtemps.

Le paysage était, ce jour-là, des plus enchanteurs : de gigantesques montagnes recouvertes du manteau vert sombre de la sylve tropicale formaient, à perte de vue, une série d'étagements majestueux, striés par d'innombrables cataractes. Des perroquets verts voletant au-dessus de nos têtes et des iris jaunes jonchant le sol sous nos pieds conféraient un surcroît de couleurs à la scène. Pour combler notre joie, le soleil resplendissait. Des sentes abruptes mais empruntées depuis des temps immemoriaux nous menèrent à la ville de Curahuashi, où nous fumes accueillis par le lieutenant Caceres, aide de camp du préfet Nuñez. Chargé de nous accompagner, le jeune officier — membre d'une vieille famille de la haute société péruvienne — devait s'acquitter de sa tâche avec bienveillance et enthousiasme.

Peu après notre arrivée à Curahuashi, Caceres envoya à Abancay, le chef-lieu de la *province* de l'Apurimac, un important télégramme annonçant la venue prochaine de « visiteurs éminents » ! Pour nous remercier d'avoir patienté pendant qu'il rédigeait ses messages, il fit ouvrir des bouteilles de bière et porta plusieurs toasts en notre honneur. Nous nous apprêtions à passer la nuit dans cette localité, mais nous apprîmes que le *gobernador* désirait nous recevoir chez lui. Il résidait un peu plus haut dans la vallée, à Trancapata, sur la route d'Abancay.

Sa résidence — des plus spartiates — était située au bord d'un profond ravin, la salle à manger — une vieille véranda — surplombant directement la gorge. L'hospitalité du maître de maison et la beauté à couper le souffle de la vue nous firent oublier la vétusté et l'inconfort de la villa. Pour tout dire, aucun d'entre nous n'avait reçu de toute sa vie un accueil aussi cordial de la part d'un inconnu. Nous devions

116

retrouver, il est vrai, la même chaleur dans chaque ville ou village relevant de l'autorité de Don Nuñez, préfet de l'Apurimac.

Le lendemain matin, nous nous séparâmes à regret de notre hôte (il ne se décida à nous quitter qu'après avoir remonté la vallée avec nous sur une bonne distance). Le temps s'était gâté pendant la nuit, et, au lever du jour, de gros nuages noirs nous entouraient de toutes parts, mais le ciel devait se dégager dans le courant de la matinée. Alors que nous montions vers le col, un magnifique panorama s'offrit progressivement à nos yeux, les cimes enneigées des monts Soray et Salccantay miroitant dans le lointain.

Nous quittâmes bientôt les paysages de végétation luxuriante des vallées — les lantaniers, les cactus et autres plantes tropicales — et rencontrâmes à nouveau la pluie (un crachin glacial) lorsque nous eûmes atteint un col haut de quatre mille mètres. Puis nous redescendîmes, laissâmes derrière nous la pluie et suivîmes un ravissant chemin bordé de massifs de sauge à fleurs bleues. Nous nous trouvions sur la ligne frontière qui sépare la zone tropicale de la zone tempérée : le climat des pôles coexistait en effet dans le même panorama avec celui de l'équateur. D'immenses champs de neige et d'impressionnants glaciers surplombaient la vallée verdoyante d'Abancay, dont les champs de canne à sucre avaient fait sa renommée dans tout le Pérou. Pour qui connaît les vastes étendues de canne d'Hawaii ou les grandes plantations de Cuba ou de Porto Rico, la notoriété de ce petit district paraîtra surprenante. Mais après avoir passé plusieurs semaines sur les hauts plateaux des Andes centrales et avoir éprouvé le froid mordant du climat des montagnes, on comprend mieux ce que peut avoir d'exceptionnel et de rassérénant le spectacle d'une vallée fertile et chaude, située à 2 500 mètres au-dessus du niveau de la mer et où la canne à sucre peut être facilement cultivée.

Une longue descente par une route en très mauvais état nous mena à un charmant vallon. Nous fûmes accueillis à deux kilomètres d'Abancay par le sous-préfet et une dizaine de planteurs et *caballeros* qui s'étaient donné la peine de seller leurs chevaux pour venir à notre rencontre et nous souhaiter la bienvenue. Après un long échange de salutations, nous fîmes une entrée remarquée dans la ville et fûmes conduits directement à la préfecture. Là, le maître des lieux nous reçut avec la plus grande déférence et nous pria de l'excuser de ne pouvoir nous accueillir pour la nuit dans la préfecture, occupée par sa (nombreuse) famille. En échange, il mit le cercle local entièrement à notre disposition. Nous l'en remerciâmes chaleureusement, les deux chambres du « club » donnant sur la *plaza* de la ville et ménageant une très jolie vue sur la vieille église et les monts environnants.

Le soir même, Don Nuñez donna en notre honneur un véritable banquet auquel avaient été conviés quinze notables de la bourgade. Après le dîner, nous furent montrées les pièces archéologiques qui avaient été trouvées à Choqquequirau, dont des épingles à châle et divers objets en métal. Le plus intéressant de ces derniers était un *champi* (levier) en bronze de 38 centimètres de long et de plus de 5 centimètres de diamètre (*phot.* 22) ; de section carrée, avec des coins arrondis, il présentait de grandes ressemblances avec les battoirs en bois avec lesquels les Hawaiiens martèlent la *tapa*[10].

Le lendemain après-midi, au beau milieu d'un amas hétéroclite de boîtes de conserve, de selles, de couvertures et de vêtements, nous plaçâmes dans nos sacs ce dont nous pensions avoir besoin au cours de notre expédition — et reçûmes diverses personnalités de la région. Nos visiteurs nous ayant presque tous promis de nous accompagner hors de la ville le lendemain matin, nous nous voyions déjà quitter Abancay à la tête d'un véritable cortège.

Le second soir, nous fûmes reçus avec la plus grande hospitalité dans une grande plantation sucrière des environs. Le dîner réunissait plusieurs propriétaires de la région (certains étaient venus de très loin). Les planteurs d'Abancay sont de fiers *caballeros,* courtois et réfléchis, soucieux du bien-être de leurs gens et du progrès économique de leur district, ouverts sur le monde. Nombre d'entre eux passent une partie de l'année à Lima. Quelques-uns ont même voyagé à l'étranger.

Le lendemain matin, nous nous mîmes en route, escortés par une cohorte de cavaliers. La plupart de ces derniers se contentèrent de nous accompagner sur un ou deux kilomètres avant de nous souhaiter bonne chance et de retourner à Abancay. Nous ne leur en tînmes pas rigueur. Les pluies torrentielles des jours précédents avaient transformé la route en une véritable fondrière. Des bourbiers quasi infranchissables, des torrents sortis de leur lit, des avalanches de blocs de pierres et d'arbres déracinés — sans parler des aléas habituels d'un chemin muletier péruvien — nous attendaient sur notre trajet.

Tout au long de la journée, à travers la pluie et le brouillard (qui se dissipait de temps à autre, nous laissant entr'apercevoir de profondes vallées parées du manteau vert sombre de la forêt tropicale et des coteaux couverts de fleurs rares), nous avançâmes sur un chemin glissant, qui devint d'heure en heure plus dangereux et plus difficile. Souhaitant atteindre avant la nuit un hameau situé sur l'Apurimac, nous pressâmes le pas, bien que nous fussions fréquemment tentés de nous arrêter pour contempler les étendues de bégonias roses et de lupins bleus qui s'offraient à notre vue. A cinq heures de l'après-midi, nous commençâmes à entendre le grondement sourd du fleuve, qui coulait pourtant à deux mille mètres en contrebas, tout au fond du canyon.

L'Apurimac, qui grossit de ses eaux l'Amazone par l'intermédiaire de l'Ucayali, prend sa source dans un petit lac près d'Arequipa, à une si grande distance de l'océan Atlantique qu'il peut être considéré comme la principale branche mère du grand fleuve. Au moment où il atteint la région d'Abancay, l'Apurimac est un rio impétueux large de soixante-quinze mètres, et, à cette époque de l'année, profond de vingt-cinq mètres. Le grondement de ses eaux peut être entendu de si loin que les Indiens lui donnèrent jadis le nom d'Apu-rimac, « le Seigneur rugissant ».

Notre guide, le lieutenant Caceres, estima que nous avions fait assez de chemin. Comme il commençait à pleuvoir et que la route devenait plus loin, selon ses propres termes, « pire que tout ce que nous avions vu jusque-là », il déclara qu'il valait mieux s'arrêter pour camper dans une hutte abandonnée à proximité du sentier. Sa proposition fut favorablement accueillie par deux de nos compagnons, deux jeunes gens d'Abancay pour qui cette expédition était leur première véritable aventure, mais Clarence Hay et moi-même décidâmes qu'il était préférable d'atteindre le soir même la rivière, si cela était possible. Caceres se rangea finalement à notre avis, et, guidés par notre soldat trompe-la-mort, Castillo, nous entamâmes la descente par un chemin vertigineux, aux surplombs littéralement effroyables. Mais ce n'était là qu'un avant-goût des dangers qui nous guettaient dans cette contrée sauvage où les Incas avaient trouvé refuge en 1536, fuyant l'avance des conquistadors.

Le jour commençait à décliner quand nous fûmes arrêtés par un grand arbre tombé en travers du chemin. A peine avions-nous franchi cet obstacle, après une heure d'efforts, que nous vîmes notre route à nouveau coupée — cette fois par un éboulement. Nos mules et nos chevaux tremblèrent de frayeur lorsque nous leur fîmes franchir l'amas de terre meuble et de pierres qui menaçait de s'effondrer à tout moment. Pour parfaire le tout, nous apprîmes par nos guides que deux mules avaient déclenché un glissement de terrain deux semaines plus tôt en passant précisément à cet endroit : emportées par les éboulis, les deux malheureuses bêtes avaient été précipitées au fond du canyon.

Une heure après la tombée de la nuit, nous débouchâmes sur une corniche où le bruit du rio était tel que nous entendîmes à peine Caceres crier que nous étions enfin arrivés au bout de nos peines et que « le reste du sentier traversait un terrain plat ». Nous devions comprendre un peu plus tard qu'il plaisantait. Nous nous trouvions encore à trois cents mètres au-dessus de la rivière et il nous restait à venir à bout d'un chemin taillé dans la roche vive de la falaise. En plein jour, nous n'aurions jamais osé emprunter la sente qui menait de la corniche au rio, mais comme il faisait déjà nuit noire et que nous n'avions pas la moindre conscience d'un quelconque danger, nous nous en remîmes entièrement à notre guide. Le chemin descendait le long de la paroi du canyon en décrivant un virage tous les cinq ou six mètres. Il était encadré d'un côté par un précipice, de l'autre par une faille au creux de laquelle tombait en chute libre une petite cataracte sur une hauteur de deux cents mètres. A mi-pente, ma mule commençait à trembler de peur, je dus mettre pied à terre — pour m'apercevoir qu'elle était sortie du chemin et avait glissé deux mètres plus bas sur une corniche. La faire remonter sur le sentier ne fut pas une mince affaire. Déployant des trésors de patience, nous parvînmes à lui faire faire demi-tour et à la hisser sur le chemin. J'avais frôlé de si près la mort que je décidai d'effectuer le reste du trajet à pied, derrière ma mule, pour le cas où celle-ci viendrait à tomber dans le ravin. Aux deux tiers de la descente, le chemin franchissait la faille — et, avec elle, la cataracte. Il n'y avait, bien entendu, pas de pont. Certes, la chute d'eau n'était large que d'un mètre environ, mais dans l'obscurité, je ne parvenais pas à distinguer l'autre côté de la faille. N'osant pas sauter seul, je remontai en selle, retins ma respiration, et éperonnai ma monture. Grâce au ciel, elle réussit son saut.

Dix minutes plus tard, nous vîmes avec soulagement la lanterne du chef du camp, venu à notre rencontre pour nous guider à travers un massif de mimosas sur la dernière terrasse surplombant la rivière. Le « Seigneur rugissant » faisait un tel vacarme que je ne pus entendre un mot de ce que notre hôte disait, mais nous étions heureux d'être arrivés sains et saufs à destination.

Le « camp » consistait en deux cabanes de roseaux de deux mètres sur trois. Après y avoir passé une nuit des plus inconfortables, nous partîmes le lendemain reconnaître l'ultime repère de Manco Inca.

Ayant atteint de nuit les berges de la rivière, nous n'avions rien pu voir du paysage. Le grondement terrifiant de l'Apurimac, cependant, avait excité au plus haut degré notre imagination : quel spectacle allait bien pouvoir s'offrir à nos yeux le lendemain matin ? A en croire nos compagnons péruviens, la rivière était profonde de plus de trente mètres en ce point de son cours. Aux premières lueurs du jour, nous nous précipitâmes hors de notre cabane et tombâmes en arrêt devant un panorama hallucinant : de formidables rapides, larges de près de soixante-quinze mètres, se frayaient un chemin à une allure infernale entre les parois abruptes du canyon, projetant dans l'air de gigantesques vagues, tel l'océan par un jour de tempête. Une prodigieuse masse d'eau dévalait sous nos pieds à une vitesse étourdissante. Nous apprîmes que la rivière avait monté de près de cinq mètres à la suite des pluies diluviennes qui venaient de s'abattre sur la région. En temps normal, le pont suspendu situé à proximité des cabanes surplombait de vingt-cinq mètres le courant. A notre arrivée, sept mètres seulement le séparaient des crêtes des vagues.

Large de moins d'un mètre, le pont s'étirait sur soixante-seize mètres entre les deux rives. Il se balançait dans le vide sous l'effet du vent, soutenu par ses six câbles. Sa traversée constitua une expérience éprouvante. L'étroite passerelle de bois semblait si frêle et les rapides projetaient leurs embruns si haut dans l'air que nos porteurs indiens préférèrent passer sur l'autre rive en rampant — et, de toute évidence, en maudissant le préfet de leur avoir ordonné de nous accompagner jusqu'à Choqquequirau. En effet, nos mules, qui avaient transporté nos bagages jusqu'à l'Apurimac, ne pouvaient aller au-delà du pont.

Les Incas, on l'a vu, avaient construit depuis l'aube de leur histoire des ponts suspendus capables de défier le temps, utilisant des lianes de la forêt tropicale pour en faire des câbles. Sans ce prodigieux savoir-faire, ils n'auraient jamais pu étendre leur domination à l'ensemble des Andes, où le froid pénétrant des eaux issues des glaciers rend très difficile la traversée des torrents qui s'unissent pour former les grands affluents de l'Amazone. Il est inutile de préciser qu'aucun Indien des hautes vallées andines ne sait nager. Un faux pas en franchissant l'une des innombrables rivières qui dévalent des sommets a généralement pour eux des conséquences fatales. Les populations indigènes se montrent à cet égard extrêmement prudentes. Le comportement de nos porteurs était de ce fait fort compréhensible, d'autant plus qu'ils doutaient de la solidité des câbles télégraphiques, nouveaux pour eux. Le fait que nous souhaitions emprunter ce pont de notre propre gré devait leur sembler totalement incongru.

En ce point de son cours, l'Apurimac coule à environ mille cinq cents mètres au-dessus du niveau de la mer. Notre guide nous fit savoir que les ruines se trouvaient à plus de mille six cents mètres au-dessus de nous. Depuis plusieurs mois, nous n'avions pas eu l'occasion d'escalader à pied une montagne. Gravir un sentier glissant sur plus de deux mille mètres n'est pas une partie de plaisir: notre équipée aurait peut-être paru anodine à un alpiniste entraîné, mais pour nous, cette ascension n'était rien moins que facile.

Issus d'un peuple accoutumé à parcourir de grandes distances à ces altitudes, nos porteurs s'acquittaient de leur tâche de bonne grâce. Ils donnaient pourtant fréquemment des signes de fatigue, laquelle n'avait rien d'étonnant étant donné les circonstances. Notre guide, le lieutenant Caceres, ne cessait de crier à tue-tête « *Valor!* » (« Courage ! ») pour donner du cœur au ventre aux membres du groupe — et pour nous prouver qu'il était pour sa part en pleine forme. Clarence Hay et moi-même — les deux « Yankees » — devions nous arrêter pour reprendre notre souffle tous les cinq mètres environ, souffrant de la raréfaction de l'oxygène à haute altitude.

En certains endroits, le chemin devenait si abrupt qu'il nous était alors plus facile d'avancer à quatre pattes. A plusieurs reprises, nous dûmes franchir de véritables cascades en prenant appui sur des planches ou des rochers recouverts de mousse. Des échelles de fortune nous permirent d'escalader plusieurs à-pics. Bien que la montagne fût trop escarpée pour qu'une véritable forêt pût y croître, nous passâmes une bonne partie de notre temps à nous frayer un chemin à la machette dans d'impénétrables broussailles et fourrés de bambous.

A mesure que nous grimpions, le spectacle de la vallée devenait de plus en plus ensorcelant. Je n'avais jamais rien vu de tel. Blanc d'écume, l'Apurimac dévalait au fond du canyon, à plusieurs centaines de mètres en contrebas. Là où les flancs de la montagne n'étaient pas de simples précipices et où de récents éboulements n'avaient pas laissé de larges cicatrices, les pentes abruptes étaient recouvertes d'une épaisse végétation vert foncé et de fleurs luxuriantes. Les hauteurs qui nous entouraient étaient elles-mêmes surmontées par d'autres à-pic que couronnaient, deux mille mètres plus haut, des glaciers et des neiges éternelles. La chaîne entière des Great Smokies du Tennessee et de la Caroline du Nord aurait pu tenir dans la grande trouée de l'Apurimac sans que ses sommets n'excèdent la moitié de l'altitude des pics environnants[11]. Dans le lointain, un dédale de vallées, de forêts et de sommets enneigés s'étendait à perte de vue. Fascinés par ce panorama — qui venait largement récompenser nos efforts — nous nous assîmes, pantelants, sur le bord du petit chemin quand nous eûmes atteint son plus haut point.

Après avoir repris notre souffle, nous suivîmes le sentier vers l'ouest, frôlant de nouveaux précipices et franchissant de nouveaux torrents. Vers deux heures de l'après-midi, après avoir contourné une dernière hauteur, nous aperçûmes les ruines de Choqquequirau, éparpillées sur les pentes d'un mont dénudé, à deux mille mètres au-dessus du rio. Entre les collines qui surplombaient directement la vallée et l'arête qui les reliait aux montagnes enneigées, une sorte de cuvette avait été aménagée en terrasses et nivelée de manière à permettre la construction de l'édifice principal de la forteresse inca.

A trois heures, nous atteignîmes une grande cascade dont les eaux glacées issues probablement des séracs du Soray nous rafraîchirent et étanchèrent notre soif. Laissant nos porteurs derrière nous, nous poursuivîmes notre lente progression à travers une épaisse végétation. Peu avant quatre heures, nous parvînmes au pied d'une série de gradins. Nous venions de grimper sur une petite corniche pour apprécier le panorama lorsque notre présence fut détectée par un grand condor, dont, à l'évidence, nous avions violé le domaine. Sans faire le moindre mouvement, il descendait lentement en planant, réduisant progressivement son orbite à mesure qu'il se rapprochait de nous. Nous pûmes bientôt voir distinctement non seulement son bec et ses serres, mais jusqu'au blanc de ses yeux. Nous ne disposions d'aucune arme, pas même d'un simple bâton, pour repousser une éventuelle attaque de l'oiseau de proie, dont l'envergure dépassait trois mètres cinquante. Les instants qui suivirent furent peut-être les secondes les plus longues de ma vie. Il décida finalement de ne pas nous déranger, et, sans changer la position d'une plume, reprit de l'altitude et disparut au loin. Nous apprîmes par la suite des employés du préfet qu'ils avaient eux-mêmes été harcelés par des condors lorsqu'ils avaient commencé leurs travaux sur le site. Les bergers des hauts pâturages andins doivent mener un combat de tous les jours contre les condors, pour qui les moutons constituent des proies faciles.

Dépourvus de nos havresacs et de toute autre charge, nous avions marché à bonne allure et semé nos porteurs. Une chaleur torride avait régné pendant toute la journée, et, soucieux de rendre notre ascension aussi aisée que possible, nous nous étions défaits de tous nos vêtements chauds, ne conservant par-devers nous qu'une tente de secours. La nuit vint, et, avec elle, le froid intense de la *sierra*. Nos Indiens ayant pris leur temps et s'étant arrêtés en chemin à la tombée du jour avec tous nos effets, nous passâmes une nuit difficile dans une des deux cabanes recouvertes de chaume que les ouvriers avaient construites pour leur propre usage lors des premiers travaux de dégagement. Bien qu'enveloppés dans la toile de notre tente et retranchés derrière des bottes de foin, nous pûmes à peine fermer l'œil de toute la nuit en raison du froid et de l'humidité glaciale.

Pendant les quatre jours que nous passâmes dans la montagne, le taux d'humidité de l'air approcha bien souvent 100 %. Nous fûmes environnés la plupart du temps par les nuages et le brouillard, quand il ne pleuvait pas tout bonnement. C'était là une pénible initiation à la recherche archéologique, d'autant plus que je ne bénéficiais d'aucune expérience en la matière et ignorais tout des tâches qui m'attendaient.

Par chance, j'avais emporté avec moi le guide extrêmement utile *Hints to Travelers* (« Conseils aux Voyageurs ») publié par la Royal Geographical Society de Londres. L'un de ses chapitres donnait la « marche à suivre » en cas de découverte d'un site préhistorique — prendre des mesures précises et de nombreuses photographies, et décrire aussi exactement que possible toutes les trouvailles. A cause de la pluie, nos photographies ne furent qu'à moitié réussies, mais nous mesurâmes tous les bâtiments et dressâmes un plan général du site.

Nous constatâmes que les ruines étaient réparties en plusieurs quartiers sur des terrasses ou des étagements naturels, et que des escaliers ou des sentiers les reliaient entre eux. Les bâtiments avaient été accolés les uns aux autres, probablement dans le souci d'occuper le moindre espace disponible. De même, chaque mètre carré susceptible d'être utilisé pour l'agriculture avait, semble-t-il, été mis à profit.

Gardant les ruines de tous côtés, de grandioses précipices rendaient Choqquequirau quasi inexpugnable. Toutes les voies d'accès possibles, à l'exception de celles que les bâtisseurs de la cité avaient décidé de laisser libres, étaient fermées, et chaque point stratégique était puissamment défendu. Partout où il aurait été possible de grimper pour atteindre le fort, les Incas avaient édifié de hauts murs dont les parements parfaitement jointifs ne laissaient aucune prise à d'éventuels assaillants. Les terrasses, enfin, servaient à la fois à assurer la défense militaire du site et à prévenir tout glissement de terrain.

Les ruines se composaient de trois ensembles de constructions distincts. Tous les vestiges encore debout avaient été recouverts plus ou moins complètement par des arbres et des vignes grimpantes pendant les longs siècles d'oubli. L'équipe de chercheurs de trésors avait effectué un excellent travail en débarrassant les principaux bâtiments de la masse inextricable de végétation sous laquelle ils étaient enfouis. Plusieurs endroits où des trésors étaient susceptibles d'avoir été enterrés avaient été dégagés à la dynamite. Les ouvriers, cependant, n'avaient trouvé, en lieu et place d'or, que quelques objets de faible intérêt archéologique, parmi lesquels figuraient (en plus de ceux qui nous avaient été montrés à Abancay) quelques pots de terre cuite et deux ou trois broyeurs utilisés pour moudre le maïs, d'un type encore en usage aujourd'hui dans les Andes centrales et septentrionales, ainsi qu'au Panama.

Faisant face au sud, un parapet et les murs de deux bâtiments dépourvus de fenêtres surplombaient de mille sept cents mètres l'Apurimac. Aucun mot ne saurait décrire le panorama que l'on embrassait depuis ce point, tant vers l'aval que vers l'amont de la vallée. Tout au fond du gigantesque canyon serpentait le « Seigneur rugissant », longue traînée blanche encadrée par deux colossales parois rocheuses, si minuscule à cette distance qu'on eût dit un simple ruisseau. De loin en loin, on pouvait distinguer tout le long de la vallée de nombreuses cataractes (l'une d'elles tombait à la verticale sur plus de trois cents mètres). Quel que soit l'endroit où le regard se posât, tout n'était que beauté, contraste, splendeur.

Au nord de ce groupe de constructions se dressait une colline artificiellement arasée. Il est possible que sur le sommet aplani de cette hauteur, d'où l'on peut saisir du regard l'ensemble de la vallée, des feux de signaux étaient allumés pour « télégraphier » jusqu'au Cuzco — par l'intermédiaire de relais installés sur les monts environnant l'antique capitale — des messages annonçant l'approche d'un ennemi depuis la forêt amazonienne.

Nous remarquâmes au sommet de cette éminence de terrain que des petites pierres avaient été placées dans le sol en lignes droites, de manière à former une sorte de quadrillage. La plupart d'entre elles étant recouvertes par de l'herbe, nous ne pûmes en faire un relevé précis dans le laps de temps dont nous disposions. Il s'agissait peut-être du « dallage » de l'abri utilisé quatre cents ans plus tôt par des sentinelles.

Au nord de ce poste de guet et sur la cuvette qui le sépare de la grande crête dominant le site s'étendait le quartier principal. Les murs de ses édifices, ou du moins ce qu'il en restait, étaient faits pour la plupart de pierres assemblées à l'aide d'un mortier d'argile. Leur architecture, en comparaison de celle des palais incas du Cuzco, était extrêmement grossière et rudimendaire. Nous cherchâmes en vain deux portes ou niches identiques. Certains linteaux de portes étaient en bois, les bâtisseurs ne s'étant pas donné la peine de se procurer des pierres suffisamment longues pour servir à cet usage. Un linteau de ce type était encore en place, le bois utilisé étant d'une texture remarquablement dure. Il se peut que le site soit aujourd'hui plus spectaculaire qu'au temps où les bâtiments étaient recouverts de toits de chaume.

Dans l'une des niches, je découvris une petite fusaïole de fuseau en pierre, semblable à celles — en bois — utilisées aujourd'hui dans l'ensemble des Andes. Les fuseaux dont se servent de nos jours les femmes indiennes, de la Colombie au Chili, consistent en un bâtonnet aussi large que le petit doigt et long de vingt-cinq à trente centimètres. Sur leur tiers inférieur est fixé un peson, ou « fusaïole », en bois qui amplifie le mouvement de rotation imprimé par le pouce et l'index de la fileuse au niveau de l'extrémité supérieure du bâtonnet. Encore aujourd'hui, les Indiennes filent le coton ou la laine avec leur fuseau pendant leurs déplacements ou en gardant les moutons. On a retrouvé dans les tombes de Pachacama[12] des fuseaux dotés de pesons de pierre similaires pouvant être datés de plus de cinq siècles.

Le troisième ensemble de constructions était situé plus haut sur l'éperon, à une trentaine de mètres au-dessus du second groupe. Près du sentier qui menait de la *plaza* inférieure à celle du haut, nous découvrîmes les vestiges d'une petite *azequia,* ou canalisation, désormais à sec, et bordée de pierres plates. Les Incas avaient mis au point un système d'alimentation en eau très perfectionné, tant pour leurs champs que pour leurs cités.

Dans l'angle sud-est du troisième groupe, semblant jaillir de terre, se dressait une énorme pierre de six mètres de haut et de trois ou quatre mètres de diamètre. A côté d'elle, un escalier géant regardait l'orient. Il comportait quatorze grandes marches grossièrement taillées et de dimensions diverses. Il était possible de gravir cet escalier en empruntant de petites marches de pierre latérales. De part et d'autre, des murs larges de soixante centimètres faisaient office de balustrades. Cette construction se caractérisait par la présence d'une grande pierre plate au centre de chaque contremarche. La vue vers l'est depuis cet escalier était particulièrement impressionnante. Peut-être le soleil levant, l'une des principales divinités des Incas, était-il adoré en ce lieu ? Des momies y étaient probablement exposées pour y sécher au soleil.

L'escalier menait à un ensemble de terrasses, de ruelles et d'habitations comportant greniers et niches. Deux des maisons étaient dépourvues de fenêtres, et l'une d'elles renfermait trois cellules. Le sergent Carrasco déclara que ces dernières étaient utilisées pour la détention de prisonniers. Il s'agissait plus vraisemblablement, à mon sens, de magasins à grains. Sur le côté nord de la place centrale de ce quartier se dressait un curieux petit édifice construit avec le soin le plus extrême et comportant niches et renfoncements. Peut-être s'agissait-il de l'endroit où les criminels destinés à être précipités au bas de la montagne, conformément aux lois des Incas, attendaient leur châtiment.

Sur la crête de la colline qui domine les ruines court une rigole que nous suivîmes jusqu'à l'orée de la forêt, au pied d'une pente très abrupte. Par cette petite *azequia* (désormais elle aussi à sec) descendant directement de l'éperon, l'eau était acheminée, par-delà une terrasse, jusqu'à deux citernes de pierre disposées au nord de la place, qu'elle traversait de part en part pour déboucher dans un petit réservoir, côté sud. Un petit orifice avait été pratiqué au fond de ce bassin de manière à permettre à l'eau de couler en contrebas et d'alimenter les deux autres groupes de constructions.

Le versant occidental de l'éperon de Choqquequirau étant un simple précipice, peu de fortifications avaient été édifiées de ce côté. La pente orientale, en revanche, n'était pas aussi abrupte. Là, dominant la vallée, d'énormes terrasses longues de plusieurs centaines de mètres prenaient appui sur de véritables murailles hautes de quatre mètres. Deux étroits escaliers pavés de pierres reliaient les différents gradins.

Dans la forêt située immédiatement au-dessous de la dernière terrasse, sous des corniches et de gros blocs de pierres, nous découvrîmes de petites cavités dans lesquelles les corps momifiés d'Indiens défunts avaient été placés (*photo.* 58). Les ossements que nous mîmes au jour formaient de petits entassements, comme s'ils avaient été nettoyés avant d'être enfermés dans ces grottes pour l'éternité. Aucune couche de terre ne les recouvrait. L'une des piles, cependant, était surmontée d'une petite jarre en terre cuite d'environ trois centimètres de diamètre. Bien que vide, la jarre était restée en position verticale pendant plus de quatre cents années. L'entrée naturelle de la tombe avait été murée de l'intérieur à l'aide de pierres cunéaires, de manière à interdire tout accès à la sépulture. Je découvris cependant qu'en creusant près du roc, je pouvais facilement ôter d'autres pierres qui, de toute évidence, avaient été placées là par le fossoyeur une fois les ossements déposés dans la grotte. Des tombes creusées dans les déserts de sable de la côte péruvienne renferment généralement des momies en très bon état de conservation. Dans les montagnes abondamment arrosées des Andes centrales, en revanche, les momies sont rarement trouvées intactes.

Les ouvriers avaient effectué des fouilles sous une quinzaine de corniches. A chaque fois, ils avaient exhumé des ossements, et, parfois, des tessons de céramique. Néanmoins, ils n'avaient jamais découvert le moindre objet de valeur pouvant indiquer que les défunts étaient des personnages de haut rang. Si des officiers de la garnison ou des nobles incas ont été enterrés sur ce site, leurs tombes n'ont pas encore été découvertes, à moins qu'elles n'aient été pillées entre-temps. Rien, cependant, ne permet de confirmer cette hypothèse.

En fait, tous les grands rochers situés au-dessous des terrasses abritent des tombes. Les crânes ne furent jamais découverts seuls, mais toujours à côté de restes de squelettes. Les plus grands ossements étaient encore en très bon état de conservation ; les petits, par contre, avaient été réduits en poussière par le temps. Certains des os restants s'effritèrent entre nos doigts, ou du moins pouvaient-ils être facilement brisés, tandis que d'autres étaient blancs et durs. Tous ceux que nous mîmes au jour étaient des ossements d'adultes, à l'exception d'un ou deux d'entre eux, qui semblaient avoir appartenu à des individus âgés de moins de vingt ans. Pour autant que nous ayons pu le constater, les squelettes n'avaient jamais été enfouis sous la moindre couche de terre[13]. Nos porteurs et terrassiers indiens nous regardèrent travailler avec attention, mais ils prirent soudainement peur lorsque nous commençâmes à examiner et à mesurer soigneusement les os. Ils s'étaient interrogés jusque-là sur l'objet de notre expédition, mais tous leurs doutes se dissipèrent alors. Leur opinion était faite : nous étions venus là pour communiquer avec les esprits des Incas défunts.

Dans l'un des édifices, nous trouvâmes plusieurs plaques d'ardoise sur lesquelles nos devanciers sur ce site avaient gravé leurs noms. Selon ces inscriptions, Choqquequirau avait été visité dès 1834 par un explorateur français, le comte Eugène de Sartiges[14] et deux Péruviens,

José MariaTejada et Marcelino Leon, suivis en 1861 de José Benigno-Samañez (« pro Presidente Castilla[15] »), Juan Manuel Rivas Plata et Mariana Cisneros. Le 4 juillet 1885, enfin, les trois frères Almanzas, Pio Mogrovejo et une équipe d'ouvriers avaient tenté en vain de découvrir le fameux trésor.

Après mon retour à New Haven, j'appris qu'Eugène de Sartiges avait publié sous le pseudonyme « E. De Lavandais » un compte rendu de son expédition dans la livraison de juin 1850 de la *Revue des Deux Mondes*[16]. Son itinéraire, le seul possible à l'époque, avait été particulièrement tortueux. Parti de Mollepata, un village situé près de la plantation de La Estrella, il s'était dirigé vers le nord et avait atteint, par-delà le très haut col qui sépare les monts Salccantay et Soray, la vallée de l'Urubamba, qu'il longea jusqu'à une localité appelée Yuatquinia (Huadquiña). Il passa alors sans le savoir à quelques kilomètres de Machu Picchu, dont l'existence était alors insoupçonnée. Il engagea plusieurs Indiens pour ouvrir un chemin jusqu'à Choqquequirau. Après trois semaines d'efforts surhumains, il estima que l'aménagement d'une piste nécessiterait encore deux mois de travaux. Avec sa petite équipe, il préféra se frayer un chemin à la machette, à flanc de ravins, à travers la jungle. Il atteignit finalement les ruines après cinq jours de marche. Il avait négligé de prendre en compte, dans ses projets d'exploration, le fait que la végétation tropicale avait accompli son œuvre depuis plusieurs siècles, et qu'elle avait fini par recouvrir la totalité des vestiges. Ne pouvant rester sur les lieux que deux ou trois jours, il passa à côté de certaines des plus intéressantes constructions sans les voir. Le grand escalier, notamment, échappa totalement à son attention. Il semble s'être consacré essentiellement à la recherche du trésor. Il avait compté initialement séjourner sur le site une huitaine de jours, mais les ruines se révélèrent si difficiles d'accès et ses réserves de vivres étaient si limitées qu'il dut regagner plus tôt que prévu la vallée, n'ayant vu que les bâtiments de la place inférieure, les terrasses adjacentes et une ou deux tombes. Il estima que la cité avait compté un jour plus de quinze mille habitants — sans être pour autant parvenu à comprendre de quoi ces derniers auraient pu bien vivre en ces lieux si inhospitaliers. Il est vrai que chaque mètre carré de terre arable avait été préservé grâce à la formule des terrasses à cultures. Pas le moindre mètre cube de sol n'avait été perdu. Du maïs et des pommes de terre avaient vraisemblablement été cultivés à Choqquequirau.

Le récit du comte de Sartiges nous permit de mesurer à quel point nous étions redevables aux travaux des chercheurs de trésors de la fin du siècle dernier, grâce auxquels furent mis au jour des bâtiments dont la présence n'aurait autrement jamais été soupçonnée.

Selon toute probabilité, Choqquequirau était une forteresse frontalière destinée à protéger la haute vallée de l'Apurimac — l'une des voies d'accès naturelles vers le Cuzco — contre d'éventuelles attaques des tribus ennemies chancas, ou encore des farouches guerriers Antis de la forêt amazonienne[17].

D'autres forteresses isolées, de moindre importance, ont été répertoriées à plus basse altitude, en aval du fleuve. Elles remplissaient vraisemblablement les mêmes fonctions que Choqquequirau — contenir les incursions des tribus ennemies et signaler l'approche de bandes armées susceptibles de menacer le Cuzco.

Le préfet de l'Apurimac fut très déçu d'apprendre que nous n'avions pas découvert la moindre trace de trésor. Les notables locaux, qui, à l'instigation de Don Nuñez, avaient investi plusieurs milliers de *soles* dans l'entreprise, se consolèrent en pensant que grâce à eux, la capitale du dernier Inca avait enfin été mise au jour. Ils en tirèrent une véritable gloire.

Plusieurs auteurs péruviens, tels Paz Soldan[18] et le grand géographe Raimondi[19], ont affirmé que Choqquequirau n'était autre que la « Vilcabamba » de Manco Inca. Ils fondent leur conviction sur le fait que le père Calancha[20] soutient dans sa chronique que le village de Puquiura se trouve à « deux longues journées de voyage de Vilcabamba ». Raimondi souligne que deux ou trois jours de marche sont effectivement nécessaires pour se rendre de l'actuel Puquiura à Choqquequirau, et que, de ce fait, cette cité peut être identifiée à la dernière capitale inca.

Cette opinion n'était pas partagée par l'historien liménien don Carlos Romero[21], qui m'assura que les chroniques espagnoles contenaient suffisamment d'indices établissant que la dernière capitale inca n'était pas Choqquequirau, et qu'elle devait probablement être recherchée au-delà de la cordillère de Vilcabamba, dans la région où j'avais aperçu des pics enneigés.

A la vérité, ces sommets couronnés de neige immaculée, qui se dressaient dans une région encore inexplorée du Pérou, exerçaient sur moi une extraordinaire fascination. Ils m'invitaient à partir à la découverte de la contrée inconnue dont ils défendaient l'accès — l'une de ces contrées « perdues » et « cachées » qu'évoque l'un des plus fameux poèmes de Rudyard Kipling : « Quelque chose de caché ! Va et trouve-le ! Va et cherche derrière les montagnes — Quelque chose de perdu derrière les Montagnes. Perdu, et qui t'attend. Va ! »[22]

NOTES

1. Cf. *supra* biographie d'Hiram Bingham (préface, note 8).

2. Elihu Root (1845-1937), secrétaire à la Guerre de 1899 à 1904, secrétaire d'État (Affaires étrangères) sous le deuxième mandat du président Th. Roosevelt (1905-1909). Il prit une part active dans l'éviction des Espagnols des Philippines et de Cuba. Prix Nobel de la Paix 1912. Auteur de *Military and Colonial Policy of the United States* (1916).

3. Clarence Leonard Hay (1884-1969), archéologue américain. Il dirigea par la suite plusieurs expéditions au Mexique (ruines mayas de Quintana Roo, Yucatan, avec R. Merwin, pour le compte de l'Université de Harvard, 1911-12 ; fouilles dans la vallée de Mexico, 1914).

4. Aux trois expéditions mentionnées plus loin par Bingham (cf. *infra*, notes 13 et 14) — de Sartiges, 1834 ; Samañez, 1861 ; Almanzas, 1885 — on ajoutera celle du Français Léonce Angrand (1808-1886), en 1847.

Diplomate, voyageur, dessinateur et collectionneur, pionnier des études américanistes en France, Angrand a légué à la Bibliothèque nationale un fonds documentaire très important sur la Bolivie et le Pérou. Indice du regain d'intérêt pour la civilisation inca, plusieurs voyageurs avaient atteint Choqquequirau dès le milieu de 18ᵉ siècle (cf. Cosme Bueno, *Geografia Virreinal siglo XVIII,* 1768, Lima, 1951).

5. Les Indiens des Andes semblent avoir connu un autre type de bronze — un alliage de cuivre et d'arsenic (culture mochica, côte nord, 0-500 ap. J.-C.). Cf. D. Lavallée/ L.G.Lumbreras, *op. cit.,* p. 330.

6. Cf. Chap. 2, note 2.

7 Ephraïm George Squier (1821-1888), explorateur et archéologue américain. Pionnier des études d'anthropologie et d'archéologie précolombiennes. Chargé d'affaires des États-Unis en Amérique centrale (1850-51), il a laissé de nombreux ouvrages sur le Nicaragua et le Honduras (il soumit un projet de percement d'un canal interocéanique à travers ce dernier en 1859). Il voyagea en 1863-65 au Pérou en qualité de commissaire du gouvernement américain (*Peru. Incidents of Travel and Exploration in the Land of the Incas,* 1877 ; trad. espagnole, Lima, 1974). Premier explorateur à avoir étudié scientifiquement la civilisation inca, il jeta les bases des études archéologiques au Pérou et proposa une première chronologie des cultures andines. Ses travaux furent poursuivis par Stübel et Reiss, Max Uhle et Adolph Bandelier.

8. Clements Markham, *Cuzco and Lima,* 1856. Cf. chap. 2, note 4.

9. Lardner Gibbon, *Exploration of the Valley Amazon,* 1854 (avec W. L. Herndon).

10. Terme d'origine polynésienne désignant une étoffe fabriquée à partir de l'écorce interne de certaines plantes (ficus, hibiscus), étoffe qui était ensuite martelée et décorée. Pagnes, draperies, masques sont confectionnés avec ce tissu végétal dans plusieurs archipels océaniens, dont les Fidji.

11. Principale chaîne des monts Appalaches, les « Great Smokies » culminent à 2 038 m avec le mont Mitchell (Caroline du Nord).

12. Site précolombien, à 30 km au sud-est de Lima.

13. Sur la visite de Bingham à Choqquequirau, voir aussi son article, « The Ruins of Choqquequirau », *The American Anthropologist,* 1913.

14. Secrétaire à l'ambassade de France de Rio de Janeiro, le comte E. de Sartiges entreprit en 1834 un périlleux voyage dans les Andes, à la recherche de la capitale des derniers Incas. Après avoir bravé les glaces du cap Horn et les volcans chiliens, il visita les mines du Potosi et les îles du lac Titicaca. Il vécut ensuite chez les sauvages Antis du bas Urubamba et organisa une expédition à Choqquequirau, sur les indications du curé de Curahuasi, un petit bourg du canyon de l'Apurimac. Il fut le premier à identifier ce site à Vilcabamba.

15. Ramon Castilla (1797-1867), président du Pérou de 1845 à 1851 et de 1855 à 1862.

16. Sous le pseudonyme d'« E. de Larandais » (et non « de Lavandais »), Sartiges publia la relation de son voyage dans les livraisons de la *Revue des Deux Mondes* du 15 janvier, 1ᵉʳ mars et 15 juin 1851 (et non 1850). Les trois articles furent ensuite regroupés en volume (*Voyage dans les républiques d'Amérique du Sud,* 1851, B.N. P. Angrand 1258 ; trad. espagnole, Lima, 1947).

17. Occupant les régions actuelles d'Huancavelica, Ayacucho et Apurimac (Pérou central), la confédération des tribus chancas s'engagea au début du 15ᵉ siècle de notre ère dans une série de guerres de conquête. L'Inca Pachacuti (1438-1471) vainquit ses armées près du Cuzco. Les Antis étaient quant à eux riverains du bas Urubamba (cf. chap. 3, note 8).

18. Mariano Felipe Paz Soldán, historien et géographe péruvien (1821-1886). Ministre de la Justice et de l'Instruction publique du Pérou (1869-70 et 1878-79). Auteur de *Geografía del Perú* (1860), *Atlas Geografico del Perú* (1865) et *Diccionario Geográfico-Estadístico del Perú* (1877).

19. Antonio Raimondi, naturaliste et géographe péruvien d'origine italienne, né à Milan en 1828, mort en 1890 près de Pacasmayo. Ayant émigré au Pérou après l'occupation de la Lombardie par les Autrichiens (1849), il enseigna au Museum d'histoire naturelle de Lima la zoologie, la botanique et la chimie analytique (1851-72). Parallèlement, il entreprit l'exploration systématique du territoire péruvien. Il publia notamment des travaux sur le

guano et des monographies sur les provinces de Loreto, Ancash et Cerro de Pasco. Auteur de *Minerales del Perú* (1878, 1939) et *Aguas del Perú* (1882, 1884), il entama à la fin de sa vie la publication d'une véritable somme sur la géographie du Pérou (*El Perú*, 6 vol., 1874-1913).

20. Cf. Chap. 3, note 8.

21. Carlos Romero (1863-1956), historien péruvien. Directeur de la *Revista Histórica* (1905-43) et (avec H.H. Urteaga) de la *Colección de Libros y Documentos referentes a la Historia del Perú* (23 vol., 1916-39) au sein de laquelle il publia notamment les relations de Titu Cusi et Pachacuti Salcamayhua. Principal informateur de Bingham, il dirigea de 1924 à 1943 la Biblioteca Nacional du Pérou.

22. « Something hidden! go and find it! Go and look behind the ranges — Something lost behind the Ranges. Lost and waiting for you. Go! » (« The Explorer », 1898, *Rudyard Kipling's Verse Inclusive Edition, 1885-1926*, Londres, 1928, p. 104).

# 5

## A LA RECHERCHE DE VITCOS

Pendant l'été 1910, alors que je mettais la dernière main à mon récit de voyage *Across South America*[1], un de mes amis, Edward S. Harkness[2], me demanda si je comptais organiser une nouvelle expédition en Amérique du Sud — auquel cas il me suggérait de m'adjoindre un géologue, dont il serait heureux de couvrir une partie des frais. L'idée me séduisit sur-le-champ. On venait précisément de me demander de relire les épreuves de l'étude du professeur Adolph Bandelier[3] sur les îles du lac Titicaca (*The Islands of Titicaca and Koati*). Dans une de ses notes infrapaginales, Bandelier remarquait fortuitement qu'« à son avis », le mont Coropuna — situé dans la cordillère côtière, près d'Arequipa, au Pérou — constituait « selon toute vraisemblance (...) le point culminant du continent américain ». Son altitude, en effet, « dépassait 6 900 mètres », celle de l'Aconcagua, en Argentine, « n'étant que de 6 830 mètres ».

Mon père m'avait initié à l'alpinisme. J'avais à peine cinq ans lorsque j'avais effectué avec lui ma première ascension. Par la suite, nous avions escaladé ensemble plusieurs sommets autour d'Honolulu. De ce fait, je n'ignorais rien des plaisirs et des dangers de ce sport. Ma réaction à la lecture de la note de Bandelier est difficile à décrire dans la mesure où je ne me souvenais pas avoir entendu parler jusque-là du mont Coropuna. De nombreux atlas n'en font même pas mention. Je finis cependant par le trouver sur l'une des cartes à grande échelle de Raimondi, et c'est non sans un certain étonnement que je découvris que le grand explorateur italien lui attribuait une altitude supérieure de huit mètres à celle de l'Aconcagua, pourtant considéré jusqu'alors comme la plus haute montagne de l'hémisphère occidental[4]. Le Coropuna est situé à environ cent cinquante kilomètres au nord d'Arequipa, près du 73e méridien, presque plein sud par rapport à Choqquequirau et aux terres inconnues d'« outre-montagnes », là où gisaient peut-être les ruines de l'ultime capitale de Manco Inca.

Ces considérations me donnèrent l'idée de traverser en ligne droite l'intérieur du Pérou, en suivant le 73e méridien, de l'endroit où l'Urubamba devient navigable jusqu'aux rives du Pacifique, d'explorer le pays à la recherche de vestiges historiques et archéologiques, enfin, de réaliser l'ascension du Coropuna.

Quelques mois plus tard, à l'occasion d'un repas d'anciens élèves de l'Université de Yale, je fus invité à prononcer un discours. J'en vins tout naturellement à évoquer ce qui occupait alors mon esprit. A ma grande surprise, l'un de mes auditeurs, Herbert Scheftel, m'aborda après la fin de mon allocution et m'offrit de financer la participation d'un topographe à mon expédition — que j'étais désormais fermement décidé à entreprendre! D'autres amis proposèrent bientôt de prendre à leur charge les frais d'un naturaliste, d'un médecin et d'un ingénieur familier de la haute montagne. Un étudiant se porta même volontaire pour me servir d'assistant. C'est ainsi que la Yale Peruvian Expedition de 1911 fut mise sur pied. Elle se donna trois objectifs : l'ascension de la plus haute montagne d'Amérique, la collecte d'un grand nombre de données géologiques et zoologiques, et la découverte de la dernière capitale des Incas.

L'expédition devait compter finalement sept membres : outre l'auteur de ces lignes, le professeur Isaiah Bowman (géologue-géographe), le professeur Harry W. Foote (naturaliste)[5], le Dr William G. Erving (médecin), Kai Hendrickson (topographe), H. L. Tucker (ingénieur) et Paul B. Lanius (assistant). A Lima, Señor Carlos Romero me montra les paragraphes de la chronique du père Calancha relatifs à Vitcos.

Dès notre arrivée au Cuzco, j'entrepris d'interroger les planteurs de la vallée de l'Urubamba au sujet des toponymes mentionnés par Calancha. La plupart n'en avaient jamais entendu parler ; mais deux ou trois d'entre eux déclarèrent que des ruines incas se trouvaient effectivement en divers endroits du canyon. Un vieux prospecteur me confia même qu'il existait des ruines très intéressantes à « Machu Picchu », mais les notables locaux ne faisaient pas grand cas de ses affirmations. Les professeurs de l'Université du Cuzco, de leur côté, ignoraient tout des ruines de la vallée. A leurs yeux, Choqquequirau était la dernière capitale inca. Carlos Romero, on l'a vu, ne partageait pas cette opinion, et il plaçait Vitcos — suivant en cela Calancha — « près d'une grande roche blanche surplombant une source d'eau fraîche ».

Nous avions emporté avec nous les planches de la grande carte de Raimondi couvrant la région que nous projetions d'explorer. Cette carte ne signalait aucun site archéologique dans la vallée de l'Urubamba en aval d'Ollantaytambo, ni dans celle du rio Vilcabamba. En 1865, l'explorateur italien — qui consacra sa vie entière à sillonner le Pérou — avait pénétré au cœur de la cordillère de Vilcabamba, sans découvrir la moindre trace de Vitcos. Certes, il localisa une petite ville portant le nom de Vilcabamba, mais, de toute évidence, elle n'était pas d'origine inca : il s'agissait en effet d'un établissement fondé par des chercheurs d'or espagnols. Nous ne devions apprendre qu'après notre retour que l'explorateur français Charles Wiener[6], lors d'un voyage effectué en 1875-77, avait entendu parler des ruines de « Huaina Picchu » et de « Matcho Picchu », mais il n'avait pu les atteindre. Il va sans dire que nous n'avions pas avec nous les mille pages du volume in-folio de la chronique du père Calancha. Nous ne disposions que de quelques notes prises à Lima lors de ma rencontre avec Carlos Romero. Elles concernaient le secteur de Vitcos.

Le dernier refuge militaire des Incas, comme nous devions le découvrir, est situé à environ cent cinquante kilomètres du palais du vice-roi au Cuzco, au cœur de l'un de ces massifs andins que Prescott comparait à d'« inaccessibles citadelles de roc[7] ». On cherchera en vain Vitcos sur les cartes modernes du Pérou, bien que plusieurs cartes anciennes en fassent mention. En 1625, « Vitcos » apparaît sur la carte du Pérou de De Laet[8], mais pour désigner une province montagneuse au nord-est de Lima, située à plus de cinq cents kilomètres au nord-ouest du Vilcabamba! Cette erreur, que l'on trouve également chez Mercator, fut recopiée par les cartographes ultérieurs jusqu'à 1740 environ, date à laquelle « Vitcos » disparaît de toutes les cartes du vice-royaume. Plusieurs générations de cartographes devaient ignorer jusqu'à l'existence de ce toponyme. L'emplacement réel du site fut oublié des hommes pendant près de trois cents années.

En juillet 1911, avec l'aide de Don Cesar Lomellini, un commerçant italien installé depuis longtemps en terre quechua, nous constituâmes un convoi de mules, puis quittâmes le Cuzco et prîmes la route de la vallée de l'Urubamba, sans nous douter un seul instant de ce que l'avenir nous réservait.

Nous discernions dans le lointain les pics encapuchonnés de neige de la cordillère de Vilcabamba, mais nous ne nous attendions pas le moins du monde à l'extraordinaire panorama qui s'offre aux yeux du voyageur lorsqu'il atteint l'extrémité du haut plateau et qu'il découvre à ses pieds l'ancienne « Vallée Sacrée », gigantesque faille taillée dans le massif andin.

*Uru* signifie en quechua « chenille », ou « larve », et *pampa,* « terrain plat ». *Urubamba* est donc le « terrain plat où vivent les chenilles ». Il est peu probable que la rivière ait été baptisée ainsi par les Indiens originaires de régions chaudes, en aval de la vallée, où les insectes abondent. Seuls des hommes non familiers des régions où les chenilles et les larves pullulent pouvaient être frappés par ce détail — vraisemblablement d'anciens occupants des hauts plateaux, qui descendirent dans les contreforts subtropicaux des Andes, où les papillons sont largement répandus.

Hormis ses fameuses chenilles, le canyon de l'Urubamba recèle de véritables jardins de roses, de lis et autres fleurs aux couleurs éclatantes. On y trouve également des vergers de pêchers, poiriers et pommiers. Destinées aux marchés du Cuzco, des fraises gorgées de suc y sont cueillies. Selon toute apparence, les chenilles de l'Urubamba (si elles existent) n'ont qu'un appétit modéré, laissant à l'homme de quoi se nourrir largement... C'est l'eden de Yucay, l'antique « Jardin des Incas », où vécut Sayri Tupac. Il n'est guère étonnant que les membres de la famille royale aient aimé y séjourner.

Notre première étape dans la vallée de l'Urubamba fut la romantique cité d'Ollantaytambo, décrite en des termes mélancoliques par Castelnau[9], Wiener, Marcou[10] et Squier au siècle dernier. Elle n'a rien perdu de son charme, bien que les dessins de Marcou soient imaginaires, et ceux de Squier, exagérés. On y voit, comme près du bourg d'Urubamba, légèrement en amont, des jardins de fleurs et des champs en culture. Des ruisseaux coulent lentement à l'ombre de saules pleureurs et de peupliers. Qu'on lève les yeux, et l'on apercevra, couronnés par des cimes enneigées, les flancs farouches des cordillères. Le village fut jadis la capitale d'une principauté dont l'histoire reste nimbée de mystère. Des pans de murailles, des greniers à grains, des « prisons » (à moins qu'il ne s'agisse de « monastères ») sont accrochés çà et là, au-dessus du village, à des pentes inaccessibles. Un peu plus bas, s'étagent des rangées de terrasses, ultimes témoignages de l'audace et du génie d'une civilisation agraire à jamais disparue.

Juchée sur un mamelon, la forteresse d'Ollantaytambo est entourée de falaises abruptes, de murs cyclopéens et de jardins suspendus qui la rendent très difficile d'accès. Dans un lointain passé, lorsque la tribu qui cultivait les champs de cette vallée vivait dans la terreur de ses voisins — les Indiens sauvages de la Haute-Amazonie — cette éminence constitua très probablement un lieu de refuge idéal. Il est possible qu'elle ait été garnie de fortifications dès cette époque. Lorsque, plusieurs siècles plus tard, la région fut conquise par les Incas (dont l'un des principaux soucis était la mise en valeur des terres), cette « forteresse » devint vraisemblablement un jardin royal. Les six énormes dalles de porphyre rosé, pesant chacune quinze à vingt tonnes, et alignées à la verticale sur une étroite plate-forme au sommet de la colline, proviennent d'une carrière située à plusieurs kilomètres en aval. Par quels prodiges, et au prix de quelles souffrances les Incas ont-ils réussi à charroyer à pareille altitude d'aussi énormes blocs de pierre ? Ces « miroirs du soleil » avaient probablement pour seule fonction de porter témoignage de la munificence d'un prince de l'ère préincaïque. Son nom est peut-être Ollantay, chef militaire des Tampus, anciens seigneurs de la « Vallée Sacrée ».

Avant que ne soit achevée la route qui longe l'Urubamba, au milieu des années 1890, les voyageurs qui, en provenance du Cuzco, voulaient se rendre vers l'aval du canyon avaient le choix entre deux itinéraires. Le premier, qui passe par le col de Panticalla, fut suivi par Wiener en 1875. On peut voir près de ce col deux sites archéologiques. L'un, décrit de façon extravagante par Wiener comme « un palais en granite d'un appareil semblable aux plus belles parties d'Ollantaïtambo »[11], n'est rien d'autre qu'un entrepôt à grains tombé en ruine. L'autre était probablement une auberge, l'un de ces *tampus* destinés aux dignitaires incas en déplacement. L'autre route franchissait la passe qui sépare les sommets englacés des monts Salicantay et Soray (*phot.* 63) ; elle fut emprunté par le comte de Sartiges en 1834 et par Raimondi en 1865. Les deux cols sont plus hauts que le sommet du Pike's Peak, aux États-Unis[12]. Tous deux présentent de grands dangers pendant la saison des pluies, durant laquelle ils sont recouverts d'une épaisse couche de neige et balayés par de violentes bourrasques. Les solitudes montagneuses que traversent ces deux routes étaient encore pratiquement inexplorées en 1911. Personne, du moins, ne s'y était aventuré depuis près de quatre siècles. A l'époque de notre visite, elles n'étaient décrites par aucun manuel géographique ou archéologique relatif au sud du Pérou. Grâce à la nouvelle route, nous pûmes éviter ces hautes passes et descendre directement la vallée de l'Urubamba, demandant à tous les Indiens que nous rencontrions de nous montrer des ruines incas, et notamment un site près duquel se dressait « un grand rocher blanc surplombant une source ».

Au-delà de Salapunco (*sala* — ruines ; *punco* — seuil), la route s'engage dans un véritable défilé, serpentant au pied de gigantesques falaises. Ces dernières constituent les contreforts des colossales montagnes de granite qui rendent la région de Vilcabamba encore plus difficile d'accès que les autres massifs environnants, formés de schistes, de conglomérats et de calcaires. Le goulet situé en aval de Salapunco constituait la porte naturelle de l'ancienne province inca du Vilcabamba, porte rendue infranchissable pendant de nombreux siècles par les efforts conjugués de l'homme et de la nature. L'Urubamba, en se frayant un passage à travers la cordillère granitique, donne naissance à des rapides trop dangereux pour pouvoir être franchis. De la même façon, les à-pic qu'il a modelés ne peuvent être escaladés qu'au prix de grands périls, si tant est qu'ils puissent l'être. En un point de son cours, un sentier semble avoir jadis longé la rivière. Peut-être permettait-il aux Indiens d'atteindre les terrasses alluviales situées en aval du défilé (et encore ceux-ci devaient-ils à plusieurs reprises se plaquer contre la paroi pour ne pas tomber, ou sauter de rocher en rocher en s'aidant de lianes). Un autre chemin passait peut-être au-dessus des falaises qui dominent Salapunco : en effet, on aperçoit en hauteur, sur des corniches inaccessibles, des vestiges de murets de pierres. Ces constructions sont cependant trop étroites et trop irrégulières pour avoir servi de supports à des cultures étagées. Il s'agirait plutôt des fondations d'une ancienne chaussée impériale. Pour contrôler l'accès à ces chemins, les Incas ou leurs prédécesseurs avaient édifié au pied de la muraille granitique, près de la rivière, une petite forteresse sur le modèle de celle de Sacsahuaman, à laquelle elle ressemblait par l'aspect irrégulier de son appareillage (ainsi que par la présence de redans et d'angles rentrants destinés à empêcher d'éventuels assiégeants d'escalader les murs).

Laissant derrière nous Salapunco, nous longeâmes les hautes falaises de granite, sur lesquelles la jungle lançait çà et là ses tentacules, et pénétrâmes dans une région d'une beauté envoûtante. Les versants du canyon étaient parsemés d'anciennes terrasses, dont la longueur et la hauteur ne laissaient pas de nous surprendre. De tous côtés, des ruines s'accrochaient aux cimes. D'étroites et profondes vallées s'ouvraient à droite et à gauche, surplombées par d'imposants *nevados* scintillant dans l'azur.

De l'autre côté de l'Urubamba, à Qquente, près de l'endroit où le rio reçoit les eaux du Pampacahuana, nous aperçûmes au sommet d'un ensemble de terrasses les vestiges d'une importante cité. Estimant qu'il pouvait s'agir de Vitcos, je demandai à Hermann Tucker, notre ingénieur-topographe, de franchir le courant et d'aller examiner les ruines. Il y passa plusieurs jours et parvint à identifier le site : il s'agissait de Patallacta (*pata* — hauteur, terrasse ; *llacta* — cité), une ville inca d'une certaine importance, regroupant plus de cent maisons. On peut s'interroger sur les raisons de son abandon. Au-dessus d'elle, dans une vallée que Tucker visita également, gisaient les ruines de Paucarcancha, Huayllabamba, Incasamana (ou Ccolpa Mocco) et Hoccollopampa, que nous reconnûmes par la suite. Aucun des sites de cette région ne correspondait aux descriptions de Vitcos. Leur histoire, et la destinée des hommes qui y vécurent, ne peuvent qu'être supputées. Leur origine demeure un mystère, bien que la symétrie des bâtiments, leurs particularités architecturales (telles que niches, tenons, anneaux « d'amarrage » et dispositifs de verrouillage) les apparentent aux ruines incas connues. A quelle époque ces villes et villages furent-ils habités ? Qui les fit édifier ? Pourquoi furent-ils désertés ? Nous ne le savons pas encore ; et les Indiens qui vivent alentour ignorent, ou feignent d'ignorer l'histoire de leurs ancêtres. Il est tout à fait possible que cette région ait été entièrement occupée et mise en culture avant que les Incas n'étendent leur domination à la vallée du Cuzco et à d'autres terres arables encore plus faciles d'accès. Il se peut également que les habitants originels, en quête de nouvelles terres, soient progressivement descendus dans les hautes vallées inhospitalières des grands affluents de l'Amazone. D'une certaine manière, ce scénario confirme la thèse qui sera développée plus loin, selon laquelle les premiers habitants du Cuzco furent chassés de leurs terres fertiles par une horde de barbares venus de l'altiplano bolivien, trouvèrent refuge pendant plusieurs siècles dans cette région montagneuse du Haut-Urubamba (où ils finirent par être trop nombreux), et finalement reconquirent la vallée du Cuzco.

Par ailleurs, et dans la mesure où ils semblent dater de la période tardive de l'empire inca, il est probable que ces ensembles architecturaux aient été encore occupés à l'époque de la Conquête et qu'ils aient été abandonnés lorsque le vice-roi Toledo fit exterminer une grande partie de la population andine. En tout état de cause, ces ruines étaient quasi désertes au moment de notre passage.

La chronique du père Calancha contient la relation du massacre massif qui suivit le martyre de frère Diego et la mort de l'ambassadeur du vice-roi. Toledo exerça de terribles représailles à l'encontre des malheureuses populations indiennes.

Près de Torontoy, à la limite de la partie tempérée et cultivée du canyon, nous visitâmes un autre groupe de ruines du plus haut intérêt — peut-être l'ancienne résidence d'un noble inca. Certains des édifices offrent de remarquables exemples de maçonnerie, fruits des travaux de patients artisans.

Torontoy est situé à l'entrée du grand canyon de l'Urubamba, et quel canyon! La route qui suit la rivière épouse le relief tourmenté des berges encombrées de rochers. Ouverte à la dynamite dans les flancs quasi verticaux de la montagne, elle enjambe des crevasses sur de frêles passerelles calées à l'aide de supports de fortune contre la falaise de granite. Au-dessous de la *selva* tropicale, dans les rares endroits où l'entonnoir de la vallée s'élargit, l'espace qui sépare la rivière des parois est aménagé en terrasses et parfois cultivé. Sans nullement nous y attendre, nous avions pénétré dans un véritable pays de merveilles. Nous étions assaillis par les émotions — à en perdre la tête. Notre admiration allait aux efforts herculéens que les hommes des temps anciens avaient dû déployer pour conquérir ces infimes portions de terre sur les rapides bouillonnants. Comment réussirent-ils à construire des murets de soutènement à même le lit du *rio*, dont les eaux ont englouti tant de vies humaines? Sur la berge opposée, dans une jolie courbe de la gorge, près d'une cataracte écumante, un seigneur inca avait fait édifier un temple dont le spectacle constitue un vrai supplice de Tantale pour le voyageur[13]. En effet, bien que situé à un jet de pierre du chemin, ce temple est aujourd'hui totalement inaccessible, aucun gué ne permettant de franchir les rapides. Beaucoup plus haut, toujours sur la rive gauche du canyon, à plusieurs centaines de mètres au-dessus du temple, se dressent les vestiges de Corihuaynachina (*kori* — or; *huayra* — vent; *huayrachina* — aire d'épurage). La tradition indienne veut qu'au temps des Incas on y lavait l'or d'un filon aujourd'hui introuvable. A huit cents mètres au-dessus de nos têtes, sur un autre versant escarpé, un colon avait récemment défriché un très bel ensemble d'anciennes terrasses incas.

Nous parvînmes ensuite à une hutte appelée « La Maquina », où les voyageurs avaient l'habitude de s'arrêter pour la nuit. C'est aujourd'hui le « terminus » de la nouvelle voie ferrée qui part du Cuzco. Le site tire son nom de la présence en ces lieux de plusieurs grandes roues en fer, qui faisaient jadis partie d'une « machine » destinée à une plantation de canne à sucre située en aval, mais qu'elle n'atteignit jamais; elles gisent là, rouillées par l'humidité ambiante et à moitié enfouies sous la végétation.

Comme nous trouvâmes peu de fourrage, et peu de place à proximité de la hutte pour installer notre campement, nous poussâmes plus avant, le long du chemin taillé dans la falaise, haute de six cents mètres en ce point de la vallée. Une partie de la paroi de granite s'était écroulée dans la rivière. En attendant que la route fût refaite, une passerelle de fortune semblant prête à s'effondrer à tout instant avait été construite à la hâte au-dessus des éboulis. Sur la frêle structure de branchages et de rondins avait été jetée une couche de terre et de gravier pour faire croire aux mules qu'elles avançaient sur la terre ferme : douées d'un véritable instinct du danger, ces dernières, en effet, ne s'engageaient sur le fil de la sente qu'après avoir éprouvé chaque fois du sabot la solidité du sol. Il n'est guère étonnant, vu l'extrême difficulté du chemin, que la « machine » soit restée là où elle se trouve.

Le jour tombe très tôt au fond du canyon, dont les versants atteignent en certains endroits deux mille mètres de hauteur. Il faisait presque nuit lorsque nous débouchâmes sur un terrain plat et sablonneux de deux ou trois *acres* qui, en ce pays de hautes montagnes, porte le nom de *pampa* ! Si d'aventure des habitants des *pampas* d'Argentine — où une voie ferrée peut courir en ligne droite sur plus de quatre cents kilomètres — voyaient cette petite plaine alluviale baptisée « Mandor Pampa », ils croiraient avoir affaire à une plaisanterie, ou penseraient que les habitants du lieu se trompent grossièrement dans l'usage d'un mot qu'ils emploient quant à eux pour désigner des espaces illimités, sans le moindre accident de relief. Cependant, pour les anciens occupants de cette vallée, où les surfaces planes sont si rares qu'ils n'eurent d'autre ressource que d'accrocher au-dessus du vide, aux flancs des montagnes, d'improbables terrasses en pierre pour permettre à quelques épis de maïs de croître là où il n'y avait jusque-là que de la rocaille, chaque espace naturel au fond du canyon — aussi restreint fût-il — portait le nom de *pampa*.

L'histoire de notre séjour à Mandor Pampa, de notre rencontre avec son unique occupant, Melchior Arteaga, et de la découverte des ruines que ce dernier nous signala sur les pentes du « Machu Picchu » (le « Vieux Pic ») sera relatée en détail dans le premier chapitre de la troisième partie du présent ouvrage (chapitre 7), qui traite de la mise au jour de la cité perdue. Je me bornerai à dire ici que les ruines qu'il me montra n'étaient situées à proximité d'aucun « grand rocher blanc surplombant une source », et que rien ne pouvait laisser croire qu'il s'agissait de Vitcos, la capitale de Manco II que nous recherchions.

Quelques jours plus tard, nous franchîmes la rivière par le nouveau pont de San Miguel, et continuâmes à descendre la vallée de l'Urubamba, enquêtant sur l'existence d'éventuelles ruines auprès des indigènes, auxquels nous promettions d'importantes récompenses en argent s'ils nous en indiquaient d'intéressantes — et une double prime s'ils nous signalaient un site susceptible de correspondre à la description du Temple du Soleil qui se trouvait, selon le père Calancha, « près de Vitcos ».

Nous nous arrêtâmes le premier soir à l'hospitalière plantation de Huadquiña, qui avait jadis appartenu aux Jésuites. Ces derniers avaient planté les premières cannes à sucre de la vallée et construit un moulin. Après leur expulsion des colonies espagnoles à la fin du dix-huitième siècle, Huadquiña avait été acquis par un colon péruvien. La plantation fut décrite pour la première fois par le comte de Sartiges, qui y séjourna plusieurs semaines en 1834 alors qu'il se rendait à Choqquequirau. Il rapporte que le maître des lieux était « peut-être le seul propriétaire du monde entier qui possédât sur sa terre tous les produits des quatre parties du globe. Dans les différentes régions de ses domaines, il avait les laines, les cuirs, le crin, les pommes de terre, le blé, le maïs, le sucre, le café, le chocolat, la *coca* (...), plusieurs mines de plomb argentifère et des *lavaderos* d'or »[14]. Un véritable domaine princier.

Nos hôtes, la Señora Carmen Vargas et sa famille, lurent avec intérêt la copie que j'avais faite des passages de la chronique du père Calancha relatifs à la dernière capitale inca. Apprenant que nous recherchions désespérément Vitcos, toponyme dont ils n'avaient jamais entendu parler, ils convoquèrent les tenanciers les plus capables de leurs domaines et nous permirent de les interroger. Le mieux informé de tous était un robuste *mestizo,* contremaître de son état, qui déclara que dans la petite vallée de « Ccollumayu », à quelques heures de marche vers l'aval, on pouvait voir d'« importantes ruines » ayant été visitées par certains des Indiens de doña Carmen. Nous fûmes encore plus intrigués lorsqu'il affirma que sur une crête surplombant la vallée du Salccantay se trouvait un endroit appelé Yurak Rumi (*yurak* — blanc ; *rumi* — pierre) où de très intéressants vestiges avaient été découverts par ses ouvriers alors qu'ils coupaient des arbres pour ramasser du bois de chauffe. Cette information retint tout particulièrement notre attention : dans les paragraphes de la chronique de Calancha que j'avais recopiés, on pouvait en effet lire qu'« à proximité de Vitcos » se dressait la « pierre blanche du susdit Temple du Soleil du nom de Yurak Rumi ». Nos hôtes nous assurèrent qu'il s'agissait des ruines que nous recherchions, aucun autre site du nom de « Yurak Rumi » n'étant connu dans la région. Le contremaître, que nous assaillîmes de questions, nous confia qu'il avait visité les ruines une ou deux fois, qu'il avait également remonté la vallée de l'Urubamba et vu les ruines d'Ollantaytambo, et que celles qu'il avait vues à Yurak Rumi étaient « aussi belles que les vestiges d'Ollantaytambo ». Nous avions enfin affaire à un témoignage de première main. Selon toute vraisemblance, nous allions bientôt pouvoir contempler ce fameux rocher devant lequel les derniers Incas célébraient leurs cultes. Le contremaître nous avertit cependant que la sente qui y conduisait était alors impraticable. Une petite équipe d'Indiens, il est vrai, pouvait la rouvrir en moins d'une semaine. Nos hôtes ordonnèrent en conséquence que le chemin de Yurak Rumi fût dégagé dans les plus brefs délais.

De notre côté, nous employâmes les quelques jours d'attente à explorer les ruines de Ccollumayu. A notre grande déception, nous n'y trouvâmes qu'un ensemble de fondations de facture très sommaire.

On nous informa finalement que le sentier menant à Yurak Rumi était prêt. Non sans une certaine appréhension, je me mis en route avec le contremaître pour découvrir ces ruines qu'il venait d'explorer une nouvelle fois et dont il déclarait maintenant qu'elles étaient « encore plus belles que celles d'Ollantaytambo ». Il y avait fort à parier que notre guide, tout à la fierté de sa découverte, avait légèrement exagéré leur importance. J'étais cependant loin de me douter de ce qui nous attendait. Après plusieurs heures passées à débroussailler les vestiges, je découvris que le « Yurak Rumi » en question n'était qu'une simple maison en ruine ! Le site ne présentait aucun intérêt architectural particulier. Les murs étaient faits de pierres brutes assemblées à l'argile. Dépourvu de porte d'entrée, le bâtiment comportait plusieurs petites fenêtres à linteaux de pierre, ainsi qu'une série de trappes de ventilation. Il s'agissait ni plus ni moins d'un magasin à vivres pour voyageurs.

Yurak Rumi se trouve au sommet de la crête qui sépare la vallée du Salccantay et celle d'Huadquiña, probablement sur l'ancienne route qui traversait de part en part la province de Vilcabamba. En tant que tel, le site présente un certain intérêt pour l'archéologue, mais de là à le comparer à Ollantaytambo, comme notre contremaître l'avait fait, il y avait un gouffre ! On avait peine à croire qu'un homme ayant vu les deux sites puisse penser un seul instant que le premier était « aussi beau » que le second. En fait, notre guide n'avait pas l'œil exercé — c'est le moins qu'on pût dire — et l'intérêt qu'il portait aux ruines incas était certainement des plus minces. Il reste que les vestiges d'Ollantaytambo sont si connus et si impressionnants que même le voyageur le moins averti ne peut qu'être frappé par leur beauté. Les indigènes eux-mêmes en sont très fiers.

A l'évidence, nous n'avions pas encore trouvé Vitcos. Après avoir fait nos adieux à Señora Carmen, nous franchîmes l'Urubamba par le pont de Colpani, et, laissant à notre droite le rio Lucumayo et la route de Panticalla, descendîmes la vallée jusqu'au hameau de Chauillay, près duquel le rio Vilcabamba se jette dans l'Urubamba. Les deux rivières sont endiguées en ce point de leur cours entre des parois abruptes, leurs eaux furieuses dévalant vers le bas de la vallée dans un grondement infernal. Près de Chauillay, un pont permet de franchir l'Urubamba. Les indigènes lui ont donné le nom de Chuquichaca. Un ouvrage de fer et d'acier a remplacé l'ancien pont suspendu inca en fibres végétales torsadées, avec son étroite passerelle clayonnée et soutenue par un treillis de lianes. C'est là qu'en 1572 l'armée du vice-roi Francisco de Toledo, placée sous le commandement du capitaine Garcia, affronta les forces du jeune Inca Tupac Amaru assurant la défense de Vitcos.

Nous atteignîmes finalement le bourg de Santa Ana et ses plantations de coca et de canne à sucre (une ancienne mission jésuite). C'est à cet endroit que l'Urubamba devient navigable en pirogue. Deux cents Indiens y sont employés pour cultiver la canne, préparer l'*aguardiente* (eau-de-vie, ou « eau de feu ») et cueillir la coca dont les feuilles, une fois séchées, sont vendues sur les marchés de la *sierra*.

Nous fûmes chaleureusement accueillis par Don Pedro Duque qui mit un point d'honneur à nous fournir le plus grand nombre possible d'informations sur la région quasi inexplorée dans laquelle nous comptions nous aventurer. Né en Colombie, mais vivant depuis longtemps au Pérou, Don Pedro était un gentilhomme de la vieille école, passionné non seulement par l'administration et la bonne gestion de son domaine, mais également par les mouvements intellectuels dont le reste du monde était le siège. Il se plongea avec enthousiasme dans le problème historico-géographique dont nous cherchions la clé. Le nom de Vitcos était nouveau pour lui, mais après avoir lu avec nous nos extraits des chroniques espagnoles, il eut la certitude qu'il pouvait nous aider à découvrir le site. Et c'est ce qu'il fit. Santa Ana est situé à moins de treize degrés de latitude au sud de l'équateur, à une altitude à peine supérieure à six cents mètres. Les nuits d'hiver y sont fraîches, mais il y fait très chaud en milieu de journée — une chaleur de nature à décourager toute activité. Malgré tout, notre hôte déploya pour nous des trésors d'énergie. En particulier, il organisa à sa résidence une série de réunions avec les habitants de la région les mieux informés.

De Vitcos, comme de la plupart des autres lieux mentionnés dans les chroniques, aucun des amis de Don Pedro n'avait entendu parler. Nous commencions à perdre courage lorsqu'un jour, par le plus grand des hasards, arriva à Santa Ana une autre connaissance de Don Pedro Duque, le *Teniente Gobernador* (gouverneur-adjoint) du village de Lucma, dans la vallée de Vilcabamba — un vieil homme bourru du nom d'Evaristo Mogrovejo. Son frère, Pio Mogrovejo, avait fait partie de l'équipe de chercheurs de trésors qui avait visité Choqquequirau en 1884. S'il concevait fort bien qu'on pût se consacrer à la recherche de trésors, le nouveau venu, en revanche, ne comprenait pas pourquoi nous tenions absolument à découvrir les vestiges des différentes localités mentionnées par le père Calancha. Si d'aventure nous l'avions rencontré à Lucma, il nous aurait certainement considérés avec suspicion et n'aurait rien fait pour faciliter nos investigations. Heureusement pour nous, son supérieur administratif était le sous-préfet de la province, qui résidait près de Santa Ana et était un ami de Don Pedro. Chargé par le préfet du Cuzco de nous aider dans notre entreprise, le sous-préfet avait ordonné personnellement à Mogrovejo de veiller à ce que nous soient données toutes facilités pour découvrir les ruines et identifier les lieux présentant quelque intérêt historique.

Nous commençâmes par remonter la vallée du rio Vilcabamba, sous la conduite du *Teniente Gobernador*. Pour autant que nous le sachions, un seul explorateur nous avait précédés en ces lieux — le grand géographe péruvien d'origine italienne Raimondi. Sa carte de la région de Vilcabamba est d'une grande précision. Il signale en plusieurs endroits d'anciennes mines ; mais, à l'exception d'un « *tampu* abandonné » à Maracnyoc (« l'endroit qui possède une meule »), il ne mentionne aucun site archéologique. Partant, même si les chroniques de Baltazar de Ocampo[15] et d'autres contemporains du capitaine Garcia nous donnaient de bonnes raisons de croire qu'il s'agissait bien de la vallée de Vitcos, c'est avec un sentiment de grande incertitude que nous poursuivîmes nos recherches.

Une nouvelle route avait récemment été ouverte le long de la rivière par le propriétaire de la plantation de canne à sucre de Paltaybamba pour permettre à ses animaux de bât de transporter leurs chargements plus rapidement. Sur une bonne partie de son tracé, elle avait dû être creusée dans la falaise de granite. De place en place, de courts tunnels avaient même été forés dans le roc à la dynamite. Mon *gendarme* manqua cette route et emprunta l'ancienne sente abrupte qui surplombe le précipice. Comme l'écrit Ocampo dans sa relation de l'expédition du capitaine Garcia, « le chemin qui nous mena en haut de la montagne était étroit : il était bordé par la forêt sur la droite, et, sur la gauche, par un ravin de grande profondeur ». Nous atteignîmes Paltaybamba au coucher du soleil.

Nous eûmes le soir même une longue conversation avec le directeur de la plantation et ses amis. Ils ne connaissaient pratiquement aucune ruine dans le secteur, mais ils nous répétèrent l'une des légendes que nous avions entendues à Santa Ana, selon laquelle une « cité inca » se trouvait quelque part dans les grandes forêts de la *montaña*. Aucun d'entre eux ne s'y était jamais rendu ; mais, s'ils disaient juste, il pouvait fort bien s'agir de l'endroit où l'Inca Titu Cusi fit don à Rodriguez de Figueroa d'un ara et d'une corbeille de cacahuètes. C'est dans ces « forêts », également, que le jeune Tupac Amaru aurait fui après avoir été surpris par la soldatesque du vice-roi Toledo.

La vallée de Vilcabamba devient très spectaculaire au-delà de Paltaybamba. De hautes montagnes tapissées d'une épaisse végétation surplombent la rivière. Le manteau vert sombre de la jungle forme un total contraste avec les champs verdoyants de canne à sucre ondulant sous le vent. La vallée est profondément encaissée, la route effroyablement tortueuse, et le rio Vilcabamba — un simple torrent — gronde bruyamment, même en juillet. Nous avons peine à imaginer ce que cela doit être pendant la saison des pluies.

Nous nous arrêtâmes ensuite à Lucma, dont, on l'a vu, Evaristo Mogrovejo était le *Teniente Gobernador*. Nous lui proposâmes une *gratificación* (récompense) d'un *sol* (un dollar d'argent péruvien) pour chaque site archéologique auquel il nous conduirait — et de doubler la somme lorsque les ruines se révéleraient particulièrement intéressantes. Ce « marché » piqua son sens des affaires. Il convoqua illico ses *alcaldes*[16] et autres Indiens connaissant bien la région et leur demanda de répondre à nos questions. Nos interlocuteurs nous répondirent que « de nombreuses ruines » se trouvaient dans les environs ! N'étant pas homme à poursuivre des chimères, Mogrovejo n'avait jusque-là jamais prêté la moindre attention aux vestiges précolombiens. Il entrevoyait désormais l'occasion non seulement de gagner de l'argent grâce aux ruines, mais également de s'attirer les faveurs des hautes autorités en exécutant avec un zèle tout particulier les ordres de son supérieur le sous-préfet. Abandonnant tous ses doutes, il se mit en quatre pour nous contenter.

Dès le lendemain, il nous conduisit au sommet de la crête qui domine Lucma. Cette crête sépare le haut pays de Vilcabamba des « basses terres ». De tous côtés, des montagnes nous surplombaient de plusieurs milliers de mètres. Par endroits, elles étaient recouvertes par la forêt, surtout au-dessus de la ligne des nuages, où l'humidité chronique favorise la végétation. Sur les pentes les moins escarpées, de récents défrichements dénotaient une certaine activité de la part des habitants actuels de la vallée. Après une heure d'ascension, nous atteignîmes des ruines d'édifices incas, sur une terrasse artificielle qui commandait une magnifique vue tant vers le bas de la vallée (du côté de Paltaybamba et du pont de Chuquichaca) que dans la direction opposée. Les chroniqueurs contemporains de l'expédition du capitaine Garcia parlent d'un certain nombre de « forteresses » qui durent être réduites avant la capture finale de Tupac Amaru. Il s'agissait peut-être de l'une d'elles. Sa position stratégique et la facilité avec laquelle elle pouvait être défendue faisaient pencher en faveur d'une telle interprétation. En revanche, ce site ne correspondait pas à la description de Vitcos, ni à celle du « Temple du Soleil » situé près d'« une roche blanche surplombant une source ». Il a pour nom *Incahuaracana,* « le lieu d'où l'Inca tire avec une fronde ». Nous aurions bien aimé savoir de quel Inca il s'agissait.

Nous repartîmes de Lucma le lendemain, franchîmes à gué le rio Vilcabamba et aperçûmes bientôt dans le lointain, tout en haut de la vallée, une colline arasée, aux flancs rocailleux et abrupts, haute d'environ trois cents mètres. Son sommet était en partie recouvert d'arbres et de broussailles. Nous apprîmes que les indigènes lui donnaient le nom de « Rosaspata », un mot hybride d'origine récente — *pata* signifiant en quechua « colline », et *rosas,* « roses », en espagnol. Mogrovejo nous rapporta que ses Indiens lui avaient déclaré que « d'autres ruines se trouvaient sur la Colline aux Roses ». Nous nous prîmes à espérer qu'ils disaient vrai, d'autant plus que nous apprîmes bientôt que le village situé au pied de la colline, sur l'autre berge de la rivière, s'appelait Puquiura.

Lorsque Raimondi passa par là en 1865, Puquiura n'était qu'un « misérable hameau regroupé autour d'une chapelle délabrée ». Aujourd'hui, le village semble plus prospère. Il comporte une école, à laquelle se rendent des enfants venant de villages éloignés de plusieurs dizaines de kilomètres. Je doute que son instituteur ait jamais su que Puquiura avait été jadis le site de la première école de toute la région. C'est pourtant dans un village appelé « Puquiura » que frère Marcos créa sa mission en 1566. S'il s'agissait du même Puquiura, alors nous touchions au but, car lui-même et frère Diego conduisirent une procession de convertis de Puquiura au « Temple du Soleil » situé « à proximité de Vitcos ».

Après avoir franchi le rio Vilcabamba par une passerelle au cours de l'après-midi, nous tombâmes immédiatement sur les ruines de Marocnyoc signalées par Raimondi sur sa carte, mais nous eûmes tôt fait de nous rendre compte qu'elles ne dataient pas de l'époque inca. Nous avions apparemment affaire aux vestiges d'un moulin à broyer les métaux espagnol ayant probablement servi au concassage de grandes quantités de quartz aurifère au lendemain de la conquête. Peut-être s'agissait-il du minerai mentionné par le capitaine Baltazar de Ocampo, qui visita Puquiura peu après la mort du dernier Inca. Il écrit que les résidences et les terres de ce dernier se trouvaient « dans le district minier de Puquiura, près du concasseur de Don Cristoval Albornoz ».[16]

Guidés par Mogrovejo, nous franchîmes sur un pont de lianes le rio Tincochaca (qui se jette dans le Vilcabamba en amont des ruines précitées) et atteignîmes un vieil édifice en ruine au sud de la colline de Rosaspata. Les Indiens appelaient ce site « Uncapampa » — la « pampa de l'Inca ». Il s'agissait, selon toute probabilité, de l'un des forts pris d'assaut par le capitaine Garcia et ses hommes en 1571.

Ocampo écrit : « La forteresse de Pitcos se dressait sur une très haute montagne d'où l'on pouvait embrasser du regard une grande partie de la province de Vilcapampa. » Garcia, de son côté, indique que le fort principal se trouvait « sur une haute éminence entourée de chaos rocheux et de broussailles, très difficultueuse à escalader et quasi imprenable ».

Quittant Uncapampa et suivant toujours mes guides, je grimpai sur la « Colline aux Roses » par son versant ouest. Il s'agit bien d'une « haute éminence entourée de chaos rocheux ». Le flanc le plus facile d'accès est protégé par une longue muraille construite avec un tel soin que d'éventuels assaillants n'auraient pu y trouver le moindre point d'appui.

Laissant derrière moi divers groupes de ruines enfouis sous la végétation et ne semblant pas présenter d'intérêt architectural particulier, je débouchai bientôt sur une belle *pampa* près du sommet de la colline. La vue offerte depuis ce terre-plein commande effectivement « une grande partie de la province de Vilcapampa ». De quelque côté que l'on se tourne, le regard se perd dans le lointain : au nord et au sud, se dressent de hauts pics enneigés, tandis qu'à l'ouest et à l'est de profondes vallées couvertes de végétation entaillent le paysage.

Un ensemble de ruines en partie enclos couronne l'éminence. Il regroupe treize ou quatorze édifices disposés grossièrement en carré, avec un patio central et de petites cours intérieures. Ses dimensions extérieures sont d'environ cinquante mètres sur quarante. On y retrouve la « patte » des architectes incas et leur sens inné de la symétrie. En quête de trésors (ou de pierres de construction), des indigènes ont malheureusement détruit un grand nombre de bâtiments. Les murs ont été à ce point démantelés qu'il est impossible de déterminer les dimensions des anciens édifices. Pour un seul d'entre eux, nous pûmes constater qu'il comportait des niches.

Ocampo écrit à propos de « Pitcos » : « Sur une grande esplanade se dresse un majestueux édifice construit avec art. Tous les linteaux de portes (des principales comme des ordinaires) sont sculptés dans un marbre finement travaillé. »

La structure la plus intéressante est celle qui, précisément, retint l'attention d'Ocampo et demeura gravée dans sa mémoire. Il reste suffisamment de vestiges de cet édifice pour qu'on puisse se faire une idée de sa splendeur passée. Il s'agit de toute évidence d'une résidence destinée à l'Inca ou aux membres de sa famille lorsqu'ils durent fuir le Cuzco. Le bâtiment mesure soixante-treize mètres de long sur treize de large. Il est dépourvu de fenêtres, mais il était éclairé par trente portes ou baies, quinze sur la façade de devant et le même nombre sur celle de derrière. Il comporte dix grandes pièces, sans compter trois grands vestibules qui traversent l'édifice de part en part. Si les murs ne présentent pas, dans l'ensemble, un grand intérêt architectural, les entrées principales (celles qui donnent accès aux trois vestibules) sont de très belle venue. Certes, elles ne sont pas en « marbre », comme le soutient Ocampo (on ne trouve pas de marbre dans cette région), mais en granite blanc finement équarri. Les linteaux des autres portes sont également en granite blanc, le plus grand d'entre eux atteignant deux mètres cinquante de long. Ces portes sont à mon sens les plus belles de la vallée de Vilcabamba, ce qui corrobore la description qu'en a faite Ocampo (le chroniqueur vivait dans la région et avait eu le temps de les étudier de près — bien qu'elles ne soient pas « sculptées » dans le sens que nous donnons aujourd'hui à ce mot). Une infime partie de l'édifice est encore debout. La plupart des portes de derrière ont été obturées à l'aide de moellons, de façon à former une façade continue.

Nous avions enfin découvert un site qui correspondait pratiquement en tous points à la description de la « forteresse de Pitcos » laissée par Ocampo.

Dans son récit de la vie et de la mort de son père, Titu Cusi, l'avant-dernier Inca, ne précise pas l'emplacement exact de Vitcos et ne donne aucune description de la cité. Le père Calancha, on le répète, rapporte pour sa part que « près de Vitcos, dans un village appelé Chuquipalpa, se trouvent un Temple du Soleil et, à l'intérieur de l'édifice, une pierre blanche surplombant une source d'eau ».

Ce soir-là, nous nous arrêtâmes à Tincochaca, dans la cahute d'un ami indien de Mogrovejo. Comme à l'accoutumée, nous menâmes notre enquête. On imaginera aisément notre joie lorsqu'en réponse à notre sempiternelle question, notre hôte répondit « oui ». Oui, « dans une vallée voisine », il y avait « un grand rocher blanc surplombant une source d'eau ». Si ce que l'Indien disait était vrai, nos recherches allaient enfin aboutir.

Le lendemain, je suivis Mogrovejo — qui mourait d'impatience, non pas d'étudier des vieilles pierres, mais de gagner des *soles* en récompense de leur découverte — et fis l'ascension des hauteurs sur le versant nord-est de la vallée de « *Los Andenes* » (« Les Terrasses »). Là, sans l'ombre d'un doute, se dressait un grand rocher de granite blanc, aplati à son sommet et flanqué au nord d'une sorte de plate-forme ou de siège taillé dans la pierre. Au pied de sa face regardant vers l'ouest, on pouvait distinguer l'entrée d'une grotte dans laquelle avaient été aménagées plusieurs niches. Cette grotte — qui jadis avait été murée — avait probablement servi de mausolée pour des momies incas.

Quand Mogrovejo et le guide indien déclarèrent qu'un *manantial de agua* (« source d'eau ») se trouvait à proximité, mon excitation monta encore d'un cran. Après examen, cependant, ladite source se révéla n'être qu'une ancienne rigole d'irrigation (le terme *manantial* signifie également « eau vive »). Le rocher, en tout état de cause, ne surplombait aucune « source ». Il s'agissait sans aucun doute de l'un de ces innombrables *huacas,* ou pierres sacrées[17], considérées par les Indiens comme les représentations visibles des fondateurs d'une tribu et constituant par là-même l'un des éléments essentiels de leur culte des ancêtres. Mais ce n'était toujours pas le « Yurak Rumi » que nous cherchions.

Nous tressaillîmes en apprenant que le nom actuel de ce site était Chuquipalta. Laissant derrière nous le *huaca* et les vestiges d'un petit édifice (probablement la maison du prêtre chargé de veiller sur le lieu sacré), nous suivîmes la petite rigole et longeâmes un magnifique étagement de terrasses, les premières que nous voyions depuis long-temps et les plus importantes de toute la vallée. Les *andenes* sont si rares dans cette région, et ceux-ci, en particulier, sont si remar-quables, qu'ils ont donné leur nom à l'ensemble du val. Ils avaient probablement été construits à l'initiative d'un Inca pour la culture du maïs et des pommes de terre destinées à la famille impériale. A proximité, se dressaient un certain nombre d'autres *huacas* — des pierres sculptées. L'un d'eux servait de support à un cadran solaire, ou *intihuatana ;* un autre était taillé en forme de selle de cheval.

Poursuivant notre chemin, nous longeâmes un petit ru à travers d'épais sous-bois pour déboucher soudain sur un site découvert appelé Ñusta Isppaña. Juste en face de nous se dressait un énorme rocher blanc. Nos guides ne nous avaient pas trompés. A demi recouvertes par la forêt, les ruines d'un temple inca cernaient le gigantesque bloc de granite, dont l'une des faces surplombait une mare d'eau alimentée par une source.

La mare, qui ne reflétait aucun rayon de soleil (le roc la dominait de toute sa masse), semblait noire et menaçante, même aux yeux de Yankees peu superstitieux. On comprend facilement que des Indiens idolâtres aient pu croire — en ce lieu perdu — qu'ils voyaient réellement dans l'eau la « manifestation visible » du démon. Les Indiens, rapporte le père Calancha, venaient des villages les plus reculés de la montagne et de la *selva* pour y célébrer leurs cultes et y accomplir des sacrifices.

C'est en cette fin d'après-midi du 9 août 1911 que je découvris ce sanctuaire, enserré de toutes parts par la forêt et les montagnes. Il n'y

146

avait pas une hutte à la ronde, à peine pouvait-on entendre un bruit... C'était là un site idéal pour pratiquer les cérémonies occultes d'une antique religion. De par leur aspect insolite, le grand rocher blanc et la mare d'eau noire qui dormait dans les ténèbres de son ombre constituaient depuis des temps immémoriaux un lieu sacré. Il s'agissait, toujours selon Calancha, du « principal *mochadero*[18] de ces montagnes recouvertes de forêts ». Il est encore vénéré aujourd'hui par les Indiens de la région. Nous avions enfin découvert le lieu où, à l'époque de Titu Cusi, les prêtres incas, faisant face au levant, saluaient le soleil naissant, « tendaient leurs mains vers lui » et lui « adressaient des baisers ». Là, se déroulait « une cérémonie empreinte de la plus profonde piété et du plus profond recueillement ». On peut imaginer les prêtres, parés de leurs plus resplendissants habits rituels, juchés au-dessus du vide au sommet du rocher, leur visage éclairé par la lueur rosée de l'aurore, attendant l'instant où la Divinité suprême apparaîtrait au-dessus des montagnes du levant pour recevoir leurs incantations. Au moment où son orbe s'élevait dans le ciel, on peut les imaginer le saluant et s'exclamant : « Ô Soleil ! Toi qui es en paix et en sécurité, baigne-nous de tes rayons, garde-nous de la maladie et comble-nous de tes bienfaits. Ô Soleil ! Toi qui as dit : « Que Cuzco et Tampu soient ! » permets que tes fils étendent leur domination à toutes les autres tribus. Fais que tes fils soient toujours conquérants, puisque c'est pour cela que tu les as créés. » Telle était, selon les rares sources dont on dispose sur les cultes incas, l'invocation des prêtres au Soleil.

En confrontant les chroniques de l'époque aux vestiges qui s'offraient à nos yeux, nous avions désormais la quasi-certitude d'avoir localisé l'une des capitales de Manco et la résidence qu'avaient visitée missionnaires et émissaires espagnols. C'est là également qu'avaient trouvé refuge, au lendemain de l'assassinat de Pizarre, un groupe de partisans d'Almagro fuyant les séides du conquistador et qui devaient un peu plus tard tuer Manco. Situé trop près de Puquiura pour être la « principale cité » des derniers Incas, « Vilcapampa », le site pouvait être identifié sans conteste possible à Vitcos.

Nous retournâmes ensuite à la « Colline aux Roses » pour y poursuivre nos investigations et y pratiquer quelques fouilles.

Sur le flanc sud de la colline, à l'opposé du palais aux trente portes, se dressaient les ruines d'un bâtiment isolé, à la maçonnerie assez grossière, mesurant vingt-trois mètres de long sur sept mètres cinquante de large et comportant plusieurs portes (mais dépourvu de niches). Il pouvait s'agir d'un ancien cantonnement destiné aux guerriers de Manco, mais l'absence de niches m'incita à penser que ce bâtiment avait été construit sur l'ordre du dernier Inca à l'intention des soldats espagnols qui avaient fui le Cuzco et avaient trouvé refuge chez lui. Ma conviction se fondait également sur le fait que ce bâtiment était séparé du palais par une *pampa* (esplanade) pouvant avoir été le théâtre des jeux de boules ou de palets auxquels s'adonnaient les réfugiés espagnols. C'est peut-être en ce lieu que se déroula cette partie fatale au cours de laquelle l'un des joueurs se serait emporté et aurait poignardé Manco.

Nous mîmes au jour au cours de nos fouilles un grand nombre de tessons de poteries utilitaires, quelques fusaïoles en pierre et des épingles à châle en bronze, ainsi qu'une grande quantité d'objets en fer d'origine européenne : des clous de fers à cheval rongés par la rouille, une boucle de ceinturon, des ornements de selles et de mors, une paire de ciseaux et trois guimbardes. Ma première pensée fut que des colons péruviens avaient pu occuper ce site dans un passé relativement récent ; mais l'absence de toute source d'eau au sommet de la colline rend peu vraisemblable cette hypothèse. De plus, la présence en cet endroit d'objets européens n'incline pas nécessairement à une telle conclusion. En premier lieu, nous savons que Manco dirigea depuis son repère de nombreux raids de harcèlement contre les Espagnols voyageant entre Lima et le Cuzco. Il peut fort bien avoir ramené avec lui un mors européen. En second lieu, aussi bien les ornements de selle que les instruments de musique peuvent très bien avoir appartenu aux réfugiés, qui désirèrent peut-être tuer le temps et agrémenter leur exil en jouant des airs mélancoliques. En troisième lieu, les serviteurs de l'Inca fréquentèrent probablement le marché espagnol du Cuzco, où l'on pouvait très certainement se procurer toutes sortes d'objets et de denrées importés d'Europe. Enfin, Rodriguez de Figueroa parle expressément de « deux paires de ciseaux » qu'il offrit à Titu Cusi. Le fait qu'aucun ensemble d'objets européens de cette importance n'ait été retrouvé sur les autres sites archéologiques notables du Vilcabamba semblerait indiquer que ces derniers furent abandonnés avant la conquête espagnole, ou qu'ils étaient occupés par des indigènes qui ne pouvaient se permettre d'accumuler de tels trésors.

Au cours de nos expéditions dans cette région, nous ne devions découvrir aucun autre « rocher blanc surplombant une source » et entouré par les ruines d'un éventuel « Temple du Soleil ». En conséquence, on peut raisonnablement adopter les conclusions suivantes : Ñusta Isppaña n'est autre que le « Yurak Rumi » du père Calancha. La Chuquipalta d'aujourd'hui est le lieu mentionné par le chroniqueur espagnol sous le nom de « Chuquipalpa ». C'est le « Viticos » de Cieza de León, conquistador et chroniqueur de la conquête[19], contemporain de Manco, qui rapporte que l'Inca décida de se replier dans la province du même nom lorsqu'il se rebella contre Pizarre : « Ayant atteint Viticos avec une grande quantité de richesses provenant des diverses parties de l'empire, ainsi, qu'avec ses femmes et sa suite, le roi, Manco Inca, se retrancha dans la plus puissante place qu'il put trouver, place d'où il devait lancer maintes attaques dans maintes directions et semer le trouble dans les régions qui étaient calmes, pour causer tout le mal qu'il pouvait aux Espagnols, qu'il tenait pour de cruels ennemis. »

La « plus puissante place » de Cieza de León, la « Guaynapucara » de Garcia de Loyola, porte aujourd'hui le nom de Rosaspata. Ocampo parle pour sa part de la « forteresse de Pitcos », où, dit-il, « se trouvait une grande esplanade entourée de somptueux édifices » dont la caractéristique la plus remarquable était de comporter « deux sortes de portes », toutes à linteaux de pierre blanche. Enfin, le village moderne de Pucyura, dans la vallée du rio Vilcabamba, est bien le Puquiura du père Calancha, site de la première mission fondée dans cette région, comme l'avait pressenti Raimondi. Le fait que le « Temple du Soleil » de Ñusta Isppaña soit suffisamment proche de la forteresse pour qu'aient pu avoir lieu des processions religieuses entre les deux édifices va également dans le sens de nos conclusions.

Notre identification des localités mentionnées par Calancha et les autres chroniqueurs espagnols est désormais admise par les archéologues et les historiens péruviens. Rosaspata est la dénomination actuelle de la capitale politique et militaire des quatre derniers Incas, capitale qui apparaît dans les chroniques sous les noms de Vitcos, Pitcos, Viticos, ou encore, Uiticos.[20]

NOTES

1. *Across South America, an Account of a Journey from Buenos Aires to Lima by way of Potosi,* Boston/New York, 1911, 405 p.

2. Edward Stephen A. Harkness (1874-1940), philanthrope et mécène américain, collectionneur d'antiquités péruviennes. Fils d'un des associés de Rockefeller, il possédait l'une des plus grosses fortunes des États-Unis. Il fut l'un des principaux donateurs des Universités de Yale et de Harvard au début du 20e siècle.

3. Adolph Francis Alphonse Bandelier (1840-1914), explorateur et archéologue américain d'origine helvétique. Né dans une famille suisse qui émigra aux États-Unis en 1848, il visita les anciens *pueblos* des Indiens du Nouveau Mexique et d'Arizona (1880-1889), et dirigea plusieurs expéditions en Amérique centrale (1881), au Mexique (1883-84) et dans les Andes (Pérou et Bolivie, 1892-1903). Auteur de *An Archeological Tour into Mexico* (1885), *On the Relative Antiquity of Ancient Peruvian Burials* (1904) et *The Islands of Titicaca and Koati, Peru* (1910).

4. Le mont Coropuna culmine à 6 615 m, et l'Aconcagua à 7 021 m.

5. Harry Ward Foote (1875-1942), professeur de chimie à l'Université de Yale de 1912 à 1942. — Isaiah Bowman (1878-1950), professeur de géographie à l'Université de Yale de 1909 à 1915, directeur de l'American Geographical Society (1915-35), président de la John Hopkins University (1935-49). Auteur de *South America* (1915), *The Andes of Southern Peru* (1916) et *The New World: Problems in Political Geography* (1921).

6. Charles Wiener (1851-1913), archéologue, ethnologue et voyageur français. Auteur d'un *Essai sur les institutions politiques, religieuses et sociales de l'empire des Incas* (1874). Chargé d'une mission archéologique et ethnographique par le ministère de l'Instruction publique (et nommé simultanément consul à Guayaquil), il visita de 1875 à 1877 la Cordillère andine, de l'Équateur au Chili, à la recherche de voies de communication entre l'Amazonie et le Pacifique. Son expédition de 33 mois lui permit de compléter la carte hydrographique du bassin supérieur de l'Amazone (il découvrit de nombreux cours d'eau). Après avoir exploré les Andes centrales (Cerro de Pasco, Jauja, Ayacucho, le Cuzco), il descendit la vallée de l'Urubamba jusqu'au territoire des Indiens Campas, étudiant en chemin les sites archéologiques de Pisac et d'Ollantaytambo (les ruines de Machu Picchu lui furent signalées, mais il ne tenta pas de les atteindre). Après avoir exploré la région du lac Titicaca et les Andes boliviennes, il rentra en France avec 4 000 pièces ethnographiques et archéologiques et des glossaires des langues quechua, aymara et campa (*Pérou, Bolivie (1876-1877), récit de voyage,*

1880). Nommé en 1878 secrétaire de la Commission supérieure d'ethnographie du ministère de l'Instruction publique, il siégea au Congrès international d'étude du Canal interocéanique (1879), avant de représenter les intérêts français au Chili de 1887 à 1891 (*Chili et Chiliens*, 1888). Cf. J.-G. Kirchheimer, *Voyageurs francophones en Amérique hispanique au 19ᵉ siècle*, 1987, p. 127.

Hormis un acte notarial de 1782 faisant état de la vente de « terres (sans instruments, bêtes ni maisons) nommées Quenti (…), Picchu, Machu Picchu et Guayna Picchu » (Cf. J. U. Garcia, « Machu Picchu », in *Cuaderno Americano*, nᵒ 4, Mexico, 1961 ; S. Waisbard, *La Cité perdue des Incas*, p. 162), la première mention écrite du site de Machu Picchu figure dans la relation de voyage de Wiener : « On me parla à Ollantaytambo des vestiges anciens qui existaient sur le flanc est de la Cordillère, et dont je connaissais de nom les principaux, Vilcabamba et Choquequirao. Ce dernier groupe de ruines, je l'avais vu sur le bord de l'Apurimac, en face de la terrasse de Incahuasy. On me parlait d'autres villes encore, de Huaina-Picchu et de Matcho-Picchu, et je résolus de faire une dernière excursion vers l'Est, avant de continuer ma route vers le Sud. » Wiener ajoute en note, à propos de Huaina-Picchu : « Nous croyons devoir rappeler ici la seule note bibliographique qui peut se rapporter à cet endroit (*El brillante porvenir del Cuzco*, por el fray Julian Bovo de Revello, Cuzco, 1848, p. 26). Seulement Huaina-Picchu y paraît sous le nom de Huaina-Pata, ce qui n'est guère étonnant, *pata* voulant dire *colline* » (*Pérou, Bolivie*, p. 345).

7. « Remote fastnesses » (*The Conquest of Peru*, 1847).

8. Jean de Laet (1593-1649), géographe et naturaliste flamand. Auteur de *Le Nouveau Monde ou Description des Indes Occidentales* (1625, trad. fr. 1640).

9. Francis de la Porte, dit comte de Castelnau (1812-1880), naturaliste et voyageur français. Il effectua en 1843-47, avec l'appui financier de la famille d'Orléans, un grand voyage d'exploration scientifique en Amérique du Sud, de Rio de Janeiro aux Guyanes via la Bolivie et le Pérou (*Expédition dans les parties centrales de l'Amérique du Sud*, 14 vol., 1850-59).

10. Jules Marcou (1824-1898), géologue américain d'origine française, membre du comité directeur de la Société de Géographie de Paris.

11. Ch. Wiener, *Pérou, Bolivie*, p. 347.

12. Mont de l'État du Colorado (4310 m).

13. Il s'agit des ruines de Choqquesuysuy, reconnues par l'équipe de Bingham en 1915 (Cf. *infra*, chap. 11).

14. *Revue des Deux Mondes*, 15 juin 1851, p. 1022.

15. B. de Ocampo, *Descripción (…) de la Provincia de Vilcabamba*.

16. Nom donné en Espagne à certains juges et magistrats municipaux.

17. Lieu ou objet sacré (rocher naturel, construction ou objet où est censé résider l'esprit d'une divinité et auquel est rendu un culte où sont offertes des offrandes). Cf. D. Lavallée…, *op. cit.*, p. 443.

18. Lieu de culte.

19. Cf. chap. 1, note 16.

20. Sur la découverte de Vitcos par Bingham, voir également son article « Vitcos, The Last Inca Capital », *Proceedings of the American Antiquarian Society*, April, 1912, pp. 135-196.

# 6

## A LA RECHERCHE DE VILCABAMBA

Bien que le dernier repère de Manco Inca soit fréquemment évoqué sous le nom de Vitcos par les chroniqueurs de l'époque, le toponyme « Vilcapampa », ou « Uilcapampa », revient encore plus souvent sous leur plume. En fait, Garcilaso de la Vega, le plus grand historien des Incas, lui-même fils d'une princesse inca, ne mentionne à aucun moment Vitcos. Plus largement, Vilcabamba désigne aussi la province où les derniers Incas trouvèrent refuge. Le père Calancha en parle comme d'une très vaste région « couvrant quatorze degrés de longitude », s'étendant d'ouest en est sur plus de mille kilomètres. Elle englobait les territoires de maintes tribus sauvages « du fin fond de l'intérieur des terres » qui reconnaissaient la souveraineté des Incas et payaient tribut à Manco et à ses fils. « Les Manaries et les Pilcosones[1] parcouraient respectivement cent et deux cents lieues[2] pour se rendre chez l'Inca. »

Le nom de Vilcabamba, d'origine quechua, signifie « la *pampa* (la plaine) où la *huilca* pousse ». La *huilca* est un arbre subtropical qui n'a jamais pu être acclimaté dans les régions tempérées. Les dictionnaires de langue quechua indiquent que la *huilca* est « un remède, un purgatif »[3]. Une infusion à base de graines de *huilca* est utilisée comme lavement. Ses graines servent également à la préparation d'une poudre appelée parfois *cohoba,* un narcotique « inhalé par les narines au moyen d'un tube à deux branches ». Tous les spécialistes s'accordent pour estimer que cette poudre provoque une sorte d'intoxication, ou d'état hypnotique, accompagné de visions considérées par les indigènes comme supranaturelles. Sous son emprise, les nécromanciens et les prêtres étaient censés entrer en communication avec des puissances occultes. Leurs grommellements incohérents étaient interprétés comme des prophéties ou des révélations de phénomènes cachés. Les guérisseurs en faisaient également usage pour dresser leurs diagnostics, ou découvrir la personne ou l'esprit qui avait jeté un sort sur leurs patients.

On comprend aisément qu'aux yeux des prêtres et des devins,

l'endroit où la *huilca* fut découverte et utilisée pour la première fois revêtait une importance particulière. O. F. Cook[4] découvrit des arbres à *huilca* près du pont de San Miguel, au pied de Machu Picchu, ce qui explique que le nom originel du rio Urubamba soit « Vilca-mayu », « la rivière de la *Huilca* ». La *pampa* située dans la vallée où l'arbre à *huilca* pousse reçut tout naturellement le nom de « Vilcapampa ». Après être devenue le site d'une importante cité, elle donna son nom à l'ensemble de la région. Telle est probablement l'origine du nom de la province. En tout état de cause, on peut imaginer que les Cuzquéniens, descendant la vallée de l'Urubamba en quête de ce narcotique fort recherché, trouvèrent les premiers spécimens de cet arbre non loin de Machu Picchu.

Comme il a déjà été dit, la vallée du Vilcabamba resta jusqu'à une date très récente une région inconnue de la plupart des Péruviens, et même des habitants du Cuzco. A supposer que la capitale des quatre derniers Incas ait été située dans une région dont le climat aurait davantage convenu aux Européens, dont les ressources naturelles auraient suffi à nourrir une importante population, et dont les routes auraient rendu les communications ni plus ni moins difficiles que dans le reste des Andes, cette région aurait été occupée de l'époque du capitaine Garcia de Loyola jusqu'à nos jours par des métis hispanophones. Son nom, et les traditions qui y sont attachées, auraient peut-être été préservés. En l'occurrence, rien (hormis, pendant un temps, quelques mines d'or) ne poussa les Espagnols à s'aventurer dans la haute vallée du Vilcabamba, sans parler de s'y installer.

Environ trois cents années s'écoulèrent entre le moment où les mines d'or cessèrent d'être exploitées et celui où l'homme blanc en quête de caoutchouc investit la vallée de San Miguel — trois cents années durant lesquelles nul, à part quelques humbles et incultes bergers indiens, ne se risqua à vivre dans les environs de Lucma et de Puquiura. Avant l'ouverture de la nouvelle route de Lucma par le Señor Pancorbo, Puquiura était extrêmement difficile d'accès. Neuf générations d'Indiens vécurent et moururent dans la province de « Vilcapampa » entre la mort du dernier Inca, Tupac Amaru, et l'arrivée des premiers explorateurs au XIXe siècle. Rien ne s'opposa à ce que les somptueux édifices de pierre construits sur la « Colline aux Roses » à l'époque de Manco et de ses fils tombent en ruine. Leurs toitures s'effondrèrent et disparurent. Les noms de ceux qui vécurent un jour en ces lieux s'effacèrent progressivement de la mémoire des populations indigènes. Ce n'est pas avant le renouveau de l'intérêt pour les civilisations précolombiennes, au siècle dernier, qu'il vint à l'esprit de quiconque de rechercher la capitale de Manco Inca.

Nous étions certains d'avoir découvert Vitcos. A l'évidence, cependant, nous n'avions pas encore visité ou retrouvé tous les lieux ayant été appelés à un moment ou à un autre « Vilcapampa ». Un examen des chroniques du XVIe siècle révèle que plusieurs localités portèrent ce nom : l'une d'elles, « Vilcapampa Viejo » (« le Vieux »), est mentionnée par Calancha ; une autre, visitée par les Espagnols, est appelée « Vilcapampa » par Ocampo.

Les soldats de l'expédition qui parvint à capturer Tupac Amaru, après maintes péripéties, la situent dans les jungles de la *montaña,* dans le pays des guerriers sauvages armés d'arcs et de flèches qui formaient la garde de Titu Cusi au moment du séjour de Rodriguez de Figueroa à la cour du souverain. En tout état de cause, je voulus m'assurer en premier lieu qu'aucun site susceptible d'être identifié à la dernière capitale ne se trouvait à proximité de la rivière appelée aujourd'hui « Vilcabamba ».

La seule ville qui porte ce nom sur les cartes modernes du Pérou est sise près des sources du rio, à moins de trois ou quatre lieues de Puquiura. Nous décidâmes de nous y rendre.

Cette petite bourgade gît au pied de mornes pâturages balayés par les vents, à 3 525 mètres d'altitude. Son nom complet est « San Francisco de la Victoria de Vilcabamba ». Si elle ne peut s'enorgueillir de ruines incas, elle renferme en revanche une soixantaine de belles demeures coloniales espagnoles. Au moment de notre passage, ces dernières étaient pour la plupart inhabitées, même si leurs toits, recouverts d'un chaume inhabituellement épais, paraissaient bien conservés.

La solidité des maisons espagnoles, toutes construites en pierres, était le reflet de la prospérité passée des chercheurs d'or, qui durent en fait se contenter d'exploiter les mines de quartz découvertes dans la région par les conquistadors au lendemain de la mort de Tupac Amaru. On peut encore voir les vestiges des galeries ouvertes à l'époque d'Ocampo dans les falaises rocheuses des environs. La désolation qui règne à notre époque à Vilcabamba — dont la population est aujourd'hui très faible — est probablement due au déclin de cette activité. C'est en ce lieu, selon un chroniqueur, que « les premiers Espagnols qui pénétrèrent dans la région virent menu et gros bétail ». La Vilcabamba moderne est située au bas de pentes herbeuses, tout à fait appropriées au « menu » et au « gros bétail ». Sur les pentes les plus abruptes, des pommes de terre sont toujours cultivées, bien que la vallée elle-même soit aujourd'hui entièrement consacrée au pacage. Nous vîmes des chevaux, des bœufs et des moutons, là où les Incas emmenaient probablement paître leurs lamas et leurs alpacas.

Le fait que nous ne vîmes aucun lama dans ces hauts pâturages, mais seulement des animaux domestiques d'origine européenne, semblerait également indiquer que pour une raison ou une autre cette région avait bel et bien été abandonnée par les Indiens eux-mêmes. Il est difficile de croire que si les Indiens avaient occupé ces vallées depuis l'époque des Incas jusqu'à nos jours, nous n'aurions pas aperçu en ces lieux au moins deux ou trois camélidés.

Dans sa *Description de la Province de San Francisco de la Victoria de Vilcabamba*[5], le capitaine Ocampo écrit : « En cette cité de Vilcapampa, lorsqu'elle commença à être habitée, vinrent les moines de

Notre-Dame de la Miséricorde, qui y fondèrent un monastère. Ils reçurent des terres pour bâtir et semer. Ils édifièrent une maison d'habitation et une église où ils dirent la messe. »

L'ancienne église se trouvait, lors de notre passage, en piteux état. Nous apprîmes que la messe n'y était plus célébrée que très rarement.

Lorsque Don Pedro Duque, de Santa Ana, nous avait aidés à reconnaître les sites mentionnés par Calancha et Ocampo, deux de ses informateurs avaient identifié « Vilcapampa Viejo » à un lieu-dit appelé Conservidayoc. Don Pedro nous avait raconté qu'en 1902, un prospecteur nommé Lopez Torres, sillonnant la *montaña* à la recherche d'arbres à caoutchouc, avait aperçu près de cet endroit les ruines d'une ville inca. Tous les amis de Don Pedro nous assurèrent que Conservidayoc était un site particulièrement difficile d'accès. Ils ajoutèrent que « tous ceux qui s'y étaient rendus un jour étaient aujourd'hui morts », et que le site était « habité par des Indiens sauvages interdisant aux étrangers l'accès de leurs villages ».

Lorsque nous atteignîmes Paltaybamba, le régisseur de señor Pancorbo confirma ces dires. Il ajouta qu'un homme du nom de Saavedra vivait à Conservidayoc et connaissait vraisemblablement tous les secrets se rapportant aux ruines, mais qu'il détestait recevoir des visiteurs. La maison de Saavedra était de surcroît « extrêmement difficile à trouver ; personne n'y était allé récemment, ou du moins n'en était revenu vivant ». Les avis divergeaient quant à la distance qu'il fallait parcourir jusqu'au site. Bien qu'il eût entendu dire lui aussi que des ruines incas gisaient à proximité de la ferme de Saavedra, señor Pancorbo nous supplia de renoncer à les atteindre. Il nous avertit que Saavedra était « un homme très puissant, ayant de nombreux Indiens sous ses ordres et vivant sur un grand pied, avec cinquante serviteurs, et qu'il n'avait pas la moindre envie de recevoir la visite de quiconque. » Ses Indiens étaient « des Campas, sauvages et très cruels, utilisant des flèches empoisonnées et manifestant une grande hostilité à l'égard des étrangers ».

Ces avertissements ne firent qu'aiguiser notre curiosité. Nous connaissions déjà les rumeurs concernant la soi-disant sauvagerie des tribus vivant dans la *montaña* — tribus qui constituaient une réserve de main-d'œuvre toute trouvée pour les propriétaires des plantations de caoutchouc. Nous avions même entendu dire que les Indiens de la région n'aimaient pas particulièrement travailler pour le señor Pancorbo, un homme énergique et entreprenant, mais dont les projets excédaient les possibilités de la main-d'œuvre locale. Nous avions de bonnes raisons de penser que certains des Indiens vivant à Conservidayoc s'étaient enfuis de sa plantation de San Miguel. Señor Pancorbo aurait sans aucun doute bel et bien risqué sa vie en s'aventurant dans ce secteur reculé des Andes. En Amazonie, de nombreuses tribus approchées impunément par les explorateurs du XIXe siècle étaient devenues depuis lors si farouches et si vindicatives qu'elles tuaient systématiquement tous les hommes blancs qui pénétraient sur leur territoire.

23. Chaque cité inca était dotée d'un système d'adduction d'eau perfectionné. Le précieux liquide était acheminé par des canalisations jusqu'à des fontaines du type de celle photographiée ici. Les femmes indiennes, dont la tâche consistait — et consiste toujours — à préparer la *chicha*, ou bière de maïs (la boisson favorite des Incas), pouvaient y remplir facilement leurs jarres. Ces jeunes filles quechuas portent des châles, dont elles ont rabattu et attaché les deux pans sur leur poitrine, comme leurs ancêtres l'ont toujours fait depuis des siècles. Nous trouvâmes de nombreuses épingles à châle à Machu Picchu.

24. Le costume traditionnel des Indiens de la *montaña*, qui raffolent des couleurs vives et portent la plupart du temps des vêtements chauds. Les bâtisseurs de Machu Picchu devaient vraisemblablement ressembler à cet homme, dont la langue, le quechua, fut diffusée par les Incas dans une grande partie des Andes et constitue aujourd'hui la langue indigène la plus parlée d'Amérique.

25. Femme quechua, peut-être l'une des lointaines descendantes des *acclas*, les « Femmes choisies du Soleil ». Elle aurait pu être elle-même une *mama-cuna* (matrone chargée de l'éducation des *acclas*) si elle avait vécu quatre cents ans plus tôt.

26. Jeune fille quechua, du type de celles qui étaient sélectionnées par les Incas pour être enfermées dans des couvents impériaux. Les « Femmes choisies » y apprenaient à tisser de belles étoffes et à préparer la *chicha* destinée aux nobles et aux prêtres incas.

## Cap. III. Entra el Padre fray Diego Or-
tiz a Vilcabanba, i dales el Inga tormen-
to en agua a los dos Religiosos, i tien-
talos con Indias vestidas con ábito
de frayles.

AGuardando dejamos al Padre fray
Diego Ortiz i al Padre fray Iuan
del Cáto la licencia del Prelado para en-
trar en las montañas, vino licencia para
que solo el Padre fray Diego Ortiz en-
trase en esta ocasion, i aconpañase al Padre fray Marcos, remitiendo para quan-
do creciese mas aquel Cristianismo el
añadir obreros, que aunque avisava el
Padre fray Marcos que ya el Inga era a-
postata disimulado, i que las cosas de la
fe en aquellas montañas no ivan con los
crecimientos que prometian los princi-
pios, no resfrió el ardor de nuestros Iuan
i Diego, antes encendió las ansias, i re-
forçò los brios; pero sucedió en estos dos
Religiosos lo que en los Apostoles Iuan
i Diego, porque los nonbres correspon-
diesen a los fines, que solicitando anbos
su martirio murió Diego dentro de poco tienpo martirizado por el Rey Ero-
des, i a S. Iuã Evangelista no le quiso Cri-
sto dejar que muriese a manos de tira-
nos, sino que muriese su muerte natural
de mas de noventa años: asi sucede a estos dos Religiosos Iuan i Diego erma-
nos en la profesion, i ermanados en el de-
seo, pues quiere que entre fray Diego a
morir, i que fray Iuan del Canto se que-
de i muera de viejo, que como vere-

Con toda priesa vino el Padre fr. Die
go desde Guarancalla, ò a recoger las cosas de la Iglesia, ò a tratar que no se fuese
el Padre fray Marcos asta aguardar otro
Religioso que estuviese en su lugar, i
disponer con prudencia las cosas. Allòle
en Puquiura, consultaron lo convenien-
te, i asentaron el sufrir i padecer por predicar, i aviendo ido los dos a ver al Inga,
les dijo: Yo os quiero llevar a Vilcabanba, pues ninguno de los dos visto aquel
pueblo, ireys conmigo, que quiero feste-
jaros. Salieron otro dia en conpañia del
Inga, que llevò poco aconpañamiento
de sus capitanes i caziques, i sienpre los
Reyes Ingas caminavan en andas. Lle-
garon a un parage llamado Ungacacha,
i alli puso en egecucion la maldad que a-
via concertado, i fue que llenasen los ca-
minos de agua, inundando la canpiña cõ
arrojarle el rio, porque los Padres deseavan, i lo avian tratado de yr a Vilcabanba a predicar, porque era el mayor
pueblo, i en que estava la Vniversidad de
la Idolatria, i los catedraticos echizeros
maestros de las abominaciones. Pero el
Inga por espantarlos, i que no pretendie-
sen vivir, ò predicar en Vilcabanba, sino
irse de la Provincia consultò éste echo sa-
crilego i diabolico. Amaneció, i a poco
trecho bajando a un llano pensaron los
dos Religiosos que era laguna, i el Inga
les dijo: Por el medio desta agua avemos
de pasar todos. O cruel apostata! el iva
en andas, i los dos Sacerdotes a pie i des-
calços! Entraron los dos ministros Evan-
gelicos en el agua, i como si pisaran alca-
tifas ivan gozosos, porque en odio de la
ley Evangelica recibian tales baldones i
tales tormentos de agua; davales a la cin-

27. Fragments des pages 800 et 803 de la *Corónica moralizada del Orden de San Agustín en el Perú* (« Chronique édifiante de l'Ordre de Saint Augustin au Pérou ») du père Calancha. On peut lire dans la colonne de droite : « *…porque los Padres deseavan, i lo avian tratado de yr a Vilcabamba a predicar, porque era el mayor pueblo, i en que estava la Universidad de la Idolotaria, i los catedraticos echizeros maestros de las abominaciones* » (« *…parce que les pères Diego et Marcos désiraient et avaient convaincu (l'Inca) de les laisser aller à Vilcabamba pour prêcher, car c'était la principale cité, et que s'y trouvaient l'Université de l'Idolâtrie et les professeurs de sorcellerie, maîtres des abominations* »). Dans la mesure où Machu Picchu répond à cette description — une importante cité, siège d'un sanctuaire dédié au Soleil — nous pouvons l'identifier à l'ancienne ville de « Vilcapampa » (Vilcabamba), la principale résidence des derniers empereurs incas [*identification contestée aujourd'hui par les archéologues — NdT*].

28. La ville moderne d'Ollantaytambo, bâtie par les Espagnols sur les ruines d'une forteresse inca dont les terrasses se découpent sur le versant de la montagne, à l'arrière-plan. Nous y prîmes quelque temps nos quartiers, le climat de la vallée moyenne de l'Urubamba étant très agréable et la ville constituant la « porte d'entrée » de la cordillère de Vilcabamba.

$\rightarrow$

29. La route de la vallée de l'Urubamba, ouverte à la dynamite à flanc de précipice par le gouvernement péruvien vers 1895 (la photographie a été prise au pied des à-pic de granite qui cernent Machu Picchu). Cette route nous permit de découvrir une partie de l'empire inca qui était restée inconnue des Espagnols, et dans laquelle les explorateurs de la seconde moitié du 19e siècle (tels Raimondi, Paz Soldán et Wiener) ne s'étaient jamais aventurés.

30. La passe qui sépare le mont Soray (5 831 m) du mont Salccantay (6 169 m) est haute de 4 560 m. Avant l'ouverture de la nouvelle route de la vallée de l'Urubamba, ce col constituait l'une des deux « portes d'entrée » de la province de Vilcabamba. Il fut emprunté par le comte de Sartiges en 1834, mais il est généralement considéré comme très dangereux (il n'est praticable que pendant quelques semaines de la « saison sèche »). La route que nous suivîmes passe sur la gauche du grand glacier. Nous bénéficiâmes du fait que très peu de neige était tombée dans les mois qui avaient précédé notre passage (la glace bleutée du glacier était entièrement à nu). On comprend aujourd'hui pourquoi les conquistadors ne parvinrent pas à suivre l'Inca Manco II jusqu'à Vitcos.

→

31. Notre guide, le *gobernador* Mogrovejo, se tient dans l'embrasure d'une des rares portes encore intactes du palais de Manco et de ses fils à Vitcos (site appelé aujourd'hui Rosaspata, la « Colline aux Roses »). Le chambranle de cette *portada* est fait de blocs de granite blanc. Le capitaine Ocampo, un chroniqueur contemporain de l'avant-dernier Inca, Titu Cusi, rapporte que les portes de ce palais étaient en « marbre » finement taillé. On ne trouve pas de « marbre » dans cette partie des Andes, mais écrire « granite blanc » aurait peut-être sonné moins bien à des oreilles espagnoles.

32. Nusta Ispanna, ou Yurak Rumi, le « grand rocher blanc surplombant une source d'eau », décrit par le père Calancha comme étant situé à proximité d'un temple du Soleil, non loin de Vitcos. C'est en découvrant en 1911 cet ancien sanctuaire que nous pûmes formellement identifier les ruines de Rosaspata, sises sur une hauteur des environs, avec le site de Vitcos, où vécut l'Inca Manco avant d'y être assassiné par des réfugiés espagnols à qui il avait donné asile. Ce rocher était un très ancien *mochadero* (lieu de culte) de la *montaña*. Les prêtres du Dieu-Soleil y pratiquaient vraisemblablement le rite au cours duquel ils tendaient leurs mains en direction du soleil et lui adressaient des baisers (*muchas,* en quechua).

→

33. La vallée de l'Aobamba est extrêmement difficile d'accès. Ses versants sont recouverts d'une jungle dense et touffue. Elle constitua l'un des principaux obstacles qui empêchèrent les Espagnols de découvrir Machu Picchu.

34. Les maisons de la Ville haute (à l'ouest du site) semblent avoir été construites longtemps après les murs massifs des anciennes terrasses sur lesquelles elles reposent. On peut distinguer au premier plan le haut du « Mur de Beauté » qui jouxte la « maison du prêtre ». On remarquera, entre les niches parfaitement symétriques, des chevilles, ou tenons, soigneusement taillés dans les moellons d'une des assises supérieures. Les tenons des temples étaient rectangulaires et purement ornementaux. Ceux des habitations, en revanche, étaient généralement arrondis, de manière à atténuer les frottements entre la pierre et les cordes par lesquelles divers objets — tels les « aryballes », ou grandes jarres à *chicha* — y étaient suspendus.

→

35. Cette partie du mur ouest du Temple principal montre avec quel soin extrême les pierres de granite blanc furent taillées et ajustées les unes aux autres par les maçons incas, et comment la faible épaisseur des lits supérieurs, conférant élégance et légèreté à la structure, venait tempérer la lourdeur et le caractère massif des assises inférieures. Aucun architecte n'a jamais conçu un mur aux lignes plus gracieuses. La patience et l'extraordinaire sens artistique qu'exigeait la construction d'un tel mur défient encore plus notre entendement lorsque l'on sait que les Incas ne disposaient d'aucun outil de fer et d'aucun instrument de précision. Ils n'avaient, pour œuvrer, que la pierre et le bronze.

36. Serpentant au fond d'un canyon de granite, cernant sur trois côtés le pain de sucre de Huayna Picchu, le rio Urubamba tel qu'il peut être contemplé depuis le sommet du pic de Machu Picchu. Cette photographie fut prise avant que les ruines n'aient été totalement dégagées, ce qui explique qu'on ne les aperçoive qu'indistinctement sur la crête reliant les deux *picchus*.

37. Dominant le rio Urubamba, les ruines de la « Cité Perdue ».

Avec le professeur Foote, je considérai la question sous tous ses aspects. Après avoir analysé une nouvelle fois les témoignages concernant la présence de ruines à Conservidayoc, nous parvînmes à la conclusion que nous ne pouvions suivre les conseils de notre ami *haciendero*. Nous devions au moins tenter d'atteindre le site, et ce en nous efforçant de ne pas éveiller l'hostilité du puissant Saavedra et de ses sauvages acolytes.

Le lendemain de notre arrivée dans la ville espagnole de Vilcabamba, le *gobernador*, señor Condore, avait mandé chez lui les Indiens les plus instruits de la région, parmi lesquels un vieux diable dont le nom, Quispi Cusi, évoquait étrangement l'époque de Titu Cusi. Il lui fut expliqué que nous étions des voyageurs de marque, chargés de mener une enquête officielle. Il retira son chapeau (mais garda son bonnet de laine) et entreprit de répondre le plus complètement possible à nos questions. Il déclara que l'Inca avait vécu jadis à Rosaspata. Il n'avait jamais entendu parler de Vitcos ou de Vilcapampa Viejo, mais il confirma que des ruines se trouvaient bien dans la *montaña*, près de Conservidayoc. Il semblait cependant que ni lui ni aucun autre homme du bourg n'avait vu de ses yeux les vestiges ou même visité leur voisinage immédiat. Tous nos interlocuteurs s'accordaient pour dire que la ferme de señor Saavedra se trouvait « à au moins quatre jours de marche dans la *montaña*, au-delà de Pampaconas ». Aucun village de ce nom n'apparaît sur les cartes du Pérou, bien que ce toponyme soit fréquemment mentionné dans les documents du seizième siècle. Rodriguez de Figueroa rapporte qu'il rencontra Tupac Amaru à « Banbaconas ». Il ajoute que l'Inca venait d'un endroit situé plus bas dans la *montaña* et qu'il lui fit don d'un ara et de deux paniers de cacahuètes, présents qui ne pouvaient que provenir d'une région chaude (en l'occurrence, les contreforts amazoniens des Andes).

Nous avions emporté avec nous les grandes planches de la précieuse carte de Raimondi qui couvraient ce secteur. Nous disposions également de la nouvelle carte du sud du Pérou et du nord de la Bolivie que venait de publier la Royal Geographical Society de Londres, un véritable condensé de toutes les informations disponibles. Les Indiens soutenaient que Conservidayoc se trouvait à l'ouest de Vilcabamba, bien que sur la carte de Raimondi, toutes les rivières qui prennent leur source dans les montagnes à l'ouest de la ville soient de petits affluents de l'Apurimac et coulent vers le sud-ouest. Nous commencions à craindre que toutes ces rumeurs relatives à la présence de ruines à Conservidayoc se révèlent tout aussi dénuées de fondements que celles que nous avions entendues dans la bouche du contremaître de Huadquiña. L'un de nos informateurs précisa que le site était appelé « Espiritu Pampa » (« la Pampa des Esprits »). Les ruines que nous recherchions n'étaient-elles, elles aussi, que des « esprits » ? Allaient-elles s'évanouir à l'approche des hommes blancs bardés d'appareils photographiques et d'instruments de mesure ?

Personne à Vilcabamba n'avait vu les ruines. Nous réussîmes cependant à savoir que certains des Indiens vivant à « Pampaconas » étaient allés à Conservidayoc. Nous décidâmes de nous y rendre sur-le-champ.

Après les contretemps habituels, dus en partie aux difficultés que nous éprouvions à chaque départ à regrouper nos mules (pendant que nous menions notre enquête, celles-ci s'étaient égaillées dans la montagne), nous nous mîmes en route et franchîmes les limites du monde connu. Notre destination était ce « Conservidayoc », lieu imprécis nimbé de mystère et situé au cœur d'une contrée infestée d'Indiens hostiles, et qui, disait-on, recelait les ruines d'une cité inca.

Notre première étape fut Pampaconas. Son *gobernador* se faisait fort d'y recruter les guides et les cinq ou six porteurs dont nous aurions besoin sur les pistes de la *selva* que les mules ne peuvent emprunter. Les Indiens répugnant à s'aventurer dans les solitudes de Conservidayoc et risquant d'être saisis de panique à la vue d'hommes en uniforme, les deux *gendarmes* qui nous accompagnaient pendant cette expédition reçurent l'ordre de retarder leur départ de quelques heures et de n'atteindre Pampaconas avec nos bêtes de somme qu'à la tombée du jour. Le *gobernador* redoutait en effet que les habitants de Pampaconas, en voyant surgir sur le chemin des représentants de la maréchaussée, ne prennent peur et ne s'enfuient dans la montagne, circonstance qui nous aurait définitivement privés de toute main-d'œuvre. Ce comportement s'expliquait en partie par cet amour de la liberté qui avait conduit certains Indiens de la région à abandonner la relative sécurité des villes pour un hameau des marges, où les propriétaires ne pouvaient les atteindre pour les astreindre au travail. Avant l'arrivée de représentants de l'autorité aussi « voyants » que nos gendarmes, le *gobernador* et son ami Mogrovejo allaient devoir déployer des trésors de patience et de diplomatie pour s'assurer les services d'une poignée d'indigènes.

Après avoir quitté San Francisco de Vilcabamba, nous traversâmes le fond plat et marécageux d'une ancienne vallée glaciaire. L'une de nos mules s'embourba en tentant d'atteindre, pour en faire son repas, les herbes qui recouvraient la fondrière de part et d'autre du chemin. Franchissant à gué le rio Vilcabamba, qui se réduit en cet endroit à un simple ru, nous entamâmes l'ascension du versant occidental de la vallée.

Parvenus au sommet d'une haute passe, nous nous retournâmes et vîmes, surplombant San Francisco, une longue chaîne de montagnes encapuchonnées de neige. Croyant un instant être victimes d'une hallucination, nous cherchâmes en vain ces sommets sur nos cartes. Raimondi et, après lui, les topographes de la Royal Geographical Society de Londres, n'avaient pas laissé assez d'espace sur leurs cartes entre les deux trouées de l'Apurimac et de l'Urubamba pour qu'une telle chaîne pût exister. Si nous nous fiions aux cartes les plus récentes de la région, publiées l'année ayant précédé notre expédition, nous devions nager dans les eaux du « Seigneur rugissant » (l'Apurimac), près de son confluent avec le rio Pampas. En fait, nous nous trouvions en haut d'un col entouré de toutes parts de pics et de glaciers. Ce mystère fut finalement élucidé par Albert H. Bumstead, topographe en chef de notre expédition, qui établit que l'Apurimac et l'Urubamba sont séparés à cet endroit par cinquante kilomètres de plus qu'on ne l'avait cru jusqu'alors. Nous venions de découvrir l'une des dernières grandes régions de haute montagne encore inexplorées de l'Amérique du Sud, région qui *couvre près de 4 000 kilomètres carrés,* et dont l'existence n'avait pas même été soupçonnée avant 1911. Elle est pourtant située à moins de deux cents kilomètres du Cuzco, la principale ville des Andes péruviennes, siège d'une université tricentenaire ! Le fait que cette région ait pu défier si longtemps l'investigation et l'exploration montre avec quel discernement Manco Inca avait choisi le site de son dernier refuge.

Vers l'ouest, des vallées profondes et des montagnes tapissées de forêts s'étendaient à perte de vue. On aurait pu penser, en nous reportant à nos cartes, que nous surplombions le bassin de l'Apurimac. En fait, nous dominions la vallée d'une rivière jamais cartographiée jusque-là — le rio Pampaconas, dont les eaux alimentent le Cosireni, l'un des affluents de l'Urubamba. En lieu et place du bassin de l'Apurimac, nous avions sous les yeux une autre région inexplorée dont le réseau hydrographique devait être rattaché à celui de l'Urubamba !

La « route » était désormais si mauvaise que nous éprouvions toutes les peines du monde à faire avancer nos mules. Nous eûmes beau les encourager et les cajoler, rien n'y fit. Il nous fallut mettre définitivement pied à terre lorsque le chemin se confondit avec un ancien sentier inca taillé dans le roc. Finalement, après avoir contourné une hauteur, nous parvînmes en vue d'une petite cabane perchée sur un ressaut de terrain. Devant l'entrée, assises au soleil sur des nattes, deux femmes égrenaient du maïs. Dès qu'elles virent le *gobernador* approcher, elles interrompirent leur travail et commencèrent à préparer le déjeuner. Il était environ onze heures du matin et elles avaient probablement deviné d'elles-mêmes que le señor Condore et ses amis n'avaient avalé depuis la veille au soir qu'une tasse de café. Contraintes de satisfaire au pied levé l'appétit de ces hôtes inattendus, elles égorgèrent quatre ou cinq de ces cochons d'Inde que l'on voit souvent grouiller sur le sol en terre battue des huttes indiennes de la montagne. Bientôt, l'odeur appétissante du *cuy* grillé, bien arrosé de graisse et rôti à la broche à l'aide de tiges de fer rudimentaires, aiguisa notre faim.

Je dois avouer que c'était la première fois que je goûtai en connaissance de cause la chair au goût délicat de ces « rats d'Amérique ». Si je n'avais pas été aussi affamé, peut-être n'aurais-je jamais su à quel point peut être délicieux un cochon d'Inde rôti. Son goût n'est pas sans rappeler celui du pigeonneau.

Après ce délicieux repas, Condore et Mogrovejo partirent à cheval, chacun de leur côté, recruter de ferme en ferme des porteurs. Lorsqu'ils avaient la chance de trouver le maître de maison chez lui ou en train de travailler sur son lopin de terre, ils le saluaient avec affabilité. Quand l'homme s'avançait vers eux pour leur serrer la main à la manière indienne, ils lui glissaient subrepticement dans la paume droite une pièce d'argent. Aussitôt fait, ils l'informaient qu'il venait d'accepter une rémunération pour un service qu'il allait devoir rendre. Ce procédé pourra sembler inhumain, mais c'était là la seule manière de recruter des porteurs.

Sous les Incas, les Indiens n'étaient jamais rémunérés en échange de leur travail. Comme il a été dit, un État paternaliste veillait à ce qu'ils pussent se nourrir et se vêtir correctement, et, lorsqu'ils ne pouvaient subvenir eux-mêmes à leurs besoins, puiser dans les magasins collectifs. A l'époque coloniale, un gouvernement moins paternel tira parti de l'ancien système, et le renforça, mais sans se soucier de remédier à ses aspects les plus négatifs. Pendant plusieurs générations, et avec la bénédiction des autorités locales, des propriétaires terriens inconséquents forcèrent les Indiens à travailler pour eux sans leur accorder de rémunération à la mesure de leur labeur, voire en ne tenant pas leurs promesses et en réduisant unilatéralement leurs maigres payes. Les « péons » apprirent avec l'expérience qu'ils ne devaient jamais effectuer le moindre travail sans avoir obtenu au préalable une importante partie de leur salaire. Une fois qu'ils avaient reçu de l'argent, en revanche, ils se sentaient tenus, de par le code de lois non écrites hérité de leurs ancêtres, de s'acquitter de leurs obligations, faute de quoi ils encouraient une punition.

En conséquence, lorsque plusieurs malheureux Indiens « Pampaconas » se retrouvèrent soudain avec une pièce d'argent dans le creux de la main, ils n'eurent plus qu'à maudire leur sort et à se mettre au travail. En vain arguèrent-ils qu'ils étaient « occupés », que « leurs récoltes requéraient beaucoup de soin », que « leur famille ne pouvait se passer d'eux », qu'ils « n'avaient pas assez de vivres pour entreprendre un voyage ». Condore et Mogrovejo avaient déjà entendu toutes les excuses imaginables. Ils réussirent à « engager » de la sorte une demi-douzaine de porteurs. Nous atteignîmes avant la tombée de la nuit le village de Pampaconas — quelques cahutes éparpillées sur des collines et entourées d'herbages, à une altitude de 3 000 mètres.

Dans les notes laissées par l'un des conseillers militaires du vice-roi Francisco de Toledo, Pampaconas est décrit comme « une localité perdue dans la montagne, où sévit le froid ». C'est la stricte vérité. Néanmoins, je doute que le village actuel soit le Pampaconas mentionné dans les documents de l'époque de Garcia en tant qu'« importante cité inca ». On ne trouve aucune ruine dans ses environs immédiats. Les huttes de Pampaconas, de construction récente, sont en pierre et en pisé, et recouvertes d'un toit de chaume. Elles étaient occupées au moment de notre passage par plusieurs familles d'Indiens de constitution robuste, qui jouissaient en ces lieux d'une liberté exceptionnelle, échappant aux collecteurs d'impôts et aux rabatteurs de main-d'œuvre des propriétaires de la vallée. Établis à l'orée de la forêt tropicale, ces hommes pouvaient élever leurs moutons et cultiver leurs pommes de terre en toute quiétude.

Le village était en émoi au moment de notre arrivée : la nuit précédente, un jaguar (ou un puma) avait surgi de la forêt et tué l'une des mules de la communauté, dont il avait emporté le cadavre. Nous nous trouvions vraiment sur une autre planète : tout, ici, nous semblait insolite.

On nous conduisit jusqu'à la demeure d'un Indien trapu nommé Guzman, l'homme le plus digne de foi du village. Nous le chargeâmes de diriger la petite équipe de porteurs qui devait nous accompagner à Conservidayoc. Guzman avait du sang espagnol dans les veines, mais il ne s'en vantait pas auprès de ses congénères. Nous eûmes avec lui une très intéressante conversation. Il était allé une fois à Conservidayoc et avait vu de ses yeux des ruines incas à Espiritu Pampa. Enfin, la mythique « Pampa des Esprits » commençait à acquérir pour nous une certaine réalité. Il reste que nous ne nous faisions pas beaucoup d'illusions : un autre homme tout à fait digne de foi nous avait bien signalé des ruines « plus belles que celles d'Ollantaytambo » près d'Huadquiña. Guzman ne paraissait pas craindre de se rendre à Conservidayoc — à la différence des autres Indiens, dont un seul connaissait déjà le site. Pour leur donner du courage, nous achetâmes à un villageois un mouton bien gras. Guzman le découpa immédiatement en quartiers pour le trajet.

Le lendemain (13 août), vers midi, tous nos porteurs s'étant présentés, sauf un, nous partîmes pour Conservidayoc. Les Indiens nous assurèrent que nous pourrions utiliser nos mules tout au long de cette première journée. « San Fernando », notre première étape, se trouvait « sept lieues » plus loin en aval de la vallée densément boisée du Pampaconas. Après avoir quitté le village, nous gravîmes la montagne au flanc de laquelle la hutte de Guzman était adossée, et empruntâmes un sentier à peine tracé qui longeait une crête. Les pluies avaient emporté la piste en plusieurs endroits. Nos montures nous furent de peu d'utilité. Nous dûmes en effet faire pratiquement tout le trajet à pied. A cause des pluies et du brouillard, nous n'apercevions guère que le bord du profond ravin qui s'ouvrait sous nos pieds et dans lequel nous commençâmes bientôt à descendre. Un improbable chemin en lacet particulièrement raide nous conduisit à travers les nuages jusqu'à une vallée tropicale, mille deux cents mètres en contrebas. A peine sortis du brouillard, nous traversâmes une petite clairière abandonnée. Après avoir franchi à gué plusieurs petits torrents, nous empruntâmes un chemin muletier très étroit, au pied de pentes abruptes sur lesquelles du maïs avait été planté. Cette sente nous mena à une autre clairière où nous découvrîmes deux misérables bicoques — de simples abris qui ne méritaient même pas le nom de huttes ; et c'était cela, San Fernando ! Nous eûmes toutes les peines du monde à trouver un emplacement pour notre tente, tant le sol était jonché de branchages et de pierres.

Nous venions de nous coucher lorsque nous sentîmes la terre trembler. Mus par l'habitude, les Indiens qui habitaient le lieu-dit se précipitèrent hors de leurs masures et firent un grand vacarme, criant à tue-tête qu'un *tremblor* (séisme) venait de se produire. Même si le toit en chaume de leurs abris s'était effondré sur eux (comme cela dut se produire au cours de l'orage qui s'abattit sur la région la nuit suivante), ils n'auraient couru aucun danger, mais, accoutumés aux murs de pierre et aux toitures de tuiles rouges des villages de la montagne où les *terremotos* font parfois de très nombreuses victimes, ils étaient absolument terrorisés. La secousse me fit l'effet d'un léger balancement qui dura trois ou quatre secondes, un imperceptible mouvement de va-et-vient, avec huit ou dix vibrations.

Après une nuit pluvieuse, nous nous remîmes en route, cette fois sans nos mules.

Vingt kilos de chargement échurent à chacun de nos porteurs. Une marche d'une demi-heure nous conduisit à Vista Alegre, une autre petite clairière située sur un cône de déjection dans un coude de la rivière. En face de nous, sur l'autre berge du cours d'eau, se dressait le versant abrupt d'une montagne recouverte d'une épaisse végétation ; sa cime était noyée dans les nuages, mille cinq cents mètres plus haut. Contournant cette montagne par l'ouest, la rivière reprenait ensuite son cours en direction du nord. Nous étions une nouvelle fois totalement désorientés : la carte de Raimondi, en effet, indiquait qu'elle coulait vers le sud.

Nous pénétrâmes ensuite dans une jungle inextricable, où le sentier devint de plus en plus difficile pour les porteurs. Rampant de rocher en rocher, sous des branches aux pointes acérées, avançant, le pied mal assuré, le long de corniches glissantes, ou sur des marches creusées dans la terre ou taillées dans le roc, nous nous frayâmes lentement un chemin vers l'aval. La chaleur, l'humidité étouffante et de fréquentes averses freinèrent considérablement notre progression. Nous n'atteignîmes qu'au milieu de l'après-midi une autre clairière appelée Pacaypata. Là, sur un épaulement qui surplombait de près de trois cents mètres la rivière, nos hommes décidèrent de passer la nuit dans un minuscule abri de trois mètres sur deux. Le professeur Foote et moi-même dûmes aménager un replat dans le flanc du coteau à l'aide d'une simple cognée afin de pouvoir planter notre tente.

Le lendemain, n'ayant pas — pour une fois — à rameuter tout un convoi de mules, nous pûmes lever le camp de bon matin. Coupant perpendiculairement les ravines drainant les eaux de la montagne vers le rio Pampaconas, notre chemin comportait plusieurs côtes et pentes particulièrement raides. A deux reprises, il nous fallut franchir les rapides du rio sur des « ponts » de fortune — quelques rondins attachés ensemble et reposant sur des rochers glissants. Les porteurs souffraient terriblement de la chaleur et éprouvaient de plus en plus de difficultés à transporter leurs charges.

A une heure de l'après-midi, alors que nous nous trouvions à mille quatre cents mètres d'altitude, nous atteignîmes enfin une petite plaine cernée de toutes parts par des fougères, des lianes et des massifs de bambous au travers desquels on ne voyait pas à cinq mètres. En ce point du trajet, Guzman nous suggéra de nous arrêter et de nous reposer quelques instants : nous avions en effet pénétré sur le territoire des *salvajes* — ces fameux Indiens « sauvages » qui ne reconnaissaient que l'autorité de señor Saavedra. Guzman ne semblait pas s'en inquiéter outre mesure, mais il nous conseilla d'envoyer en éclaireur l'un de nos porteurs pour avertir les indigènes que nous venions chez eux sans aucune intention hostile et que nous n'étions pas à la recherche de collecteurs de caoutchouc — faute de quoi, ils risquaient de nous attaquer, ou de s'enfuir et disparaître dans la forêt. Sans leur aide, nous serions incapables de trouver les ruines. Le porteur que nous décidâmes d'envoyer en avant n'accepta pas sa mission de gaieté de cœur. Après s'être débarrassé de son chargement, il se détacha du groupe et avança sur le chemin à pas comptés, sans faire de bruit. Nous le perdîmes de vue presque instantanément. L'attente devait durer pas moins d'une demi-heure. Nous nous demandions quelle allait être la réaction des indigènes à notre égard, et essayions de nous représenter ce puissant potentat, Saavedra, que l'on nous avait décrit vivant dans un luxe sans mesure, « entouré de cinquante serviteurs ». Nous l'imaginions ordonnant à ses sbires de se porter à notre rencontre et de nous interdire l'accès de ses terres.

Soudain, un craquement de brindilles et un bruit de pas précipités nous firent tressaillir. Nous avions instinctivement pointé nos fusils en direction des sous-bois, prêts à tirer, lorsque surgit sur le chemin un jeune métis vêtu à l'européenne, au visage avenant, qui avait couru depuis la maison de señor Saavedra, son père, pour nous souhaiter la bienvenue ! Cela semblait à peine croyable, mais, rien qu'à l'expression de son regard, nous pouvions être sûrs qu'aucune embuscade ne nous était tendue. Nous soupirâmes de soulagement : aucune volée de flèches empoisonnées n'allait jaillir des fourrés impénétrables et s'abattre sur nous. Après avoir ramassé nos sacs et nos charges, nous poussâmes plus avant, à travers des bois de plus en plus hauts, de plus en plus touffus et de plus en plus obscurs. Le soleil, cependant, ne tarda pas à réapparaître au bout du chemin, et nous débouchâmes bientôt — à notre grande stupéfaction — sur de vastes étendues de canne à sucre ondulant sous le vent. Après quelques minutes de marche à travers champs, nous atteignîmes une spacieuse maison en bois où señor Saavedra nous fit le plus simple accueil. Je n'avais jamais rencontré de ma vie homme plus plaisant et plus paisible que ce propriétaire terrien tant redouté ! Nous cherchâmes furtivement du regard ses « cinquante serviteurs », mais nous ne vîmes que sa femme (une Indienne débonnaire), trois ou quatre enfants, et une servante, la seule « sauvage » présente dans la maison. Nous demandâmes à notre hôte le nom de son *hacienda*. Il nous répondit que certains l'appelaient « Jésus Maria », car c'était ce qu'ils s'écriaient chaque fois qu'ils apercevaient la plantation depuis l'orée de la forêt. Lui-même avait donné au site le nom hybride de « Conservidayoc » parce que son isolement et la paix qui y régnait lui permettraient — il en avait la conviction — d'y faire de vieux os. Ce mot mi-espagnol mi-quechua signifie littéralement « le lieu où l'on est préservé du mal ».

Après nous avoir invité à nous sentir « comme chez nous », señor Saavedra nous convia à un plantureux repas composé de poulet bouilli, de riz et de *cassaves* (galettes de manioc). Il nous laissa entendre que tout ce qu'il possédait était à notre disposition et qu'il ferait tout son possible pour nous permettre de voir les ruines. Elles se trouvaient, selon lui, à Espiritu Pampa, un peu plus loin en aval, mais nous ne pouvions les atteindre qu'en empruntant un sentier particulièrement ardu, praticable par des sauvages marchant pieds nus, mais très difficile pour nous, à moins que nous décidions de faire une bonne partie du trajet à quatre pattes.

Regroupant des terres riches en humus, la plantation de Saavedra produisait plus de canne à sucre qu'elle n'en pouvait moudre. Y poussaient également des bananiers, des caféiers, des patates douces et des arachides. Loin d'être un « chef tout-puissant ayant de nombreux Indiens sous ses ordres » — une sorte de grand manitou — Saavedra n'était qu'un humble pionnier. C'est dans ces solitudes, au cœur de l'impénétrable forêt andine, sans nul voisin à la ronde (hormis quelques sauvages), qu'il s'était installé. Ce n'était pas un potentat indien, mais un homme des confins, un broussard entreprenant, sachant travailler le bois et la pierre — en somme, un modeste Péruvien au meilleur sens du terme.

Près du moulin servant au broyage de la canne à sucre étaient rangées d'authentiques jarres incas, utilisées par Saavedra pour faire bouillir le jus de canne et produire le sucre sous sa forme brute. Notre hôte nous confia qu'il les avait découvertes dans la forêt, non loin de sa propriété. Quatre d'entre elles étaient du type « aryballe », courant chez les Incas. Une cinquième, à fond pointu comme les autres, avait un large goulot et était dotée d'une protubérance latérale représentant une tête d'animal stylisée et, à mi-corps, de deux anses verticales en forme de courroies. Bien qu'il pût contenir jusqu'à trente-cinq litres, cet énorme vase pouvait jadis être transporté à dos d'homme au moyen d'une corde passée dans ses anses et enroulée autour de la tête d'animal. Saavedra ajouta qu'il avait mis au jour près de sa maison plusieurs sépultures oblongues, garnies intérieurement de pierres et recouvertes de dalles — des tombes incas, de toute évidence. Les ossements qu'elles renfermaient avaient cependant entièrement disparu. L'une des dalles avait été percée d'un orifice, lequel était masqué par une fine couche d'argent martelé. Saavedra avait également découvert quelques outils de pierre, ainsi que deux ou trois haches en bronze d'origine inca. Ces diverses trouvailles prouvaient à n'en point douter que des Incas avaient jadis vécu dans cette jungle saturée d'humidité.

Nous quittâmes finalement Conservidayoc par un chemin que le fils de Saavedra et nos Indiens avaient dégagé. Nous émergeâmes des fourrés près d'un monticule d'où l'on pouvait embrasser du regard l'ensemble de la vallée. Nous aperçûmes directement en contrebas, sur une terrasse alluviale, les petites huttes ovales du village indien d'Espiritu Pampa, qui occupait trois clairières au cœur d'un grand bois.

Le monticule était coiffé par les ruines d'un petit édifice rectangulaire fait de moellons grossièrement appareillés — probablement une tour de guet inca. Notre chemin se confondait désormais avec un ancien escalier de pierres, large d'un peu plus d'un mètre et dévalant la montagne sur près de cinq cents mètres. Ses marches avaient été taillées dans la roche brute. Peut-être était-il l'œuvre des soldats de Titu Cusi chargés de scruter l'horizon depuis le promontoire. Juste au moment où nous atteignîmes la plus grande des trois clairières, un violent orage éclata. Les huttes étaient vides. Nous hésitions à pénétrer à l'intérieur de la demeure d'un sauvage sans y avoir été invités, mais le déluge qui s'abattit sur nous eut raison de nos scrupules, sinon de notre nervosité. La hutte était surmontée d'un toit à forte pente. Ses parois étaient faites de petits rondins fichés dans le sol et assujettis ensemble à l'aide de lianes. Quelques braises, à terre, achevaient de se consumer. Près des cendres, nous vîmes deux *ollas* (marmites) noircies par le feu et semblant dater de l'époque inca.

Dans l'une des deux autres clairières, des plants de manioc, de coca et de patates douces poussaient au petit bonheur, au beau milieu de troncs d'arbres abattus et carbonisés. A proximité, gisaient les ruines d'une vingtaine de maisons circulaires disposées sans ordre apparent. Nous trouvions-nous en présence de la « cité inca » signalée par le prospecteur Lopez Torres ? Il s'agissait plus vraisemblablement de l'un des repères des farouches Antis[6] que Rodriguez de Figueroa vit auprès de Titu Cusi.

Alors que nous nous interrogions sur la nature de ce site, un jeune indigène surgit de la forêt. Il était armé d'un grand arc et de longues flèches, et portait un bandeau en fibres de bambou. Il rentrait de la chasse et nous montra avec fierté l'oiseau qu'il avait abattu. Peu après, apparurent deux adultes que nous avions déjà rencontrés chez Saavedra. Tous deux portaient de longues tuniques. Ils nous proposèrent de nous guider jusqu'à d'autres ruines. Nous eûmes beaucoup de mal à les suivre : après une demi-heure de marche harassante à travers la jungle, nous atteignîmes une terrasse naturelle sur la berge d'un petit affluent du Pampaconas. L'endroit portait le nom d'« Eromboni Pampa ». Nous y découvrîmes plusieurs terrasses artificielles, ainsi que les fondations grossières d'un bâtiment rectangulaire long de cinquante-huit mètres. Les vestiges n'émergeaient du sol que d'une trentaine de

178

centimètres. Très peu de matériaux de construction gisaient alentour. Selon toute vraisemblance, la structure n'avait jamais été achevée. Elle était flanquée d'une fontaine inca typique (à trois jets). Deux cents mètres plus loin, au-delà d'un rideau de lianes et de bambous si dense que nous ne pouvions voir à plus de deux mètres autour de nous, les indigènes nous montrèrent les ruines d'un groupe de maisons incas dont les murs en pierres étaient encore bien conservés. Les moellons mal équarris qui avaient servi à leur construction étaient assemblés à l'aide d'un mortier d'*adobe*[7]. A l'instar de ceux de certains édifices d'Ollantaytambo, les linteaux des portes consistaient en trois ou quatre blocs de pierre non taillés. A quelques mètres de là, une fontaine était adossée au mur de soutènement d'une terrasse. La forme des bâtiments, leur disposition générale, les niches, les saillies de pierre et les linteaux, tout dénotait une origine inca. Nous ramassâmes précisément sur le site plusieurs fragments de céramique inca.

Le lendemain, conduits par le fils de Saavedra, nos porteurs et quelques indigènes continuèrent à débroussailler les ruines d'Eromboni Pampa à coups de machette. Ce faisant — à notre grande surprise (et celle des indigènes) — ils découvrirent, juste au-dessous de la petite fontaine près de laquelle nous nous étions tenus la veille, les vestiges remarquablement conservés de deux bâtiments incas d'un style architectural très supérieur à tout ce que nous avions vu jusque-là. Garnies de saillies et de niches symétriques, ces maisons se dressaient, solitaires, sur une petite terrasse. Nous y trouvâmes des tessons de poterie caractéristiques.

Rien ne donne mieux l'idée de la densité de la jungle que la découverte de ces ruines à côté desquelles les indigènes étaient si souvent passés sans en avoir jamais soupçonné l'existence.

Satisfaits d'avoir exhumé les plus belles ruines incas de la vallée, nous poursuivîmes nos recherches, mais nous ne devions plus découvrir qu'un petit pont (*phot.* 38), il est vrai, de belle facture. Soumis à un interrogatoire serré par le fils de Saavedra, les indigènes affirmèrent qu'ils ne connaissaient aucun autre site alentour.

J'avais en fait d'ores et déjà de bonnes raisons de penser que ces ruines étaient celles d'une des résidences favorites de Titu Cusi — peut-être celle-là même qu'il quitta pour se porter à la rencontre de Rodriguez de Figueroa en 1565.

Bâtis vraisemblablement en quelques mois, les édifices de ce site sont de type inca tardif. Les maisons inachevées étaient peut-être en cours de construction pendant la dernière partie du règne de Titu Cusi.

Qui construisit les plus beaux édifices d'Eromboni Pampa? S'agit-il du « Vilcabamba Viejo » du père Calancha, cette « Université de l'Idolâtrie où officiaient sorciers et grands maîtres de l'abomination », ce lieu que les frères Marcos et Diego atteignirent au prix de tant de souffrances[8]? Pendant notre marche d'approche, étions-nous passés sans le savoir en cet endroit appelé Ungacacha où les deux moines avaient dû patauger dans un lac, pour le plus grand amusement de Titu Cusi et de sa suite ? Les deux frères parlèrent toutefois d'un « voyage de trois jours dans une contrée accidentée ». Puquiura, selon Calancha, est situé à « deux longues journées de marche » de Vilcabamba. Nous nous trouvions assurément au cœur d'une « région accidentée », mais il nous avait fallu cinq jours pour nous rendre de Puquiura à Eromboni Pampa. On peut difficilement imaginer que le Prêtre et les Vierges du Soleil (les officiants de l'« Université de l'Idolâtrie »), qui avaient fui avec Manco le climat frais et clément du Cuzco et avaient été installés par l'Inca quelque part dans les montagnes de Vilcabamba, aient consenti à vivre ne serait-ce que quelques mois dans cette vallée chaude et insalubre. La différence de climat entre ces deux régions du Pérou est aussi grande que celle qui peut exister entre l'Écosse et l'Égypte. Ils n'auraient pas trouvé à Espiritu Pampa les aliments qu'ils étaient habitués à consommer. Ils auraient, en revanche, trouvé la solitude et la sécurité auxquelles ils aspiraient dans maints autres endroits proches du Cuzco — en même temps qu'un climat doux, vivifiant, et des denrées comestibles à leur goût. Enfin, Calancha écrit que « Vilcabamba le Vieux [constituait la] principale cité de la province », une expression difficilement applicable aux quelques vestiges que nous avions découverts près de la « Pampa des Esprits ».

Eromboni Pampa et la vallée du rio Pampaconas, il est vrai, pourraient correspondre au « Vilcabamba » des compagnons du capitaine Garcia de Loyola[9]. Il s'agit, si l'on se fie à leur récit, de la ville et de la vallée où Tupac Amaru, le dernier Inca, se serait réfugié après que ses troupes eurent été délogées de la « nouvelle forteresse » de Vitcos.

En 1572, lorsque le capitaine Garcia se lança à nouveau à la poursuite de Tupac Amaru, l'Inca fuit « à l'intérieur des terres, vers la vallée de Simaponte... jusqu'au pays de la tribu belliqueuse des Manaries, ses alliés, où des *balsas* et des pirogues l'attendaient pour lui permettre de s'échapper ». Il n'existe aujourd'hui dans cette partie des Andes aucune vallé du nom de Simaponte. Les Manaries, quant à eux, vivent sur le cours inférieur de l'Urubamba. Pour atteindre leur territoire, Tupac Amaru descendit probablement le Pampaconas. Depuis Espiritu Pampa jusqu'à l'endroit où la rivière devient navigable, il n'y a qu'une courte distance. De toute évidence, les Indiens amis qui l'aidèrent à fuir disposaient de pirogues. Le capitaine a fait le récit de la course-poursuite qu'il engagea avec Tupac Amaru ; ignorant les périls de la rivière et de la jungle, il fit construire cinq radeaux sur lesquels il s'embarqua avec ses meilleurs soldats et descendit les rapides, échappant plusieurs fois à la mort. Il atteignit un lieu appelé Momori — pour apprendre que l'Inca, averti de son approche, s'était enfoncé dans la forêt. Ne reculant devant aucun danger, Garcia le suivit — bien que ses soldats dussent désormais aller pieds nus, mourant à moitié de faim, la plus grande partie de leurs vivres ayant été perdue dans les rapides — avant de réussir finalement à capturer Tupac Amaru et ses derniers partisans. C'est ainsi, on l'a vu, que prit tragiquement fin cette terrible chasse à l'homme, éprouvante pour les hommes blancs et fatale pour les Incas.

Il est douteux que Tupac Amaru ait consenti à goûter de la chair de singe (dont les Indiens raffolent, mais que les Quechuas de la *sierra* répugnent à manger). Garcia, en effet, rapporte que l'Inca préféra se livrer aux Espagnols « plutôt que de mourir de faim ». Les Manaries parviennent pourtant à subsister sans difficulté dans une région où les singes abondent. Il est probable que Tupac Amaru ne serait jamais tombé aux mains des Espagnols si ses alliés avaient été en mesure de lui fournir les aliments auxquels il était accoutumé.

En tout état de cause, nos investigations semblaient faire ressortir que cette vallée avait vraisemblablement constitué une partie essentielle du dernier réduit inca. Nous aurions aimé pousser plus avant, mais nos porteurs avaient hâte de rentrer à Pampaconas. S'ils n'étaient pas obligés de manger de la viande de singe, ils avaient en revanche très peur des sauvages et étaient inquiets quant à l'usage que ces derniers pouvaient faire de leurs grands arcs et de leurs longues flèches.

Avant notre départ de Conservidayoc, Saavedra et son fils avaient eu la délicate attention de préparer une sorte de nougatine à notre intention. Ils avaient versé du sirop de canne dans des moules oblongs taillés dans des gros rondins de bois dur, moules au fond desquels ils avaient préalablement placé des poignées de cacahuètes grillées. Cette délicieuse « ration de survie » nous fut d'un grand réconfort pendant notre trajet de retour.

Nous récupérâmes nos mules à San Fernando. Le lendemain, à nouveau sous des trombes d'eau, nous quittâmes la vallée et sa chaleur moite pour les hauteurs glaciales de Pampaconas. Nous étions tout à la fois ruisselants de sueur et trempés par la pluie. De la neige était tombée près du village. Nos dents claquaient comme des castagnettes. Le professeur Foote jeta son dévolu sur le feu de señor Guzman ; une fois réchauffé, il remplit notre théière d'eau bouillante. Les habitants du hameau n'avaient probablement jamais vu de leur vie des voyageurs aussi transis et dans un si piteux état — et jamais un thé chaud ne nous parut aussi délicieux.


## L'*Aobamba*


Nous savions que les Incas avaient trouvé refuge dans la Cordillère de Vilcabamba, et pensions avoir découvert et identifié la plupart des sites mentionnés dans les chroniques, mais nous devions explorer la région de la manière la plus approfondie possible afin qu'aucun doute ne subsistât sur les résultats de notre expédition. C'est ainsi que je demandai à l'un de mes jeunes assistants d'effectuer la reconnaissance topographique et archéologique de la vallée de l'Aobamba, jamais explorée jusque-là. Le topographe en second de l'expédition, Kenneth C. Heald[10], s'acquitta de cette mission à partir du confluent de la rivière avec l'Urubamba. Il rencontra d'énormes difficultés.

Bien que la tâche parût aisée depuis l'entrée de la vallée, Heald fut arrêté par la jungle six kilomètres en amont. Aucun chemin ne put être découvert, et la végétation était si dense que toute observation fut impossible. Aidé de cinq hommes, il ne progressa le premier jour que d'un kilomètre et demi en six heures.

Le tronçon de vallée que Heald réussit à reconnaître ne présente qu'un faible intérêt du point de vue archéologique. De la manière la plus inopinée, je devais cependant atteindre une dizaine de jours plus tard, par un autre chemin, la partie supérieure de la vallée, où je découvris d'intéressants vestiges.

Don Tomas Alvistur, un *haciendero* de Huadquiña passionné par les vieilles pierres, témoignait un grand intérêt à nos travaux. Il fut littéralement enchanté lorsque certains de ses Indiens lui signalèrent dans ce secteur trois groupes de ruines qui, à leur avis, n'avaient jamais été visitées par les hommes blancs.

Don Tomas m'invita à l'accompagner jusqu'à ces trois sites, mais lorsque vint le moment du départ, il m'avoua que des obligations de dernière minute l'empêchaient de participer à l'expédition. Il ne fit qu'une petite partie du trajet avec nous, mais il avait pris soin de recruter trois guides et porteurs indiens, à qui il ordonna de transporter mon équipement chaque fois que les mules ne pouvaient être utilisées, de me conduire jusqu'aux sites et de me raccompagner à Huadquiña.

Nous atteignîmes le premier soir le sommet de la crête qui sépare les vallées de l'Aobamba et du Salccantay, à environ mille cinq cents mètres au-dessus de l'*hacienda* de Huadquiña, notre point de départ. Nous y découvrîmes en effet un certain nombre de vestiges, ainsi que deux ou trois huttes de construction récente.

Les Indiens appelaient cet endroit Llacta Pata, un toponyme on ne peut plus explicite, « llacta » signifiant « ville » et « pata », « hauteur ». Divers indices semblaient suggérer qu'un chef inca avait construit en ces lieux sa résidence, qui regroupait une dizaine d'édifices. Ces derniers avaient été bâtis avec de simples moellons assemblés à l'argile. Les portes et les niches étaient disposées symétriquement, à la manière inca. Occupant une position stratégique, cette résidence a peut-être été bâtie par l'un des généraux de Manco.

Le lendemain matin, nous franchîmes une haute passe et redescendîmes aussitôt dans une vallée très encaissée, au creux de laquelle coule l'un des affluents supérieurs de l'Aobamba. Les pentes qui surplombaient directement la rivière étaient recouvertes d'un épais manteau forestier. Vers deux heures de l'après-midi, nous atteignîmes le fond du vallon, en un point où plusieurs torrents se rejoignent pour former la principale branche ouest de l'Aobamba. L'endroit est appelé Palcay.

Nous y trouvâmes deux ou trois cabanes, dont l'une se dressait à l'intérieur de l'enceinte d'un fortin en ruine — un groupe de maisons disposées en carré — auquel les Indiens donnaient, là encore, le nom de « Llacta » (« ville »). Le site n'ayant probablement jamais été facile à défendre, un mur d'environ quatre mètres de hauteur entourait l'ensemble des édifices. Le style architectural des constructions était indubitablement inca.

Ce « château » (si l'on peut l'appeler ainsi) formait un carré d'environ quarante-cinq mètres de côté et était divisé en quatre quartiers égaux par deux ruelles perpendiculaires. Deux de ces quartiers avaient été achevés : ils regroupaient chacun cinq maisons réparties symétriquement autour d'une courette. Le troisième quartier était presque terminé. Quant au quatrième, nous n'y trouvâmes que les fondations de deux ou trois bâtiments. Chaque quartier comportait une unique porte d'entrée donnant sur le nord. Le site était infesté de moustiques, ce qui rendit le relevé des ruines extrêmement fastidieux.

La caractéristique la plus remarquable de ce fortin inca résidait dans le fait que ses deux ruelles intérieures étaient orientées exactement en direction des points cardinaux. Nous nous trouvions dans l'hémisphère Sud, où l'Étoile polaire ne peut être observée, et pourtant, l'une des deux venelles suivait exactement la ligne du méridien. Par quel prodige avait-elle été tracée ?

Le lendemain, nous atteignîmes les ruines d'un ancien village. A en juger par le caractère très primitif des constructions, il ne pouvait s'agir d'une localité très importante. Il était en tout état de cause impossible de déterminer s'il avait été occupé depuis la conquête espagnole ou non. Mes guides en ignoraient le nom (ou peut-être n'ai-je pas compris ce qu'ils me dirent).

Après avoir poursuivi notre route par des chemins de montagne couverts de neige, nous descendîmes dans une autre vallée à la tombée du jour : nous avions atteint l'une des branches supérieures du rio Chamana, un affluent de l'Urubamba. Nous découvrîmes sur ses berges plusieurs groupes de ruines incas mentionnées sur aucune carte. C'est peut-être à ces sites que songeaient les Indiens de Huadquiña lorsqu'ils avaient affirmé à Don Tomas Alvistur qu'ils en connaissaient « trois » n'ayant « jamais été visités par les hommes blancs ».

Soucieux de mettre en culture la plus grande surface possible de terres dans le fond de la vallée, les Incas avaient, un peu plus loin — et sur plus d'un kilomètre — endigué le cours erratique de la rivière entre deux murets de pierre quasi rectilignes.

Cette ultime reconnaissance avait, en définitive, donné d'excellents résultats. Elle nous avait permis de découvrir des vestiges qui n'avaient jusque-là jamais été décrits, et nous avait fourni de nouvelles preuves de l'occupation par les Incas des moindres replis de la Cordillère de Vilcabamba. Il reste que nous n'avions toujours pas identifié « Vilcapamba », la capitale de Manco et ses fils.

1. Pilcosuni et Manari : noms de tribus indiennes riveraines (à l'époque de Manco II) du bas Apurimac et du bas Urubamba respectivement.

2. Environ huit kilomètres (lieue coloniale espagnole).

3. Cf. chap. 2, note 6.

4. Cf. chap. 1, note 4.

5. Cf. chap. 3, note 14.

6. Cf. chap. 3, note 12.

7. L'argile crue, séchée au soleil, utilisée comme matériau de construction dans les régions sèches des Andes. Par extension, les briquettes façonnées par modelage ou moulage dans ce même matériau sont également désignées sous ce nom. Cf. D. Lavallée..., *op. cit.*, p. 239.

8. Bingham répond par la négative à cette question. Il s'agit pourtant bien du site de Vilcabamba, comme devaient l'établir G. Savoy et J. Hemming dans les années 1960-70 (Cf. note suivante).

9. Dans son obstination à voir dans Machu Picchu Vilcabamba, Bingham refuse de suivre cette piste, qui est pourtant la bonne. La « Vilcabamba » des compagnons de Garcia de Loyola, sise au nord-ouest de Vitcos, en aval du rio Pampaconas, ne fait qu'une avec la « Vilcabamba » de Calancha.

Les principaux arguments de Bingham, ceux qui lui permirent d'identifier Machu Picchu avec Vilcabamba, étaient, on l'a vu, la taille de la cité (« la plus grande ville de la province », selon Calancha), et, surtout, le fait que Vilcabamba n'avait jamais été conquise par les Espagnols : Machu Picchu ne présentant aucun signe d'occupation européenne et n'étant mentionné par aucune chronique, la « cité perdue » ne pouvait qu'être la dernière capitale des Incas.

Vilcabamba, en fait, fut bel et bien prise par les Espagnols en 1572, juste avant la capture de Tupac Amaru — comme en témoignent deux documents mis au jour après 1911, et dont Bingham n'eut jamais connaissance (une dépêche du général Hurtado de Arvieto au vice-roi, datant du 27 juin 1572 et publiée en 1935, qui rendait compte des opérations au-delà de Pampaconas et de l'occupation de Vilcabamba ; la première partie de l'*Historia general del Perú* de Murua, découverte en 1945 et publiée en 1962, qui décrit l'incendie de la cité).

En 1964, l'explorateur américain Gene Savoy, de l'*Andean Explorers Club,* décida de retourner à Espiritu Pampa, après avoir relu attentivement les sources consultées par Bingham (Calancha, Titu Cusi, Rodriguez, Ocampo). En trois campagnes de fouilles, il mit au jour, à 700 mètres au nord-ouest d'Eromboni Pampa, les ruines de quelque soixante édifices et trois cents maisons — vestiges dans lesquels il vit la « dernière cité des Incas » : en un jeu de mots sur « *Lost City of the Incas* » (l'ouvrage de Bingham sur Machu Picchu), il intitula le récit de son expédition : *Vilcabamba, Last City of the Incas* (New York, 1970).

Reprenant et complétant les conclusions de Savoy, l'historien et explorateur anglais John Hemming identifia de manière définitive Espiritu Pampa avec Vilcabamba (*The Conquest of the Incas,* Londres, 1970 ; trad. fr., 1971, pp. 403-415). A l'appui de sa thèse, il avança au moins six arguments : l'altitude (Vilcabamba se caractérisait, selon les chroniques, par son « climat chaud » — Espiritu Pampa est situé à 1 000 mètres d'altitude, dans le bassin subtropical du Cosireni, et Machu Picchu, à 2 750 m) ; la topographie des lieux (Vilcabamba, comme Espiritu Pampa, gît « au creux d'une vallée », selon Hurtado de Arvieto, alors que les ruines de Machu Picchu sont juchées sur un éperon) ; les points de repère, mentionnés par les chroniques, qui jalonnent la route menant de Vitcos à Vilcabamba, et qui sont facilement identifiables avec des sites modernes : Huarancalla (ancien nom de Layancalla), lac Ungacocha (Oncoycocha), Banbaconas (Pampaconas), Chuquillusca, Marcanay (les vestiges de Machu Picchu, quant à eux, sont situés dans la direction opposée d'Espiritu Pampa par rapport à Vitcos) ; l'ampleur des ruines d'Espiritu Pampa, « de loin les plus importantes de la région » ; l'épaisse couche de cendres qui recouvrait le site, témoignage de l'incendie décrit par Murua ; enfin, « preuve définitive », les tuiles de toiture, imitant les tuiles espagnoles, décrites par le même chroniqueur.

10. Kenneth Conrad Heald (1888-1971), géologue diplômé de l'Université de Yale. Il travailla à l'U.S. Geological Survey (1914-24), avant d'entrer dans l'industrie pétrolière.

# TROISIÈME PARTIE

# MACHU PICCHU

# 7

## LA DÉCOUVERTE

C'est en juillet 1911, on l'a vu[1], que j'avais commencé à rechercher la dernière capitale inca. Accompagné de mon ami le professeur Harry Ward Foote[2] de l'Université de Yale (notre naturaliste), et d'un camarade de promotion, le Dr W.G. Erving (le médecin de l'expédition), j'étais entré dans le canyon de l'Urubamba, en aval de la forteresse de Salapunco, près de Torontoy.

C'est en ce point de son cours que la rivière s'échappe des hauts plateaux andins pour se frayer un chemin à travers de gigantesques montagnes de granite. La route court à travers des paysages d'une rare splendeur. Ces derniers revêtent à la fois la grandeur majestueuse des Rocheuses canadiennes et la beauté saisissante et enchanteresse du Nuuanu Pali, près d'Honolulu, ou de la Koolau Ditch Trail, sur l'île de Maui, dans mon pays natal[3]. Pour la diversité de leurs séductions et la fascination qu'ils exercent, je ne connais aucun endroit au monde qui puisse leur être comparé. Aux pics enneigés dominant les nuages de plus de 3 000 mètres et aux gigantesques précipices au fond desquels grondent des rapides miroitant au soleil, s'opposent, en un total contraste, les étages d'une végétation luxuriante (orchidées, fougères géantes), et la magie ensorcelante de la forêt vierge. Cheminant dans une gorge sinueuse surplombée d'à-pic vertigineux, le voyageur, irrésistiblement entraîné vers l'aval, va de surprise en surprise.

Par-dessus tout, il y a la fascination de trouver de place en place, sous une vigne grimpante, ou perchés au sommet d'une crête, les vestiges d'une civilisation à jamais disparue, et de tenter de revivre en imagination l'épopée de ces hommes qui, jadis, cherchèrent refuge dans la région de l'Urubamba. En ces lieux écartés — qui semblent avoir été conçus par la nature pour servir de refuge aux opprimés — les fugitifs purent se consacrer à l'édification de ces terrasses et de ces temples dont la beauté défie encore aujourd'hui le temps. L'espace manque ici pour décrire le panorama sans cesse changeant, la végétation exubérante, les précipices insondables, les glaciers surgissant d'entre les nuages.

On se souvient qu'après avoir dépassé Maquina, où gisait la carcasse d'une machine qu'un colon avait en vain tenté de transporter jusqu'à ses plantations de canne, en aval du défilé, nous avions atteint une petite « plaine » appelée Mandor Pampa[4]. Bordé sur un de ses côtés par les rapides, cet espace dégagé est cerné sur le reste de son périmètre par de gigantesques à-pic.

Nous laissâmes derrière nous une misérable hutte recouverte de chaume, puis, après avoir quitté la route à la faveur d'une petite clairière, nous établîmes notre camp au bord de la rivière, sur une plage de sable. En face de nous, au-delà d'un chaos d'énormes blocs de granite qui entravait le cours impétueux du rio, le versant abrupt de la montagne était recouvert d'une jungle touffue. Situé à proximité de la route, mais à l'abri du regard d'éventuels passants, l'endroit nous parut idéal pour un campement. Nos faits et gestes, cependant, éveillèrent les soupçons du propriétaire de la hutte, Melchor Arteaga, qui tenait en fermage les terres de Mandor Pampa. Il voulait savoir pourquoi nous ne nous étions pas arrêtés à sa « taverne », comme le faisaient d'ordinaire les voyageurs respectables. Par chance, le préfet du Cuzco, notre vieil ami J.J. Nuñez, nous avait confié à la garde d'un soldat qui parlait le quechua. Notre *gendarme,* le sergent Carrasco, parvint à rassurer l'aubergiste, avec qui il eut une assez longue conversation. Lorsque Arteaga apprit que nous nous intéressions aux vestiges architecturaux incas et que nous recherchions le palais du dernier Inca, il déclara qu'il y avait de très belles ruines dans les environs — en fait, des ruines « exceptionnelles », et ce au sommet de la montagne qui nous faisait face, le Huayna Picchu, ainsi que sur une crête voisine appelée Machu Picchu !

Le lendemain matin (24 juillet), une bruine glaçante tombait sur la région. Arteaga, qui frissonnait de froid, semblait peu désireux de quitter sa cabane. Je lui proposai, moyennant rétribution, de me montrer les ruines. Il rechigna, arguant que l'ascension serait trop difficile par un temps aussi humide. Mais lorsqu'il vit que j'étais prêt à lui donner un *sol,* soit trois ou quatre fois le revenu journalier moyen dans cette région, il accepta sur-le-champ de se mettre en route. Lorsqu'on lui demanda où se trouvaient les ruines, il désigna du doigt le sommet de la montagne. Aucun de nous ne s'attendait à ce qu'elles présentent un intérêt particulier. Personne, à dire vrai, n'avait envie de m'accompagner. Le naturaliste de l'expédition, Harry Foote, déclara qu'il y avait « plus de papillons près de la rivière », sur les berges de laquelle il espérait collecter de nouvelles variétés. Erving, quant à lui, prétexta une lessive et de menus travaux de rapiéçage pour rester dans la vallée. En tout état de cause, c'est à moi qu'il incombait de visiter toutes les ruines qui m'étaient signalées et de retrouver la capitale inca.

C'est ainsi qu'accompagné du sergent Carrasco, je quittai le camp à dix heures du matin. Arteaga nous fit remonter la rivière sur quelques kilomètres. En chemin, nous passâmes à côté d'un serpent qu'il fallut, par précaution, tuer à coups de machette. Notre guide nous confia que la région était infestée de vipères. Nous apprîmes par la suite que la vipère jaune, ou « fer-de-lance » — une espèce très venimeuse, capable d'effectuer des bonds prodigieux pour attaquer sa proie —, est effectivement commune dans la région de l'Urubamba.

Après une marche de trois quarts d'heure, Arteaga quitta la route principale et descendit à travers les fourrés vers la rivière. Nous y trouvâmes un pont rudimentaire qui enjambait les rapides dans leur partie la plus étroite, là où le rio doit se frayer un passage entre deux gros blocs de granite. Le « pont » consistait en une demi-douzaine de troncs d'arbustes — dont certains n'étaient pas assez longs pour combler l'espace séparant les deux rochers — attachés ensemble par des lianes !

Arteaga et le sergent ôtèrent leurs souliers et tentèrent courageuse-ment de traverser le pont à plat ventre, s'agrippant au bois à l'aide de leurs orteils pour ne pas glisser. Il va sans dire que personne n'aurait pu survivre plus de dix secondes dans les rapides glacés : si l'un d'entre nous était tombé, son corps aurait été immédiatement déchiqueté par les rochers. Je dois confesser que je me mis moi aussi à quatre pattes et entrepris de traverser le pont en rampant, progressant de vingt centimètres à chacune de mes avancées. Même après que nous eûmes touché l'autre rive, je ne pus m'empêcher de penser à ce qu'il adviendrait du « pont » si des pluies diluviennes venaient à s'abattre sur la vallée en amont. A la suite d'une averse tombée pendant la nuit précédente, la rivière avait à tel point grossi que le « pont » était déjà menacé par les rapides. Quelques centimètres d'eau supplémentaires, et il serait entièrement emporté. En fait, c'est ce qui se produisit quelques jours plus tard, et lorsque les visiteurs suivants voulurent traverser la rivière à cet endroit, ils ne trouvèrent plus qu'un seul tronc.

Quittant le lit du rio, nous tentâmes ensuite d'escalader la berge, que recouvrait un dense végétation. Au bout de quelques minutes, nous nous retrouvâmes au pied d'une pente très escarpée et pendant près d'une heure et demie, nous grimpâmes avec difficulté. Nous effectuâmes une bonne partie de l'ascension à quatre pattes, parfois en nous cramponnant à la paroi avec nos ongles. Çà et là, une échelle de fortune consistant en un tronc sommairement entaillé permettait de franchir les passages les plus difficiles. En d'autres endroits, la pente était couverte d'herbes glissantes n'offrant pratiquement aucune prise. Arteaga, gémissant sous l'effort, nous avertit de la présence d'un grand nombre de serpents. Le sergent Carrasco, de son côté, restait silen-cieux, content de porter de bonnes chaussures militaires. L'air était saturé d'humidité, car nous nous trouvions dans la zone la plus arrosée du Pérou oriental. La chaleur était accablante, et aucune ruine ou anden[5] n'était en vue ! Je commençais à envier mes compagnons restés dans la vallée.

Peu après midi, alors que nous étions totalement épuisés, nous atteignîmes une petite hutte couverte de paille, à six cents mètres au-dessus de la rivière ; plusieurs Indiens, agréablement surpris par notre arrivée inopinée, nous y accueillirent en nous offrant des calebasses d'eau fraîche. Puis ils disposèrent devant nous quelques patates douces. D'après ce que nous pûmes comprendre, deux fermiers indiens, Richarte et Alvarez, avaient récemment élu domicile dans ce nid d'aigle. Ces derniers nous déclarèrent qu'ils y avaient découvert un grand nombre de terrasses propices aux cultures, et reconnurent en riant qu'ils s'y trouvaient à l'abri des visiteurs indésirables — les agents du gouvernements qui recherchaient des « volontaires » pour l'armée ou levaient des impôts.

Richarte nous déclara qu'il occupait les lieux depuis quatre années. Il est probable que du fait de sa difficulté d'accès, le canyon était demeuré inoccupé pendant plusieurs siècles, mais qu'avec l'achèvement de la nouvelle route du gouvernement, des paysans s'étaient à nouveau installés dans la région. L'un d'eux avait un jour escaladé la crête surplombant la rivière et y avait trouvé, à plus de trois mille mètres au-dessus du niveau de la mer, un sol riche, commodément disposé sur des terrasses, et bénéficiant d'un climat doux. Là, les Indiens avaient finalement défriché au feu quelques terrasses pour y planter du maïs, des pommes de terre et des patates douces, de la canne à sucre, des haricots, des piments, des tomates et des groseilles à maquereaux.

Ils déclarèrent qu'il existait deux chemins permettant de rejoindre le « monde extérieur ». Du premier, nous avions déjà eu un aperçu ; le second était « encore plus difficile » — un chemin périlleux qui descendait le long d'un à-pic rocailleux de l'autre côté de la crête. C'était là leur seule issue durant la saison des pluies, lorsque le pont de fortune que nous avions emprunté ne pouvait être maintenu. Nous ne fûmes pas surpris d'apprendre qu'ils ne s'absentaient de chez eux « qu'environ une fois par mois ».

Par l'intermédiaire du sergent Carrasco, j'appris que les ruines se trouvaient « un peu plus loin en avant ». Dans ce pays, on ne sait jamais si l'on peut accorder foi à ce genre d'indication : toute information obtenue par ouï-dire a de fortes chances de se révéler fausse. Aussi n'étais-je ni ému outre mesure, ni pressé de repartir. Il faisait encore très chaud, l'eau de la source des Indiens était délicieusement fraîche, et la banquette de bois que mes hôtes avaient eu l'obligeance de recouvrir d'un poncho de laine immédiatement après mon arrivée me semblait fort confortable. En outre, la vue était tout simplement enchanteresse. Des à-pic vertigineux couverts de végétation s'abîmaient dans les rapides écumants de l'Urubamba sous nos pieds. Juste en face de nous, sur le versant nord de la vallée, se profilait une impressionnante falaise de granite haute de six cents mètres. A gauche, se dressait le pic solitaire du Huayna Picchu, entouré de précipices insondables. De toutes parts nous étions environnés de parois rocheuses. Derrière elles, des montagnes couvertes de neige et

190

chapeautées de nuages culminaient à plus de 2 000 mètres au-dessus de nous.

Nous continuâmes à nous délecter du panorama, tout en constatant que les seules ruines visibles depuis notre abri ombragé semblaient se limiter à quelques terrasses.

M'attendant à ne trouver que les vestiges de deux ou trois maisons de pierre semblables à ceux que nous avions pu observer en divers points de la route reliant Ollantaytambo à Torontoy, je finis par abandonner l'ombre fraîche de la petite hutte et poursuivis mon ascension vers la crête, au-delà d'un petit promontoire. Melchor Arteaga, qui connaissait déjà les lieux, avait préféré poursuivre sa sieste et continuer à bavarder avec Richarte et Alvarez. Il avait demandé à un jeune garçon de m'accompagner et de me servir de « guide ». Le sergent, en service commandé, était tenu de me suivre, mais je pense qu'il était de toute façon impatient de découvrir ce qui nous attendait plus loin.

A peine avions-nous quitté la hutte et dépassé le promontoire que s'offrit à nos yeux un spectacle tout à fait inattendu — une grande volée de terrasses en pierres d'un très bel appareillage (peut-être une centaine), chacune d'elles étant longue de deux cents à trois cents mètres et haute de trois mètres. Ces *andenes* avaient été récemment arrachés à la jungle par les Indiens. Une véritable forêt de grands arbres vieux de plusieurs siècles avait été abattue et en partie brûlée pour laisser place à ces essarts propices à l'agriculture. Le travail de déblayage excédant les forces des deux Indiens, les troncs d'arbres avaient été laissés là où ils étaient tombés et seules les plus petites branches avaient été coupées. Le sol originel, soigneusement mis en place par les Incas, était encore capable de donner de belles récoltes de maïs et de pommes de terre.

Il n'y avait toutefois pas de quoi s'enflammer. De semblables volées de terrasses impeccablement étagées peuvent être vues dans la haute vallée de l'Urubamba, à Pisac et Ollantaytambo, ainsi qu'en face de Torontoy, plus loin en aval. Aussi bien nous continuâmes à suivre patiemment notre jeune guide le long d'une des plus larges terrasses, où l'on pouvait distinguer les restes d'une rigole d'irrigation. Nous venions de pénétrer à nouveau dans la forêt encore vierge lorsque soudain des vestiges de murs de la plus belle facture surgirent devant moi. Il était difficile de s'en approcher, dans la mesure où ils étaient partiellement dissimulés par des arbres et de la mousse — l'œuvre de plusieurs siècles —, mais dans l'ombre dense, cachés derrière des fourrés de bambous et des vignes grimpantes, apparaissaient çà et là des parements de pierres de granite blanc finement taillées et délicatement appareillées. Nous jouâmes des pieds et des mains pour traverser les broussailles, escaladant les murets des terrasses et progressant avec peine dans les fourrés de bambous où notre guide se fraya un chemin plus facilement que nous. Tout à coup, sans qu'il nous en ait préalablement avertis, le jeune garçon me montra, sous une énorme corniche en surplomb, un renfoncement revêtu de pierres taillées de la manière la plus exquise. Il s'agissait de toute évidence d'un mausolée royal. Au-dessus de la corniche en question se dressait un édifice semi-circulaire dont l'enceinte, légèrement inclinée et incurvée, rappelait de manière frappante le Temple du Soleil du Cuzco. Il pouvait d'ailleurs s'agir d'un Temple du Soleil. Il épousait la courbure naturelle de la roche, à laquelle il était assujetti par l'un des plus beaux exemples de maçonnerie qu'il m'ait été donné de voir. En outre, il s'imbriquait dans un autre très beau mur fait lui aussi de pierres très soigneusement ajustées, d'un pur granite blanc spécialement sélectionné pour la finesse de son grain. Sans nul doute, il s'agissait là de l'œuvre d'un maître. La face intérieure du mur était garnie de niches et de saillies de forme cubique. Sa face extérieure, dépourvue de la moindre ornementation, était quant à elle d'une totale simplicité. Ses assises inférieures, formées de pierres de grandes dimensions, lui donnaient un aspect massif. Les rangées supérieures, dont la taille diminuait progressivement vers le haut, conféraient grâce et délicatesse à la structure. La finesse des lignes, la disposition symétrique des pierres et l'étagement graduel des assises se combinaient pour produire un merveilleux effet, plus harmonieux et plus doux à l'œil que celui engendré par les temples de marbre de l'Ancien Monde. Du fait de l'absence de mortier, les moellons étaient parfaitement jointifs. Ils semblaient avoir pris forme ensemble. La blancheur du granite utilisé rendait cette construction encore plus belle que les murs incas du Cuzco devant lesquels les voyageurs s'extasient depuis quatre siècles. Je n'en croyais pas mes yeux. Peu à peu, j'en vins à penser que ce mur et le temple semi-circulaire qui lui était adjacent au-dessus de la grotte égalaient les plus belles réalisations de maçonnerie au monde.

J'en avais le souffle coupé. A quoi pouvait bien correspondre cet endroit ? Pourquoi personne n'en avait jamais fait mention jusque-là ? Même Melchor Arteaga ne manifestait qu'un faible intérêt pour nos découvertes (en tout état de cause, il n'avait aucune idée de l'importance des ruines dans lesquelles Richarte et Alvarez avaient élu domicile). Peut-être après tout ne s'agissait-il que d'une petite localité isolée tombée dans l'oubli en raison de sa difficulté d'accès ?

Le jeune garçon nous engagea ensuite à poursuivre notre ascension en empruntant les marches de pierre que nous distinguions au-dessus de nous. Les surprises succédaient aux surprises à un rythme ahurissant. Nous parvînmes en effet au pied d'un grand escalier formé d'énormes blocs de granite. Puis nous marchâmes le long d'un chemin jusqu'à une clairière où les Indiens avaient aménagé un petit potager. Soudain, nous débouchâmes sur les ruines de deux des plus superbes structures architecturales de l'Amérique précolombienne. Faits d'un beau granite blanc, les murs comprenaient des blocs de dimensions cyclopéennes (certains dépassaient deux mètres de haut). Ce spectacle me figea sur place.

Chaque édifice ne comportait que trois murs, et était entièrement ouvert sur un côté. Hauts de 3,50 m, les murs du temple principal étaient garnis, sur leurs faces intérieures, de niches aménagées avec art — cinq haut placées, de chaque côté, et sept au fond. Les murs latéraux étaient formés de sept assises de pierres de taille. Sous les niches du fond se dressait un bloc rectangulaire de 4,20 m de long — un autel sacrificiel, ou, plus probablement, un trône pour les momies des Incas défunts, extraites de leurs tombes pour y être adorées. L'édifice semblait ne jamais avoir eu de toit. Ne présentant aucune aspérité, les pierres de taille de la couche supérieure n'étaient pas destinées à être couvertes : le soleil, de ce fait, baignait de ses rayons le lieu du culte. J'examinai ensuite — en ayant peine à me fier à mes sens — les plus gros blocs de l'assise inférieure, et estimai qu'ils devaient peser entre dix et quinze tonnes chacun. Allait-on me croire lorsque je ferais état de mes découvertes ? Heureusement, dans ce pays où le souci de l'exactitude et de la vérité n'est pas la qualité principale des voyageurs, je disposais d'un bon appareil photographique et le soleil brillait de tous ses rayons.

Faisant face au sud, le temple principal donnait sur une petite place — ou une cour. Sur le côté est de la place se dressait une autre structure étonnante — les ruines d'un temple comportant trois grandes fenêtres regardant, par-delà le canyon, dans la direction du soleil levant. Comme sa voisine, elle n'a pas d'équivalent parmi les autres ruines incas. Aucun édifice présentant de véritables similitudes — tant en matière de conception que d'exécution — avec ces deux ensembles n'a jamais été inventorié au Pérou. Les trois grandes fenêtres — de toute évidence, trop grandes pour répondre à une utilité pratique quelconque — étaient admirablement construites et avaient magnifiquement résisté aux épreuves du temps. Nous avions manifestement affaire à un édifice cultuel destiné à une fonction particulière. Nulle part ailleurs au Pérou, pour autant que je sache, on ne peut trouver une structure similaire, comportant de façon aussi ostensible « un mur de maçonnerie à trois fenêtres ». On se souvient que Salcamayhua, le lettré qui rédigea en 1620 un mémoire sur les antiquités péruviennes[6], soutient que le premier Inca, Manco le Grand, ordonna « que l'on construisît sur le lieu de sa naissance un édifice consistant en un mur de maçonnerie à trois fenêtres ». Avais-je découvert cet édifice ? Si tel était le cas, alors il ne s'agissait pas de la capitale du dernier Inca, mais de la cité qui avait vu naître le premier. Il ne me vint pas tout de suite à l'esprit que cela pouvait être les deux à la fois. De fait, l'emplacement semblait correspondre à ce que l'on sait de Tampu Tocco, ce lieu où avait trouvé refuge le peuple civilisé ayant fui devant les tribus barbares du sud au lendemain de la bataille de La Raya, emmenant avec lui le corps de son roi Pachacutec mortellement blessé par une flèche. Ce dernier était peut-être enterré dans la grotte garnie de pierres sous le temple semi-circulaire.

Pouvait-il s'agir aussi de la « cité principale » de Manco et de ses fils, la fameuse Vilcabamba abritant l'« Université de l'Idolâtrie » que frère Marcos et frère Diego avaient vainement tenté d'atteindre? Il nous restait à découvrir le plus grand nombre possible d'indices susceptibles de confirmer cette hypothèse[7]...

NOTES

1. Cf. *supra*, chap. 5, « A la recherche de Vitcos ».

2. Cf. chap. 5, note 5.

3. Hiram Bingham, on le rappelle, est né à Honolulu (îles Hawaii), en 1875.

4. Cf. chap. 5 p. 138.

5. Terrasse agricole inca.

6. J. de Santa Cruz P. Y. Salcamayhua, *Relación de las antiguëdades desde reyno del Perú* (1613?); cf. chap. 2, note 10.

7. Sur la découverte de Machu Picchu, voir aussi Hiram Bingham, « The Discovery of Machu Picchu », *Harper's Magazine,* April 1913.

# 8

## EXPLORATION DE MACHU PICCHU
## ET DE HUAYNA PICCHU

Étant donné l'importance probable de l'ancienne cité que nous avions découverte sur la crête qui sépare les pics de Machu Picchu et Huayna Picchu, notre première tâche consista à effectuer un levé précis des ruines. Les travaux devaient être considérablement gênés par la densité de la forêt et des broussailles qui recouvraient les vestiges, mais Hermann Tucker et son assistant Paul Lanius devaient finalement en venir à bout. Une fois dressé, le relevé topographique des lieux révéla — à la surprise générale — l'extraordinaire étendue du site. Dès 1912, il fut décidé d'organiser sous les auspices de l'Université de Yale et de la National Geographic Society[1] une nouvelle expédition en vue d'explorer les ruines de manière approfondie.

La tâche, à nouveau, ne fut pas des plus aisées, même si le président du Pérou, Augusto Leguia, nous promit l'appui inconditionnel de son gouvernement. Le gouverneur du Cuzco, de son côté, reçut l'ordre de nous prêter assistance de toutes les manières possibles. Sans l'aide des autorités péruviennes, nous n'aurions pas pu recruter un nombre suffisant d'Indiens pour nos travaux de dégagement.

Le premier problème qui se posa à nous fut d'ouvrir une route permettant, à l'aller, l'acheminement au sommet de la crête des vivres et du matériel, et, au retour, l'évacuation d'éventuels spécimens archéologiques. Tout, doit-on préciser, devait être transporté à dos d'homme entre l'Urubamba et la cime. Pesant chacune près de trente kilogrammes à pleine charge, nos cantines étaient conçues pour contenir de quoi nourrir deux hommes pendant huit jours. Lorsqu'elles étaient remplies de tessons de poterie, leur poids était encore plus important.

Le chemin que m'avait indiqué Melchor Arteaga en 1911 escaladait le flanc oriental de la crête. Il partait d'un frêle petit « pont » constitué d'une demi-douzaine de rondins attachés ensemble par des lianes, pont qui avait été emporté par le courant de l'Urubamba peu après mon passage. Sur une bonne partie du trajet, l'ascension, comme je l'ai dit, présentait d'énormes difficultés. Dans ces conditions, nos porteurs indiens ne pouvaient porter que de très faibles charges.

La sente du versant occidental de l'éperon partait, quant à elle, du pont de San Miguel, un peu plus loin en aval, au-delà du méandre qui enserre Huayna Picchu. Les Indiens quechuas qui vivaient près des ruines, Richarte et Alvarez, l'empruntaient plus volontiers que le chemin d'Arteaga.

Contraints initialement de passer par le sentier de San Miguel, Tucker et Lanius avaient pu constater à quel point cet itinéraire était périlleux : taillé à même la paroi rocheuse, qu'il gravissait en décrivant d'acrobatiques zigzags, le sentier laissait place en deux ou trois endroits à de rustiques et frêles échelles littéralement suspendues au-dessus du vide. Il présentait en fait de tels dangers que nos porteurs indiens n'auraient pu s'y aventurer. En l'améliorant, nous n'aurions pas eu à construire un nouveau pont en amont, mais, en contrepartie, le trajet entre la vallée et notre camp au sommet de la crête se serait trouvé rallongé de 150 mètres de dénivelé. De surcroît, le départ de cette piste est situé six kilomètres plus loin en aval des rapides — six kilomètres de plus à parcourir depuis notre base de ravitaillement du Cuzco à chaque voyage. En conséquence, nous résolûmes de construire un pont en amont avec nos moyens de fortune, et d'ouvrir une nouvelle piste sur le versant oriental de la crête. Je confiai cette tâche à Kenneth C. Heald[2], l'un des topographes de l'expédition. L'expérience qu'il avait acquise en tant qu'ingénieur des mines dans le Colorado et sa détermination à vaincre tous les obstacles devaient nous être d'un secours inestimable.

La largeur de l'Urubamba au point le plus étroit de son cours — l'endroit le plus approprié pour la construction du nouveau pont — était d'environ vingt-cinq mètres. Les rapides écumants, infranchissables à gué, même pendant la saison sèche, sont ici divisés en quatre bras par d'énormes blocs de rochers. Pour ce qui touchait au matériau, Mr. Heald ne disposait que des arbres de la forêt tropicale, qui poussaient jusque sur les berges de la rivière. Ce fut là la source de nouveaux problèmes, car si de nombreuses essences croissent au fond du canyon, toutes sont recouvertes de mousse et de lichen, ce qui rend très difficile leur identification. La qualité du bois à ouvrer varie grandement selon les espèces : certaines d'entre elles donnent un bois résistant et durable, dense et de belle texture ; d'autres, à croissance trop rapide, fournissent un bois de qualité inférieure, à la fois mou et cassant. Mr. Heald parvint néanmoins à sélectionner plusieurs variétés de bois dur, donnant des troncs droits, parmi celles qui poussaient sur la rive droite du rio, près de l'endroit où il projetait de construire le pont. Pour toute main-d'œuvre, il disposait de dix Indiens quechuas lents à la tâche et peu coopératifs, Indiens qui — doit-on préciser à leur décharge — avaient été réquisitionnés par le *gobernador* de la ville la plus proche. Le seul assistant sur qui pouvait compter Mr. Heald était un *gendarme* du nom de Tomas Cobinas, un jeune et énergique métis détaché auprès de notre expédition par le préfet. On pouvait se fier à lui pour veiller à ce que les Indiens ne relâchent pas leurs efforts.

La coupe des rondins destinés au premier tronçon du pont et leur mise en place au-dessus du premier bras des rapides (large de deux mètres cinquante) furent relativement aisées. Le franchissement des douze mètres suivants de rapides glacés et bouillonnants s'avéra beaucoup plus difficile. Faute de grues ou de tout autre appareil de levage Mr. Heald envisagea initialement de placer un rondin dans le courant en amont du futur pont, parallèlement à la berge, d'attacher à la rive son extrémité inférieure, et d'attendre que son extrémité supérieure, poussée par le courant, pivote et vienne se caler contre les rochers émergeant au milieu des flots. L'expérience fut tentée, mais le rondin était d'un bois si dense qu'il coula immédiatement et disparut dans les rapides. Déployant des trésors d'ingéniosité, Mr. Heald parvint finalement à construire avec ses faibles moyens une sorte de passerelle en porte à faux qui lui permit de franchir la rivière.

Il jeta ensuite au-dessus du rio un pont d'une grande robustesse qui remplit admirablement ses fonctions jusqu'à la fin de nos travaux à Machu Picchu. Le gouvernement péruvien a récemment fait construire au même endroit un nouveau pont pouvant être emprunté par les mules transportant les touristes jusqu'aux ruines depuis le terminus de la voie ferrée à étroit gabarit qui les amène du Cuzco. Une route est en voie d'achèvement.

L'aménagement de la piste à flanc de montagne fut retardé par la densité de la végétation tropicale, par l'escarpement de la pente, enfin, par la lenteur et l'extrême prudence des Indiens, terrifiés à l'idée de tomber sur une vipère. Leurs craintes étaient justifiées. En l'espace de dix jours, huit reptiles venimeux — dont plusieurs spécimens du redoutable « serpent d'or » des Andes — furent tués. Heureusement, aucun des hommes ne fut piqué.

Mr. Heald frôla à plusieurs reprises la mort, mais pour d'autres raisons. Le deuxième jour des travaux, alors qu'il reconnaissait les pentes abruptes dominant l'endroit où s'affairaient les ouvriers, et hors de leur vue, il s'aperçut soudain que ces derniers avaient allumé un feu dans les massifs de bambous. En moins d'une minute, un incendie fit rage et se propagea aux broussailles environnantes, escaladant le versant à une vitesse ahurissante. Voyant sa retraite coupée (des flammes hautes de cinq à six mètres montaient déjà dans le ciel), l'ingénieur n'eut d'autre ressource que de contourner le feu — au prix d'efforts surhumains — avant qu'il ne s'étende latéralement. Avec l'énergie du désespoir, il se fraya un chemin à l'aveuglette dans les fourrés avant de tomber la tête la première au bas d'un petit à-pic. Par chance, il atterrit dans un massif de bambous qui, en amortissant sa chute, lui sauva la vie.

Quelques jours plus tard, ses nerfs furent mis à encore plus rude épreuve. Je lui avais demandé de voir s'il était possible d'escalader le pic en forme d'aiguille appelé Huayna Picchu qui surplombe le site, et de vérifier les dires de nos guides, selon qui de « magnifiques ruines » se trouvaient à son sommet. Melchor Arteaga, le Quechua qui m'avait guidé jusqu'à Machu Picchu, m'avait affirmé qu'il existait d'autres ruines « tout aussi intéressantes », bien qu'encore plus difficiles d'accès, sur Huayna Picchu. Il finit par admettre qu'elles étaient peut-être « un peu moins belles », mais il n'en démordait pas quant à leur « grande importance ». Semblant figurer la proue d'un gigantesque navire de roc, le pic surplombe de 750 mètres l'Urubamba, qui l'enserre sur trois de ses côtés. Au sud, il domine la crête sur laquelle sont enchâssées les ruines de Machu Picchu. A l'est, s'ouvre un ravin pratiquement vertical de la pointe de l'aiguille à la berge du rio, en contrebas. Au nord, les flancs abrupts de la pyramide de granite surplombent des pentes aujourd'hui recouvertes par la forêt mais parsemées de vestiges d'anciennes terrasses agricoles. La présence de ces terrasses, dont certaines étaient encore cultivées récemment par Arteaga, rendait plausible l'existence d'importantes ruines sur les pentes du Huayna Picchu, qui, en raison de la densité de la végétation, auraient jusque-là échappé à l'attention des indigènes et d'éventuels voyageurs. Arteaga, cependant, soutenait mordicus que de très belles ruines gisaient au sommet du pic proprement dit, mais lorsque Mr. Heald lui demanda de l'y conduire, il refusa tout net — mesurant probablement l'énormité de son mensonge. Ne reculant devant aucun danger, Mr. Heald, qui avait découvert la passerelle de fortune qu'empruntait Arteaga pour atteindre ses lopins de terre, se mit en route, accompagné de quatre Indiens et de Tomas Cobinas, son *gendarme* et alter ego.

Franchissant la rivière sur un assemblage branlant de quatre rondins semblable au « pont » que j'avais utilisé l'année précédente, il dut d'emblée affronter des pentes si raides qu'il lui fallut à plusieurs reprises tailler des marches dans la roche. Il fut grandement gêné dans sa progression par les taillis de bambous et les hautes herbes qui avaient proliféré sur les anciens essarts et sur les pentes mêmes du pic, à la suite des incendies allumés au cours des années passées par Arteaga et d'autres adeptes de cette technique de culture primitive connue des agronomes sous le nom de *milpa* (sorte de culture sur brûlis). L'ascension se révéla très lente. Les Indiens furent les premiers à lâcher, las de grimper et de se frayer un chemin à travers la jungle de bambous. Laissant derrière lui Tomas Cobinas, qu'il chargea de veiller sur l'avancement des travaux d'aménagement de la piste, Mr. Heald décida d'atteindre seul le sommet et, par une rapide reconnaissance, de s'assurer dans quelle mesure il était possible de tracer un sentier sur les flancs du pic. Le récit qu'il a laissé de son escalade est si haletant que je ne puis résister au plaisir d'en citer un long passage :

« Je poursuivis mon ascension, me frayant un chemin à la machette. Parfois contraint d'avancer à quatre pattes, je suivis l'une des nombreuses pistes tracées par les ours, très nombreux dans ces parages, m'arrêtant de temps à autre pour reprendre mon souffle et me rafraîchir, car il faisait terriblement chaud. Les broussailles au travers desquelles je devais me tailler un chemin consistaient principalement en des massifs de *mesquite* d'une incroyable densité et hérissés de redoutables épines. Lorsque je ne parvenais pas à couper une branche du premier coup, je pouvais être sûr de la voir revenir vers moi en cinglant l'air et de me faire lacérer les bras, les jambes et le reste du corps par ses piquants. Avec l'entraînement, j'avais fini par comprendre qu'il fallait enfoncer le rideau de branchages à grands coups d'épaule ; la plupart du temps, je n'eus pas à m'y reprendre à deux fois, mais je ne devais pas sortir indemne de cet enfer. Finalement, vers trois heures de l'après-midi, je parvins en vue de la partie inférieure de la crête, hérissée sur toute sa longueur de rochers déchiquetés, telles les plaques osseuses dorsales de quelque dinosaure. Les arbres avaient laissé place aux herbes et à la roche nue, la paroi granitique étant désormais quasi verticale. Il me restait à gravir un à-pic de plus de soixante mètres. En avançant latéralement jusqu'au bord de la crête, je pouvais apercevoir le rio directement en contrebas ; à cette distance, ce dernier ressemblait davantage à un ruisseau qu'à une rivière, bien qu'on pût entendre distinctement le grondement de ses rapides. Je venais juste de me hisser sur la "plaque dorsale" la plus basse lorsque l'herbe et le sol se dérobèrent de sous mes pieds. Je perdis brusquement l'équilibre. Sur environ six mètres de dénivelé, la pente présentait une inclinaison d'à peu près soixante-dix degrés. Venait ensuite un saut de soixante mètres, surplombant une corniche. Puis c'était à nouveau le vide, la chute libre sur six cents mètres jusqu'au pied de la montagne. A peine avais-je commencé à dévaler la pente vertigineuse, que je tendis instinctivement la main droite et attrapai *in extremis* un buisson de *mesquite* accroché à une anfractuosité de la paroi à environ un mètre cinquante au-dessus du saut. Ce buisson providentiel me stoppa net dans ma dégringolade, mais je glissais déjà à une telle vitesse que je ressentis une terrible secousse dans le bras, qui me fit pivoter de quatre-vingt-six degrés et me plaqua violemment contre la paroi. Les ligaments reliant l'extrémité externe de ma clavicule à mon omoplate se déchirèrent sous la violence du choc. Toute force abandonna bientôt mon bras droit, mais j'avais encore assez de prise pour espérer attraper une branche avec la main gauche. Après être resté suspendu à mon buisson pendant quelques instants, et m'être assuré que je n'avais pas à redouter un nouvel éboulement, j'entrepris de remonter la pente. Le plus difficile fut de me hisser sur le tronc de l'arbuste auquel je me cramponnai. Le fait que je portais ce jour-là des mocassins et non des bottes me fut d'un grand secours, ce type de chaussures basses offrant une meilleure adhérence. Mais je n'étais pas au bout de mes peines. Ce n'est environ qu'une demi-heure plus tard que je fus définitivement tiré d'affaire. Mon bras droit n'étant pratiquement plus bon à rien, je redescendis sur-le-champ et atteignis le camp vers 17 h 30. Je n'avais aperçu au cours de mon ascension aucun vestige inca à l'exception d'un muret en ruine (...). »

Cinq jours plus tard, bien qu'il n'ait pas eu la possibilité de consulter un médecin, Mr. Heald estima que son bras était suffisamment rétabli pour pouvoir reprendre ses travaux. Il tenta très hardiment d'atteindre une seconde fois le sommet du Huayna Picchu. Cette tentative se solda à nouveau par un échec, mais dès le lendemain, il repartit à l'assaut du pic, accompagné cette fois d'Arteaga. Il suivit le même ancien sentier sur environ cinq cents mètres de dénivelé, et parvint finalement au sommet. Ses hommes durent tailler des marches dans le roc sur une partie du trajet, avant de parvenir au pied d'un escalier inca qui devait les mener pratiquement jusqu'à la pointe du pic — un effroyable chaos de blocs de granite. A défaut d'habitations, Mr. Heald y découvrit trois petites grottes et plusieurs volées de marches en pierre. Probablement s'agissait-il d'un ancien poste de guet, d'où étaient transmis des signaux. Et c'était cela qu'Arteaga nous avait décrit comme des ruines « tout aussi belles » que celles de Machu Picchu ! Aujourd'hui, des grimpeurs entraînés peuvent monter sans grande difficulté en haut du Huayna Picchu, y jouir du magnifique panorama qu'il commande, et visiter les ruines rudimentaires de la tour de guet.

Un ou deux jours après l'achèvement de la piste conduisant du nouveau pont au sommet de la crête, le Dr George F. Eaton[3], ostéologue du Peabody Museum de l'Université de Yale, et Elwood C. Erdis, l'ingénieur de travaux publics qui devait superviser le dégagement des ruines et les premières fouilles, arrivèrent sur les lieux. Nous pûmes enfin commencer nos investigations.

L'un de mes compagnons de délégation au Congrès scientifique panaméricain de Santiago du Chili avait été le Dr. William H. Holmes[4], alors directeur du National Museum. C'est en me rappelant les paroles louangeuses qu'il avait eues pour le grand archéologue anglais A.P. Maudslay[5] et ses travaux de dégagement de certains des principaux sites mayas que j'entrepris d'abattre entièrement l'épaisse forêt qui recouvrait les terrasses et certains des édifices de Machu Picchu — tâche ô combien redoutable. Non seulement nous dûmes couper tous les arbres et taillis, mais il nous fallut également débarder et brûler tous les abattis, et même débarrasser les murs des bâtiments et les rochers sculptés de l'épaisse couche de mousse qui les recouvrait. Nous veillâmes à mettre au jour tout ce que la Nature avait recouvert de son manteau au cours des siècles, sans rien laisser de côté, et nous nous efforçâmes de rendre toute sa splendeur à la résidence favorite des derniers Incas. Nous étions impatients de découvrir ce que pouvaient nous apprendre les vestiges du grand sanctuaire, et avions bien l'intention de prendre une série de photographies susceptibles de donner une idée de l'extraordinaire beauté architecturale de ses constructions de granite blanc — même si ce travail allait exiger une somme considérable d'efforts.

La forêt tropicale avait régné sans partage sur les lieux pendant une très longue période. Au cours de nos travaux, nous découvrîmes des arbres de plus de soixante centimètres de diamètre, dont certains avaient pris racine sur les arêtes de pignons de plusieurs maisons. Ce

38. Au cœur de la jungle, dans la vallée du rio Pampaconas, nous découvrîmes des ruines incas près d'un endroit appelé aujourd'hui Espiritu Pampa. Se tenant sur un ancien pont inca, l'auteur de ces lignes en tenue de chasse.

39. Sise dans un des replis les plus inaccessibles du grand canyon de l'Urubamba, la « Cité Perdue », résidence favorite des derniers Incas, avec ses temples et ses palais, était le siège d'un sanctuaire dans lequel seuls les nobles, les prêtres et les Vierges du Soleil pouvaient pénétrer. Appelée jadis « Vilcabamba » [*identification contestée aujourd'hui par les archéologues — N.d.T*], elle porte aujourd'hui le nom de la

montagne à l'ombre de laquelle elle gît : « Machu Picchu » (le « Vieux Pic »). On distingue à l'arrière-plan Huayna Picchu (le « Jeune Pic »), flanqué sur trois côtés de ravins surplombant de 750 mètres les rapides écumants du rio Urubamba.

40. Le sanctuaire inca de Vilcabamba, que nous appelons aujourd'hui Machu Picchu [*identification contestée aujourd'hui par les archéologues* — N.d.T], était protégé des visiteurs indésirables par un fossé et une haute muraille.

Ci-dessus, à droite, la Porte d'Honneur de la cité, sise au sommet de l'étroite crête de Machu Picchu. Seuls les nobles, les prêtres et les novices, ou Femmes choisies du Soleil, pouvaient pénétrer à l'intérieur de l'enceinte du sanctuaire.

41. La Porte d'Honneur, vue de l'intérieur de la cité. Au gros anneau de pierre (ou « œil d'amarre ») visible au-dessus du linteau était suspendu un panneau de troncs d'arbres formant le « battant » de la porte (à moins qu'il ne se soit agi d'une simple barre verticale). Dans les deux cavités creusées dans les montants du chambranle, de part et d'autre du passage (seule celle de gauche est visible ici), étaient fichées verticalement deux chevilles de pierre cylindriques auxquelles était attachée une barre transversale calant le panneau contre la porte. Les extrémités des chevilles venaient s'encastrer dans de petites dépressions en forme de soucoupe creusées dans les parois supérieure et inférieure des cavités.

42. Sur la centaine d'escaliers que comptent les ruines de Machu Picchu, le plus beau de tous est sans conteste cette magnifique volée de marches mégalithiques menant de la Place sacrée au sommet de la Colline de l'*Intihuatana*. On peut imaginer qu'à l'occasion des cérémonies et fêtes liées à l'adoration du Dieu Soleil, nobles, prêtres et Vierges du Soleil montaient en procession par cet escalier jusqu'au sommet de la colline pour assister aux cultes rendus à leur divinité favorite. Les hauts personnages participant à ces cérémonies étaient alors parés des somptueuses étoffes tissées par les Femmes choisies dans leurs couvents.

43. Le cœur de la cité. On peut distinguer sur la gauche une série d'habitations construites avec le plus grand soin (probablement étaient-elles destinées aux prêtres du Soleil). Le temple semi-circulaire enchâssé sur le gros rocher au premier plan (à gauche) constituait probablement le centre de la vie cérémonielle à Machu Picchu. Sous ce temple s'ouvre un mausolée admirablement construit. Au centre, se dresse un

→

44. Chacune des trois niches de ce temple était dotée de deux « cavités de verrouillage » à double entrée — dispositif qui permettait de suspendre à l'aide de cordages une barre horizontale en travers de l'ouverture. Contenant probablement les momies de hauts personnages, ces niches étaient elles-mêmes entaillées de niches de plus petite taille, qui, peut-on penser, servaient d'« étagères » où étaient déposées des offrandes votives.

édifice qui servait peut-être à la préparation de la *chicha* destinée à l'Inca. Il surplombe une très belle fontaine, la plus haute de la longue série de « cuves » ou « bassins » qui longe l'« Escalier des Fontaines ». À droite de l'escalier, s'étend le plus beau quartier de la cité — le « Groupe du Roi » — où l'Inca lui-même a probablement résidé.

45. L'intérieur d'une des plus belles maisons de la Ville basse (secteur oriental de la cité), fameuse pour ses deux « *morteros* » (mortiers). Utilisés pour moudre le maïs et le *chuño* (pommes de terre gelées et déshydratées), ces derniers ont été « sculptés » dans l'affleurement rocheux sur lequel la maison a été bâtie. On remarquera entre les niches, fichés dans le mur, des blocs de pierre grossièrement cylindriques. Ces chevilles, ou tenons, que l'on retrouve dans la plupart des anciennes habitations incas, faisaient office de crochets, ou de patères, les niches servant quant à elles d'étagères. Les « aryballes » (jarres à *chicha* à fond conique) étaient vraisemblablement suspendus à ces protubérances.

46. L'*Intihuatana* de Machu Picchu — l'autel-gnomon auquel le Grand Prêtre du Soleil amarrait symboliquement l'astre suprême lors du solstice d'hiver austral, lorsque le soleil menaçait de disparaître à tout jamais derrière l'horizon, et de laisser les Indiens en proie au froid et à la faim. Les prêtres du Dieu Soleil, qui avaient attentivement étudié l'astronomie, savaient que, le jour du solstice, le soleil commençait à revenir de son pèlerinage annuel dans l'hémisphère Nord: ils avaient ainsi beau jeu de prétendre qu'ils « amarraient » son orbe au pilier de pierre surmontant l'*Intihuatana*. Ayant eu vent de l'importance que ces autels sacrés revêtaient dans la religion des Incas, les Espagnols les brisèrent systématiquement chaque fois qu'ils en trouvaient un. Machu Picchu n'ayant jamais été atteint par les conquistadors, son *Intihuatana* se dresse, intact, tel que les adorateurs du soleil l'avaient laissé lorsqu'ils abandonnèrent la cité — ou lorsque le dernier d'entre eux quitta ce monde.

47. Vue partielle de la Place sacrée. A gauche : le Temple principal. A droite : le Temple aux Trois Fenêtres. Si le premier était à ciel ouvert, le second, en revanche, était pourvu d'un toit soutenu partiellement par une poutre massive qui reposait sur la colonne au centre.

48. L'angle nord-est de l'édifice qui jouxte le Temple principal. Bâtie avec le soin le plus extrême, cette véritable merveille architecturale témoigne de l'extraordinaire sens de la symétrie et des proportions des maîtres maçons incas. La banquette de pierre adossée au mur du fond (à droite) servait peut-être à l'exposition des momies de membres de la famille royale et de nobles.

49. Les femmes de nos deux guides indiens, Richarte et Alvarez, photographiées devant l'un des gros blocs polygonaux de granite blanc formant l'assise inférieure du mur nord du Temple aux Trois Fenêtres. La cavité creusée dans l'angle supérieur gauche du bloc était destinée à recevoir l'une des extrémités de la grande poutre, ou sablière, qui soutenait le toit sur le côté donnant sur la Place sacrée.

50. Le Temple Semi-Circulaire, le « Mur de Beauté », et une partie de la Ville haute. A l'arrière-plan, se profilent quelques-unes des très nombreuses terrasses agricoles qui fournissaient aux habitants de la cité diverses plantes vivrières (pommes de terre, maïs, fèves, quinoa, tomates et patates douces). Assurant l'alimentation en eau de la ville, une petite canalisation courait le long des terrasses, puis, derrière le Temple, jusqu'aux marches supérieures de l'« Escalier aux Fontaines ». On peut apercevoir nos tentes sur l'une des terrasses près d'un groupe de bâtiments qui servaient peut-être de cantonnements aux soldats ou aux ouvriers, à qui l'entrée dans la cité sacrée était interdite. On peut également distinguer, s'ouvrant sur la façade nord-est du Temple Semi-Circulaire, la fameuse fenêtre « problématique » à laquelle l'effigie en or du Dieu-Soleil était peut-être accrochée.

ne fut pas une mince affaire que d'abattre et de déraciner ces arbres sans endommager les vieux murs.

Par chance, nous pouvions compter sur l'aide du lieutenant Sotomayor, un officier de la *gendarmerie* péruvienne. Sa connaissance du quechua nous fut d'un grand secours dans nos relations avec les Indiens, dont la plupart ne parlaient pas l'espagnol. Nous avions recruté au Cuzco plusieurs ouvriers ayant déjà participé aux fouilles que nous avions menées dans les environs de l'ancienne capitale inca[6]. En règle générale, cependant, les Quechuas de la région répugnaient à tel point à quitter leur village et à occuper un emploi (même bien rémunéré) loin de leur foyer, que nous ne parvînmes pas à nous assurer les services d'un nombre suffisant de volontaires. Nous payions pourtant plus que les planteurs des environs et faisions travailler moins longtemps nos hommes. De ce fait, nous fûmes obligés de nous en remettre aux « maires » des villages, les *gobernadors,* qui, agissant sous les ordres du préfet, nous fournirent chacun de temps à autre dix ou douze hommes pour une quinzaine de jours.

Nous veillâmes à nous conformer aux usages du pays et à donner tous les matins à chaque ouvrier, avant le début des travaux, une poignée de feuilles de *coca* desséchées, quantité suffisante pour quatre prises. Mâchant les feuilles une par une, les Indiens gardaient généralement pendant deux heures dans leur bouche l'équivalent d'une prise. La préparation des prises occupait successivement les dix premières minutes de la « journée de travail », une pause de dix minutes en milieu de matinée, le début du temps de « travail » de l'après-midi, et, enfin, une nouvelle pause vers 15 heures. L'employeur qui, au Pérou, néglige de fournir à ses ouvriers quechuas leur ration journalière de feuilles de *coca,* risque fort de rencontrer de grandes difficultés pour recruter des volontaires, ou, du moins, pour obtenir de ses ouvriers un bon rendement.

Nous donnions aux Indiens des petits présents le jour de la paie, chaque samedi. Ces derniers consistaient en divers articles de verroterie (perles, miroirs et autres breloques) achetés dans l'un des grands magasins de « Mr. Woolsworth », à New Haven, à deux pas de l'Université de Yale. Les miroirs étaient particulièrement appréciés. Néanmoins, seuls quelques ouvriers revenaient sur le chantier plusieurs semaines d'affilée. Une poignée d'entre eux travaillaient régulièrement, tandis que les autres disparaissaient pendant un ou deux mois pour cultiver leurs lopins avant de rejoindre nos équipes pour une quinzaine de jours. La grande majorité, cependant, ne travaillait que lorsque le *gobernador* les y forçait. Parfois, nous disposions de quarante ouvriers, voire davantage, parfois, de seulement une douzaine.

Les Indiens construisirent pour eux-mêmes de petites huttes à proximité de la source jaillissant près des maisons occupées par Alvarez et Richarte. Pour notre part, nous plantâmes nos tentes non loin de l'enceinte de la ville, sur une grande terrasse commandant une magnifique vue sur le canyon de l'Urubamba.

Le lieutenant Sotomayor dirigeait personnellement les Indiens chargés de couper les arbres et de brûler les abattis. Personne n'aurait pu être plus efficace et plus persévérant. La jungle repoussait cependant à une telle vitesse que nous dûmes couper trois fois en quatre mois les fourrés de bambous et les broussailles qui recouvraient le site. Le dernier défrichage, accompli en dix jours, à la fin de la saison, par une équipe de trente à quarante Indiens progressant rapidement avec des machettes bien aiguisées, précéda immédiatement et accompagna notre campagne de relevés photographiques. Quelques-unes des cinq cents photographies prises par mes soins à cette occasion sont incluses dans ce volume. Toutes sont conservées dans les bibliothèques de l'Université de Yale, de la National Geographic Society et de l'Hispanic Society of America.

Les défrichements approfondis que nous effectuâmes à l'époque, l'exploration de la région qui s'ensuivit, enfin, les nouveaux travaux de dégagement de la cité menés ces dernières années par diverses expéditions archéologiques[7], permettent aujourd'hui d'affirmer avec certitude que nous avions affaire non seulement à un important sanctuaire inca, mais également à la principale ville de la province.

NOTES

1. Sur Bingham et la National Geographic Society, cf. C.D.B. Bryan, *National Geographic*, New York, 1987 (trad. fr., *National Geographic. Cent ans d'aventures et de découvertes*, Paris, 1988, pp. 138-149). Le *National Geographic Magazine* publia en 1913 le rapport de Bingham sur la première expédition de 1911 (« In the Wonderland of Peru »), numéro spécial de 180 pages illustré de plus de 250 photographies.

2. Cf. chap. 6, note 10.

3. George F. Eaton (1872-1949), zoologiste, ostéologue et archéologue. Conservateur du département de paléontologie du Musée de Yale (1899-1920).

4. William Henry Holmes (1846-1933), conservateur du département des « Poteries aborigènes » (1882-93), conservateur en chef (1910-20), puis directeur (1920-33) de l'U.S. Nat. Museum.

5. Alfred Maudslay, archéologue anglais. Il dégagea dans les années 1880 les sites de Chichen Itza et Copan, en pays maya.

6. Cf. H. Bingham, « The Discovery of Pre-Historic Human Remains near Cuzco », in *Contributions from the Yale Peruvian Expedition* (from *The American Journal of Science*), 1912.

7. Bingham fait ici référence aux expéditions de Luis Valcarcel et de Paul Fejos.
En 1934, à l'occasion de la célébration du quatrième centenaire de la Conquête, l'archéologue péruvien Luis E. Valcarcel dégagea à nouveau les ruines de Machu Picchu, laissées à l'abandon depuis la dernière expédition de Bingham (*Machu Picchu, el más Famoso Monumento Arqueológico del Perú*, Lima, 1964).
Six ans plus tard, l'anthropologue américain d'origine hongroise Paul Fejos (1897-1963) mena une série de campagnes archéologiques dans le bassin de l'Urubamba. Ethnologue et cinéaste, Fejos avait dirigé précédemment plusieurs expéditions (exp. danoise à Madagascar, 1934 ; exp. suédoise en Insulinde, 1936 ; exp. scientifique du « Fonds Wenner-Gren » — ex-« Viking Fund » — en Amérique hispanique, 1939). En 1940-41, toujours pour le « Fonds Wenner-Gren », il mena des fouilles systématiques sur les différents sites archéologiques situés entre Ollantaytambo et Machu Picchu, et en découvrit de nouveaux (dont Inti Pata et ses pyramides d'*andenes*). Disposant de 900 ouvriers, il fit à nouveau dégager les

vestiges de la « cité perdue », dont il réalisa un relevé précis. Contrairement à ce que laisse entendre Bingham, Fejos ne confirma en aucune manière ses thèses identifiant Machu Picchu à Tampu-tocco et Vilcabamba. Il se borna à constater qu'aucune des cités de la région n'offrait des possibilités de défense sérieuse et que la situation de Machu Picchu sur une crête n'avait aucune signification spéciale. Avec ses terrasses à cultures, la cité perdue s'inscrivait, à ses yeux, dans le type de villes que les Incas avaient édifiées sur ce versant de la cordillère de Vilcabamba — l'une des régions les plus densément peuplées du Pérou central sous l'empire — pour des raisons purement économiques (*Archeological Explorations in the Cordillera Vilcabamba, Peru,* New York, 1944 ; cf. J. Hemming, *op. cit.*, p. 407). Fejos enseigna ensuite l'anthropologie à l'Université de Stanford (1943-63).

# 9

## VILCABAMBA LA VIEJA

Perchées sur une étroite crête à l'ombre du pic de Machu Picchu, les ruines que nous identifions aujourd'hui aux vestiges de la cité perdue de Vilcabamba la Vieja portent précisément le nom de « Machu Picchu » pour la simple raison que lorsque nous les découvrîmes, personne ne savait comment les appeler autrement. Et ce nom a été adopté et continuera à être utilisé, bien que personne ne conteste plus qu'il s'agisse du site de Vilcabamba, la dernière capitale inca[1].

Si ce sanctuaire disparut de la mémoire des hommes pendant plusieurs siècles, c'est parce qu'il est situé dans le repli le plus inaccessible de la région la plus impénétrable des Andes centrales. Aucun secteur de la *montaña* péruvienne n'est mieux défendu par la nature que le massif dans lequel est serti Machu Picchu : un canyon vertigineux, dont les à-pics de granite peuvent atteindre trois cents mètres de hauteur et qui présentent des difficultés quasi insurmontables pour les alpinistes modernes les plus chevronnés, en interdit l'accès. C'est pourtant là, dans une des parties les plus reculées du canyon, sur cette étroite crête flanquée de précipices insondables, qu'un peuple artiste et hautement civilisé, capable d'efforts surhumains et doué d'un sens aigu de l'organisation, édifia il y a très longtemps un sanctuaire dédié au culte du soleil.

Les anciens Péruviens ne disposant d'aucun de nos outils de fer ou d'acier (ils n'utilisaient que des percuteurs en pierre et des petits leviers de bronze), la construction de la cité demanda vraisemblablement plusieurs générations, voire plusieurs siècles de travaux. Pour empêcher leurs ennemis, ou des visiteurs indésirables, d'accéder aux temples et aux mausolées de la cité sacrée, ils pouvaient d'abord compter sur les rapides de l'Urubamba, qui restent dangereux même pendant la saison sèche et sont totalement infranchissables durant au moins la moitié de l'année. Sur trois côtés, le rio constituait leur ligne extérieure de défense. Sur le quatrième côté, le site de Machu Picchu n'est accessible que par une crête en lame de couteau, large de moins de douze mètres et bordée de ravins, à l'entrée de laquelle avait été édifié un fortin — de véritables Thermopyles. Personne ne pouvait donc approcher la cité sans l'autorisation expresse de l'Inca, comme les frères Marcos et Diego l'apprirent à leurs dépens.

Ainsi, non seulement le sanctuaire était-il protégé contre la profanation d'éventuels visiteurs, mais il constituait une véritable citadelle, capable de soutenir un siège et de résister aux assauts d'une armée.

## Fortifications

Si les pentes inférieures du Huayna Picchu sont relativement faciles d'accès pendant la saison sèche, la masse du pic est séparée des ruines par une autre crête en fil de rasoir impraticable sur son versant oriental et ne comportant qu'un minuscule sentier sur son versant occidental. Cette sente traverse sur plus de cent mètres, le long d'une corniche surplombant le vide, une vertigineuse paroi de granite. Deux hommes pouvaient facilement y interdire le passage à une armée entière, et c'était là l'unique chemin par lequel Machu Picchu pouvait être atteint à partir de Huayna Picchu.

Voilà pour les voies d'accès au nord. A l'est et à l'ouest du site, les pentes de la cime sont suffisamment abruptes — sur plus de cinq cents mètres de dénivelé — pour décourager pratiquement toute tentative d'escalade. En outre, les défenseurs de la cité pouvaient facilement faire dévaler des rochers depuis les hauteurs sur d'éventuels assaillants — une technique décrite par les conquistadors comme l'une des méthodes de combat favorites des guerriers incas. Si un sentier était entretenu sur chaque versant, comme c'est le cas aujourd'hui, ces voies d'accès pouvaient elles aussi être aisément défendues par une poignée d'hommes. Partout où l'abîme ne fournit pas naturellement une défense infranchissable, des murets avaient été édifiés, interdisant tout point d'appui à d'éventuels assiégeants.

Au sud enfin, s'élèvent les flancs de la montagne de Machu Picchu. Ils étaient jadis traversés par deux routes incas. La route qui contourne par l'ouest le pic, longe elle aussi une corniche ou faille semblant taillée dans la paroi d'un imposant précipice. On peut encore l'apercevoir aujourd'hui, mais des éboulements l'ont emportée en de nombreux points de son tracé. Sur le versant opposé, une autre chaussée escaladait les pentes escarpées de la montagne, laissant place par endroits à un escalier sculpté dans le roc. Elle devient parfois si étroite et si périlleuse que seules des chèvres peuvent l'emprunter sans difficulté. Ces deux routes aboutissaient à la petite crête sur laquelle étaient situés les « Thermopyles » déjà décrits — crête qui donnait seule accès à la cité depuis le plateau et le versant méridional du canyon. Toutes deux pouvaient facilement être défendues en divers points de leur tracé.

Comme l'on pouvait s'y attendre, nous découvrîmes aux sommets des deux pics voisins de Machu Picchu et Huayna Picchu les vestiges de postes de signaux incas, où étaient reçus et d'où étaient envoyés des messages par-delà les montagnes. La venue de visiteurs indésirables, voire l'approche au loin d'une armée ennemie, pouvaient être décelées et signalées instantanément aux habitants de la cité. Le poste de guet juché au sommet du Machu Picchu était nécessairement le plus important. Aucun effort ne fut épargné pour sa construction, qui réclama vraisemblablement des trésors d'adresse et de courage. Il est en effet situé au sommet d'un des à-pics les plus vertigineux des Andes. Il y a tout lieu de croire que les ouvriers ayant travaillé à la construction du mur de soutènement ne pouvaient se permettre le moindre faux-pas : une chute de près de mille mètres les attendait en cas de glissade. Je ne cacherai pas que lorsque je pris des photographies depuis ce poste, non seulement je dus me coucher à plat ventre, mais il me fallut également demander à deux Indiens de me maintenir fermement les jambes. La profondeur du précipice est, à cet endroit, proprement hallucinante. Penser que des Indiens construisirent un édifice à son sommet dépasse l'entendement !

Le sanctuaire de Vilcabamba[2] était vraisemblablement considéré comme si sacré qu'en plus des défenses extérieures et des précipices renforcés de murets protégeant la cité, deux remparts avaient été édifiés au sud. Les visiteurs ou les ouvriers ayant été autorisés à franchir la « crête des Thermopyles » devaient s'y arrêter. La muraille extérieure ceinture une magnifique pyramide de terrasses à culture — les « jardins suspendus » de Machu Picchu. A l'intérieur de cette enceinte se dressent une douzaine de bâtiments pouvant avoir servi de cantonnements aux soldats chargés d'assurer la défense de la cité du seul côté où elle pouvait être atteinte par des routes empierrées et où elle était relativement vulnérable. Les visiteurs devaient ensuite franchir le périmètre de défense intérieur. Dans la partie la plus étroite de la crête, juste avant l'entrée de la ville au sud, un fossé — une sorte de douve sans eau — avait été creusé. Ses pentes habillées de pierres étaient surplombées par une muraille (le mur intérieur de la ville proprement dite) qui enjambait perpendiculairement la crête et descendait sur chacun de ses versants jusqu'au bord des précipices, où elle perdait toute raison d'être.

Au sommet de la crête, une majestueuse Porte d'Honneur en polyèdres de granite s'ouvrait dans la muraille. Le battant de la porte proprement dit — probablement un châssis de troncs d'arbres liés ensemble — était jadis suspendu à un gros anneau de pierre (ou « œil d'amarre ») fiché dans le mur au-dessus du linteau, sous deux à deux mètres cinquante de maçonnerie. Le panneau était assujetti latéralement au moyen d'une grande barre transversale : les extrémités de cette dernière, selon une formule déjà décrite, étaient attachées par des cordages à de petits cylindres de pierre encastrés verticalement dans des anfractuosités prévues à cet effet dans le bâti de la porte. Cette

221

Porte d'Honneur pouvait bien évidemment être défoncée par des assaillants utilisant un tronc d'arbre en guise de bélier. Pour parer à cette éventualité, les architectes firent saillir du mur, en hauteur et perpendiculairement à lui, une sorte de plate-forme du haut de laquelle les défenseurs pouvaient facilement lancer des pierres sur les soldats qui auraient tenté d'abattre la porte.

Les murailles de la cité étaient trop hautes pour pouvoir être escaladées facilement. En fait, des assaillants qui, d'aventure, auraient réussi à franchir toutes les défenses naturelles entourant la citadelle et à neutraliser les défenseurs des différents « Thermopyles » qui en interdisaient l'accès, se seraient trouvés en fâcheuse posture une fois parvenus au pied des fortifications intérieures. Après avoir longé les terrasses, ils devaient en effet sauter au bas du fossé, puis escalader sa paroi empierrée et la muraille de la cité — et ce, sous un déluge de pierres lancées par les défenseurs armés de frondes. Il est difficilement concevable que des assaillants, quel que fût leur nombre, aient réussi un jour à percer un tel dispositif de protection, même si la cité n'était tenue que par une poignée de guerriers. Bien sûr, les murs d'enceinte servaient également en temps de paix à empêcher les intrus de pénétrer à l'intérieur des limites du sanctuaire. Aucun homme, rappelons-le, n'avait le droit d'entrer dans les *accla-huasis* (les couvents des « Femmes choisies »), à l'exception de l'Inca, de ses fils, des nobles et des prêtres.

La Porte d'Honneur présente des traces de réfection. Le sommet de l'étroite crête menant à la ville est occupé par un énorme rocher de granite inclus dans les fortifications, qui en épousent étroitement les contours. Le chambranle extérieur de la porte repose pour partie sur ce rocher et pour partie sur un mur de soutènement artificiel. Miné par des infiltrations, ce mur s'est affaissé au cours des siècles d'une dizaine de centimètres, entraînant avec lui une partie du chambranle. Le linteau menace maintenant de s'effondrer, et d'emporter avec lui le mur de maçonnerie qui le surmonte, et qui semble avoir été consolidé. En contemplant l'entrée de la citadelle, on a nettement le sentiment aujourd'hui qu'elle fut hâtivement réparée à une date largement postérieure à celle de sa construction, probablement sous Manco II.

## Escaliers

L'espace étant limité, les habitations étaient étroitement accolées les unes aux autres, mais un réseau complexe de ruelles et d'escaliers en pierre rendait les déplacements à l'intérieur de la cité relativement aisés. Une des caractéristiques les plus frappantes de Machu Picchu est la quantité considérable d'escaliers, grands et petits, qui ont pu être dénombrés à l'intérieur de son périmètre (plus d'une centaine). Certains d'entre eux, il est vrai, ne consistent qu'en trois ou quatre

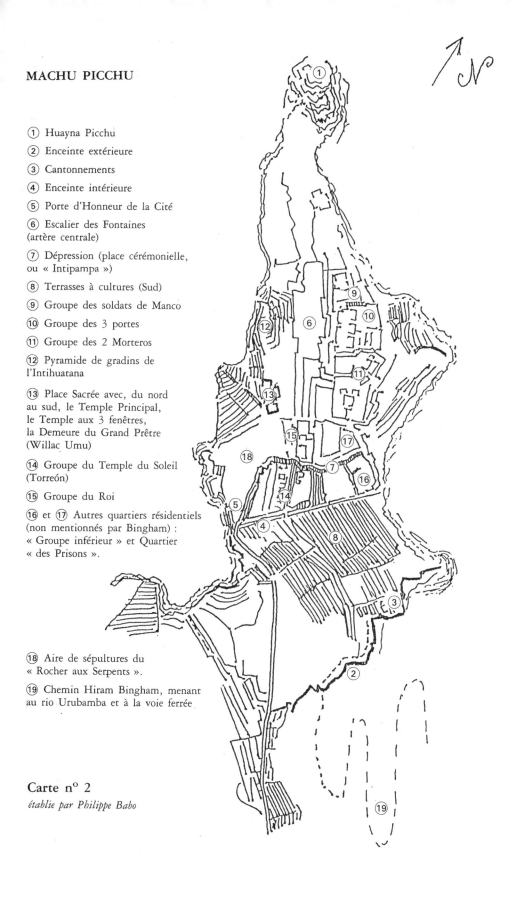

# MACHU PICCHU

① Huayna Picchu

② Enceinte extérieure

③ Cantonnements

④ Enceinte intérieure

⑤ Porte d'Honneur de la Cité

⑥ Escalier des Fontaines
(artère centrale)

⑦ Dépression (place cérémonielle,
ou « Intipampa »)

⑧ Terrasses à cultures (Sud)

⑨ Groupe des soldats de Manco

⑩ Groupe des 3 portes

⑪ Groupe des 2 Morteros

⑫ Pyramide de gradins de
l'Intihuatana

⑬ Place Sacrée avec, du nord
au sud, le Temple Principal,
le Temple aux 3 fenêtres,
la Demeure du Grand Prêtre
(Willac Umu)

⑭ Groupe du Temple du Soleil
(Torreón)

⑮ Groupe du Roi

⑯ et ⑰ Autres quartiers résidentiels
(non mentionnés par Bingham) :
« Groupe inférieur » et Quartier
« des Prisons ».

⑱ Aire de sépultures du
« Rocher aux Serpents ».

⑲ Chemin Hiram Bingham, menant
au rio Urubamba et à la voie ferrée.

**Carte n° 2**

*établie par Philippe Babo*

marches, tandis que d'autres en comptent jusqu'à cent cinquante. Dans certains cas, une volée entière de six, huit, voire dix marches, est taillée dans un seul et même rocher. Les escaliers reliant entre elles les différentes terrasses à culture épousent la déclivité naturelle de la pente. Celle-ci est parfois si raide qu'ils ressemblent de place en place davantage à des échelles qu'à des volées de marches. Par endroits, des potagers étaient cultivés sur de minuscules terrasses aménagées en hauteur, sur l'arrière d'une maison d'habitation. Les escaliers acrobatiques qui permettent d'y accéder sont juste assez larges pour permettre le passage d'un enfant. A l'intérieur de la cité, cependant, et notamment dans les étroits passages et ruelles qui la sillonnent, les escaliers ne présentent pas, en général, de trop fortes déclivités.

On ne trouve pas à Machu Picchu d'escaliers purement ornementaux ou cérémoniels, bien que les motifs scalaires, récurrents dans l'architecture inca, aient fort bien pu apparaître pour la première fois sur ce site. Les vestiges d'une *portada* monolithique à Tiahuanaco, en Bolivie, un rocher curieusement taillé, à Conachaca, près d'Abancay, au Pérou, ou encore la fameuse roche de Kkenko, près du Cuzco, comportent de petites volées de marches sculptées dans le roc à des fins cérémonielles ou décoratives, et ne répondant — pour autant qu'on le sache — à aucune fin pratique. Les escaliers de Machu Picchu, par contre, semblent tous (peut-être à une seule exception près) avoir été exclusivement conçus pour faciliter les déplacements des habitants à l'intérieur de la ville. Bien qu'ils soient plus nombreux que nécessaire, aucun d'entre eux ne paraît totalement inutile, même de nos jours. L'escalier le plus long, qui constitue ni plus ni moins le principal axe de communication de la cité, part du sommet de la crête, là où la Porte d'Honneur décrite plus haut s'ouvre dans le mur d'enceinte, et, divisant grossièrement la ville en deux secteurs, descend jusqu'au bord du précipice vertigineux du versant nord-est.

Constituée en partie par cet escalier de granite de cent cinquante marches, cette artère centrale, qui traversait de part en part la ville, était en outre bordée des principaux éléments du système de distribution d'eau.

## L'alimentation en eau

A Machu Picchu comme ailleurs, les Incas apportèrent un soin extrême à l'alimentation en eau.

Plusieurs ruisseaux prennent leur source sur les pentes de la montagne de Machu Picchu, à environ un kilomètre et demi du centre de la cité. La petite *azequia* (conduite) qui draine les eaux de ces sources peut être encore suivie le long de la montagne sur une très grande distance. Partiellement détruite par des glissements de terrain en divers points de son tracé, elle est quasi intacte sur son tronçon qui longe les grandes terrasses à culture du sud de la ville. Elle franchit le fossé des fortifications sur un aqueduc de pierre aux lignes gracieuses, passe sous l'enceinte de la cité par un petit tunnel large de moins de quinze centimètres et longe à nouveau une terrasse avant d'aboutir au premier groupe de quatre « fontaines » ou « bassins » empierrés, au sud de l'escalier principal. Près du quatrième bassin, l'escalier se divise en deux volées de marches. A cet endroit commence une seconde série de cuves. L'*azequia* réapparaît après la dernière fontaine, et, bifurquant vers le sud, se déverse dans le fossé.

Les bassins de l'« Escalier des Fontaines » sont pour la plupart taillés dans des blocs de granite de niveau avec les petits enclos dans lesquels les femmes venaient pour remplir leurs jarres à étroites encolures. Une ou deux petites niches sont aménagées, à mi-hauteur, dans les murs latéraux de la plupart des enclos ; elles servaient probablement d'étagères pour des tasses, ou pour les bouchons de paille torsadée ou de fibres d'agave des bouteilles. L'eau tombait d'environ un mètre de haut dans le fond de chaque cuve par une sorte de gargouille sculptée dans la roche, au débouché du conduit souterrain. Elle coulait verticalement, parallèlement à la paroi, pour être puisée dans le fond du bassin, ou jaillissait avec assez de force de la petite gorge pour tomber directement dans le goulot d'une jarre. Pendant les mois de l'année où l'eau se faisait rare, la deuxième méthode prévalait vraisemblablement. Si les bâtisseurs de Machu Picchu construisirent jusqu'à seize bassins, c'est non seulement pour permettre le remplissage simultané de nombreuses jarres, mais surtout pour retenir autant que faire se peut le précieux liquide et optimiser les possibilités d'approvisionnement des habitants. Large de moins de dix centimètres sur la plus grande partie de son parcours, l'*azequia* de la cité perdue est la plus étroite que je connaisse.

Ces « bacs » de quatre-vingts sur cinquante centimètres sont profonds de douze à quinze centimètres. Dans certains cas, le bassin et le sol de l'enclos de la fontaine sont taillés dans un seul et même bloc de granite. Parfois, un orifice foré dans le fond de la cuve permettait à l'eau de s'écouler par une conduite souterraine jusqu'à la cuve suivante. En cas de nécessité, ces orifices pouvaient facilement être obturés afin de permettre le remplissage des bassins. L'*azequia* passe parfois sous l'escalier, lorsqu'elle ne le longe pas. On notera que les Péruviens appellent aujourd'hui ces fontaines des *baños* (bains), bien que je doute qu'elles aient jamais servi de « baignoires publiques ». Du fait de la raréfaction de l'air et du froid, même un Anglo-Saxon habitué aux mers septentrionales et à leurs basses températures ne goûterait guère une baignade dans la sierra péruvienne. Quant aux Indiens d'aujourd'hui, ils ne se baignent jamais. Il est fort peu probable que les bâtisseurs de Machu Picchu aient construit ces bassins à une telle fin. Probablement n'eurent-ils d'autre souci que de faciliter la tâche des porteurs d'eau et de doter la cité d'un système d'adduction perfectionné.

L'une des raisons de l'abandon de Machu Picchu a vraisemblablement résidé dans la difficulté qu'éprouvèrent ses habitants à se procurer de l'eau en quantités suffisantes. Pendant la saison sèche, les petites sources de la montagne fournirent à nos cinquante ouvriers à peine de quoi préparer leurs repas et étancher leur soif. Dans des temps reculés, lorsque les flancs de la montagne qui domine la cité étaient recouverts par la forêt, le débit des sources était sans doute plus important. Mais avec le déboisement consécutif à l'occupation permanente des lieux, et avec l'érosion des sols et les glissements de terrain qu'elle entraîna, ces sources durent fournir à certaines périodes si peu d'eau que les habitants de la ville se virent contraints de transporter le précieux liquide sur leur dos, dans de grandes jarres, sur des distances de plus en plus considérables.

Il est significatif que sur les cinquante-quatre poteries qui ont pu être identifiées à partir des tessons découverts près de la Porte d'Honneur, quarante et une étaient des récipients à liquides, neuf, des coupes à boire, et seulement quatre, des marmites ou pots à cuisson. A l'évidence, les jarres contenant la *chicha* étaient stockées à cet endroit. Dans le quartier sud-est, en revanche, nous avons mis au jour pratiquement autant de plats et de pots que de vases et de pichets.


## Jardins suspendus


Le plus grand espace plan à l'intérieur de la cité est situé au creux d'une dépression, dans la partie la plus large de la crête. Soigneusement nivelée et terrassée, cette cuvette avait été récemment cultivée, à l'époque de notre visite, par Richarte et ses amis. En fait, il faut parcourir plusieurs dizaines de kilomètres dans le canyon de l'Urubamba pour trouver une « pampa » aussi vaste à une altitude comprise entre 2 000 et 3 000 mètres. En d'autres termes, cette petite plaine offrait aux habitants de la cité la possibilité inespérée de cultiver des plantes poussant normalement à Yucay ou à Ollantaytambo, dans la vallée moyenne de l'Urubamba. Le fait qu'il leur était également possible de couvrir les pentes adjacentes de terrasses artificielles — ce qui permettait d'accroître les capacités de productions vivrières de la région — constitue sans aucun doute un facteur aussi important dans le choix de ce site que la facilité avec laquelle il pouvait être défendu. L'un des plus beaux escaliers conduit directement des temples principaux à la « pampa ». Peut-être s'agissait-il de la « pampa où l'arbre à huilca[3] poussait » — la *huilca-pampa* (Vilcabamba)?

La Porte d'Honneur décrite plus haut était en fait la seule porte donnant accès à la ville. Au nord, du côté de Huayna Picchu, la cité n'était défendue que par de hautes et étroites terrasses construites sur de petites corniches qui, sans elles, auraient offert des points d'appui à d'éventuels envahisseurs. Ces terrasses s'étagent sur les flancs du large ensellement qui relie Machu Picchu aux contreforts de Huayna Picchu. Jadis recouverte d'une épaisse végétation, cette crête surplombe au sud une sorte d'amphithéâtre à cinq ou six niveaux, encore récemment utilisés par des Indiens qui y avaient installé leurs potagers. Il s'agit peut-être des jardins où étaient cultivés les fruits et les légumes destinés aux nobles et aux prêtres. Nous retrouvâmes à la surface du sol, au beau milieu de plants d'oignons et de tiges de maïs et de potiron, quelques tessons de céramique.

## Quartiers

A l'est de l'amphithéâtre se dressent vingt habitations, dont quatre semblent avoir été munies de fenêtres. Deux de ces dernières comportent trois fenêtres ; la troisième paraît n'en avoir qu'une, et la quatrième est trop délabrée pour que l'on puisse déterminer si elle en comptait deux ou trois. La plupart de ces maisons bâties sur le flanc est de l'amphithéâtre sont faites de petites pierres assemblées avec un mortier argileux, sans finition particulière. Dans l'angle nord-est de la ville se trouvent deux terrasses très différentes des autres, les pierres de leurs murs de soutènement étant beaucoup plus grandes et de formes beaucoup plus irrégulières que la normale.

La construction de ce quartier ne semble pas avoir demandé beaucoup de temps. Il fut peut-être édifié par les soldats de Manco après que ce dernier eut fui le Cuzco et fait de ce sanctuaire la capitale religieuse de son royaume. Si elle renferme peu de temples (voire aucun), la partie orientale de l'ancienne cité regroupe en revanche un grand nombre de maisons d'habitation et d'unités résidentielles centrées autour de patios.

Un seul groupe de maisons, celui situé près de la bordure est de la ville, semble avoir été édifié avec un soin particulier. Les pierres employées ici sont assemblées sans mortier et les murs se trouvent aujourd'hui dans un parfait état de conservation. Ce quartier disposant de trois entrées, nous lui donnâmes le nom de « Groupe des Trois Portes ». Nous y trouvâmes au cours de nos fouilles un amas de déchets parmi lesquels nous découvrîmes les fragments de cent cinquante poteries. Ce secteur de la ville fut vraisemblablement occupé pendant très longtemps.

Les unités résidentielles de ce quartier diffèrent toutes les unes des autres, soit par la disposition de leurs édifices, soit par quelque trait distinctif de leur architecture. L'une d'elles est caractérisée par des niches tout à fait inhabituelles : l'une des maisons qui la composent, en effet, comporte deux niches suffisamment hautes et larges pour qu'un Indien pût s'y tenir debout ; dans le fond de chaque niche, à hauteur d'homme, s'ouvre une petite fenêtre. Ce groupe renferme également un mausolée adossé à un rocher escarpé. Les murs latéraux du petit temple semblent en effet faire corps avec la paroi granitique, dont ils épousent de manière tout à fait extraordinaire la pente. Cette structure fut si parfaitement conçue qu'elle n'a pas bougé d'un pouce depuis sa construction. Une sorte de plate-forme a été taillée dans le sommet du rocher. Trois niches assez grandes pour contenir chacune une momie la surplombent. Lorsqu'ils momifiaient un corps, les Incas avaient coutume de replier les genoux du mort contre son menton, de manière à ce que la momie occupât le moins de place possible. Enveloppées dans de multiples couches de bandelettes, les momies n'étaient pas sans ressembler à de petits tonneaux, le bandage externe consistant dans certains cas en plusieurs dizaines de mètres de corde tressée. Ces trois niches étaient dotées chacune de cavités latérales, taillées dans leur chambranle, et permettant leur « verrouillage » au moyen d'une barre de bois — ou d'un simple bâton symbolique. Chaque niche comportait à son tour trois petites niches, une au fond et deux sur les côtés. Ces alvéoles étaient probablement conçus pour recevoir des offrandes — des objets auxquels le défunt, pensait-on, attacherait quelque prix. Une longue plate-forme sculptée dans le roc juste au-dessus des niches était vraisemblablement destinée aux offrandes alimentaires ; il se peut également que les momies y étaient exposées pour sécher au soleil. Il semble que les Incas n'aient jamais utilisé d'agents conservateurs pour leurs embaumements (à la différence des Égyptiens), la chaleur du soleil tropical suffisant à dessécher les chairs une fois les viscères retirés — ce qui explique pourquoi les momies devaient être fréquemment exposées au soleil.

Un autre quartier se caractérise par un travail de la pierre particulièrement ingénieux. Les petits cylindres de pierre contenus dans les deux « cavités de verrouillage » de la porte principale sont taillés chacun dans le cœur même d'un moellon de granite du chambranle. Leur extrémité supérieure vient se loger dans une dépression creusée dans la pierre de l'assise supérieure, leur base faisant partie intégrante du moellon dans lequel ils sont « sculptés ». On peut les atteindre par une ouverture carrée taillée dans le parement du moellon. On a peine à imaginer les trésors de patience et d'ingéniosité que déployèrent les maçons pour réaliser un tel dispositif (au demeurant fort esthétique). Ces derniers utilisèrent probablement des ciseaux de bronze pour évider aussi profondément la pierre.

Les fouilles effectuées dans la principale demeure de ce groupe permirent la mise au jour de deux mortiers circulaires creusés pour l'éternité dans un affleurement de granite (*phot.* 45). Le maïs y était probablement moulu et le *chuño* (pommes de terre déshydratées par le gel) pilé au moyen de ces molettes ou broyeurs employés depuis des temps immémoriaux dans les Andes centrales (nous en trouvâmes un exemplaire à quelques mètres de là, avec des fragments de huit poteries). L'épouse du « notable » de ce quartier dut jouir d'une certaine supériorité sur ses voisines, qui ne disposaient pas en permanence de telles facilités dans leur cuisine pour préparer leur maïs ! Certaines maisons de ce quartier sont munies de bancs de pierre. L'une d'elles est même équipée d'une banquette, aménagée dans un angle de la pièce principale, comme si le maître des lieux répugnait à dormir et à s'asseoir à même le sol.

Ce groupe comprend l'unique grand édifice à pignons de toute la cité — édifice divisé en deux parties, sur toute sa hauteur, par une cloison percée de trois ouvertures. Ce type de construction, si rare ici, est par contre assez courant à Choqquequirau et Ollantaytambo. Il s'agit probablement d'un développement très tardif de l'art architectural inca. Sur les murs intérieurs de certaines maisons de ce quartier plus grossièrement construites, nous découvrîmes des traces de stuc rougeâtre. C'est l'une de ces demeures que Richarte ou l'un de ses amis, quelques années auparavant, avait remise en état et recouverte d'un toit pour y vivre, mais son occupant avait dû rapidement l'abandonner du fait de son trop grand éloignement des points d'eau.

Véritable prodige architectural, l'un des escaliers de ce groupe résidentiel passe entre deux blocs de granite si rapprochés l'un de l'autre qu'un homme corpulent ne pourrait l'emprunter. On peut également citer le cas d'un autre escalier, dont non seulement les marches, mais aussi les balustrades ont été sculptées dans un seul et même épaulement rocheux. Étant donné que les seuls outils dont disposaient sur place les maçons incas étaient les galets ou les cailloux de diorite que l'on trouve dans le lit de l'Urubamba, six cents mètres plus bas, on a peine à concevoir la somme de patience et d'efforts que réclama un tel travail. Les tailleurs de pierre qui s'y attelèrent avaient au moins la satisfaction de savoir qu'ils faisaient œuvre immortelle.

Les murs d'un groupe voisin sont constitués de pierres grossièrement taillées et assemblées à l'argile en assises irrégulières. Seule la terrasse sur laquelle ils prennent appui présente un bel appareillage de pierres de taille parfaitement jointives, mais peut-être s'agit-il d'un ouvrage datant d'une période plus reculée. Avant que ces murs aient été construits, une conduite avait été creusée dans la face supérieure d'un des plus beaux moellons du mur de soutènement, afin d'assurer le drainage du patio de cet ensemble.

C'est à l'ouest de la ville que se trouvent les plus belles et les plus intéressantes constructions. On commencera par l'angle nord-ouest de la cité, où le visiteur, après avoir gravi une pyramide de gradins, parviendra au sommet d'un monticule commandant une magnifique vue dans toutes les directions, embrassant tant la cité et ses étagements de terrasses que le grand canyon de l'Urubamba. Je ne connais aucun site au Pérou offrant un panorama plus envoûtant. Certaines des montagnes qui se découpent dans le lointain sont tapissées d'une épaisse végétation tropicale, de leur pied à leur sommet ; d'autres, dénudées, n'offrent au regard, de place en place, que de maigres pâturages ; d'autres, encore, dressent au-dessus du vide leurs gigantesques à-pic de granite. Par temps clair, les pics encapuchonnés de neige des Andes centrales sont visibles tant à l'ouest qu'à l'est, les plus beaux étant sans conteste ceux du Salccantay et du Soray, que l'on peut apercevoir distinctement depuis le bas de la vallée du Cuzco.

Au sommet de ce monticule, duquel le regard plonge sur le pont de San Miguel, six cents mètres en contrebas, se dresse, à proximité d'un petit temple, un splendide *Intihuatana,* ou cadran solaire (littéralement, « le lieu où le soleil est amarré »), énorme rocher géométriquement sculpté qui constitue l'un des éléments principaux de tous les temples du Soleil incas (*phot.* 42, 46). Des vestiges de pierres similaires peuvent être admirés au Cuzco, à Pisac et à Ollantaytambo. De la roche capricieusement découpée émerge, à la verticale, un gnomon prismatique haut d'environ un demi-mètre, ce qui fait de cette pierre le plus haut *Intihuatana* découvert jusque-là au Pérou. L'extrémité supérieure du prisme porte les traces d'une fracture, mais rien n'indique qu'on ait tenté de le briser dans un passé récent. Squier signale l'existence à Ollantaytambo d'un *intihuatana* de la même hauteur, mais ayant été détruit par les Espagnols. Il est aujourd'hui établi que les prêtres espagnols firent systématiquement abattre ou mutiler tous les *intihuatanas* qu'il leur était donné de découvrir. Le fait que celui de Machu Picchu soit intact confirme que l'« armée spirituelle » du vice-roi Toledo — les missionnaires chargés d'extirper les idolâtries — n'atteignit jamais ce site, voire n'en connut jamais l'existence.

Près de ce mystérieux rocher gisent les ruines de deux petits édifices faits de blocs de granite blanc taillés aussi finement qu'ils pouvaient l'être sans le secours d'instruments de précision. Témoignant de l'extrême attention accordée par les maçons incas aux moindres détails, ces blocs s'encastrent parfaitement les uns dans les autres, sans mortier d'argile. Ces deux petites « chapelles » présentent une caractéristique curieuse : la porte qui s'ouvrait à l'origine dans leur mur du fond, semble avoir été murée jusqu'aux deux tiers de sa hauteur et convertie en fenêtre. L'édifice le mieux conservé comporte deux belles niches et deux fenêtres. Tous deux semblent avoir été recouverts à l'origine d'une toiture sur pignons. Autre caractéristique, qui est cette fois commune à un certain nombre de maisons de Machu Picchu : alors que la partie inférieure de leurs murs est faite de pierres ajustées sans mortier, les pignons, en revanche, sont constitués de blocs beaucoup plus grossiers, assemblés sans grand soin à l'aide d'argile et peut-être recouverts jadis de plâtre.

Côté sud, la terrasse sommitale a été consolidée par un mur de soutènement tout aussi grossièrement appareillé. L'un de ses plus gros moellons présente un curieux petit ressaut dans lequel un trou a été foré verticalement. Peut-être ce dernier était-il destiné à recevoir la hampe d'une bannière. Toujours au sud, treize terrasses descendent jusqu'au bord du précipice. De cette pyramide de gradins émergent çà et là de gros blocs de granite. Ceux qui étaient à l'origine en surplomb semblent prendre appui sur de petits murets de pierre, ce qui a conduit certains archéologues à penser qu'ils abritaient des tombes. Les pilleurs de sépultures des siècles passés étaient parvenus à la même conclusion, et, pour autant que l'on puisse en juger, aux mêmes résultats — à savoir que les murets ne cachaient rien d'autre que de la terre, et que ces derniers avaient été construits essentiellement à des fins esthétiques. Les fouilles que nous menâmes sur cette colline donnèrent de très maigres résultats. Probablement n'était-elle fréquentée qu'à l'occasion des cérémonies solennelles liées à l'« amarrage » symbolique du Soleil à l'*Intihuatana*. Selon les traditions parvenues jusqu'à nous, ces rites étaient accompagnés de la récitation d'hymnes poétiques.

## La Place sacrée

Quittant le sommet de la colline de l'*Intihuatana* en direction du sud, le visiteur descend par plusieurs volées de marches jusqu'à un petit terrain plat que nous avons appelé, faute de mieux, la « Place sacrée », les deux plus grands temples de la cité le bordant sur deux de ses côtés. Avant de l'atteindre, on laissera sur la gauche un étrange rocher affectant plus ou moins la forme d'un coquillage géant. Sept marches taillées dans le granite conduisent à son sommet, qui commande une vue enchanteresse sur l'ensemble de la cité. Des pierres ont été incrustées dans la face supérieure du rocher, de manière à constituer une petite plate-forme sur laquelle trois ou quatre personnes pouvaient se tenir pour saluer le soleil levant.

Au pied de ce rocher, face au nord, se dressent les murs d'un petit édifice, de trois mètres sur quatre mètres cinquante, construit dans le plus beau style architectural inca avec des blocs de granite blanc soigneusement choisis et impeccablement taillés. Bien que certains des plus gros blocs présentent de nombreux angles, tous s'encastrent les uns dans les autres sans le moindre ciment. L'assise inférieure est particulièrement massive, les pierres de taille qui la composent mesurant en moyenne un mètre vingt de long et soixante centimètres de haut ; les lits supérieurs sont moins épais, mais leur appareillage est tout aussi symétrique. Une fois le pas de la porte franchi, le visiteur tombera en arrêt devant un gigantesque monolithe taillé de manière à former la moitié inférieure de la paroi latérale gauche. Non seulement deux des niches dont l'intérieur de cet édifice est garni ont été partiellement taillées dans ce monolithe, mais les bâtisseurs, comme s'ils avaient pris un malin plaisir à rechercher la difficulté, avaient sculpté une partie de l'angle gauche du fond de la pièce dans cet extraordinaire rocher. L'une des principales curiosités du Cuzco est la fameuse « pierre aux quatorze angles » du palais de l'Inca Rocca[4]. Celle-ci en compte trente-deux !

231

Ce petit édifice présente une autre caractéristique insolite — une longue banquette (ou banc) en pierres de taille finement équarries, adossée au mur du fond sur toute sa largeur.

Cette petite pièce isolée jouxte le Temple principal, qui a déjà été décrit[5]. Lorsque je la vis pour la première fois, je crus de prime abord qu'il s'agissait de la « Maison du Grand Prêtre », mais, après mûre réflexion, j'en vins à penser que nous avions affaire à un « mausolée royal », la banquette (ou le banc) étant destinée aux momies des empereurs incas. Il est certain qu'aucun effort ne fut épargné pour faire de cette construction une véritable merveille de maçonnerie. L'édifice est garni de niches si semblables les unes aux autres que l'œil peut à peine déceler la moindre différence de forme ou de taille entre elles. Par le choix des pierres, par la finition de l'appareillage, par les proportions de la pièce et par le soin artistique avec lequel il a été construit, il prend rang parmi les plus beaux vestiges archéologiques du Nouveau Monde. D'autres monuments des temps anciens peuvent l'égaler en beauté, mais je n'en connais aucun qui le surpasse. Il fournit la preuve, si besoin était, que Machu Picchu fut le site d'un des plus beaux sanctuaires qui aient été construits par les Incas, voire par aucun autre peuple précolombien !

Le Sanctuaire du Soleil du Cuzco, en plus du fait qu'il renfermait un maître-autel et ses accessoires, abritait les momies des empereurs incas défunts. Selon Juan de Betanzos[6], qui vivait au Cuzco en 1550, au lendemain de la Conquête du Pérou, les momies étaient assises dans le temple sur des bancs en bois finement sculpté. Le chroniqueur espagnol rapporte qu'à l'instigation de l'Inca Pachacutec, les dépouilles des souverains furent exposées pour la première fois face à l'image du Soleil. Pachacutec aurait également « fait placer dans le temple autant de ballots de bandelettes qu'il y eut de Seigneurs ayant succédé à Manco Capac jusqu'à son père, l'Inca Viracocha. »

Il est tout à fait possible, à mon sens, que certaines des momies représentées dans le Temple du Soleil par des « ballots de bandelettes » aient été conservées en réalité à Machu Picchu.

Le Grand Prêtre était toujours un oncle ou un frère de l'Inca régnant. Il commandait à deux catégories de prêtres — ceux qui, apparentés au lignage royal, accomplissaient les rites les plus solennels, et ceux qui officiaient lors de cérémonies moins importantes. Les seconds, généralement issus de familles nobles que le souverain souhaitait distinguer, étaient des « Incas par privilège ».

Il est significatif que ce joyau architectural soit situé au pied de l'escalier conduisant à l'*Intihuatana* et jouxtant le Temple principal. La religion d'Etat des Incas (le culte du Soleil) était intimement liée aux destinées de l'empire et du lignage qui l'avait forgé.

Les Prêtres du Soleil occupant une place prééminente au sein de la société inca, il n'est pas surprenant que l'escalier de pierre qui mène à l'*Intihuatana* soit le plus beau du Machu Picchu. Encadrées par deux petits parapets de pierre, ses marches, pourtant larges d'environ un mètre vingt, sont taillées chacune dans un seul bloc de granite. Au nord du « mausolée royal » (ou de la « Maison du Grand Prêtre »), court une allée-promenade bordée sur toute sa longueur d'une balustrade surplombant la vallée de l'Urubamba, six cents mètres plus bas.

Accolé à la « Maison du Grand Prêtre » et construit de toute évidence à la même époque (certains moellons leur sont même communs), se dresse le Temple principal, devant lequel j'étais tombé en arrêt lorsque je l'avais vu pour la première fois (*phot.* 35, 47, 48).

Son mur oriental paraît s'être affaissé de près de trente centimètres et avoir entraîné avec lui une partie du mur nord. Ce tassement n'a rien d'étrange, cet édifice semblant prendre appui sur un simple remblai de terre battue. Ses moellons sont cependant si parfaitement imbriqués les uns dans les autres que le mur oriental s'est affaissé d'un seul bloc, sans que son appareillage ait eu à en souffrir (sauf peut-être dans l'angle nord-est du bâtiment).

La particularité la plus troublante de ce temple dépourvu de façade réside dans le fait que les extrémités de ses deux murs latéraux (du moins leurs moitiés inférieures) ne sont pas perpendiculaires au sol, pas plus qu'elles ne présentent l'inclinaison vers l'arrière caractéristique de la plupart des anciennes constructions péruviennes. Elles forment en fait un angle obtus avec la terre. Ces deux murs prennent chacun appui sur un bloc de pierre cyclopéen, haut de deux mètres cinquante environ, qui constitue à lui seul l'assise inférieure du mur. Les moitiés supérieures des deux murailles latérales sont formées pour leur part de six assises de beaucoup plus faible épaisseur, et leurs extrémités présentent, elles, une inclinaison en retrait vers le faîte. En lieu et place de la façade manquante, il semble qu'une longue poutre de bois venait s'encastrer dans deux cavités creusées latéralement, en hauteur, dans chacun des mégalithes formant l'assise inférieure des murs.

Ma première impression fut qu'une telle poutre servait d'appui à une toiture, mais la parfaite finition de l'assise supérieure des parois m'incita à penser que cet édifice ne fut jamais recouvert d'un toit et que la longue « poutre » en question était en fait une tringle de bois à laquelle était accrochée une grande tenture confectionnée avec les plus beaux tissus de l'empire. Cet écran mobile pouvait être ouvert ou fermé à volonté. Grâce à un tel dispositif, l'intérieur du temple pouvait être baigné par les rayons du soleil pendant la plus grande partie de la journée, tout en étant maintenu à l'abri du regard des personnes se tenant sur la Place sacrée. S'il s'agissait du lieu où les momies des Incas étaient exposées pour y être adorées, la présence d'un toit aurait rendu impossible la cérémonie du « bain de soleil » réservée aux dépouilles des souverains défunts.

Cette structure unique concentre en elle toutes les qualités de l'architecture inca. Ses bâtisseurs ont fait montre d'un remarquable sens de la symétrie. A chaque niche fait pendant une autre niche et, pratiquement, à chaque bloc fait pendant un autre bloc. Aucun autre édifice au Pérou ne donnera une meilleure idée du haut degré de raffinement qu'avaient atteint les anciens peuples des Andes en matière d'art et d'architecture. Si aucune sculpture (ou bas-relief) n'orne les murs de ce temple, les faces latérales des blocs cyclopéens sur lesquels ils reposent sont entaillées de manière à donner l'illusion d'un appareillage à trois lits de pierres, dont les contours fictifs imitent plus ou moins ceux de veritables assises. Le grand autel mégalithique accolé au mur du fond est flanqué à sa base de deux dalles de granite. Dissemblables et disposées de manière dissymétrique, ces dernières peuvent avoir été simplement utilisées par les bâtisseurs pour mettre en place l'autel, bloc monumental pesant au moins dix tonnes.

A l'ouest, la Place sacrée est bordée d'un bastion semi-circulaire haut de deux mètres et demi et large de trois mètres. Cette construction surplombe une fantastique pyramide de « jardins suspendus » descendant jusqu'au bord du précipice de l'Urubamba. Elle est faite de gros blocs de granite taillés et appareillés de manière à former un demi-cercle quasi parfait. Ce type de maçonnerie constitue une autre preuve du très grand âge de la civilisation inca. Selon les architectes que j'ai pu consulter, une telle maîtrise des techniques de construction de structures circulaires ne peut avoir été obtenue qu'après plusieurs millénaires de tâtonnements.

Le côté sud de la place est occupé par un grand bâtiment rectangulaire de style architectural « inca tardif ». Fait de petites pierres grossièrement assemblées à l'aide d'un mortier d'*adobe*[7], cet édifice sans fenêtres est en revanche nanti de deux portes trapézoïdales. Ses murs sont garnis sur leur face intérieure de niches symétriques. Cette structure constituait à l'évidence une résidence importante[8], bien que sa construction n'ait probablement pas demandé plus de quelques semaines ou quelques mois de travail. Il est possible qu'elle ait été bâtie après la fuite de Manco du Cuzco: l'ancien sanctuaire perdu dans les montagnes dut alors être agrandi pour accueillir les prêtres du soleil, la suite de l'Inca et les Femmes choisies (qui auraient trouvé refuge à Machu Picchu à l'époque de Pizarre.)

A l'est de la place, enfin, se dressent les ruines de l'édifice le plus fascinant de toute la cité — le Temple aux Trois Fenêtres (*phot.* 47, 54).

A l'instar du Temple principal, ce temple ne comporte de murs que sur trois côtés, le quatrième (la façade manquante) étant grand ouvert sur la Place sacrée — exception faite d'un unique pilier monolithe ayant probablement servi à soutenir une sablière de comble, un dispositif que l'on ne retrouve dans aucun autre bâtiment de la ville. Cet édifice est doté de pignons, dont les arêtes sont faites de pierres plus grandes que d'ordinaire, mais néanmoins assemblées à l'aide d'un mortier d'argile (et non simplement ajustées). Comme dans le Temple principal, les assises inférieures des murs consistent en des blocs cyclopéens, et leurs extrémités forment un angle obtus avec le sol. De même, des cavités ont été creusées dans chacun des deux parements latéraux, cavités dans lesquelles venaient de toute évidence se loger les extrémités de la sablière de la toiture. Le sommet du pilier monolithe, situé à mi-distance entre les deux cavités, est entaillé d'une grande encoche dans laquelle s'encastrait la sablière.

Pour asseoir solidement cet édifice, l'architecte fit reposer les fondations du mur oriental sur la terrasse située immédiatement en contrebas. Pour ce faire, il utilisa quatre gros blocs de granite, avec lesquels il érigea un mur de soutènement de trois mètres trente de haut, de la terrasse aux rebords des fenêtres du temple. Chaque rebord est lui-même taillé dans la partie supérieure d'un des monolithes. Les murs proprement dits du temple sont faits eux aussi de blocs de granite blanc massifs, mais de formes irrégulières. Soigneusement choisi et finement travaillé, le granite semble provenir de carrières situées dans les environs immédiats de Machu Picchu.


## Le Groupe du Temple du Soleil

La plus haute des seize « fontaines » de Machu Picchu se trouve à l'intérieur du « Groupe du Temple du Soleil », ainsi nommé en raison des ressemblances frappantes que présente son principal édifice avec le fameux Temple du Soleil du Cuzco.

Cet édifice — un temple semi-circulaire[9], — constitue, je le rappelle, le premier vestige archéologique d'importance que je vis en 1911, lors de ma première visite. A cette époque, la forêt recouvrait encore la plus grande partie de la muraille qui jouxte le temple. Après avoir dépouillé la paroi de sa gangue de végétation, nous découvrîmes le plus beau mur que l'on puisse contempler en Amérique, probablement édifié par le plus expert des maîtres maçons de son temps. En forme d'équerre, ce mur relie le temple à un bâtiment voisin (une autre maison de prêtre ?) (phot. 50, 51).

Ces structures, je l'ai dit, produisent un effet plus plaisant et plus harmonieux — bien que moins spectaculaire — que les temples de l'Ancien Monde. Nous tenons là l'un des plus beaux exemples du prodigieux savoir-faire des architectes incas. Ce mur ayant de toute évidence été construit avec le soin le plus extrême par un artiste soucieux d'œuvrer pour l'éternité, tout fut prévu pour prévenir les risques de rupture et de dislocation de l'appareillage. La « maison du grand prêtre » sise à l'extrémité sud du mur est construite sur deux plans : alors que son premier étage (surmonté de combles) s'ouvre sur la terrasse qui soutient le « Mur de Beauté »[10], son rez-de-chaussée donne sur l'anden en contrebas. Avec le temps, un édifice aussi haut (ses combles dépassent le sommet du mur) aurait certainement fini par s'affaisser et ses pierres en seraient venues à se disjoindre. Pour parer à une telle éventualité, les maçons incas assujettirent ingénieusement les moellons des deux constructions les uns aux autres à l'aide de crampons lithiques aux points susceptibles de supporter le plus grand effort, réalisant ainsi une série de connexions empêchant les appareils de se désassembler. Le résultat constitue une parfaite réussite. Bien que le Pérou soit fréquemment le siège de tremblements de terre, et bien que les bâtisseurs de Machu Picchu n'aient utilisé ni mortier, ni tenons de métal, chaque pierre de taille reste si parfaitement solidaire de ses voisines qu'on ne pourrait insérer la moindre aiguille entre les monolithes, aussi étroitement ajustés les uns aux autres qu'un bouchon de verre au goulot d'une carafe. Une lente friction au sable humide et un ajustement absolument parfait constituent les « secrets » des architectes de la cité perdue.

Des sortes de plates-formes ont été sculptées dans la partie supérieure du grand rocher servant de piédestal au Temple semi-circulaire. Il s'agissait probablement d'autels sur lesquels les offrandes étaient exposées, puis, dans certains cas, brûlées en sacrifice.

Lorsqu'il est soumis à de très fortes chaleurs, le granite se délite autour du point où la pierre est portée à la plus haute température. Un examen de l'affleurement rocheux qui occupe la plus grande partie de l'espace délimité par la muraille cintrée du temple révèle qu'à une date indéterminée, la pierre fut exposée à une extraordinaire quantité de chaleur. L'absence totale de cendres ou de charbons de bois indique que cette conflagration eut lieu il y a très longtemps, bien avant la conquête. Il est difficile de trouver une explication à l'effritement de la roche, à moins qu'il n'ait été causé par des feux répétés — ou par un long feu régulièrement alimenté en combustible. Il est en tout état de cause impossible de croire que les craquelures aient été provoquées par l'incendie de l'éventuel toit de chaume du temple (dont l'existence à l'époque des Incas nous est révélée par certaines particularités des assises supérieures de l'édifice). Il y a en définitive tout lieu de penser qu'il s'agissait bel et bien d'un lieu où étaient incinérées des offrandes.

Le mur curviligne du Temple semi-circulaire est percé de trois ouvertures trapézoïdales (deux fenêtres et une porte). Hautes d'environ soixante centimètres, les deux fenêtres donnent sur la vallée et sont décorées chacune de quatre protubérances — une à chaque extrémité de leur linteau et de leur rebord. Peut-être s'agissait-il de supports auxquels étaient suspendus les ornements d'or associés au culte du soleil. On ne retrouve nulle part ailleurs ce détail architectural.

La troisième ouverture, plus grande que les deux autres, a fait couler beaucoup d'encre et nourri toutes sortes de spéculations. Elle est « problématique », selon le terme qu'emploient communément les archéologues pour désigner un vestige dont la fonction ou l'origine demeure inexpliquée. Son remarquable linteau monolithe semble s'être fendillé sous l'effet de la chaleur dégagée par des feux ayant brûlé dans des temps très reculés — avant de se briser et de s'effondrer en partie. Le seuil de cette « porte-fenêtre » est tout à fait singulier, deux volées de petites marches taillées en biseaux se faisant face sur chacun de ses côtés, de part et d'autre d'une sorte de rigole (*phot.* 56). Ces marches sont étrangement percées d'orifices et de petits conduits de moins de trois centimètres de diamètre menant à des cavités creusées dans l'intérieur du mur. Les bouches de ces conduits sont de tailles diverses ; certains ont un diamètre de cinq centimètres. D'autres orifices similaires ne mènent nulle part, ou sont difficilement décelables. J'ai remarqué la présence de trous semblables dans les murs du Temple du Soleil du Cuzco (transformé après la conquête en monastère dominicain). Ces trous étant forés dans une partie de l'édifice difficilement accessible de nos jours, je n'ai pu déterminer leur forme interne. Il est cependant tout à fait possible que ces orifices aient été destinés à faciliter l'exposition des plaques d'or et d'autres ornements qui, aux dires des premiers chroniqueurs espagnols, rehaussaient le Temple du Soleil.

Le conquistador Sarmiento rapporte dans son *Histoire des Incas*[11] qu'en interrogeant des vieux sages quechuas sur les traditions de leurs ancêtres, il apprit qu'« amoureux des choses de l'antiquité et désireux de perpétuer son nom, l'Inca Pachacuti Yupanqui[12] se rendit en personne sur la colline de Tampu-tocco ou Paccari-tampu, deux noms désignant un seul et même site, et pénétra dans une grotte d'où il est tenu pour certain que Manco Capac et son frère sortirent lorsqu'ils se dirigèrent vers le Cuzco pour la première fois (...) Après avoir longuement visité le site, il décida de vénérer cette localité et manifesta sa joie par des fêtes et des sacrifices. Il fit placer des panneaux d'or sur la fenêtre dite de Ccapactocco, et ordonna que la localité fût dorénavant vénérée de tous, en tant que lieu de prière et *huaca*[13], où l'on interrogerait les oracles et accomplirait des sacrifices. Ayant fait cela, l'Inca retourna au Cuzco. »

Rien n'indique que Sarmiento ait jamais visité Paccari-tampu, localité située au sud-est du Cuzco, à l'opposé de Machu Picchu. Nous nous y sommes rendus, pour notre part, mais nous n'y avons trouvé aucun vestige qui puisse correspondre à la description qu'a laissée le conquistador de ce haut lieu de l'histoire des Incas. Il est en revanche tentant d'identifier la « fenêtre aux panneaux d'or » avec l'énigmatique fenêtre cérémonielle du Temple semi-circulaire de Machu Picchu.

C'est là l'une des raisons qui me portent à croire que la « Cité perdue des Incas » s'appelait à l'origine Tampu Tocco. J'y reviendrai plus loin.

Du fait des similitudes qui existent entre le Temple semi-circulaire de Machu Picchu et le Temple du Soleil du Cuzco, on peut supposer que la grande effigie en or de l'astre suprême qui ornait le sanctuaire de l'ancienne capitale fut conservée à Machu Picchu après que Manco se fut enfui du Cuzco. Elle se trouvait en la possession de son fils, Tupac Amaru, le dernier empereur inca, qui passa son adolescence dans la « Cité perdue »[14], avant de tomber aux mains du vice-roi Francisco de Toledo lors de la capture du jeune souverain. Toledo l'envoya ensuite à

Philippe II, en lui suggérant de l'offrir au pape. Il y a tout lieu de penser que l'effigie en or fut jadis exposée à l'ombre du « Vieux Pic » et qu'elle fut même accrochée à la fenêtre « problématique » du Temple semi-circulaire. Lorsqu'il dut fuir dans la *selva*, Tupac Amaru l'emmena avec lui, entre autres ornements précieux dont Francisco de Toledo devait avoir la satisfaction de s'emparer.

Le visiteur doit franchir successivement deux portes avant d'accéder au Temple du Soleil et à ses annexes. La porte intérieure constitue un beau spécimen de maçonnerie inca : elle semble avoir été surmontée d'une sorte d'auvent en pierre. On retrouve, là encore, le même dispositif de verrouillage — deux cavités creusées de part et d'autre de la porte, dans deux des moellons formant son bâti, et contenant chacune une pièce cylindrique verticale autour de laquelle étaient enroulées les cordes soutenant une barre de fermeture. Ce groupe présente également la particularité de renfermer l'unique demeure à un étage et à combles de la cité (la « maison du grand prêtre » décrite plus haut). Les arêtes de ses pignons sont faites de pierres grossièrement taillées et assemblées à l'aide d'un mortier d'*adobe*. C'est là une caractéristique de toutes les habitations incas recouvertes d'un toit sur pignons. Quel que soit le degré de finition architecturale d'une maison inca, la partie des murs qui vient immédiatement au-dessous de l'avant-toit et des arêtes de pignons n'est jamais finement travaillée et toujours assemblée au moyen d'un « ciment » d'*adobe*. Peut-être ce type d'appareillage facilitait-il l'amarrage des chevrons du comble aux murs. Cette particularité peut également s'expliquer par le fait que ces maisons étaient à l'origine dépourvues de pignons. Ces derniers ont peut-être été rajoutés tardivement. Je ne me rappelle pas avoir vu une seule maison à pignons au Cuzco. Ce type de construction est par contre courant à Ollantaytambo et dans d'autres localités des Andes.

Les fouilles que nous menâmes dans ce groupe n'ont donné pratiquement aucun résultat. Nous découvrîmes en revanche sur les terrasses situées immédiatement en contrebas des amoncellements de débris divers, parmi lesquels nous retrouvâmes des tessons provenant de plus de deux cents jarres différentes. D'autres jarres semblent avoir été jetées dans le fossé entourant la ville. Pas une seule maison des trois groupes résidentiels déjà décrits ne renfermait le moindre objet ; sans doute les occupants de ces demeures étaient-ils de bons maîtres de maison, mettant systématiquement au rebut leurs récipients usagés !

## Le Groupe du Roi

De l'autre côté de l'« Escalier des Fontaines », au nord du Temple du Soleil, s'étend un autre quartier auquel j'ai donné le nom de

« Groupe du Roi » en raison du caractère massif de son enceinte, et également parce qu'il m'a semblé que seul un roi aurait pu exiger que les linteaux des portes de sa résidence consistent en des blocs de granite pesant chacun environ trois tonnes. Dans les autres quartiers, la quasi-totalité des édifices sont dotés de linteaux doubles, chacun des deux blocs les composant étant assez léger pour être mis en place par deux hommes. Dans le Groupe du Roi, en revanche, le maître des lieux disposait de suffisamment de main-d'œuvre pour surmonter les difficultés techniques posées par la mise en place d'un linteau de trois tonnes au-dessus d'un chambranle. Quand bien même aurait-il pu utiliser des grues, des poulies et des treuils, la tâche n'aurait pas été plus aisée. Ne disposant d'aucun de ces appareils ou instruments, les bâtisseurs de ce quartier durent probablement édifier un plan incliné contre la muraille, au fur et à mesure de sa construction, de manière à permettre aux ouvriers d'élever peu à peu les énormes linteaux à l'aide de leviers. On reste confondu devant la prodigieuse somme de patience que ce travail dut réclamer ! Dans le même temps, cette structure témoigne d'un extraordinaire sens artistique auquel mes photographies ne rendent pas assez justice.

La porte donnant accès à ce groupe (*phot.* 57) est située non loin de la plus haute fontaine, ce qui permettait probablement aux serviteurs du « Roi » de remplir sans difficulté et à tout moment leurs jarres d'eau fraîche. Les demeures « royales » de ce quartier sont dépourvues de fenêtres. Nous pouvons aisément imaginer que ces maisons renfermaient de luxueux tapis en laine de vigogne, ainsi que les plus beaux pagnes et les plus belles tuniques que les plus habiles des Femmes choisies tissaient pour l'usage personnel de l'Inca.

Les arêtes des pignons de ces résidences sont exceptionnellement pentues. Les toits à forte inclinaison qu'elles soutenaient offraient vraisemblablement une bonne protection contre les plus violents orages tropicaux.

Enfin, aucun autre édifice de Machu Picchu n'est doté de murs aussi finement appareillés, à l'exception du Temple semi-circulaire. Toutes ces particularités m'incitent à penser que ce quartier fut occupé un jour par Titu Cusi et ses demi-frères. Ils y vécurent sans doute dans un certain luxe. Tupac Amaru s'y trouvait probablement lorsqu'il apprit la nouvelle de la mort de Titu Cusi et de sa propre accession au trône de ses ancêtres. Ce groupe résidentiel pourrait porter le nom de « Palais de l'Empereur ».

NOTES

1. La thèse obsessionnelle de Bingham identifiant Machu Picchu à Vilcabamba était déjà battue en brèche en 1948, notamment par Paul Fejos (Cf. chap. 8, note 7).

2. On lira, bien évidemment : Machu Picchu.

3. Cf. chap. 2, note 6.

4. Fameuse pierre d'appareil d'un palais du Cuzco qui ne compte en fait que... douze angles. L'Inca Rocca serait, selon certaines traditions, le fondateur de la branche de la dynastie inca issue du « haut-Cuzco ».

5. Voir *supra* le récit de la découverte de Machu Picchu (chap. 7).

6. Juan de Betanzos, *Summa y narración de los Incas* (1551 ; Madrid, 1880).

7. Adobe : cf. chap. 6, note 7.

8. Les archéologues s'accordent aujourd'hui pour considérer qu'il s'agit de l'ancienne demeure du grand prêtre du culte solaire, le « Willac Umu » (S. Waisbard, *Machu Picchu, Cité Perdue des Incas,* 1974, p. 261).

9. Le « Temple Semi-Circulaire » de Bingham est désigné aujourd'hui par les archéologues péruviens sous le nom de *Torreón Militar*, ou « Torreon du Soleil » (J. Alcina, *L'Art précolombien*, 1978, p. 566).

10. « *Beautiful Wall* », écrit Bingham.

11. P. Sarmiento de Gamboa, *Historia general llamada Indica* (1572 ; Berlin, 1906).

12. Pachacuti, ou Pachacutec Yupanqui (1438-1471).

13. Cf. chap. 5, note 17.

14. A condition, répétons-le, d'identifier Machu Picchu à Vilcabamba.

# 10

## LES RÉSULTATS DES FOUILLES
## À MACHU PICCHU

Une fois le site grossièrement dégagé, notre première tâche consista à rechercher sur l'emplacement des principales constructions des tessons de poterie et autres objets ouvragés susceptibles de livrer des indications quant à l'identité des anciens habitants de la cité. Nos ouvriers, qui croyaient dur comme fer à la légende du « Trésor enterré », se mirent au travail avec un rare enthousiasme. Des sondages acoustiques effectués à l'aide d'un pied-de-biche dans le périmètre du Temple principal rendirent des sons si creux que nos Indiens furent convaincus de l'existence de cavités secrètes sous l'édifice. Nous menâmes nos premières fouilles jusqu'à deux mètres cinquante de profondeur, sous les dalles de granite qui constituaient jadis le sol du temple, mais tous nos efforts se révélèrent désespérément vains. Nous eûmes beau explorer de nombreuses anfractuosités et fissures, nous ne découvrîmes pas le moindre objet — ne fût-ce qu'un fragment d'ossement ou un tesson de céramique.

Nos fouilles dans le Temple aux Trois Fenêtres donnèrent des résultats tout aussi décevants, et il ne nous resta plus qu'à remettre soigneusement dans leur position première tous les blocs de pierre que nous avions déplacés. Nos travaux à l'extérieur de ce même temple, au-dessous des trois fenêtres, nous permirent cependant de découvrir une extraordinaire quantité de tessons décorés — des fragments de vases et de jarres. La plupart d'entre eux étaient enterrés à environ un mètre de profondeur, comme si, siècle après siècle, les habitants avaient observé une sorte de rite consistant à jeter des poteries par les fenêtres de ce temple. Il est extrêmement douteux que cet édifice ait été un jour habité, ses fenêtres béantes étant trop grandes pour permettre à des hommes d'y vivre sans avoir à souffrir des courants d'air. Ces pots constituaient-ils des offrandes aux dieux ? Je ne puis le dire. Il est toutefois fort peu vraisemblable que ces énormes quantités de tessons retrouvées sur la terrasse au pied des trois fenêtres cérémonielles aient eu exclusivement pour origine le « rite » décrit plus haut. Il est possible que ces innombrables fragments de céramique proviennent de poteries brisées au cours des cérémonies religieuses, ou des libations qui leur faisaient suite.

Au terme d'une harassante semaine de labeur, nous n'avions toujours rien découvert hormis ces tessons — aucun pot entier, aucun bronze, pas un seul ornement ou ustensile, pas même un crâne ou quelque autre ossement humain. Notre espoir d'en apprendre davantage sur les bâtisseurs de Machu Picchu à travers l'étude de leurs constructions ou de leur céramique était-il illusoire ? Nous entreprîmes alors de rechercher des grottes funéraires du type de celles que j'avais visitées en 1911 à Choqquequirau (*phot.* 58). Les Indiens qui vivaient sur le site avaient été chargés par leur *patron*, señor don Mariano Ferro, le propriétaire des lieux, de nous prêter main-forte. Comme ils semblaient connaître les moindres recoins de la montagne, nous leur demandâmes de nous aider à découvrir de telles grottes. Ils explorèrent les versants du « Vieux Pic » pendant deux jours, mais leurs recherches ne donnèrent aucun résultat. Était-il possible qu'il n'y eût aucune tombe ? Me rappelant le succès rencontré par les récompenses pécuniaires proposées au *gobernador* de Lucma lorsque je recherchais Vitcos, j'offris un *sol* à quiconque mettrait au jour une grotte renfermant tout ou partie d'un squelette (à condition que la grotte fût laissée dans l'état dans lequel elle était découverte, afin que nous puissions relever la disposition des ossements).

Le lendemain, nous demandâmes à tous nos ouvriers de cesser les travaux sur le site proprement dit et de se joindre à nous. A la fin de la journée, les six hommes que nous avions recrutés au Cuzco rentrèrent bredouilles au camp, l'un après l'autre, la mine déconfite et leurs espoirs de gagner le « gros lot » promis, envolés. Ils avaient maintes fois dû rebrousser chemin devant l'épaisseur des broussailles et la profondeur vertigineuse des précipices qui entouraient Machu Picchu. L'un d'eux s'était tailladé le gros orteil avec sa machette en tentant de se frayer un chemin à travers la jungle. Les buissons épineux et les massifs de bambous de plus en plus inextricables avaient non seulement lacéré leurs vêtements, mais également écorché leur peau ainsi mise à nu. Ne connaissant pas la région, ils n'avaient rien trouvé. Richarte et ses deux amis, de leur côté, avaient été plus heureux. Ce n'est d'ailleurs pas un hasard s'ils cultivaient les anciennes terrasses : nous les soupçonnions fortement de se muer en chercheurs de trésors entre deux récoltes. En tout état de cause, ils répondirent de gaieté de cœur à notre offre et rentrèrent après la tombée de la nuit, en pleine forme, le sourire aux lèvres et les yeux brillants de joie, pour nous annoncer triomphalement qu'ils avaient découvert *huit* grottes funéraires. Ils réclamaient en récompense huit *soles* ! En comparaison des salaires pratiqués dans les plantations de canne des environs, c'était plus que ce qu'ils auraient pu gagner à eux trois en une semaine.

Les deux compagnons de Richarte faisaient probablement partie de ces Indiens qui n'avaient « rien » trouvé les deux jours précédents. Probablement ne tenaient-ils pas spécialement (et on les comprendra volontiers) à nous indiquer les endroits d'où provenaient les poteries qu'ils vendaient de temps à autre aux voyageurs passant dans la vallée. Peut-être craignaient-ils aussi que le mauvais sort ne frappât leurs récoltes s'ils venaient à profaner les tombes de leurs lointains ancêtres enterrés alentour. La faveur des esprits des défunts était une chose, mais elle ne pesait guère au regard des récompenses promises. Dès lors, ils se consacrèrent corps et âme aux recherches, et les résultats qu'ils obtinrent dépassèrent de loin toutes nos attentes.

Le lendemain du jour où Richarte et ses amis avaient découvert les huit grottes, le Dr Eaton[1] et moi-même les suivîmes à travers les ruines de la cité, puis descendîmes le long du versant oriental de l'éperon. Progressant avec difficulté dans une végétation touffue, nous finîmes par atteindre une corniche moussue sous laquelle s'ouvrait une petite cavité dont nos guides nous montrèrent l'entrée avec fierté.

Cette première grotte recelait les ossements d'une femme âgée d'environ trente-cinq ans, vraisemblablement originaire de la région côtière du Pérou central. Peut-être s'agissait-il de l'une de ces belles Indiennes chargées par l'Inca Titu Cusi d'aguicher les deux frères augustiniens Marcos et Diego lorsque ceux-ci tentèrent de pénétrer dans la cité de Vilcabamba.

A en juger par la disposition des ossements, cette femme avait été enterrée à la manière inca, les genoux repliés sous le menton. A côté d'elle gisaient des morceaux de marmites et de pièces de vaisselle lui ayant probablement appartenu.

La deuxième grotte livra des fragments de deux crânes d'adultes, mais aucune pièce de céramique ou de bronze. Dans la troisième, je découvris enfin, pour ma plus grande joie, une poterie en parfait état : il s'agissait d'un plat à deux anses finement décoré — un excellent spécimen. Cette grotte était divisée en deux dans le sens de la largeur par un mur de pierre. L'« antichambre » renfermait le squelette d'une femme d'environ trente-cinq ans, le crâne étant de ce type oblong que l'on retrouve ordinairement dans les régions montagneuses du Pérou.

Encouragés par ces premières trouvailles, nous poursuivîmes d'arrache-pied nos travaux. Nos infatigables guides fouillèrent tous les recoins accessibles — et parfois, en apparence, inaccessibles — des versants de Huayna Picchu et Machu Picchu. Les grottes étant pour la plupart situées à flanc de pentes très abruptes, plus ou moins recouvertes par la jungle, leur visite et leur déblaiement présentaient de redoutables difficultés. A l'instar des équipes qui avaient ouvert la route, les ouvriers durent à plusieurs reprises interrompre leurs travaux à cause de la présence de serpents venimeux. Néanmoins, Richarte et Alvarez se dépensèrent sans compter. Pratiquement chaque mètre carré de la crête fut exploré et les dernières grottes furent mises au jour au bas des précipices, tout près de l'Urubamba. Certaines des grottes ne renfermaient que des restes de squelettes très fragmentaires — les os les plus importants, un ou deux crânes. D'autres, en revanche, recelaient non seulement des squelettes complets, mais également des pièces de céramique de style inca dans un état de conservation proche de la perfection.

Plus de cent grottes funéraires furent ainsi ouvertes — une cinquantaine sous la direction du Dr Eaton en personne, et une cinquantaine par ses aides indiens. Ces grottes constituèrent une véritable manne pour Richarte et Alvarez. Bien que les tombes ne renfermassent pas d'or, elles livrèrent une incroyable quantité d'ossements et d'objets façonnés qui devaient faire la fortune des Indiens des Picchus. Ces derniers amassèrent en une semaine autant d'argent qu'ils en avaient gagné au cours des deux mois précédents.

Certaines grottes étaient divisées en deux, voire trois ou quatre compartiments par de minces cloisons de pierres. Les diverses anfractuosités qui s'ouvraient à flanc de montagne sous des corniches et des blocs de granite en surplomb constituaient des caches suffisamment sèches et sûres pour accueillir des momies. L'entrée de certaines grottes était obturée par un mur de pierres et de pisé grossièrement construit. Lorsque ce mur était encore debout, les os des squelettes gisaient sur le sol de la cavité (parfois enfouis sous une fine couche d'humus), dans la position dans laquelle ils étaient tombés lorsque les bandelettes de la momie, avec le temps, avaient fini par céder. Divers objets — le plus souvent des tessons de poterie, plus rarement des outils effilés en os de lama utilisés pour le tissage — reposaient généralement auprès des corps. Des pièces de bronze furent également retrouvées. Lorsque le mur était en si mauvais état que des chercheurs de trésors ou des bêtes sauvages (ours ou félins) avaient pu pénétrer à l'intérieur de l'anfractuosité, les ossements et les tessons étaient éparpillés sur le sol de la grotte, voire à l'extérieur du mur de protection. Parfois, les corps étaient inhumés, et l'entrée de la grotte était alors simplement signalée par un muret ou une terrasse rudimentaire. Dans de très rares cas, les corps étaient ensevelis dans des « tombes en forme de bouteille » grossièrement creusées dans la roche.

Nous baptisâmes « Cimetière N° 1 » le secteur dans lequel les premières grottes furent découvertes. Il est situé à mi-hauteur du versant nord-est de l'éperon, au bord d'un à-pic dominant de 250 mètres la rivière. Les restes d'une cinquantaine d'individus furent trouvés sous les rochers et les corniches de ce secteur. Notre ostéologue, le Dr Eaton, établit que tous sauf quatre étaient de sexe féminin. C'était là une découverte de la plus haute importance pour nos recherches. Selon toute vraisemblance, les derniers occupants de Machu Picchu auraient été des Femmes choisies — les fameuses « Vierges du Soleil » attachées aux sanctuaires où l'astre suprême était vénéré.

A trois cents mètres au sud de la première grotte, dans un secteur sis à l'est de la cité, et entre soixante et deux cents mètres au-dessous des dernières marches de l'escalier principal, nous découvrîmes un autre groupe de grottes sépulcrales. Ce « Cimetière N° 2 » se trouve près de l'extrémité du mur d'enceinte extérieur de la ville ; en fait, l'une des grottes est située à moins de cent mètres de la maison la plus basse. Certains indices laissent penser que d'anciennes tombes ont été dérangées pour faire de la place à des sépultures ultérieures. Les restes d'une cinquantaine d'individus furent également exhumés dans ce secteur. Seulement cinq ou six d'entre eux nous semblèrent être de sexe masculin, et encore s'agissait-il d'individus de complexion délicate, « efféminée ». Les preuves de l'existence sur le site de Machu Picchu d'une « Université de l'Idolâtrie » — où des Femmes choisies auraient appris à tisser de somptueuses étoffes et à préparer la *chicha* destinée à l'Inca et à son entourage — commençaient à s'accumuler[2].

Un jour, nous localisâmes la sépulture de la « mère supérieure » (*Mama-cuna*) du couvent, la « Grande Prêtresse » responsable de l'instruction des Femmes choisies. Elle était admirablement située, sur un petit terre-plein à mi-versant de la montagne de Machu Picchu, à environ trois cents mètres au-dessus de la « ville haute ». Large d'une douzaine de mètres, le terre-plein couronnait un étagement de terrasses à culture auquel il était relié par deux volées de marches. Un énorme rocher de granite gris le dominait de toute sa masse. Le terre-plein était fait essentiellement de cailloux et de graviers. Protégé de la chaleur torride du soleil de la mi-journée, il constituait un lieu idéal pour le repos éternel de la Grande Prêtresse.

Près de ses ossements, nous découvrîmes ses effets personnels et sa vaisselle, ainsi que le squelette d'un chien, de cette race domestiquée par les Incas qui n'est pas sans rappeler le colley.

Le bagage funéraire de la « prieure » comprenait divers objets en bronze — deux grandes épingles à châle, des pinces à épiler, ainsi qu'une minuscule et ravissante curette ornée à l'extrémité de son manche d'un motif représentant un oiseau en vol stylisé.

Outre divers fragments de tissus en laine et fibres végétales, la tombe contenait également deux aiguilles à coudre fabriquées à partir d'épines de plantes, deux jolies jarres au col orné de visages humains en relief et peints, d'un style très original, et une magnifique marmite, ou *olla*, finement ouvragée et décorée d'un serpent en bas-relief.

L'objet le plus intéressant qui ait été enterré avec ce grand personnage était un miroir concave en bronze. De nos jours, un miroir de ce type est non seulement beaucoup plus difficile à réaliser qu'un miroir plat, mais il constitue un article de toilette beaucoup moins pratique. Nous savons cependant que lors de certaines cérémonies, la *Mama-cuna*, ou matrone des Vierges du Soleil, concentrait les rayons du soleil sur une houppe de coton à l'aide d'un miroir de bronze pour allumer le feu sacré. J'ignore si cette méthode était réellement efficace, mais comme l'a écrit un jour le Dr Eaton, « même si la Prêtresse ne parvenait pas à embraser la houppe de coton en réfléchissant les rayons du Dieu Soleil, le mystère qui entourait ses gestes rendait cette opération tout à fait plausible aux yeux des fidèles, moyennant un

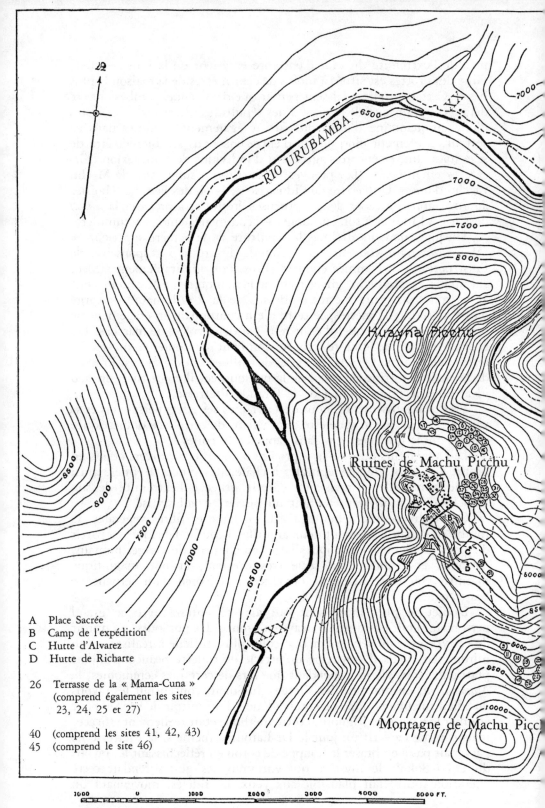

RIO URUBAMBA

Huayna Picchu

Ruines de Machu Picchu

Montagne de Machu Picc

A   Place Sacrée
B   Camp de l'expédition
C   Hutte d'Alvarez
D   Hutte de Richarte

26  Terrasse de la « Mama-Cuna »
    (comprend également les sites
    23, 24, 25 et 27)

40  (comprend les sites 41, 42, 43)
45  (comprend le site 46)

1000    0    1000    2000    3000    4000    5000 FT.

échelle en pieds (1 pied = 0,3 m)

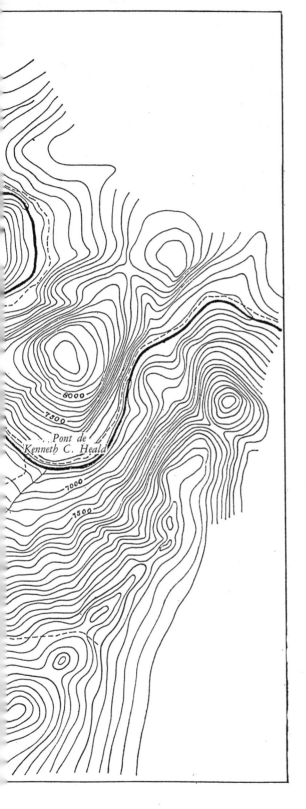

Carte n° 3

L'EXPÉDITION
PÉRUVIENNE DE
1912

sous les auspices de
l'Université de Yale
et de la National Geographic
Society

Directeur : Hiram Bingham

MACHU PICCHU
ET SES ENVIRONS

XX    Mandor Pampa
XXX  Pont de San Miguel
       Sentiers

reproduction de la carte
de l'édition originale (1948)
établie par Robert Stephenson

petit tour de passe-passe ». Quoi qu'il en soit, il ne fait aucun doute que cette femme, munie pour son voyage dans l'autre monde de splendides poteries, d'un chien colley, d'un nécessaire de toilette et de ce miroir concave d'une stupéfiante beauté, occupait l'une des premières places dans la hiérarchie du clergé attaché au Temple du Soleil local. Un examen pathologique du squelette de cette femme à la silhouette gracile a révélé qu'elle souffrait malheureusement de la syphilis.

En tout état de cause, cette prêtresse reçut le plus beau lieu de sépulture que l'on puisse imaginer — un site commandant une vue magnifique sur la ville sacrée, le canyon de l'Urubamba et les pics enneigés des Andes de Vilcabamba.

Si l'on considère la grande valeur des objets enterrés aux côtés de cette femme, et le haut rang évident de cette dernière (aucune autre tombe ne renfermait d'aussi beaux accessoires), et si l'on considère le fait que nous eûmes la chance inouïe de retrouver cette sépulture intacte (bien qu'elle soit située dans un lieu particulièrement exposé aux regards), je ferai remarquer, notamment à l'adresse de mes détracteurs péruviens[3], que pas un seul objet en or ne fut mis au jour dans cette grotte (ni dans aucune autre anfractuosité du site). L'or devait être disponible en de bien faibles quantités à Machu Picchu pour qu'aucun objet façonné dans le précieux métal n'ait été retrouvé dans le bagage funéraire d'une telle *grande dame*. On peut également imaginer que les quelques parures en or qu'elle aurait éventuellement possédées lui furent confisquées pour aller grossir au Cuzco la rançon du malheureux Atahualpa[4], auquel Pizarre avait demandé de remplir d'or une pièce entière de son palais en échange de sa vie (promesse qui ne fut d'ailleurs pas tenue !). Dernière hypothèse : le jeune souverain Tupac Amaru aurait emmené avec lui lors de sa fuite tous les ornements et pièces de vaisselle en or du site, lesquels auraient alors constitué l'énorme butin qui tomba aux mains du vice-roi Toledo après la capture du dernier Inca.

Non loin de la terrasse de la *Mama-cuna*, une autre sépulture fut découverte sous une corniche. Elle fut explorée sous la direction du Dr Eaton, qui y trouva un fragment de crâne féminin dont la mâchoire inférieure présentait une légère déformation caractéristique du type ethnique aymara[5]. Un pichet à *chicha* dont le col était orné d'un bas-relief représentant de manière grotesque un Indien obèse, était enterré à proximité du crâne.

Parmi les nombreux squelettes que nous exhumâmes dans cette vaste grotte, figurait un fragment d'un grand crâne masculin, avec quelques autres ossements. L'état de décomposition avancée de ces restes semblait témoigner d'une inhumation beaucoup plus ancienne que la moyenne observée sur le site. Ce crâne et ces ossements, à la fois longs et massifs, appartenaient sans aucun doute à un homme de forte stature, vraisemblablement originaire de la côte. A côté du crâne (avec lequel il avait probablement été enterré), gisait un levier en bronze, un *champi*, l'un des plus beaux qu'il nous fut donné de découvrir. Son propriétaire était peut-être l'un de ces maîtres maçons qui édifièrent la ville, longtemps avant l'époque de Manco II et de ses fils.

Des ossements de lamas furent trouvés en grandes quantités (en presque aussi grand nombre que les restes humains) dans le sol des grottes, autour et au-dessus des sépultures. Pratiquement chaque élément du squelette était représenté. Cependant, on remarquera qu'à l'exception de ceux des orteils et des rotules, aucun os entier ne fut mis au jour.

Les proches du défunt avaient peut-être brisé ces os de lama — fins et longs — pour en manger la moelle. On sait aujourd'hui qu'il était d'usage dans certaines parties des Andes que les personnes chargées de veiller sur les momies consomment les offrandes de nourriture faites aux morts lors des fêtes annuelles.

Dans une grotte très facile d'accès, nous découvrîmes la tombe intacte d'une jeune femme. A côté des ossements gisaient deux épingles à châle. Il s'agissait vraisemblablement d'une personne de haut rang, car ces dernières étaient en argent. Près de la tombe reposait un grand broyeur plat, d'une forme très inhabituelle, utilisé pour moudre le maïs. Dans la mesure où l'une des principales occupations des Femmes choisies consistait précisément à préparer la *chicha* (bière de maïs) destinée à l'Inca et aux grands personnages de l'empire — préparation qui nécessitait le broyage du maïs germé une fois celui-ci bouilli — cet ustensile fut probablement utilisé dans le sanctuaire.

Sur le versant nord de la montagne de Machu Picchu, au-dessus des ruines, nous découvrîmes une grande grotte, de dix mètres de profondeur sur cinq de large, qui, bien qu'elle recelât une tombe murée, semble avoir également servi d'abri ou de gîte rudimentaire. Aucun muret de protection n'en interdisait l'accès, mais ses parois étaient habillées de murs de pierres soigneusement construits. Ces murs avaient probablement pour fonction d'empêcher l'énorme dalle de granite formant le plafond de la grotte de s'effondrer sur ses occupants (bien que l'on puisse éprouver des doutes sur l'efficacité de tels étais). Aucun ossement humain n'y ayant été retrouvé — à l'exception de ceux que renfermait la tombe — il semble bien que cette belle grotte ait servi pendant un temps d'abri à des ouvriers travaillant dans les carrières des environs, ou aux porteurs qui empruntaient à l'occasion l'ancienne route inca passant non loin de là. C'est par cette route, comme nous devions l'apprendre plus tard, que les habitants de la cité se rendaient sur le plateau situé derrière la montagne, plateau où se trouvaient jadis un grand nombre de terrasses agricoles et plusieurs villes incas.

Nous découvrîmes dans une autre grotte, à côté du squelette d'une jeune femme, toute une collection d'ossements de divers animaux, parmi lesquels figuraient un lama, un agouti, une jeune biche et un lièvre du Pérou. Bien que ces animaux soient tous comestibles (à commencer par l'agouti, un cobaye de la taille d'un lapin, dont la chair constitue un mets de choix, comme je le découvris il y a longtemps de cela lors d'un voyage au Venezuela), il peut paraître quelque peu étrange que cette jeune femme ait emporté avec elle outre-tombe un tel festin. Peut-être avait-elle patiemment rassemblé ces ossements en vue d'en faire des outils. Nous trouvâmes dans sa tombe un beau spécimen de cet instrument pointu qu'utilisent les tisserands pour tasser les fils de trame, ainsi qu'un os taillé en forme de petit couteau. Cette femme avait peut-être consacré sa vie à la fabrication des ustensiles dont les Femmes choisies se servaient pour leurs travaux de tissage.

Dans une petite chambre située au fond d'une autre grande grotte naturelle, nous mîmes au jour — avec le squelette d'une femme âgée d'une cinquantaine d'années — une longue épine de plante transformée en aiguille, un os de mâchoire d'enfant, une marmite (ou *olla*) en forme de coupe et une assiette creuse avec une anse cassée, ainsi que plusieurs fragments d'os de lama constituant les « vivres » de la défunte. Dans une autre tombe, apparemment intacte, une femme de petite taille était enterrée sous un amas de pierres et de terre avec une marmite brisée. Ailleurs, nous découvrîmes le squelette d'une autre femme d'âge mûr inhumée elle aussi avec une *olla*, et une grosse épingle à châle en bronze. On notera avec intérêt que dans un grand nombre des grottes où des femmes avaient reçu leur sépulture, nous retrouvâmes à côté de leurs dépouilles une marmite noircie par le feu. Cette dernière était en général posée à même le sol, vraisemblablement à côté de la momie. Dans la plupart des cas, nous ne découvrîmes pas d'autre plat.

Dans une autre grotte, deux personnes de haut rang (deux femmes fluettes) avaient été enterrées à une profondeur d'environ un mètre cinquante. Recouvrant leurs ossements, mais bien dissimulés par une couche de terre et de cailloux, gisait un assortiment complet de plats et de jarres de style cuzquénien, comprenant deux *ollas*, deux plats à deux anses, deux assiettes creuses, deux pichets en forme de *pelika* (amphore à corps ovoïde et à fond large), et deux récipients à rafraîchissements. Leurs propriétaires comptaient de toute évidence au rang des notables de la cité. Non loin de là, une autre grotte recelait les ossements d'une femme qui pouvait elle aussi avoir été une favorite de l'Inca. Elle était enterrée avec un couteau en bronze et trois épingles à châle (une en bronze et deux en argent). De nos jours, les Indiennes « aisées » du Pérou et de Bolivie tiennent leurs épingles à châle en argent pour leur bien le plus précieux.

Une autre tombe ou cavité garnie de pierres contenait les ossements d'une femme et quatre pendentifs lithiques de forme oblongue — probablement des éléments de collier. Les colliers incas fabriqués à partir d'un matériau durable ne sont pas chose courante.

Dans un autre secteur, nous découvrîmes sous un gros rocher les dépouilles de trois femmes et d'un enfant de six ans. Les quatre squelettes avaient été inhumés avec une coupelle à *chicha* (un très beau spécimen), trois *ollas* (que nous pûmes reconstituer quasi entièrement), quatre plats à deux anses, un bol (également à deux anses), et un fragment d'une grande « amphore ».

Au cours de fouilles que nous menâmes à un kilomètre et demi au sud-est de la cité, dans les contreforts de la montagne de Machu Picchu, nous mîmes au jour les ossements d'un homme et d'une femme, tous deux de petite stature. Leurs biens consistaient en deux plats à deux anses, une *olla* en forme de *diota* (petite amphore grecque)[6], deux assiettes creuses (l'une en bois, l'autre en céramique), une fusaïole en bois, un galet en forme de jeton, un poinçon en os, et sept pierres à polir. Quelques os de lama et la mâchoire inférieure d'un agouti constituaient tout ce qui restait de leur « en-cas » funéraire. S'ils utilisaient l'*olla* pour préparer leurs repas, les plats pour servir leurs ragoûts et les deux assiettes creuses pour manger, nous avions là leur vaisselle au grand complet. La femme, comme toutes les Indiennes des Andes aujourd'hui, filait et tissait. L'homme travaillait probablement la pierre, et peut-être le bois. Il chassait de temps à autre. Aucun d'eux ne buvait de *chicha* (leur sépulture ne renfermait aucun pichet). Ils vivaient très modestement, et ne possédaient aucun objet en métal, ni en bronze ni en argent. Peut-être s'agissait-il de conducteurs de lamas : ils sont en effet inhumés non loin de la route empierrée qui, contournant la montagne, conduit aux grandes étendues où ils auraient mené paître leurs bêtes.

Tard dans la saison, Richarte me guida le long d'un étroit et périlleux sentier qui court au pied des à-pics du versant ouest de Huayna Picchu, jusqu'à une très grande grotte, profonde de près de trente mètres, dont les parois étaient garnies partiellement d'assises de pierres taillées. Cette caverne a pu servir jadis d'abri à un grand nombre de personnes — ou de grotte sépulcrale. Du fait de sa facilité d'accès à partir du pied de Huayna Picchu — qui peut être atteint sans difficulté en période de basses eaux de l'Urubamba — elle était probablement connue depuis longtemps de Melchor Arteaga et d'autres chercheurs de trésors indiens des environs. Richarte, en revanche, en ignorait l'existence : sa découverte, et du même coup, la perspective de nouvelles récompenses, le plongèrent dans un état d'excitation extrême. A sa grande déception, la grotte, en fait, ne contenait plus le moindre objet — pas même un ossement (seules deux tombes furent retrouvées à proximité). Elle avait probablement servi d'abri naturel à des ouvriers employés sur les terrasses à cultures de Huayna Picchu.

Divers indices laissaient en fait penser qu'un certain nombre de grottes avaient déjà été visitées, même à l'époque où la cité était encore habitée. Dans le but de faire de la place pour de nouvelles inhumations, les visiteurs d'avant la conquête avaient parfois repoussé sans ménagements les « premiers occupants » dans un coin. Leur succédèrent, longtemps après, les chercheurs de trésors de la génération passée. A la fin du siècle dernier, l'un d'eux, du nom de Lizarraga, aurait vendu une ou deux poteries provenant (selon ses dires) de Machu Picchu, mais les difficultés que présentait l'ascension jusqu'aux ruines et la faible valeur marchande de ces céramiques le dissuadèrent de rechercher sérieusement les tombes. Rien ne poussait véritablement Richarte et ses amis à déranger les sépultures du « Vieux Pic » avant notre venue ou, plus exactement, avant que nous leur ayons offert l'occasion d'amasser un beau pactole à peu de frais. En tout état de cause, ils n'auraient pas pu vendre plus d'une ou deux *ollas* dans la vallée sans éveiller l'attention du propriétaire des lieux, qui aurait immédiatement réclamé son dû. Les visiteurs les plus fréquents des grottes situées à flanc de montagne furent sans aucun doute des animaux en quête de nourriture et d'abris, et notamment les ours à lunettes, encore fréquemment rencontrés de nos jours dans ces parages.

Une grotte sise à moins de soixante mètres de la Porte d'Honneur de la ville renfermait les squelettes bien conservés de deux hommes, l'un âgé d'une vingtaine d'années, l'autre, de petite taille, approchant l'âge mûr. De toute évidence, ces hommes n'étaient pas des maçons : aucun percuteur et aucun levier n'était enterré avec eux. Le plus jeune des deux avait été inhumé avec un collier de margarodite grise finement façonné et d'un type unique, un certain nombre de perles en os et des fragments d'un objet difficilement identifiable (une perle ?) en verre à bouteilles fondu ! L'homme d'âge mûr avait pour sa part été enterré avec plusieurs parures, des petits jetons lithiques, des pendentifs de collier en bronze, et une jarre (la seule, d'ailleurs, qui n'ait pas été retrouvée à proximité d'ossements féminins). Ses os étaient parfaitement conservés. Les muscles de sa cuisse gauche adhéraient encore au fémur. Nous trouvâmes également quelques fragments d'un vêtement et d'une corde en laine de lama de couleur brune. Il s'agissait vraisemblablement d'une des plus récentes sépultures du site. Il est curieux, et significatif, que les dépouilles de ces deux hommes aient été retrouvées avec des ornements féminins et une jarre. L'endroit insolite où ils étaient inhumés, leurs parures féminines, l'extraordinaire présence de tissus musculaires desséchés sur la cuisse du plus âgé, la petite jarre, tout faisait de ces deux hommes un cas à part. Pourquoi étaient-ils enterrés en ce lieu inhabituel ? S'agissait-il de visiteurs indésirables, qui, après avoir atteint les abords de la cité sacrée, furent inhumés près de la Porte d'Honneur sans avoir été autorisés à approcher les Vierges du Soleil ? Et que penser de cette perle en verre à bouteilles ? De qui le jeune homme la tenait-il ? Cet objet est probablement d'origine européenne. Ce n'est certes qu'un infime détail, mais sa présence semblerait indiquer que le jeune homme vint en ces lieux après l'arrivée des Espagnols au Cuzco. Ces hommes étaient-ils des espions, chargés par les nouveaux maîtres du Pérou de localiser le repère des Vierges du Soleil, qui s'étaient enfuies de l'ancienne capitale? Apportaient-ils des présents destinés aux Femmes sacrées — des colliers, une jarre, une perle précieuse faite dans un matériau qu'aucune d'elles ne connaissait? Qui pourra répondre à ces questions? Qui pourra résoudre cette énigme en apparence insoluble?

On se souvient que les fouilles que nous menâmes dans la forteresse de Vitcos, la dernière capitale militaire des Incas, nous avaient permis de mettre au jour divers objets de fabrication européenne — une boucle de ceinturon, une paire de ciseaux, plusieurs ornements de selle et trois guimbardes —, autant de souvenirs de l'époque de la conquête espagnole. Si Machu Picchu avait été connu des conquérants, ou avait été occupé par des guerriers incas ayant eu à plusieurs reprises l'occasion, tels les soldats de Manco II, de tendre des embuscades aux voyageurs espagnols, nous pouvions nous attendre à y trouver des objets étrangers similaires. Il est de ce fait tout à fait frappant, et significatif, de noter qu'en explorant systématiquement la centaine de grottes ou de sépultures présentant quelque intérêt archéologique, nous ne découvrîmes que dans deux d'entre elles des objets datant de l'époque coloniale. En outre, il apparaît que ces objets ont très bien pu être déposés sur le site longtemps après que les inhumations eurent eu lieu ou que Machu Picchu eut été abandonné. Dans une grotte située à mi-versant, à l'est de la hutte de Richarte, et à une distance considérable de la ville, fut ainsi retrouvée une fine lamelle de fer rouillé de trois centimètres de long sur un centimètre de large ressemblant à un fragment de la lame d'un couteau. Ce dernier peut fort bien avoir appartenu à un chercheur de trésors, d'autant plus qu'aucun objet de valeur (en bronze ou en céramique) n'a été retrouvé dans cette grotte. La présence de plusieurs cailloux plats sculptés de manière à représenter des silhouettes d'animaux laisse penser que d'autres objets façonnés par la main de l'homme s'y trouvèrent un jour. Ce couteau (s'il s'agit d'un couteau) peut également avoir été utilisé par l'un des occupants de la tombe voisine pour sculpter précisément les petits cailloux zoomorphes. L'unique grotte funéraire située à proximité renfermait une poterie de style côtier parfaitement conservée — une bouteille sphérique surmontée d'un double goulot en forme d'étrier, un spécimen ne ressemblant à aucune pièce de céramique inca connue — ainsi que d'autres jetons figurant des animaux. Le contenu et l'emplacement de ces grottes nous portent à dissocier leurs occupants de ceux qui étaient enterrés dans les différents « cimetières » évoqués plus haut. Par ailleurs, le fait que certains des jetons zoomorphes aient été taillés dans des fragments de schiste chloriteux, dont un gisement a été retrouvé à proximité du site, inclinerait à penser que ces mystérieux occupants étaient des résidents permanents plutôt que des nomades.

La seule autre grotte contenant un autre objet d'origine européenne se trouvait à environ cinq cents mètres de notre camp, en direction du sud, juste au-dessous de la « Terrasse de la Mama-cuna ». Elle est située aux limites du Cimetière N° 3, où de nombreux notables de Machu Picchu semblent avoir été inhumés. Cette grotte contient deux noyaux de pêche et un os de bœuf — « un fragment du corps d'un tibia de bovidé », selon les termes employés par le Dr Eaton, notre ostéologue. Du fait de l'absence complète d'ossements de bœufs dans toutes les autres grottes, j'aurais tendance à penser qu'il s'agit là des restes d'un déjeuner de quelque visiteur. L'existence de vestiges archéologiques à Machu Picchu était déjà connue à l'époque où Wiener tenta en vain de les atteindre en 1875[7]. Nous savons que señor Lizarraga avait sillonné les versants couverts de végétation du Vieux Pic, à la recherche de trésors, au moins dix années avant notre venue. Il est significatif que ni dans cette grotte, ni dans aucune excavation voisine, nos ouvriers ne retrouvèrent ni poteries, ni bronzes, ni aucun autre objet présentant la moindre valeur marchande. Le chercheur de trésors qui a laissé derrière lui les noyaux de pêche et l'os de bœuf aurait-il visité et vidé de leur contenu toutes les anfractuosités de ce secteur ? Au total, mis à part la sépulture où a été retrouvée la perle de verre, aucune des grottes funéraires situées près de la cité ou des Cimetières N° 1 et 2 n'a livré le moindre indice permettant de penser que les individus qui y sont inhumés soient entrés un jour en contact avec les conquérants espagnols. J'en conclus, pour ma part, que les derniers occupants de la cité trépassèrent sans avoir jamais reçu la visite d'Européens.

Un inventaire précis des ossements découverts dans les diverses grottes et tombes fait apparaître que 173 individus furent enterrés sur le site. Sur ce nombre, peut-être cent cinquante sont des femmes, une proportion étonnante — à moins de supposer que le sanctuaire ait été autrefois habité par les Femmes choisies du Soleil. Du fait de l'importance de la cité et du grand nombre de personnes qui devaient être employées pour les travaux agricoles, le ramassage du bois et la collecte de l'eau, tant à l'intérieur qu'à l'extérieur du sanctuaire, il se peut que seuls les individus de haut rang (tels les prêtres et les Femmes choisies) pouvaient être inhumés dans les grottes entourant la ville. Il semble également que seuls les membres de la famille de l'Inca et du clergé attaché au sanctuaire aient été autorisés à franchir l'unique porte de la ville. Si tel était l'ancien usage, alors l'absence de squelettes d'ouvriers robustes et trapus sur les pentes de la cime se trouverait expliquée.

Nous découvrîmes dans les tombes les fragments d'environ trois cent cinquante plats ou jarres. Le cimetière contenant le plus grand nombre de poteries par individu est celui situé le plus près des ruines de la cité. Nous en retrouvâmes environ deux fois plus à l'intérieur du périmètre de la ville, où peu de restes humains ont été mis au jour. Il est cependant possible qu'un grand nombre de ces dernières poteries proviennent des bagages funéraires de sépultures si anciennes que tous les ossements qu'elles renfermaient ont été réduits en poussière par le temps. Cette hypothèse est fondée sur le fait que dans le secteur rocailleux situé au sud et au sud-ouest de la Place sacrée — une ancienne aire de sépulture de laquelle pratiquement toute trace d'ossements a disparu — nous découvrîmes un très grand nombre de tessons de céramique : nous avons pu identifier à partir de ces derniers jusqu'à cinq cent vingt et une poterie constituant un éventail représentatif de tous les modèles connus à Machu Picchu. De toutes les grottes funéraires contenant des tessons, une seule recelait un fragment de brasero tripode. Il est probable que les individus (des femmes, en grande majorité) dont les ossements ont été retrouvés dans les grottes n'utilisaient pas de braseros, les orfèvres étant indubitablement de sexe masculin.

La technique de la trépanation paraît avoir été largement pratiquée dans l'ancien Pérou. Le fait qu'aucune des grottes funéraires ouvertes dans les flancs de Machu Picchu et de Huayna Picchu ne contenait un seul crâne « trépané » donne donc à réfléchir. Pourtant, pratiquement toutes les cavernes que nous visitâmes dans la vallée de l'Urubamba dans un rayon de cinquante kilomètres renfermaient un certain nombre de crânes portant les traces de cette opération. Il est évident que les guerriers dont les blessures requéraient ce traitement ne vivaient pas à Machu Picchu. On notera cependant, à la suite d'éminents ostéologues, qu'un grand nombre de ces soi-disant « crânes trépanés » portaient davantage la marque de maladies que d'interventions chirurgicales. Les ossements des bâtisseurs de Machu Picchu ont disparu. Certains d'entre eux ont peut-être été enterrés ailleurs. De ceux qui moururent dans les environs immédiats de la cité, probablement tout vestige a été perdu.

Nous poursuivîmes nos fouilles dans la cité. A de rares exceptions près, celles que nous menâmes à l'intérieur des habitations ne donnèrent aucun résultat. Certaines parties de la ville, en revanche, livrèrent de grandes quantités d'objets présentant un grand intérêt archéologique. L'excavation la plus fructueuse fut celle que nous effectuâmes sur la corniche située entre la Porte d'Honneur et la Place sacrée. Ce secteur est parsemé de gros rochers. Peut-être s'agit-il d'une ancienne carrière, de laquelle proviendraient certaines des pierres utilisées pour la construction de la cité, mais où un certain nombre de blocs de granite, trop volumineux pour servir à des travaux de maçonnerie et trop difficiles à fendre sans l'aide d'explosifs, furent laissés sur place. En raison des difficultés que présentait son nivellement, ce secteur fut laissé tel quel : les carrières, en effet, n'ont jamais fait de bons jardins.

A quelques dizaines de mètres au nord-ouest du sommet de l'escalier principal, Mr. Erdis, notre archéologue, découvrit un énorme rocher dans la face supérieure duquel avait été sculpté un motif figurant des serpents. Nous l'appelâmes le « Rocher aux Serpents ». Il s'agissait peut-être, dans un très lointain passé, du centre du premier cimetière de la cité. Sous le rocher, Mr. Erdis découvrit dans une cavité les fragments d'un crâne et d'une mâchoire, sans aucun autre ossement. Les objets qui reposaient à côté de ces restes humains indiquent qu'une ou plusieurs personnes de haut rang avaient été inhumées en ce lieu: parmi eux figuraient divers articles de bronze (deux miroirs à poignées évidées et de section carrée, deux couteaux, une épingle à châle anormalement longue), une tasse, deux disques de schiste chloriteux vert, une demi-douzaine de jetons du même matériau, un couteau de calcédoine brisé et un fragment de peinture rouge, sans parler d'innombrables cailloux et tessons. La raison pour laquelle des petits cailloux provenant du lit de l'Urubamba furent placés dans cette tombe avec de précieuses pièces de bronze constitue une énigme. On se rappellera cependant que le père jésuite Cobo[8] vit en Bolivie des Indiens Aymaras cuire des cochons d'Inde *(cuys)* avec « des petits galets lisses recueillis dans le fond des rivières et nommés par les Aymaras *calapurna* (littéralement, "pierre-de-ventre") parce qu'ils les plaçaient dans les entrailles du *cuy* ». On peut imaginer que l'un des éminents personnages ensevelis sous le Rocher aux Serpents était une demoiselle aymara, Femme choisie du Soleil, qui avait dû quitter son pays natal (la région du lac Titicaca) pour venir à Machu Picchu servir l'Inca — et donner de précieux conseils pour la cuisson des cochons d'Inde.

Non loin du Rocher aux Serpents, nous mîmes au jour un ravissant petit couteau en bronze orné d'une scène représentant un enfant pêchant un poisson — une pièce absolument unique, tenue par le Dr W.H. Holmes[9] pour l'un des plus beaux exemples d'orfèvrerie en bronze précolombienne jamais découverts en Amérique. Il s'agit indubitablement d'une des réalisations les plus réussies d'un art qui, parvenu à sa pleine maturité, trouva sa plus belle expression dans la représentation de scènes de la vie quotidienne. Cette pièce est conservée aujourd'hui au Musée de Yale.

Près du Rocher aux Serpents affleurent les fondations très grossières de maisons ou de huttes dont le style architectural diffère totalement de celui des autres édifices de la cité. Nous avons également découvert, sous certains des plus gros rochers, de petites cavités ayant jadis pu servir d'arbres.

Au cours des fouilles systématiques qu'il mena à l'intérieur de l'enceinte de la cité, Mr. Erdis découvrit au voisinage de ces rochers des objets façonnés qui étaient enfouis sous soixante à quatre-vingt-dix centimètres de terre. Il exhuma dans ce secteur des objets (notamment des petites pièces de bronze, et deux plats en pierre) dont on n'a retrouvé aucun autre spécimen, ni dans les autres parties de la ville, ni dans les grottes funéraires. Cette zone semble avoir été occupée beaucoup plus tôt que les autres quartiers de la cité.

Très peu d'ossements furent mis au jour à l'intérieur de la ville (un crâne féminin, cependant, fut découvert sous un rocher à quatre-vingts mètres au sud du Temple principal). Nous trouvâmes bien, près de la Place sacrée, plusieurs grottes ayant probablement abrité des momies à une époque plus ou moins lointaine, ainsi qu'une tombe en forme de bouteille et garnie de pierres, mais toutes ces excavations étaient vides. Il est impossible de dire si elles furent profanées par les premiers chasseurs de trésors qui visitèrent la cité au dix-neuvième siècle ou si elles furent vidées de leur contenu longtemps auparavant. Je pencherai en faveur de la seconde hypothèse, dans la mesure où il est peu vraisemblable que des chercheurs de trésors aient pris la peine d'emporter avec eux jusqu'au moindre ossement, et où les momies de Machu Picchu, rongées par l'humidité du climat subtropical de la région, ne pouvaient se conserver suffisamment longtemps pour être commercialisées — à la différence de celles qui furent exhumées dans les nécropoles du désert côtier.

Quatre mois durant, Mr. Erdis et ses aides indiens triés sur le volet fouillèrent et prospectèrent à l'intérieur de l'enceinte et sur les terrasses de Machu Picchu. L'ardeur au travail des Indiens était entretenue par toutes sortes de récompenses et de cadeaux, en quantités croissantes. Tous les secteurs de la ville furent passés au peigne fin. On aurait pu penser de prime abord que les tessons de céramique seraient répartis de manière égale entre les différents édifices, ou du moins, entre les différents quartiers de la cité, mais tel n'était pas le cas. Les fouilles menées à l'intérieur des habitations donnèrent rarement de bons résultats. En revanche, certains amoncellements de débris (pourtant facilement identifiables par des chasseurs de trésors) livrèrent d'intéressantes pièces archéologiques. Certains quartiers de la ville ne recelaient pratiquement aucun objet ouvragé, d'autres, une profusion de poteries et de bronzes.

Le quartier nord-est, qui regroupe un plus grand nombre d'habitations qu'aucun autre secteur de la ville, était relativement pauvre : les tessons de seulement cent soixante et une poteries furent retrouvés dans son sous-sol. Les édifices de ce groupe présentent de grandes similitudes avec ceux, de style « inca tardif », de Choqquequirau et de Qquente (*phot.* 62), on peut supposer qu'ils figurent parmi les derniers de la cité à avoir été construits.

Le quartier nord-ouest comprend quant à lui le Temple principal, la Place sacrée et le Temple aux Trois Fenêtres. De manière surprenante, il ne recelait qu'un petit nombre d'objets. A notre grande déception, nous ne découvrîmes pratiquement rien sur la colline de l'*Intihuatana,* et strictement rien dans les édifices de la place. On n'oubliera pas, cependant, que ce groupe jouxte le cimetière du « Rocher aux Serpents », le site archéologique le plus riche de toute la ville.

Situé en contrebas par rapport au reste de la cité, le quartier sud-est regroupe des maisons de construction assez grossière. Nous ne nous attendions pas à y trouver grand-chose. Et pourtant, les fragments de quelque soixante-quinze poteries y furent mis au jour. Le quartier sud-ouest, enfin, qui s'étend de la Porte d'Honneur au Temple Semi-Circulaire, contient les plus belles demeures, le Mausolée royal et l'artère principale de la ville — l'« Escalier aux Fontaines » et sa cascade de « cuves » alimentant la cité en eau. Nous ne fûmes pas étonnés d'y mettre au jour des milliers de tessons représentant pas moins de cinq cent cinquante-huit pièces de céramique inca. Plus de cinquante jarres furent retrouvées près de la Porte d'Honneur, dans une « décharge » au nord de la rue principale. Des fragments de plus de cent vases furent découverts près du plus bel ensemble d'habitations, où l'Inca lui-même a peut-être résidé.

Au point le plus haut de la crête, M. Erdis et ses ouvriers exhumèrent de grandes quantités d'étranges petites pierres plates, d'un type dont seulement quelques spécimens sont conservés aujourd'hui dans les musées, et de tailles très diverses : certaines d'entre elles font penser à des jetons de poker ; d'autres ont la forme de disques. Bien que leur fonction soit problématique, je serais tenté de voir en elles des « pierres mnémoniques », ou des jetons représentant des valeurs numériques.

Nombre d'entre elles ont été taillées dans du schiste micacé ou chloriteux vert, dont un petit gisement existe au pied d'un des précipices de Machu Picchu. Ces pierres énigmatiques constituent l'une de nos plus intéressantes trouvailles. Sur les cent cinquante-six disques retrouvés, seulement trois le furent dans des grottes contenant des ossements — ce qui nous autorise à affirmer qu'ils appartiennent à une culture antérieure à celle à laquelle se rattachent la plupart des sépultures du site. Ils peuvent également avoir été associés à une occupation ou un métier que les Femmes choisies n'avaient pas le droit d'exercer. Les petits disques sont plus nombreux que les grands, la moitié d'entre eux ayant un diamètre d'environ trois centimètres. On peut imaginer que les jetons de petite taille représentaient les chiffres, les disques de plus fort diamètre (plus rares) figurant les dizaines et les centaines. On ne voit cependant pas très bien ce qui pouvait les distinguer, dans la mesure où ils sont tous de la même couleur et n'arborent aucun dessin sur leurs faces.

Les deux plus grands disques, qui paraissent hors de proportion par rapport aux autres, servaient peut-être de couvercles pour les jarres à *chicha*. Six ou huit autres peuvent également avoir été utilisés à cette fin. J'inclinerais cependant à privilégier l'hypothèse des jetons numériques, les plus grands disques représentant tout simplement des grands nombres. Ces derniers sont grossièrement taillés, à l'exception de quelques-uns, finement arrondis, meulés et polis de manière à présenter partout la même épaisseur. Un seul d'entre eux, mesurant environ quatorze centimètres de diamètre, est incisé d'une croix sur l'une de ses faces.

Quatre disques sont perforés de trous, et la tranche d'un cinquième est marquée de quatre petites incisions. Un examen attentif des jetons de plus petite taille révèle qu'ils furent pratiquement tous soigneusement meulés et polis, et, pour certains, finement arrondis. Presque tous arborent des éclats occasionnés par le meulage et le polissage. Certains ont été meulés au point de devenir translucides.

Un ensemble de seize petits disques extrêmement élaborés fut retrouvé avec un pendentif en pierre discoïde de même taille dans une cache près du Rocher aux Serpents. Toutes ces pièces soigneusement finies portaient, en plus des traces laissées par le meulage et le polissage, des entailles « suspectes » — sans qu'il soit possible, même dans ce cas, d'affirmer avec certitude qu'il s'agit de marques de comptabilité.

Bien que l'on décèle des encoches similaires sur une douzaine d'autres disques (ainsi que diverses rayures pouvant ressembler à des marques de comptage), on ne peut tirer aucune conclusion à leur propos. Tendre et facilement striable, le schiste micacé aurait tout à fait convenu, le cas échéant, à ce type d'usage, les marques pouvant être facilement effacées moyennant un léger polissage. Si cette hypothèse était la bonne, cependant, je pense que nous n'éprouverions aucune hésitation à l'endroit de ces marques, qui restent énigmatiques, et que nous aurions mis au jour un plus grand nombre de disques portant des marques de comptabilité indubitables, du type de celles qu'on a pu relever sur les cubes de terre cuite décrits plus loin.

En plus des disques de schiste micacé vert, nous avons retrouvé quatre ou cinq galets ou pierres discoïdes en grès.

Quarante-deux « fiches » de comptage oblongues de schiste vert ont également été exhumées. Presque toutes semblent avoir été meulées et polies, mais aucune ne paraît avoir été délibérément entaillée (un certain nombre d'entre elles, il est vrai, comportent des encoches irrégulières que l'on pourrait qualifier elles aussi de « suspectes », mais peut-être ont-elles été faites accidentellement au cours du façonnage). La plupart de ces fiches proviennent des abords du Rocher aux Serpents et de la Ville haute.

La collection comprend également dix-neuf jetons triangulaires, trouvés généralement sur des sites où d'autres « pierres mnémoniques » ont été mises au jour. Aucun d'entre eux ne provient d'une grotte funéraire. Outre les disques, les fiches oblongues et les triangles, nous découvrîmes un certain nombre de pierres atypiques, dont certaines sont incisées (d'autres revêtent des formes hautement problématiques, rendant toute classification impossible). Certaines des pierres triangulaires ou oblongues sont perforées, comme si elles avaient servi de pendentifs ou d'amulettes.

Quatre petites pierres vertes découvertes dans une tombe représentent des animaux de la jungle. Peut-être furent-elles enterrées avec l'homme qui les avait façonnées : en sculptant la silhouette d'un pécari, d'un fourmilier, d'une loutre ou d'un perroquet, ce dernier voulut peut-être garder le souvenir d'un voyage qu'il avait effectué dans les forêts du bas Urubamba. Deux autres pierres ressemblent à des boomerangs australiens en miniature. D'autres affectent la forme d'une pipe, d'un buste d'animal, ou encore, d'un dévidoir ou d'une bobine autour de laquelle un fil aurait pu être enroulé. Plusieurs pierres, enfin, imitent la forme de couteaux ou de haches miniatures, objets qui peuvent avoir été donnés en offrandes au dieu de la métallurgie, dans l'espoir qu'il se montre propice aux orfèvres travaillant le bronze.

La plupart de ces jetons verts paraissent avoir servi à consigner des informations ou à comptabiliser des quantités chiffrées. Ils semblent appartenir, je l'ai dit, à une culture antérieure à celle des Incas. S'il est vrai que des pierres similaires ont été trouvées en Équateur, ce type d'objet est pratiquement absent des collections américaines et européennes d'antiquités péruviennes, du moins de celles que j'ai pu examiner. A Machu Picchu, ces pierres ont été découvertes lors de fouilles menées à l'intérieur de la ville, et, plus particulièrement, dans le secteur du Rocher aux Serpents, où se trouve probablement le plus ancien cimetière de la ville.

D'autres pierres similaires furent exhumées par le professeur Saville et le Dr Dorsey dans l'île de la Plata, au large des côtes de l'Équateur[10]. Un éminent archéologue péruvien, señor Gonzalez de la Rosa, estime que les prédécesseurs des Incas tenaient leurs comptes à l'aide de pierres. Les Incas eux-mêmes, on l'a vu, utilisaient des *quipus,* cordelettes nouées dont les différentes couleurs symbolisaient le système décimal. Velasco, l'auteur d'une *Histoire du Royaume de Quito*[11], citant la chronique (aujourd'hui perdue) d'un missionnaire espagnol, Marco de Niza, précise que les Caras (les anciens maîtres de l'Équateur) utilisaient un système mnémotechnique « moins perfectionné que celui des *quipus* péruviens ». Ils conservaient les informations relatives à l'histoire de leur royaume au moyen de « petites pierres de différentes tailles, couleurs et formes », disposées dans des récipients en pierre, en bois ou en terre cuite. « Grâce aux différentes combinaisons de ces pierres, ils perpétuaient le souvenir de leurs actes et tenaient le compte de toutes choses. » Grâce à ces archives rudimentaires, les Caras tenaient une sorte de chronologie de leurs rois. Ce système n'était vraisemblablement pas d'une grande fiabilité, puisque, à en croire Velasco, l'une des collections de pierres se référant à dix-huit souverains caras indiquait pour les uns une durée de sept cents ans se réduisant pour les autres à seulement cinq siècles.

Évoquant les coutumes funéraires des souverains pré-incas de Quito, Velasco rapporte qu'au-dessus de la momie de chaque roi se trouvait une petite niche dans laquelle « étaient rangées des petites pierres de diverses formes, dimensions et couleurs indiquant l'âge du souverain à sa mort, et le nombre d'années et de mois de son règne ». Le professeur Saville remarque que des petites pierres de ce type, utilisées à des fins mnémoniques, ont été retrouvées en divers points de la côte équatorienne, non loin de la frontière méridionale de la Colombie. Les Caras furent finalement vaincus par les Incas, qui les contraignirent à adopter leurs coutumes — dont l'usage des *quipus.*

La découverte à Machu Picchu de pierres mnémoniques semblerait indiquer que la « cité perdue » fut occupée à un moment de son histoire par des hommes qui ne connaissaient pas encore l'usage des *quipus*. Ces pierres ont peut-être été taillées dans des blocs de schiste micacé ou chloriteux vert extraits des flancs du Vieux Pic — à moins qu'elles n'aient été importées d'Équateur par les Incas, ce qui est possible. Aucun autre gisement archéologique similaire n'a été mis au jour dans les Andes centrales, et sans les trouvailles du professeur Saville, nous aurions été bien en peine d'expliquer l'origine de ces jetons. Dans ces conditions, on peut légitimement supposer que les grandes niches du Temple principal continrent des collections de pierres mémoriales et qu'elles furent à dessein aménagées en hauteur, afin d'empêcher leur profanation. Le fait qu'aucune pierre n'ait été retrouvée dans ces niches n'infirme pas nécessairement cette hypothèse. En premier lieu, lorsque vint l'époque où leur usage fut abandonné au profit des *quipus,* ces pierres mnémoniques peuvent avoir été retirées sur ordre du Grand Prêtre, et enterrées près de la Place sacrée. En second lieu, lorsque le Temple principal ne fut plus utilisé pour les prières, ses prêtres ont peut-être cherché à dissimuler les pierres que contenaient ses niches. En troisième lieu, on ne doit pas oublier que le temple fut dépouillé de tous ses ornements longtemps avant ma visite. Ces pierres auraient immanquablement attiré l'attention de chercheurs de trésors indiens explorant les ruines, et il y a tout lieu de croire que de tels pilleurs de vestiges ont depuis belle lurette vidé le temple de tous les objets de valeur qu'il recelait. Enfin, on notera que les fouilles et recherches méticuleuses que nous menâmes sur les autres sites archéologiques de la région (Choqquequirau, Rosaspata, Patallacta) ne livrèrent aucun objet similaire, qu'il s'agisse de disques, de jetons ou de fiches. Si seulement quelques « pierres mémoriales » avaient été retrouvées sur ces sites, on aurait pu en déduire qu'elles avaient été importées d'Équateur après la conquête de cette province, quelques décennies avant la chute de l'empire inca. Dans la mesure où la plupart des pierres retrouvées à Machu Picchu sont taillées dans ce schiste vert dont existe un filon au bord de l'Urubamba, j'aurais tendance à penser qu'elles furent façonnées sur place.

Au cours de fouilles effectuées près de la Porte d'Honneur, trente cailloux d'obsidienne, à peine plus grands que des billes ordinaires, furent mis au jour. Le regretté professeur Pirsson[12], de la Sheffield Scientific School, eut la gentillesse de les examiner à ma demande : il me confia que de telles pierres d'obsidienne peuvent être trouvées dans diverses parties du monde, mentionnant spécialement le Honduras, l'Arizona et l'Europe centrale. La découverte de ces fragments de verre volcanique en des lieux où aucune activité volcanique n'a été récemment décelée a conduit certains à penser qu'il pouvait s'agir de pierres « extra-terrestres », provenant d'une « pluie de météorites ». Quelle que soit leur origine, leur présence près de la Porte d'Honneur tendrait à indiquer qu'elles servirent à comptabiliser des marchandises, telles que les balles de laine d'alpaca remises aux « Femmes choisies ».

Nous retrouvâmes également quelques jetons en terre cuite. Ce type d'objet est extrêmement rare au sein des collections d'antiquités péruviennes. Nous mîmes également au jour quelques disques d'argile de forme pentagonale façonnés à partir de tessons de céramique et arborant sur leur tranche des encoches, comme si leurs propriétaires les avaient utilisées pour compter.

Nous découvrîmes divers autres objets en terre cuite — des protège-tympans, des flageolets, des plats peints et des jetons en forme de dés. Ces derniers portent sur leurs différentes faces des incisions — des traits et des croix — constituant sans l'ombre d'un doute des marques de comptage. Leur origine est totalement inconnue, et bien qu'on en ait retrouvé à Machu Picchu une bonne quantité, ces dés sont pratiquement absents des grands musées. A l'instar des disques de pierre, ils semblent avoir été utilisés par un peuple pré-inca, antérieurement à l'apparition des *quipus.*

Montesinos[13] rapporte qu'avant l'invention des cordelettes nouées existait une autre méthode de comptabilisation et de mémorisation. Cette légende transmise par l'ecclésiastique espagnol portant sur une période antérieure de plusieurs siècles à l'époque à laquelle il mena son enquête, il est tout à fait possible qu'elle fasse précisément référence à l'utilisation de disques mnémoniques et de cubes en terre cuite du type de ceux qui ont été retrouvés à Machu Picchu. On peut également imaginer que l'utilisation de ces « jetons » a été poussée à un plus haut degré à Machu Picchu que dans les autres parties du Pérou, mais que l'invention des *quipus* et la facilité avec laquelle ils pouvaient être adaptés au système décimal empêchèrent l'usage des pierres mnémoniques de se répandre. Que l'on voie dans la légende rapportée par Montesinos le récit quelque peu enjolivé d'un événement réel ou une référence précise à l'abandon des disques et des dés au profit des *quipus,* peu importe. On retiendra seulement que les vestiges de Machu Picchu ont conservé la trace d'un système d'annotation différent de celui employé par les Incas à l'époque de la conquête espagnole.

Outre ces fameuses pierres, figuraient parmi les objets exhumés à Machu Picchu toutes sortes d'ornements et d'ustensiles — perles en forme de disques, pendentifs, pointes de navettes, fusaïoles, meules, racloirs, couteaux, pilons, mortiers et broyeurs. Taillés et polis avec art, deux des pilons revêtaient la forme de cylindres longs d'une vingtaine de centimètres et de six centimètres de diamètre. Certains mortiers consistent en de simples blocs grossièrement rectangulaires, dans la face supérieure desquels a été creusée une dépression circulaire ou oblongue. Utilisées peut-être lors de cérémonies, deux ou trois meules dormantes avaient été taillées dans de grandes dalles mesurant quarante-cinq centimètres sur soixante ; elles font irrésistiblement penser aux vieilles pierres tombales de nos cimetières. A côté d'elles, nous retrouvâmes des molettes de forme allongée, avec une face incurvée aussi large que le plateau des meules.

Au cours des fouilles qu'il mena près du Rocher aux Serpents et du Temple aux Trois Fenêtres, Mr. Erdis découvrit des fragments d'un plat rectangulaire finement décoré ayant à l'origine été taillé dans un bloc de schiste. Sa forme et sa décoration étaient si insolites que notre archéologue fouilla la terre jusqu'à soixante centimètres de profondeur dans un rayon de plusieurs mètres. En examinant chaque caillou, il parvint à reconstituer presque entièrement ce beau plat, qui est probablement pré-inca et très ancien. Il est long de vingt centimètres, large de douze et haut de sept. Mr. Erdis découvrit un autre plat du même type, mais de plus petites dimensions.

Un certain nombre de bols et de plats ronds en pierre rudimentaires furent également mis au jour, soit entiers, soit en morceaux. De telles pièces de vaisselle étant fort prisées des collectionneurs d'antiquités péruviennes, il n'est pas étonnant que nous ne retrouvâmes aucun spécimen en parfait état. Les grottes funéraires contenaient en général peu d'objets en pierre.

Cinq couteaux d'obsidienne primitifs furent exhumés dans l'un des plus anciens secteurs de la ville, près d'un rocher sur lequel un motif représentant des serpents avait été gravé. Nous trouvâmes également un couteau de calcédoine qui présentait de grandes ressemblances avec deux pièces similaires que j'avais ramassées sur un site pré-inca près du lac Parinacochas.

Les ruines recelaient également une centaine de spécimens de bronzes incas — haches, ciseaux, crosses, épingles à châle et couteaux — ainsi que des fragments des nombreux petits braseros ayant servi à leur fabrication. Ces braseros étaient tellement usagés qu'il ne fut possible d'en reconstituer qu'un seul avec quelque degré de précision. Les tombes n'en renfermaient aucun. Ils ne semblent pas avoir été utilisés par les femmes qui y sont enterrées.

Des centaines de « percuteurs » (marteaux de pierre) furent exhumés, ce qui donne une idée de l'extrême importance et du fréquent usage de ces outils paléolithiques grâce auxquels les Incas purent accomplir les prodiges architecturaux que l'on sait. Il s'agit en général de cailloux, ou de galets de diorite ou d'une autre roche dense et résistante. Dans certains cas, ces percuteurs comportent de légères dépressions permettant de les tenir fermement entre le pouce et l'index, mais, le plus souvent, seule la pointe effritée du caillou indique qu'il s'agit d'un outil.

Un caillou mesurant dix centimètres sur vingt paraît avoir été utilisé par son propriétaire à trois fins différentes. Cet outil original — ou plus exactement ces trois outils en un — comporte latéralement une petite dépression qui pouvait servir de mortier pour le broyage de pigments ; ses extrémités sont toutes deux érodées, du fait de son utilisation comme percuteur ; enfin, l'une de ses faces est légèrement arrondie, ce qui lui permettait de servir de broyeur ou de molette.

Parmi les objets en bois exhumés figuraient un fragment carbonisé d'un plat semblant mesurer quinze centimètres de diamètre et cinq de hauteur, une aiguille de crochet finement sculptée de douze centimètres de long (avec un manche légèrement aplati, légèrement incisé sur ses côtés et décoré de motifs représentant de manière stylisée des plumes d'oiseau), et une autre aiguille longue d'environ huit centimètres et munie à sa base d'un petit anneau métallique. Nous ne retrouvâmes aucun spécimen de ces articles de bois peint dont regorgent les collections d'antiquités cuzquéniennes — « genre » qui semble avoir été largement pratiqué au lendemain de la conquête espagnole, sous l'influence de l'art européen.

Quatre objets fabriqués à partir d'ossements ont été exhumés : une fusaïole, vraisemblablement sculptée dans une tête de fémur, et trois de ces outils pointus utilisés encore aujourd'hui au Pérou avec les métiers à main pour tasser les fils de trame. Deux d'entre eux sont perforés, et l'un est doté d'un manche joliment décoré de deux oiseaux se faisant face.

Notre connaissance des textiles fabriqués et portés à Machu Picchu repose essentiellement, par la force des choses, sur les beaux spécimens découverts dans les tombes du désert côtier péruvien, auxquelles j'ai déjà fait référence. Nous savons grâce au témoignage direct de Rodriguez de Figueroa que Titu Cusi résida dans la cité perdue[14], et que certains des nobles de sa cour étaient somptueusement vêtus. Avec le climat chaud et moite qui règne dans la région de l'Urubamba — arrosée par de fréquentes averses même pendant la « saison sèche » — on ne pouvait s'attendre à ce que des pièces de tissus s'y soient conservées très longtemps. Quelques infimes fragments de vêtements en laine finement tissés furent retrouvés dans plusieurs grottes funéraires où ils avaient été préservés de l'humidité. Ils se trouvaient cependant dans un tel état de décomposition qu'il fut impossible de déterminer la taille ou la nature des pièces dont ils provenaient.

Nous trouvâmes par ailleurs un protège-tympan en terre cuite — une sorte de rondelle percée de petits orifices dans lesquels étaient peut-être insérées de petites plumes colorées. Nous savons que les nobles incas se distinguaient du reste de la population par la taille des ornements dont ils paraient leurs oreilles, dont les lobes devaient pour ce faire être perforés et considérablement étirés. Ce signe distinctif était si frappant que les conquistadors donnèrent aux nobles incas le surnom d'*orejones*, « grandes oreilles », ou « oreillards ».

Raffolant des couleurs vives, les Incas utilisaient volontiers les plumes des oiseaux de la forêt pour en faire des ornements, voire des parties entières de leur costume. Nous rencontrâmes de nombreux oiseaux dans la région de Machu Picchu, la vallée de l'Urubamba servant de voie de passage aux espèces migrant entre la *sierra* et l'Amazonie.

La collection zoologique réunie au cours de nos expéditions au Pérou comprend plus de mille six cents spécimens, dont neuf cents mammifères de quatre-vingts espèces différentes. La collection ornithologique (sept cents pièces) regroupe quant à elle un beaucoup plus grand nombre d'espèces — pas moins de quatre cents, dont bon nombre ne sont représentées que par un seul spécimen. Nous rapportâmes par ailleurs aux États-Unis une vingtaine de serpents, dix lézards et plusieurs poissons. Tous ces animaux étaient vraisemblablement connus des Incas, et un grand nombre d'entre eux durent être utilisés d'une manière ou d'une autre par les habitants de Machu Picchu.

Pratiquement tous nos spécimens d'histoire naturelle ont été déposés à la Smithsonian Institution de Washington. Les pièces archéologiques sont conservées pour la plupart au musée de l'Université de Yale, à l'exception de celles exhumées en 1914-1915, et qui furent toutes restituées au gouvernement péruvien.

NOTES

1. Cf. chap. 8, note 3.

2. Bingham pense, bien évidemment, à Vilcabamba et à son « Université de l'Idolâtrie » que les frères augustiniens Diego et Marcos tentèrent en vain d'atteindre sous le règne de l'Inca Titu Cusi.

3. Bingham fait ici référence aux calomnies dont il fut l'objet dans différents pays d'Amérique latine (les Sud-Américains n'ont en effet jamais véritablement accepté qu'un Nord-Américain ait découvert l'un des principaux hauts lieux de leur histoire). En 1938, notamment, une intellectuelle argentine, Ana de Cabrera, accusa Bingham d'avoir pillé le site et expédié aux États-Unis « un chapitre de la millénaire histoire de l'humanité américaine ». En 1961, un journaliste péruvien, E. Portugal, accusa l'archéologue d'avoir « saccagé et dépouillé Machu Picchu en emportant une richissime cargaison d'objets en or et d'œuvres d'art » (« Hiram Bingham, el Traficante de Machu Picchu », *Tareas,* n° 6, Lima, 1961). L. E. Valcarcel tint des propos similaires. Bingham n'a jamais fait mystère de la destination des poteries recueillies en 1912-13 : le musée de l'Université de Yale ; quant à celles découvertes en 1914-15, elles furent toutes restituées au gouvernement péruvien. S. Waisbard, dans son ouvrage sur Machu Picchu (*op. cit.,* p. 160), se fait l'écho de ces calomnies sans vraiment chercher à les démentir.

4. L'Inca régnant au moment de la conquête espagnole.

5. Ethnie indienne des Andes boliviennes et de la région du lac Titicaca.

6. Amphore grecque à corps ovoïde et large goulot.

7. Wiener, rappelons-le (cf. chap. 5, note 6), n'a jamais cherché à atteindre Machu Picchu. Il s'est borné à mentionner la cité dans son ouvrage *Pérou, Bolivie* (1880).

8. cf. chap. 1, note 6.

9. cf. chap. 8, note 4.

10. Marshall Howard Saville, archéologue américain (1867-1935). Professeur à l'Université de Columbia, il dirigea de nombreuses fouilles en Amérique centrale et en Équateur (*The Antiquities of Manabi, Ecuador,* 1907 ; *The Gold Treasure of Sigsig,* 1924). — George Amos Dorsey, anthropologue américain (1868-1931).

11. P. Juan de Velasco, *Histoire du Royaume de Quito,* trad. fr. de M.-A. Ternaux-Compans, 1840.

12. Louis Valentine Pirsson, géologue américain (1860-1919). Professeur de géologie physique à la Sheffield Scientific School, Université de Yale (1897-1919).

13. cf. chap. 2, note 5.

14. A condition d'identifier Machu Picchu à Vilcabamba. Pour Rodriguez de Figueroa, voir chap. 3, note 15.

# 11

## LA RECHERCHE DES ROUTES INCAS
## MENANT À MACHU PICCHU

Lorsque nous eûmes dégagé une bonne partie des ruines, nous pûmes nous consacrer à la recherche des anciennes routes reliant la cité au pays environnant. Nous parvînmes à localiser un sentier pavé qui courait vers le sud, le long des terrasses et de la « crête des Thermopyles » décrite plus haut, en direction de la montagne de Machu Picchu. Cette chaussée à flanc de ravin avait été partiellement détruite par une chute de pierres. Nous la retrouvâmes de l'autre côté des éboulis, sous la forme d'un escalier aux marches soigneusement taillées dans le granite — escalier qui nous mena au sommet de la crête à l'est du mont. Elle bifurque en ce point, le chemin de gauche conduisant à un à-pic à première vue infranchissable sur le versant méridional de la montagne, celui de droite longeant la crête jusqu'au sommet du pic. Nous y trouvâmes, on l'a vu, les ruines d'un cantonnement inca dans lequel pouvaient loger une douzaine de soldats, et, tout en haut de la montagne, sur une petite terrasse soigneusement construite, une station de signaux (ou poste de guet) surplombant directement le pont de San Miguel sur l'Urubamba, mille deux cents mètres en contrebas.

L'un de nos Indiens nous signala l'existence de ruines dans la région de hautes montagnes et de forêts impénétrables qui s'étend au sud de Machu Picchu. Nous songions avec jubilation aux possibilités d'exploration qui s'offraient à nous dans une contrée qui, jadis, avait dû entretenir de si étroites relations avec la Cité perdue. Le mystère dont sont nimbées les profondes vallées situées au nord-nord-est du mont Salccantay ne demandait qu'à être percé. Séparée d'Ollantaytambo et d'Amaybamba par le grand canyon de l'Urubamba, protégée du côté du Cuzco par la gigantesque barrière du Salccantay, isolée de Vitcos par de profondes vallées et des hauts plateaux désolés et battus par les vents (la fameuse *puna* péruvienne), cette région semble être restée inconnue des Espagnols. Les principaux chroniqueurs de la Conquête paraissent avoir ignoré jusqu'à son existence. Garcilaso Inca de La Vega, dont Prescott[1] s'est tant inspiré pour écrire sa fascinante

*Conquest of Peru,* ne mentionne aucune des localités de la région de Machu Picchu. Cette dernière est également entièrement absente des relations circonstanciées de la chute de l'empire inca laissées par Cobo[2] et Balboa[3]. Elle semble avoir constitué une *terra incognita* jusqu'au dix-neuvième siècle. Raimondi lui-même n'a fait que l'effleurer[4].

Un jour, Ricardo Charaja, un Quechua originaire de la ville de Santa Rosa — et l'indigène sur lequel je pouvais le plus compter au sein de mon équipe — localisa les vestiges d'une ancienne route inca partant de la vallée du Pampaccahuana (un affluent de l'Urubamba situé légèrement en aval d'Ollantaytambo) dans la direction générale de Machu Picchu[5]. Charaja fit immédiatement part de sa découverte à notre topographe en chef, Mr. Bumstead[6]. D'après certaines rumeurs qui vinrent par la suite à nos oreilles, d'autres ruines pouvaient être trouvées dans cette direction. On nous signala notamment l'existence « d'un grand temple bâti sur une île au milieu d'un lac, un très beau site, encore plus intéressant que Machu Picchu ».

C'est dans une disposition d'esprit où se mêlaient curiosité et scepticisme qu'Osgood Hardy et moi-même entreprîmes en avril 1915 de suivre cette route aussi loin qu'elle pourrait nous mener. Elle part de la rive gauche du Pampaccahuana, non loin de son confluent avec le rio Huayllabamba, près des ruines d'un petit édifice en pierres grossièrement assemblées à l'argile. Situées sur un monticule dominant les deux rivières, ces ruines sont probablement celles d'un de ces anciens *tampus* (relais, ou auberges) qui jalonnaient les anciennes chaussées incas et étaient vraisemblablement réservés aux nobles et aux Vierges du Soleil.

Nous nous étions assuré les services d'un guide indien qui prétendait ne rien ignorer du « fameux temple situé au milieu du lac dans les montagnes » ; mais, après l'avoir longuement attendu au rendez-vous que nous lui avions fixé, nous nous mîmes en route sans lui. Il nous rejoignit un peu plus tard, et nous expliqua qu'il avait pensé que nous ne partirions pas ce jour-là car il pleuvait au lever du jour ! En fait, ses provisions pour le voyage (du maïs grillé et des fèves) n'avaient pas été préparées à temps.

Conduits par Ricardo Charaja, fier de jouer le rôle de guide dans une région si éloignée de son village natal, nous nous frayâmes un chemin à travers une pittoresque forêt primitive et débouchâmes dans la partie supérieure d'une vallée en U, sur les versants herbeux de laquelle nous suivîmes sans difficulté les vestiges d'un chemin empierré tracé par les Incas. Ce chemin en pente douce mène à une passe située tout en haut de la vallée du Huayllabamba, avant de redescendre par une série de virages en dents de scie dans la vallée du Huayruru. Nous ne vîmes pas une seule hutte indienne. En fait, la région paraissait totalement inhabitée ; même les animaux semblaient l'avoir désertée. Dans une vallée aussi sauvage et reculée que celle du Huayruru, nous pouvions légitimement nous attendre à apercevoir quelques biches, voire un ou deux spécimens de l'ours des Andes. Les cimes environnantes restèrent cependant désespérément vides de toute vie animale, et c'est avec un étrange sentiment de solitude absolue que nous poursuivîmes notre chemin dans le fond de la vallée. Le sentier inca disparut bientôt sous un amas de rochers — les vestiges d'un glissement de terrain tout récent. Un peu plus loin, nous distinguâmes deux routes incas qui escaladaient en décrivant de nombreux lacets des pentes recouvertes de hautes herbes. Nous décidâmes d'emprunter celle de droite, qui nous semblait la plus susceptible de nous conduire dans la direction de Machu Picchu. La route de gauche mène probablement à Palcay, une petite ferme inca en ruine que je découvris par hasard en 1912.

A mi-versant, alors que nous dominions déjà de six cents mètres le fond de la vallée, nous atteignîmes un petit fortin inca dont notre guide (qui nous avait rejoints entre-temps) nous révéla le nom : Runcu Raccay. Il s'agissait vraisemblablement d'un des postes fortifiés qui jalonnaient l'ancienne chaussée. De forme circulaire, le petit fort renferme les vestiges de quatre ou cinq édifices entourant une sorte de patio dans lequel on pénétrait par un étroit passage. Dans le chambranle de ce passage, nous découvrîmes les habituelles cavités de verrouillage et leurs pièces cylindriques verticales permettant l'assujettissement d'un panneau de bois. Les appareillages et les niches étaient du plus pur style « inca tardif ». Nous plantâmes nos tentes près des ruines, pendant que nos six porteurs indiens (recrutés à Ollantaytambo) se construisaient un abri pour se protéger des pluies froides qui tombaient pratiquement chaque nuit.

Vingt-cinq ans plus tard, Runcu Raccay fut visité par le Dr Fejos[7]. Une intéressante maquette du site vient en annexe du rapport qu'il remit au retour de son expédition au Viking Fund, son commanditaire. L'archéologue hongro-américain ne retrouva pas le dispositif de verrouillage que nous avions photographié en 1915. Peut-être avait-il été détruit dans l'intervalle ?

Au-delà de Runcu Raccay, la route nous fit passer de la vallée du Huayruru à celle d'un affluent de l'Aobamba. Sur la plus grande partie de son tracé, elle était encore suffisamment en bon état pour permettre à nos mules d'avancer avec facilité, mais dans certains passages particulièrement rocailleux ou raides, nos mules firent de mauvaises chutes. Nous devions alors les décharger entièrement et les aider à escalader les rochers.

A peine avions-nous pénétré dans la nouvelle vallée que nous parvînmes à un nouvel embranchement. La route de gauche (en fait, un escalier) conduisait au sommet d'un éperon rocheux où gisaient les ruines d'un groupe compact d'édifices incas auquel notre guide donna le nom de « Cedrobamba ». Ce mot étant mi-quechua, mi-espagnol (il signifie « la plaine aux cèdres »), il ne s'agit bien évidemment pas du toponyme originel. Cette vallée semblant désertée par les hommes depuis plusieurs siècles, il n'est guère étonnant que l'ancien nom du site ait été perdu. Ces ruines sont du même style architectural que les autres vestiges situés le long de la route. Couvrant une trop vaste superficie pour n'être qu'un simple relais tel que Runcu Raccay, Cedrobamba constituait sans aucun doute l'un des principaux avant-postes fortifiés défendant l'accès de Machu Picchu. Le site commande un vaste panorama sur trois côtés. Bordé de ravins abrupts, l'éperon n'est accessible que par le petit chemin empierré. Le fort était probablement approvisionné en eau par une petite rigole courant à flanc de montagne, à la manière inca. Nous défrichâmes une partie du terrain à proximité des ruines et y campâmes pendant quelques jours, le temps que nos Indiens dégagent la route et la rendent praticable pour nos mules. En plusieurs points de son tracé, il fallut construire des ponts rudimentaires et dégager d'énormes masses de végétation. Le seul endroit où nous rencontrâmes de véritables difficultés fut celui où le chemin passe sous un tunnel, à l'intérieur d'un énorme ressaut de la montagne. Les Incas avaient préféré recourir à cette formule plutôt que de tailler la route à même la paroi rocheuse, mais le tunnel n'était pas assez large pour nos mules. Les anciens Péruviens, rappelons-le, utilisaient des lamas, animaux de bât à la silhouette beaucoup plus élancée, qui ne pouvaient porter que des charges légères. Le passage, en tout état de cause, était assez large pour eux.

Pendant que les Indiens travaillaient sur le chemin, Ricardo et moi-même partîmes en reconnaissance. Nous découvrîmes, à notre grande satisfaction, que le chemin s'infléchissait de plus en plus dans la direction de Machu Picchu. Poussant plus avant dans l'espoir d'apercevoir au loin le « Vieux Pic », nous atteignîmes un autre ensemble de ruines appelé Ccorihuayrachina (littéralement, « là où l'or est lavé »). L'éminence qui surplombait les vestiges avait été nivelée et ceinte d'un mur de contention, de manière à ce que le site pût servir de station de signaux, voire de fortin. Au-dessous du mur, nous découvrîmes l'entrée d'une grotte qui présentait des traces d'occupation récente (probablement venait-elle d'être visitée par un ours).

La route inca traversait les ruines de Ccorihuayrachina par une longue volée de marches au sommet desquelles un magnifique panorama de la vallée de l'Urubamba — dans sa partie qui jouxte la région de Machu Picchu — s'offrit à nos yeux. Le plus intéressant vestige de Ccorihuayrachina est un alignement de cinq fontaines aux bassins en pierres — fontaines aujourd'hui à moitié recouvertes par les eaux d'un marais, à proximité d'un rocher sculpté par endroits. Il s'agissait peut-être de ce fameux « temple au milieu d'un lac » dont nous avaient parlé les Indiens de la région ; mais je ne cacherai pas que nous nous attendions à découvrir des vestiges plus impressionnants. Le nom de Ccorihuayrachina peut avoir été donné au site à cause de ces cinq fontaines, où des Indiens à l'imagination fertile pensèrent que de l'or avait pu un jour être épuré. Il s'agit à mon sens de l'ancienne résidence d'un important cacique vassal des maîtres de Machu Picchu. Tout récemment, le site a été exploré de manière approfondie par une expédition dirigée par le Dr Paul Fejos, qui a mis en lumière toute son importance.

Au-delà de Ccorihuayrachina, la piste longeait l'arête d'une crête, généralement selon une faible déclivité. Elle nous conduisit peu à peu vers le massif dont le point culminant est précisément le pic de Machu Picchu. A quelques kilomètres de la cité, l'ancienne piste disparaît, mais nous ne nous en inquiétâmes pas pour autant, dans la mesure où nous avions déjà atteint les abords immédiats de la ville, et ce en suivant l'ancienne chaussée qui reliait indubitablement la citadelle à la vallée du Pampaccahuana et aux principaux bourgs incas de la région. Outre le fait que nous avions localisé l'ancienne route inca, nous avions également eu la chance de découvrir un certain nombre de sites archéologiques jusque-là inconnus — sites qui semblaient correspondre à d'anciens relais jalonnant la route à intervalles réguliers. J'avais enfin assouvi mon désir de pénétrer à l'intérieur de la contrée inexplorée qui s'étend au sud de Machu Picchu, région qui me fascinait depuis de nombreuses années. Nous en savions désormais un peu plus sur l'une de ces contrées inconnues « perdues derrière les montagnes », selon les mots de Kipling[8].

Afin d'aller jusqu'au bout de notre entreprise et d'avoir la satisfaction d'atteindre la citadelle par la route qu'empruntaient jadis ses habitants, je demandai à Clarence Maynard, le topographe-adjoint de l'expédition de 1915 (futur major des U.S. Engineers pendant la Seconde Guerre mondiale, sous les ordres du général MacArthur), de longer la rive gauche de l'Urubamba jusqu'à Choqquesuysuy, de remonter au sommet du col qui relie le « Vieux Pic » à la région que nous venions de traverser, et, de là, de tenter de gagner Machu Picchu par une route praticable.

Sises en hauteur, au-dessus d'un coude de l'Urubamba, les ruines de Choqquesuysuy commandent un panorama particulièrement enchanteur, tant en amont qu'en aval du rio. C'est là, au pied d'une cascade écumante, qu'un seigneur inca construisit un temple dont les murs, encore debout, soumettent à un véritable supplice de Tantale le voyageur qui descend la vallée par l'unique route existante, de l'autre côté de la rivière. Le pont le plus proche se trouve à plus de deux jours de marche et les rapides sont, en ce point du cours de l'Urubamba, infranchissables. Chaque fois que nous étions passés devant ce temple en remontant ou en descendant le rio, je n'avais eu qu'un désir : traverser la rivière et percer le secret de ces ruines. Le site est si proche de Machu Picchu qu'il ne peut qu'avoir été occupé par le même peuple. Partant, c'est avec la plus grande joie que j'appris que Mr. Maynard avait réussi à atteindre Choqquesuysuy, dont les édifices (comme nous devions l'apprendre plus tard) pouvaient être datés de la fin de l'empire inca. Notre topographe découvrit également qu'un sentier reliait le site au col que surplombe le pic de Machu Picchu.

Un récent éboulement avait détruit la partie inférieure du sentier. Non sans difficultés, Mr. Maynard le remit en état et réussit à faire gravir le versant de la montagne à ses bêtes de somme. Après avoir escaladé la pente sur plus de neuf cents mètres, il établit son campement sur une petite *pampa* au sud du col et, moyennant plusieurs heures de recherches, découvrit les vestiges d'un autre chemin inca, aujourd'hui pratiquement effacés. Progressant sur un terrain particulièrement difficile, il parvint à reconstituer le tracé de l'ancien sentier jusqu'au col.

Il devait découvrir par la suite qu'il existait en fait trois routes pouvant mener du col à Machu Picchu. La première longeait le versant oriental du « Vieux Pic » ; la seconde coupait droit par le sommet de la montagne ; la troisième, enfin, courait le long des précipices de la face ouest du pic.

Dans la partie la plus étroite du col gisaient les ruines d'un poste de garde. C'est de là que partait le premier chemin. Mr. Maynard le suivit jusqu'à l'endroit où le versant de la montagne se mue en une paroi rocheuse très abrupte. Devant se frayer un chemin à travers une végétation de plus en plus dense, il ne parcourut que quelques centaines de mètres par jour. Le pied menaçait de lui manquer à tout moment. La pente, en effet, était extrêmement raide et glissante — à cause des pluies récemment tombées. Çà et là, des tronçons de l'ancienne route pavée apparaissaient sous les feuillages, mais il fallut souvent, avant de les trouver, défricher d'importantes étendues de forêt. En de telles occasions, les ouvriers faisaient tout leur possible pour décourager les recherches, criant à la cantonade : « Il n'y a pas de route ici ! » ou : « On ne peut pas passer par là ! » Trempés par les pluies diluviennes qui s'abattaient sur la région, ils ne travaillaient en effet qu'à contrecœur, et ne faisaient dans l'ensemble aucun effort sérieux pour contribuer à la localisation de nouvelles portions de route. Toute trace du sentier finit par disparaître sous un éboulement, même si rien n'indiquait qu'il ait été emporté par le glissement de terrain. Finalement, l'un des ouvriers découvrit, au-delà des éboulis, une volée de marches taillées dans le roc et recouvertes d'une épaisse couche de matières végétales en décomposition. Ces marches menaient jusqu'à une grotte, dont l'entrée était dissimulée par d'épaisses broussailles.

Il s'agissait en fait de l'entrée d'un ancien tunnel. Là encore, les Incas avaient préféré couper droit à travers la montagne plutôt que d'ouvrir un chemin dans la roche vive d'un de ses à-pic. Le passage, cependant, était obstrué par d'énormes rochers, la voûte du tunnel s'étant effondrée. Faute d'explosifs, toute progression le long de cette route semblait désormais interdite — à moins de contourner l'obstacle en suspendant au-dessus du vide, accrochée à la paroi, une passerelle de fortune. Cette solution semblant de prime abord dangereuse et difficilement réalisable, Mr. Maynard décida de revenir à son point de départ (le poste de garde) et de rechercher au préalable d'autres routes. Répartis en plusieurs équipes, les Indiens se frayèrent un passage dans la forêt dans diverses directions, dans l'espoir de découvrir des vestiges d'anciennes chaussées, mais des à-pic infranchissables les empêchèrent

51. Vue partielle du Temple Semi-Circulaire avec ses moellons de granite blanc parfaitement jointifs.

52. Cet extraordinaire ouvrage de maçonnerie semblant faire corps avec la roche peut être admiré sous le rocher du Temple Semi-Circulaire, près de l'entrée du « Mausolée royal ».

53. L'intérieur du « Mausolée royal », une ancienne grotte dont les parois ont été garnies de blocs de granite blanc. Des momies étaient probablement exposées sur le banc de pierre sur lequel mon jeune guide indien se tient assis.

54. Deux des fenêtres « commémoratives » du mur est du Temple aux Trois Fenêtres, qui donnent, par-delà la Ville basse et le canyon de l'Urubamba, sur les montagnes au levant. Pachacuti Yamqui Salcamayhua, descendant d'une longue lignée d'Incas (ses parents étaient contemporains de Titu Cusi), rapporte dans sa *Relation des Antiquités du Pérou* que le premier Inca, Manco Capac, avait « ordonné que l'on construisît sur le lieu de sa naissance un édifice consistant en un mur de maçonnerie à trois fenêtres, ces dernières constituant les emblèmes de la demeure de ses ancêtres ». Machu Picchu est le seul site que je connaisse qui corresponde à cette description.

56. Vue rapprochée de la partie inférieure de la « fenêtre problématique ». Les orifices dont sont perforés les moellons latéraux servaient peut-être à accrocher l'effigie en or du Dieu Soleil, effigie qui devait tomber aux mains du vice-roi Francisco de Toledo au lendemain de la capture de Tupac Amaru, le dernier Inca. Tupac Amaru passa la plus grande partie de sa vie dans le sanctuaire de Vilcabamba, auquel j'identifie Machu Picchu.

57. L'entrée du « Groupe du Roi », le plus bel ensemble résidentiel de Machu Picchu. Son linteau consiste en un monolithe de granite blanc pesant environ trois tonnes. S'ils résidèrent dans la « Cité perdue », Manco et ses fils durent souvent franchir cette porte. J'ai en tout état de cause la conviction que Titu Cusi et Tupac Amaru y vécurent pendant de nombreuses années.

58. Grotte funéraire de Choqquequirau contenant un crâne et quelques pièces de céramique. Les terres arables étaient si rares dans les Andes que les terrasses agricoles construites artificiellement à flanc de montagne ne furent jamais utilisées comme cimetières. Pour autant que j'aie pu le constater, tant à Machu Picchu qu'à Choqquequirau, toutes les sépultures étaient disposées dans des secteurs rocailleux, ou dans des grottes où les momies, jambes repliées contre le menton et bras croisés sous les genoux, étaient relativement protégées des intempéries et de l'humidité.

59. Groupe d'Indiens Campas, probablement appelés jadis « Antis », vivant dans la vallée de Pampaconas, près d'Espiritu Pampa, où nous découvrîmes les vestiges d'édifices incas ayant peut-être été occupés par Tupac Amaru. Les hommes et les jeunes garçons ont coutume de porter des bandeaux. Une fois mariés, les hommes portent également de longues tuniques. Si, du fait de l'altitude (environ 1 200 mètres), les nuits sont relativement fraîches dans cette région, il peut par contre faire très chaud dans la journée (l'équateur n'est éloigné que de 1 300 kilomètres).

60. Vestiges d'une des maisons de Runcu Raccay, l'un des relais fortifiés jalonnant la route menant d'Ollantaytambo à Machu Picchu. Posant pour le photographe, l'un de nos guides indiens, qui nous aida à dégager le site.

61. Franchissant la passe de Chucuito au pied du mont Soiroccocha, notre convoi de mules s'apprête à descendre dans la vallée de l'Arma, par laquelle passaient jadis les guerriers de l'Inca Manco II pour atteindre le rio Apurimac et attaquer les Espagnols voyageant entre Lima et le Cuzco. Il n'est pas étonnant que les soldats de Pizarre n'aient jamais réussi à atteindre Vitcos. Il fallut quatre jours à notre convoi de mules pour franchir les passes et les profondes vallées qui séparent Puquiura et Vitcos de Pasaje, où nous pûmes traverser l'Apurimac. Le Soiroccocha culmine à 5 460 mètres. La passe de Chucuito (4 415 m) est elle-même plus haute que le Pikes Peak, l'un des plus hauts sommets des Montagnes Rocheuses, dans le Colorado.

62. Les ruines de la cité inca de Qquente — « L'Oiseau-mouche » — dans la vallée de l'Urubamba, sont du même style architectural que celles de Choqquequirau, dans la vallée de l'Apurimac. Pour construire ce type d'édifices, les Incas ne prirent pas la peine d'ajuster étroitement les blocs de pierre les uns aux autres, préférant les assembler à l'aide d'un mortier d'argile et les disposer en assises irrégulières.

63. À la faveur d'une belle éclaircie, Osgood Hardy et moi-même installons notre campement au pied du mont Salccantay (6169 m), l'un des plus hauts pics des Andes et point culminant de la cordillère de Vilcabamba. Cerné de nombreux glaciers, plus haut que le mont McKinley, ce géant des Tropiques constitue un véritable défi pour les alpinistes d'aujourd'hui, car il n'a jamais été escaladé [*ses trois sommets devaient être vaincus entre 1952 et 1956 — N.d.T*]. Les passes qu'il surplombe sont généralement couvertes de neige.

64. Notre convoi de mules sur l'ancienne chaussée que, à notre sens, l'avant-dernier Inca Titu Cusi emprunta avec les frères augustiniens Diego et Marcos, lorsqu'il les conduisit de Puquiura-Vitcos jusqu'aux abords de Vilcabamba, sa principale résidence et siège de l'« Université de l'Idolâtrie ». Le père Calancha rapporte dans sa *chronique de l'Ordre Augustinien au Pérou* que le souverain et ses hôtes passèrent près d'un lac appelé « Ungacacha », dans les eaux glacées duquel les deux moines durent patauger. Selon notre guide, le lac photographié ici a pour nom « Yanacocha ». Ses eaux sont effectivement glaciales. Grâce à ce lac, nous pûmes identifier l'ancienne piste sur laquelle l'Inca se fit transporter sur une litière, tandis que les deux frères devaient cheminer à pied derrière lui, endurant un véritable calvaire [*il s'agissait en fait de l'actuel lac « Oncoycocha », situé entre Puquiura et Espiritu Pampa, véritable site de Vilcabamba — N.d.T.*]

65. La route inca menant de Vitcos à Machu Picchu, que nous découvrîmes en 1915 et qui, selon nous, fut empruntée par l'Inca Titu Cusi lorsqu'il autorisa les deux frères augustiniens Diego et Marcos à l'accompagner jusqu'aux abords de Vilcabamba, sa principale résidence et siège d'une Université de l'Idolâtrie — Machu Picchu [*identification contestée aujourd'hui par les archéologues — N.d.T*]. La région qu'elle traverse — de vastes étendues désolées — est si haute et si froide qu'elle semble n'avoir jamais été cultivée.

66. La route de la vallée de l'Urubamba, qui nous conduisit, au-delà d'Ollantay-tambo, dans le grand canyon granitique où nous découvrîmes Machu Picchu. Le majestueux pic visible dans le lointain est le mont Veronica, plus haut de 1 600 mètres que le Pikes Peak, l'un des plus hauts sommets des Montagnes Rocheuses américaines.

à plusieurs reprises d'atteindre l'arête de la crête. C'est pourtant là qu'après avoir réussi à contourner les précipices, l'une des équipes finit par découvrir les restes d'une chaussée inca. Cette dernière, qui menait au pic de Machu Picchu, se divisa bientôt, à son tour, en deux branches : l'une montait droit vers le sommet de la montagne ; l'autre descendait en direction de la grande fissure horizontale qui entaille le versant occidental du « Vieux Pic ». Mr. Maynard décida de reconnaître chacune d'elles.

La première, celle du pic, disparut rapidement dans un dédale de corniches et de rochers éboulés ; quant à la seconde, qui partait sur la gauche, elle longeait la montagne sur près de deux kilomètres, jusqu'à un nouvel éboulement. Maintenue au-dessus de l'abîme par de petits murs de soutènement, cette route à flanc de ravin était extrêmement étroite et raide. Surplombant un gouffre de plusieurs centaines de mètres de profondeur, elle laissait place par endroits à des volées de marches littéralement suspendues entre ciel et terre. Elle était envahie sur toute sa longueur par une épaisse végétation, à travers laquelle il fallut se tailler un chemin, mètre par mètre, à grands coups de machette. Le pavement de pierres était tapissé d'un humus multiséculaire.

Depuis la vallée en contrebas, nous avions souvent remarqué la grande faille qui court horizontalement le long de la paroi occidentale du « Vieux Pic », et qui semblait constituer à nos yeux un talus tout trouvé pour une éventuelle route reliant le « Col du Sud » à Machu Picchu. Celle-ci ne commençait en fait qu'au-delà du grand éboulement qui avait emporté une partie de son « tablier » — éboulement que Mr. Maynard tenta sans succès de franchir. Tous ses efforts furent vains : la trop grande déclivité de la pente, alliée à l'instabilité et à la friabilité des éboulis, rendait la traversée de cette « coulée d'avalanche » trop périlleuse. Les trois routes s'étant révélées impraticables, il ne restait que la solution envisagée initialement par Mr. Maynard : franchir l'à-pic barrant le passage sur le versant oriental de la montagne en jetant une passerelle au-dessus de l'abîme, à flanc de ravin.

Pendant qu'un des Indiens retournait au camp chercher une corde, Mr. Maynard chargea ses compagnons de couper des troncs d'arbres pouvant servir à la construction du « pont ». Légèrement en surplomb, un ressaut saillait de la paroi à trois ou quatre mètres de l'endroit où le chemin disparaissait, à l'entrée du tunnel. De part et d'autre de cette corniche, deux arbustes dont les racines s'enfonçaient dans de profondes fissures constituaient les seules fondations sur lesquelles allait prendre appui la frêle passerelle. Lorsque les troncs eurent été posés précautionneusement sur les arbustes, l'un des Indiens s'aventura en rampant sur l'étroit passage — après avoir noué autour de sa taille une corde fermement tenue à son autre extrémité par le reste de l'équipe. Ce pont de fortune fut consolidé au moyen de petits étais, calés à 45 degrés entre les troncs et la roche, et, lorsque cela était possible, fichés dans les crevasses qui entaillaient la paroi. Des branchages et un tapis de mousse complétèrent le « tablier » du pont, large de soixante-quinze centimètres environ.

Cette structure était cependant trop fragile pour supporter de lourdes charges. Sa traversée constituait, je dois l'avouer, une véritable épreuve, au terme de laquelle on pouvait seulement reprendre son souffle. Mr. Maynard n'eut aucune peine à localiser la route inca au-delà de l'à-pic, au débouché du tunnel. Là encore, une épaisse végétation recouvrait la pente, dont la déclivité restait très forte. Par endroits, la route avait été emportée par d'autres glissements de terrain, ce qui rendit la progression extrêmement lente. Des pluies torrentielles, par ailleurs, gênèrent considérablement les travaux. Les Indiens, qui dormaient à la belle étoile, sans aucun abri, souffrirent grandement pendant les nuits. Déprimés, leurs vêtements en lambeaux, ils menacèrent à plusieurs reprises de tout planter là et de rentrer chez eux. Mr. Maynard dut faire preuve de beaucoup de détermination et de courage pour maintenir la cohésion de l'équipe et convaincre les ouvriers de persévérer dans leurs efforts pour atteindre la cité.

Un peu plus loin, de récents éboulements et de dangereux précipices rendirent toute progression absolument impossible. Mr. Maynard décida alors de transférer le camp au fond du canyon de l'Urubamba, d'atteindre Machu Picchu par le sentier en lacets montant du pont de San Miguel, et, de là, d'emprunter en sens inverse le chemin inca jusqu'aux éboulis qui lui avaient barré la route. Il lui fallut descendre de près de mille mètres jusqu'au hameau d'Intihuatana. La piste, un sentier muletier récemment ouvert, était en maints endroits trop abrupte pour permettre à un voyageur de rester en selle. Malheureusement, Mr. Maynard, dont les pieds avaient grandement souffert du terrain rocailleux et des pluies continuelles, s'abstint à plusieurs reprises de mettre pied à terre là où il eût été préférable de marcher. A un endroit où la piste est bordée par un ravin de plusieurs centaines de mètres, sa mule glissa et tomba à genoux. En tentant de se relever, l'animal perdit l'équilibre et menaça de basculer dans l'abîme. Sautant *in extremis* de la selle, Mr. Maynard se reçut sur le dos, au beau milieu du chemin. Débarrassée de son fardeau, la mule, de son côté, réussit au dernier moment à échapper au vide ; mais elle manqua, dans l'affolement, de piétiner l'infortuné topographe, qui devait noter laconiquement dans son journal : « Ai atterri sur le dos sur un rocher. Un délestage aussi radical a rendu *illico* son équilibre à ma monture, mais celle-ci a fait feu des quatre fers pour ne pas tomber dans le ravin. Ses sabots ont failli m'écraser, mais ils ne m'ont finalement pas touché. Ai réussi à rouler sur le côté. Sommes rentrés au camp vers onze heures et demie. »

Les efforts de Mr. Maynard pour relier les deux tronçons de route furent finalement couronnés de succès. En suivant la chaussée qui part de Machu Picchu vers le sud — une série de volées de marches qui le menèrent au haut d'une crête —, il découvrit en fait qu'il avait manqué un autre chemin en escalier permettant de contourner, par le haut du versant, les différents éboulements qui lui avaient barré la route, au-delà du tunnel effondré et de la passerelle. Deux des Indiens trouvèrent finalement le tronçon manquant de la chaussée, achevant ainsi la reconnaissance d'une des anciennes routes incas reliant la cité perdue au col situé derrière le « Vieux Pic », et, au-delà, au reste de la région. Quelques jours après la fin des travaux de dégagement et de réfection, je retournai à l'endroit où j'avais rebroussé chemin quelques semaines plus tôt et empruntai d'un bout à l'autre cette route, atteignant ainsi la cité par la chaussée utilisée jadis par ses habitants. Cette dernière, comme je pus le constater à cette occasion, était bien adaptée aux modes de transport employés par les Incas (portage à dos d'homme ou de lama). Chaque fois qu'elle contournait un épaulement du versant, elle était relevée et consolidée par un mur de soutènement. Là où elle devait gravir une pente à forte déclivité, des marches de pierre soigneusement taillées dans la roche vive permettaient aux porteurs d'aller de l'avant d'un pas assuré. Finalement, après une dernière courbe gracieuse, le chemin atteignit la « crête des Thermopyles » et la Porte d'Honneur de la ville. Si l'on excepte les passages où elle laisse place à des escaliers particulièrement raides, cette ancienne chaussée est en général large d'environ un mètre vingt, ce qui permet à deux porteurs de se croiser de front sans se gêner.

Grâce au major Maynard, j'eus l'insigne satisfaction de pénétrer dans la cité perdue de « Vilcabamba-la-Vieille » par l'ancienne route qu'avaient empruntée jadis les Vierges du Soleil lorsqu'elles s'enfuirent du Cuzco pour échapper aux conquistadors.

Il ne s'agissait cependant pas, bien évidemment, de la route reliant Vitcos à la « principale cité, Vilcapampa Viejo », qu'avaient suivie les frères Diego et Marcos lorsque l'avant-dernier Inca, Titu Cusi, les avait conviés à un éprouvant voyage vers l'ultime capitale inca, *via* les eaux glacées du lac d'« Ungacacha ». Cette route devait être recherchée au nord-ouest de Machu Picchu, dans la direction de Puquiura et Rosaspata. Nous avions la chance de disposer de la nouvelle carte établie par notre topographe, Albert Bumstead, à partir des relevés effectués au cours de nos campagnes précédentes. Ces relevés avaient révélé l'existence, entre les vallées de l'Apurimac et de l'Urubamba, de vastes étendues ne figurant sur aucune carte.

La route suivie par les missionnaires traversait selon toute vraisemblance cette vaste région inconnue des propriétaires terriens des environs comme des géographes péruviens. Certaines rumeurs faisaient état d'une piste qu'empruntaient de temps à autre des Indiens pour se rendre du village de Puquiura à la plantation de Huadquiña, située à quelques kilomètres seulement de Machu Picchu, itinéraire qui leur évitait le long détour par les routes modernes des vallées du Vilcabamba et de l'Urubamba, que nous avions utilisées en 1911.

J'entrepris donc de sillonner cette région inexplorée et, si possible, de trouver cette route. Nous franchîmes l'Urubamba près d'Ollantaytambo, et remontâmes une vallée qui conduisait à une très haute passe, entre les majestueux pics du Salccantay et du Soray (*phot.* 30).

Près de Yanama, nous campâmes sur une crête, à proximité des vestiges d'un relais et d'une chaussée incas. De là, nous tentâmes d'atteindre Arma par nos propres moyens (sans l'aide de guides) en suivant d'antiques sentiers qui tantôt ne menaient nulle part, tantôt nous conduisaient à travers d'immenses forêts, par-delà d'impétueux torrents de montagne.

Aux environs d'Arma, sur les pentes du mont Soiroccocha, nous découvrîmes une forêt primitive à plus de 4 800 mètres d'altitude — peut-être la plus haute forêt du monde. Le fait qu'elle semblât particulièrement ancienne et qu'aucun indice ne laissât supposer qu'elle ait jamais été visitée par des bûcherons constituait une nouvelle preuve, si besoin était, de l'extrême isolement de la région dans laquelle nous nous trouvions. Après avoir franchi (non sans difficulté) un col enneigé, nous débouchâmes dans la vallée du rio Colpa.

Nous y rencontrâmes un ou deux Indiens de la *sierra,* qui nous apprirent que nous ne nous trouvions plus très loin de Rosaspata et du village de Puquiura, où nous comptions recruter un guide connaissant la route de la montagne. Après avoir interrogé plusieurs indigènes de la vallée du Vilcabamba, nous nous assurâmes les services d'un Indien prétendant connaître la route qui traverse la région inexplorée, en direction de Huadquiña et Machu Picchu. Dès que sa famille lui eut préparé sa ration de maïs grillé et de feuilles de coca pour le voyage, il se mit en route dans la bonne direction et nous fit remonter la vallée du Colpa, que nous avions reconnue quelques jours plus tôt. Après avoir dépassé un ancien bâtiment utilisé jadis pour le concassage du minerai de quartz, nous découvrîmes un long tronçon de chaussée inca menant plein sud dans la direction de Choqquequirau, par le col de Choqquetacarpo. Cette route inca était remarquablement bien conservée, même si des éboulements nous empêchaient d'y faire passer nos mules. Près d'elle, et non loin de Choqquetacarpo, nous découvrîmes les ruines d'un ancien relais ou taverne consistant en un groupe circulaire de six ou sept maisons.

Au-delà de la vallée du Colpa, nous pénétrâmes en pleine *puna,* dans une contrée désolée et sauvage parsemée de petits lacs et de fondrières. Si la saison n'avait pas été inhabituellement sèche (nous avions en effet bénéficié d'un très beau temps au cours des mois précédents), nous n'aurions jamais pu la traverser. En fait, c'est très certainement en raison du grand nombre et de l'étendue des marais qui la caractérisent que cette région comprise entre Puquiura et Huadquiña est restée si longtemps inconnue des Péruviens eux-mêmes.

Le chemin qui en de nombreux endroits se confondait avec une ancienne chaussée inca, nous mena finalement à un lac aux eaux vert foncé, plus grand que les autres, dont je demandai le nom au guide. La réponse de ce dernier — qui marchait loin devant, en tête de la caravane — m'intrigua au plus haut point. J'entendis en effet — ou du moins, je crus entendre — le mot « Ungacacha » (son véritable nom était en fait « Yanaccocha », ou « Lac Noir », comme je l'appris plus tard).

Depuis le jour où j'avais commencé à explorer cette région, à la recherche de la capitale des derniers Incas, je m'étais juré de retrouver le lac d'« Ungacacha » décrit par le père Calancha. Depuis 1911, j'avais interrogé les Indiens sur l'existence d'un site portant ce nom. Leur réponse avait toujours été la même : ils n'en avaient jamais entendu parler.

Il est à mon sens tout à fait possible que le « lac Ungacacha » dont fait état le père Calancha dans le récit qu'il a laissé des tribulations des frères Diego et Marcos n'est autre que l'actuel lac Yanaccocha. Le moine, qui rédigea vraisemblablement sa chronique après coup, de mémoire — et qui n'entendit probablement pas plus distinctement que moi le nom du lac lorsqu'on le lui apprit — l'orthographia *Ungacacha,* en lieu et place de Yanaccocha. Ces deux toponymes semblent si différents une fois écrits qu'il est assez difficile de se rendre compte à quel point ils sont phonétiquement semblables dans la bouche des Indiens[9].

L'ancienne route inca, qui continuait à escalader le versant du massif, en direction de Machu Picchu, passait devant les ruines de Yuracrumiyocc, l'« entrepôt à grains » inca dont le contremaître de Huadquiña nous avait vanté la splendeur, et que j'avais visité en 1911. A l'époque, nous ne pouvions mesurer son importance. Désormais, nous comprenions qu'il s'agissait d'un des relais qui jalonnaient l'ancienne chaussée reliant les deux capitales de Manco II, Vitcos et Vilcabamba.

Il semble en effet que les bâtisseurs de Machu Picchu aient littéralement quadrillé d'un réseau complexe de routes cette région peu connue et quasi inexplorée qui s'étend entre les vallées de l'Apurimac et de l'Urubamba. Cette contrée était jadis densément peuplée, et Machu Picchu était sa capitale.

NOTES

1. Cf. chap. 2, note 2.

2. Cf. chap. 1, note 6.

3. Miguel Cabello Balboa, *Miscelánea Antartica* (1586 ; trad. fr., 1840).

4. Cf. chap. 4, note 19.

5. L'actuel « Chemin de l'Inca ».

6. Henry Andrews Bumstead (1870-1920), professeur de sciences physiques à l'Université de Yale (1906-20).

7. Cf. chap. 8, note 7.

8. Cf. chap. 4, note 22.

9. Le lac « Ungacacha » des frères Diego et Ortiz doit plutôt être identifié à l'actuel lac Oncoycocha, situé près de Pampaconas, entre Vitcos et Espiritu Pampa (Vilcabamba).

# 12

## L'ORIGINE DE LA CITÉ
## APPELÉE AUJOURD'HUI MACHU PICCHU

Après la découverte de la route inca menant de Puquiura-Vitcos à Machu Picchu, et la mise au jour, dans les grottes funéraires du « Vieux Pic », des indices apportant la preuve irréfutable que les derniers occupants de la cité perdue — siège d'un grand sanctuaire dédié au soleil — furent des « Femmes choisies », il ne faisait plus aucun doute que le nom de la ville à l'époque de la conquête espagnole était « Vilcabamba », et que Tupac Amaru, le dernier Inca, y avait vécu. On se plaît à imaginer le jeune souverain passant la plus grande partie de sa vie dans cette cité de granite blanc, qui, « par la splendeur de son site, le caractère de ses constructions et le mystère qui entoure ses origines »[1], surpassait en beauté toutes les villes d'Amérique que les conquérants blancs virent jamais. Le secret de son emplacement fut si bien gardé que les « Vierges du Soleil » y vécurent et y moururent en paix, sans jamais avoir été inquiétées par les Espagnols. Pendant les trois cents années qui suivirent, la cité tomba dans le plus complet oubli.

Le fait de savoir ce qu'il advint de la cité dans les dernières années de l'empire inca ne nous renseigne en rien sur ses origines. Si nombre de ses habitations ont sans aucun doute été construites sur ordre de Manco II et Titu Cusi pour loger les Femmes choisies et le clergé attaché au sanctuaire, ses palais et ses temples sont beaucoup trop élaborés pour avoir été édifiés à cette époque. De toute évidence, il s'agissait déjà d'un grand sanctuaire longtemps avant leur arrivée. Les plus beaux édifices de la cité semblent en effet antérieurs de plusieurs siècles aux dernières années de l'empire inca. Une question surgit alors : qui les construisit, et quand ?

Selon feu Philip Ainsworth Means[2], l'Inca Pachacutec, qui vécut dans la première moitié du quinzième siècle, de 1400 environ à 1448, fut un « très grand souverain ». C'était également l'opinion de Sir Clements Markham[3], grand spécialiste anglais du Pérou précolombien, qui voyait dans Pachacutec « le plus grand homme que la race aborigène de l'Amérique ait jamais produit ». Il est vrai qu'il avait hérité à son avènement d'un empire de plus de 400 000 kilomètres carrés, soit près de deux fois la superficie de l'Angleterre. Cet empire était organisé de manière très élaborée et la plus grande partie de sa population devait obéir aveuglément aux désirs d'une élite de nobles et de fonctionnaires impériaux. Entouré de généraux valeureux et de conseillers avisés, Pachacutec mena à bien plusieurs conquêtes difficiles, à commencer par celle de la vallée de l'Urubamba, au nord-ouest du Cuzco.

Avant 1400, la forteresse d'Ollantaytambo marquait la frontière de l'État inca dans cette direction. Soucieux de mettre fin aux incursions des tribus sauvages de la *selva* — les redoutables guerriers de la « Confédération chanca »[4] avec laquelle les Incas avaient engagé un combat sans merci —, Pachacutec décida de repousser les limites de son royaume plus loin en aval du rio. Means écrit : « Il agit en recourant aux méthodes habituelles des Incas, qui combinaient ruse et diplomatie avec des offensives militaires ! La citadelle de Machu Picchu est sise au cœur de cette région, et il est hautement probable que l'Inca Pachacutec ait ordonné sa construction, la nouvelle cité constituant l'un des principaux avant-postes de son empire sur ses confins orientaux. »

Même si l'État sur lequel régnait Pachacutec couvrait déjà une grande superficie, le Cuzco, sa capitale, n'était encore distant que de quatre-vingts kilomètres des territoires des tribus sauvages du bassin supérieur de l'Amazone, toujours prêtes à attaquer quiconque se risquait à pénétrer à l'intérieur de la *selva*. La construction d'une place forte en un point commandant l'étroite vallée de l'Urubamba, par laquelle les Indiens des vallées subtropicales de la Cordillère andine lançaient leurs raids contre les Incas hautement civilisés, aurait à coup sûr constitué une sage initiative.

Néanmoins, je ne peux m'empêcher de penser qu'une forteresse de montagne du type de Choqquequirau (par laquelle j'avais inauguré mes explorations en 1909, on s'en souvient) n'est pas forcément la mieux adaptée à une telle fonction. Les Indiens des contreforts amazoniens de la *sierra* ne disposent que d'armes rudimentaires — sarbacanes, arcs et flèches. Nul n'est besoin d'une citadelle et de puissants remparts pour contenir leurs incursions. Il est à mon sens tout à fait douteux que Machu Picchu, avec ses somptueux temples de granite blanc, ait été édifié pour servir de poste avancé contre les tribus amazoniennes. Si ma thèse est juste, quelles sont alors les origines et les fonctions de ce sanctuaire édifié avec le plus grand soin dans cette région reculée — l'une des plus difficiles d'accès des Andes ?

Dans sa relation de la bataille de La Raya, on l'a vu, Montesinos[5] soutient qu'après la mort au combat de Pachacuti VI, le dernier des grands Amautas (les monarques pré-incas qui auraient régné sur le Pérou pendant plus de soixante générations), les ultimes partisans du souverain se réfugièrent dans les montagnes, à « Tampu-tocco », un « lieu baigné d'air pur », où ils dissimulèrent son corps. Après avoir inhumé la dépouille du monarque dans une grotte, ils furent rejoints par d'innombrables réfugiés fuyant le chaos dans lequel avait été soudain plongé le pays.

Les Espagnols qui enquêtèrent au seizième siècle sur l'emplacement de Tampu-tocco eurent le sentiment que ce haut lieu de l'histoire andine devait être recherché dans les environs immédiats de Paccari-tampu, un petit village situé à une quinzaine de kilomètres au sud-est du Cuzco, à proximité duquel gisent précisément les ruines d'une petite ville inca. Non loin de là se dresse un petit monticule formé de plusieurs grands rochers. L'un d'eux, sculpté de la main de l'homme, est entaillé de petites plates-formes et orné d'un étrange motif — deux pumas endormis — qui ne semble pas de style inca. Sous ce rocher s'ouvrent des anfractuosités dans lesquelles, dit-on, auraient trouvé un jour refuge des Espagnols (ceux-ci seraient alors les auteurs du « motif aux pumas »).

Certaines caractéristiques du site de Paccari-tampu donnent corps à la légende fréquemment rapportée aux Espagnols selon laquelle ce village n'est autre que l'ancien Tampu-tocco. Il reste que ses environs sont fort peu accidentés et qu'ils ne sont en aucune façon difficiles d'accès. On n'y trouve ni précipices, ni défenses naturelles permettant à des hommes en fuite de se protéger contre une armée suffisamment puissante pour investir la vallée voisine du Cuzco. Quelques guerriers auraient certes pu se cacher dans les grottes de Paccari-tampu, mais il est difficilement concevable qu'un royaume indépendant ait pu y être reconstitué par les derniers soldats de Pachacuti VI après le désastre de La Raya. Par ailleurs, aucun édifice de la petite cité ne comporte ces fameuses fenêtres desquelles Tampu-tocco — « L'Auberge (*tampu,* ou *tambo*) aux Fenêtres » — tirerait son nom.

Le 21 janvier 1572, une enquête officielle fut ouverte sur ordre du vice-roi Francisco de Toledo. Quinze Indiens issus de familles vivant depuis des temps immémoriaux près des grandes mines de sel en terrasses de la région du Cuzco furent interrogés ce jour-là: ils confièrent qu'ils avaient souvent entendu dans la bouche de leurs pères et de leurs grands-pères la légende selon laquelle le premier Inca, Manco Capac, venait de « Tampu-tocco » lorsqu'il conquit les terres de leurs ancêtres. *Ils n'ont jamais dit* que le premier Inca venait de « Paccari-tampu » (si ces deux toponymes désignent une seule et même ville, pourquoi ont-ils utilisé le premier et non le second, qui pourtant leur était plus familier?). En plus de cette déposition, nous disposons du témoignage de plusieurs caciques indiens nés avant l'arrivée de Pizarre et interrogés deux années auparavant, en 1570, à Jauja, dans le cadre d'une autre enquête officielle. Le plus vieux d'entre eux, âgé de quatre-vingt-quinze ans, déclara sous la foi du serment que « Manco Capac était le seigneur de la ville où il était né, et qu'il avait conquis le Cuzco », avant d'ajouter qu'il n'avait jamais su « de quelle ville Manco était originaire ». Un autre chef indien, âgé de quatre-vingt-douze ans, certifia que Manco Capac était sorti de la grotte appelée « Tocco », et qu'il était le seigneur de la ville située à proximité de la grotte. Aucun des témoins interrogés ne déclara que Manco Capac venait de « Paccari-tampu », et il est difficile d'imaginer les raisons qui les auraient poussés à ne pas le faire si, comme le pensaient les Espagnols, cette cité ne faisait qu'une avec Tampu-tocco.

En tout état de cause, du fait de la présence d'une grotte à Paccari-tampu, les chroniqueurs tinrent volontiers pour établi que le premier Inca y naquit et en sortit lorsqu'il partit conquérir le Cuzco (aucun d'eux, rappelons-le, ne connaissait l'existence des ruines de Machu Picchu). Il paraît cependant difficilement concevable que de vieux sages Indiens aient complètement oublié où se trouvait Tampu-tocco. Leur ignorance à cet égard tient, à mon sens, au fait que l'emplacement de la cité ait, à travers les siècles, toujours été tenu secret — et ce grâce à sa situation au cœur d'une des régions les plus inaccessibles des Andes, où les partisans de Pachacuti VI s'enfuirent avec le corps de leur souverain après l'effondrement du royaume des Amautas, et où, à l'époque de Pizarre, le jeune Inca Manco II trouva refuge après avoir fui le Cuzco.

Machu Picchu correspond indubitablement à la description qu'a faite Montesinos de Tampu-tocco. Les défenses naturelles du grand canyon de l'Urubamba en firent, peut-on penser, un lieu de refuge idéal pour les descendants des Amautas pendant les cinq ou six cents années d'anarchie et de confusion qui suivirent les invasions des tribus barbares des plateaux de l'Est et du Sud. La rareté des tremblements de terre et la salubrité du climat — deux particularités marquantes de Tampu-tocco — s'appliquent sans conteste possible à Machu Picchu.

Le récit qu'a laissé Pachacuti Yamqui Salcamayhua[6] de la construction d'un mur commémoratif à trois fenêtres sur le lieu de naissance de Manco Capac évoque irrépressiblement Machu Picchu.

Si aucune autre ancienne chronique ne rapporte que le premier Inca ait ordonné la construction d'un tel mur sur le lieu de sa naissance, presque toutes indiquent que le souverain venait d'une localité appelée Tampu-tocco, « fameuse pour ses fenêtres ». Toutes, également, identifient Tampu-tocco à Paccari-tampu (qui, on l'a dit, est situé à une quinzaine de kilomètres au sud-est du Cuzco et recèle quelques vestiges) ; mais un examen attentif des lieux enseigne qu'aucun des édifices de ce village ne comporte de fenêtres et que rien ne justifie qu'il ait pu porter un jour le nom de « Tampu-tocco ». Le climat de Paccari-tampu — bourg situé sur l'*altiplano*, à 3 600 mètres d'altitude — est trop rigoureux pour que ses anciens habitants aient jamais ressenti le besoin de doter leurs maisons de fenêtres. La température à l'ombre ou à l'intérieur d'une pièce non chauffée n'est jamais éloignée de zéro degré. En revanche, aux yeux d'hommes habitués à la fraîcheur du Cuzco, le climat de Machu Picchu pouvait paraître doux — et leur permettre de munir leurs demeures d'ouvertures. Dans la mesure où la cité perdue comporte un plus grand nombre de fenêtres qu'aucun autre site archéologique des Andes centrales, on serait tenté de voir en elle la localité « fameuse pour ses fenêtres » à laquelle font référence les chroniques espagnoles. De toute évidence, cette cité — qui était en fait (l'architecture élaborée de ses édifices en témoigne) une véritable « Ville sainte », renfermant suffisamment de temples pour qu'y fussent adorés tout à la fois le Soleil, la Lune, le Tonnerre et le reste du panthéon inca — demeura inconnue des conquistadors. Aucun d'eux ne l'approcha, et on peut imaginer que les vieux sages qu'ils interrogèrent au Cuzco gardèrent jalousement le secret de son emplacement.

En conclusion, j'ai l'intime conviction que le plus ancien quartier de Machu Picchu n'est autre que Tampu-tocco, que le roi Pachacuti VI y fut enterré et qu'y fut établie la capitale de ce petit royaume où, pendant les siècles — peut-être huit ou dix — qui s'écoulèrent entre la chute des Amautas et l'avènement des Incas, furent préservés la sagesse, le savoir et les traditions de l'ancien peuple qui avait jeté les bases de la civilisation andine (dont la culture en terrasses constitue le fondement). Il me paraît tout à fait probable que Manco Capac, après avoir fondé la dynastie inca au Cuzco, ait voulu construire un temple en l'honneur de ses ancêtres. Le culte rendu aux anciens constituant l'un des principaux aspects de la religion inca, rien n'aurait été plus normal que le Temple aux Trois Fenêtres ait été construit en leur honneur.

Par ailleurs, il existe dans un rayon de vingt kilomètres autour de Machu Picchu si peu de terres susceptibles d'être cultivées qu'il eût été parfaitement naturel que les maîtres de ce petit royaume perdu dans les montagnes aient cherché à conquérir les grandes étendues de terres arables des environs du Cuzco. Une fois ce dernier et les riches vallées qui lui sont adjacentes passés sous leur contrôle, le désir de s'installer dans un environnement moins hostile, et la vénération qu'ils vouaient aux grands Amautas (dont ils s'estimaient les descendants), les auraient incités à rester au Cuzco et à en faire (à l'instar de leurs ancêtres) leur capitale. Le refuge de Tampu-tocco n'avait plus, à leurs yeux, de raison d'être. Il se peut, de ce fait, que Machu Picchu ait été pratiquement déserté pendant les trois cents années au cours desquelles l'empire inca connut son essor et s'agrandit jusqu'à couvrir une grande partie des Andes. Entre-temps, le sanctuaire de Tampu-tocco, dont l'emplacement n'était sans aucun doute connu que des seuls prêtres et des hommes chargés de préserver les secrets les plus sacrés des Incas[7], fut oublié du commun des Indiens.

Rien n'empêche que, dans le même temps, le site ait été soigneusement entretenu. Ne renfermait-il pas l'un des grands Temples du Soleil où les Femmes choisies étaient éduquées en vue de servir l'Inca ?

Si ma thèse de l'identité de Machu Picchu et de Tampu-tocco est juste, il se pourrait que le principal sanctuaire du Cuzco, transformé sous la domination espagnole en monastère dominicain, mais connu des conquistadors sous le nom de « Temple du Soleil », ait été construit par les Incas comme une réplique, à plus grande échelle, du

Temple Semi-Circulaire de Machu Picchu. Si ce dernier fut édifié au-dessus de la grotte où, selon la légende, Pachacuti VI, le dernier des Amautas, fut enterré, il aurait tout naturellement constitué le lieu le plus vénéré de la cité. Assurément, la beauté et la solidité de ses murs et des structures qui leur sont accolées ont rarement été égalées (elles n'ont, en tout cas, jamais été surpassées). On peut raisonnablement penser qu'après avoir quitté Tampu-tocco et s'être établis au Cuzco, Manco Capac et les Incas édifièrent leur premier temple sur le modèle du Temple du Soleil de Tampu-tocco. J'ai le sentiment que la forme semi-circulaire du temple de Machu Picchu n'est pas le fruit d'un parti pris architectural des bâtisseurs de la cité. Elle semble plutôt avoir été dictée par la courbure naturelle du grand rocher sur lequel l'édifice est serti, et qui, on l'a dit, aurait abrité le mausolée de Pachacuti VI et de sa famille proche. Dans le cas du Temple du Soleil du Cuzco, en revanche, cette particularité architecturale ne paraît pas procéder de la nature du terrain (un talus sablonneux) sur lequel le bâtiment et l'ensemble de la cité reposent. En outre, les structures en U (ou « murs d'enceinte paraboliques ») ne sont pas caractéristiques de l'architecture précolombienne du Pérou ; on n'en connaît que très peu d'exemples. Leur construction, extrêmement délicate, nécessite une maîtrise absolue des techniques de taille de la pierre. Tout porte à croire que les bâtisseurs du temple du Cuzco avaient à l'esprit le Temple Semi-Circulaire de Machu Picchu lorsqu'ils œuvrèrent. Le fait que les deux édifices comportent des ouvertures auxquelles des effigies en or du Soleil pouvaient être fixées — ouvertures que l'on ne retrouve nulle part ailleurs — semble également aller dans le sens de cette thèse et me conforte dans ma conviction que Machu Picchu n'est autre que Tampu-tocco et que les Incas, une fois maîtres du Cuzco, non seulement construisirent à Machu Picchu un mur cérémoniel à trois fenêtres en l'honneur du lieu d'où leurs ancêtres étaient originaires, mais aussi bâtirent au Cuzco un temple du Soleil semi-circulaire ressemblant à celui qui se dressait dans leur ancien sanctuaire.

Je mesure pleinement combien cette dernière assertion pourra paraître surprenante aux archéologues américains, qui refusent de voir avec moi dans Tampu-tocco l'ancien nom du sanctuaire qui occupe les pentes du pic de Machu Picchu. Pour ceux qui s'en tiennent à la version donnée par les chroniqueurs espagnols, selon qui le lieu d'où sont originaires les Incas est le village, proche du Cuzco, de Paccari-tampu, l'origine de la cité perdue est généralement celle mise en avant par Philip Ainsworth Means. Dans la mesure où Machu Picchu combine des exemples de tous les styles architecturaux (incas ou pré-incas) que l'on rencontre dans les Andes centrales, il est difficile de suivre Means lorsqu'il soutient que la cité n'a pu être fondée avant le début du quinzième siècle. Cette thèse est pleinement admise par les archéologues qui ont choisi de limiter à quelques centaines d'années la période durant laquelle la civilisation inca s'est épanouie. Peut-être ont-ils raison pour ce qui est du laps de temps pendant lequel les

« Incas » proprement dits occupèrent les cités de la *montaña* péruvienne. Mais lorsque l'on considère le nombre de siècles qui fut nécessaire aux Indiens des Andes pour domestiquer le lama et l'alpaca, découvrir et sélectionner d'innombrables plantes vivrières et médicinales, lorsque l'on considère la très longue période que réclama le développement de leur agriculture, de leur ingénierie, de leur architecture et de leur métallurgie, enfin, lorsque l'on considère le haut degré de sophistication de leurs textiles et de leur céramique, il semble peu raisonnable d'affirmer que la civilisation inca est moins ancienne que celle des Mayas d'Amérique centrale. Il me paraît pour ma part hautement probable que l'histoire de Machu Picchu couvre un très grand nombre de siècles.

Il ne fait aucun doute pour moi que Machu Picchu constitua, au moment de l'agonie de l'empire inca, l'ultime sanctuaire où le culte du Soleil, de la Lune, du Tonnerre et des Étoiles, si violemment mis à bas au Cuzco, fut restauré, où les quatre derniers Incas trouvèrent asile, où, enfin, les Femmes choisies, vouées, dès leur plus tendre enfance, au service des prêtres du Soleil et du souverain, purent fuir les brutalités et la luxure des conquistadors.

Tout laisse penser que la cité perdue, qui, de par son extraordinaire beauté et l'indescriptible majesté de son site, exerce sur nous une si forte fascination, eut une très longue histoire. Choisie il y a peut-être mille ans comme le lieu de refuge le plus sûr par les derniers sujets des grands souverains Amautas (vaincus par les barbares du Sud), devenue la capitale d'un nouveau royaume, elle donna naissance au plus remarquable lignage que l'Amérique précolombienne ait connu, Partiellement abandonnée lorsque le Cuzco resurgit dans l'histoire en qualité de capitale de l'empire inca, elle fut à nouveau occupée pendant une période de grands troubles quand un autre envahisseur étranger arriva — cette fois du nord — avec le brûlant désir d'extirper tous les vestiges des anciens cultes. Elle devint alors, pour le dernier acte de son histoire, le refuge et l'asile de ces Femmes choisies dont l'institution constituait l'un des aspects les plus originaux de la plus humaine des religions de l'Amérique indigène. C'est là que, dissimulées dans un repli du grandiose canyon de l'Urubamba, protégées par la nature et la main de l'homme, les « Vierges du Soleil » quittèrent l'une après l'autre ce monde, sans laisser derrière elles de descendants susceptibles de révéler l'importance ou d'expliquer l'origine des ruines qui couronnent les précipices vertigineux de Machu Picchu.

NOTES

1. Cf. Préface, note 4.

2. Philip Ainsworth Means, historien américain (1892-1944). Après avoir participé à l'expédition de 1915 à Machu Picchu, il voyagea dans les Andes de 1917 à 1919. Directeur du Musée National d'Archéologie de Lima (1919-20), professeur d'anthropologie à Harvard (1921-27), il a laissé de nombreuses études sur les Incas, dont *Ancient Civilizations of the Andes* (1931) et *The Incas : Empire Builders of the Andes* (1938).

3. Cf. chap. 2, note 4.

4. Vaincus par Pachacuti, les Chancas occupaient les régions centrales du Pérou (Huancavelica, Ayacucho, Apurimac), et non la *selva*.

5. Cf. chap. 2, note 5.

6. Cf. chap. 2, note 10.

7. Bingham fait peut-être allusion ici aux *quipucamayocs*, les « gardiens des *quipus* », les cordelettes nouées que les Incas utilisaient pour consigner leurs informations.

ANNEXES

ANNEXES

# REMERCIEMENTS
## (Hiram Bingham, 1948)

Sir Clements Markham fit longtemps figure de pionnier dans le domaine de l'étude de l'histoire du Pérou. Ses traductions des chroniques espagnoles ont été largement utilisées pour la rédaction du présent ouvrage. La plupart d'entre elles ont été publiées à l'origine par l'Hakluyt Society[1]. Markham, cependant, n'osa jamais entreprendre la traduction de la plus longue des chroniques de l'après-conquête, la *Corónica moralizada del orden de San Agustín en el Perú* (« Chronique édifiante de l'ordre de saint Augustin au Pérou »), d'Antonio de La Calancha. Formant un impressionnant in-folio d'un millier de pages, véritable fourre-tout où se trouvent inextricablement mêlés informations historiques et interminables développements religieux, cette chronique fut publiée en 1639. Personne ne s'est risqué à la rééditer depuis cette date. Elle contient cependant une relation si complète des efforts déployés par les premiers missionnaires pour convertir les derniers Incas et leurs sujets de la province de Vilcabamba que j'ai tenté de transcrire fidèlement ses parties les plus intéressantes, bien que son style soit terriblement lourd et que son vocabulaire monastique soit très archaïque. Je dois à cet égard remercier le professeur Osgood Hardy, de l'Occidental College.

J'ai également tenté de traduire une partie de la « Vie de Manco II » rédigée ou dictée par son fils l'Inca Titu Cusi, et qui a été publiée par H.H. Urteaga et C.A. Romero, auxquels je dois beaucoup pour leurs commentaires érudits[2].

Mes conceptions quant à l'ancienneté et aux réalisations des premières cultures péruviennes (pré-incas) sont fondées dans une large mesure sur les observations d'O.F. Cook, notre plus éminent spécialiste en matière d'agriculture tropicale et subtropicale, qui m'accompagna au Pérou[3]. Son article, « Staircase Farms of the Ancients » (« Les Cultures en étages des Anciens »), publié par le *National Geographic Magazine* en mai 1916, a fait date dans l'historiographie des premières civilisations andines. Malheureusement, ses vues, ainsi que les miennes, ne sont pas toujours acceptées par les autres auteurs !

Une très grande part des matériaux contenus dans ce livre provient de mes propres ouvrages (*Across South America, Inca Land, Machu Picchu, a Citadel of the Incas*) et articles (« Vitcos », « In the Wonderland of Peru »), qui sont tous introuvables ou difficiles d'accès depuis un certain nombre d'années[4]. J'y ai également inclus des extraits de rapports de divers membres de mes expéditions au Pérou, dont certains ont été publiés en leur temps, comme on pourra le vérifier dans la bibliographie figurant à la fin de mon livre *Inca Land*[5].

Philip Ainsworth Means fit partie de la *Yale Peruvian Expedition* de 1914. Ses ouvrages, *Ancient Civilizations of the Andes* (1931) et *Fall of the Inca Empire* (1932), sans parler de ses nombreux articles et traductions de chroniques espagnoles, constituent des mines d'informations pour tous ceux qui étudient le Pérou précolombien[6].

Les autres membres de mes expéditions auxquels je suis redevable et dont j'ai largement utilisé les rapports sont : le Dr George F. Eaton, dont la *Collection of Osteological Material from Machu Picchu* (New Haven, 1916) m'a été d'un grand profit ; Elwood C. Erdis, qui fut responsable des fouilles à l'intérieur de la cité ; Edmund Heller[7], l'éminent naturaliste, qui recueillit une remarquable collection d'oiseaux et de mammifères de la cordillère de Vilcabamba ; les Dr William G. Erving, Luther T. Nelson et David E. Ford, nos médecins ; les topographes Albert H. Bumstead, Clarence F. Maynard, H.L. Tucker, Robert Stevenson, E.L. Anderson et J.J. Hasbrouck, qui dressèrent les cartes qui nous permirent de faire progresser la connaissance géographique et archéologique de la région ; enfin, mes assistants Paul Lanius, Geoffrey W. Morkill, Osgood Hardy, Paul Bestor et Joseph Little, qui m'aidèrent de différentes manières.

A Melville Bell Grosvenor, de la National Geographic Society, dont le père, le Dr Gilbert Grosvenor[8], fut l'un de mes commanditaires les plus enthousiastes à l'époque de mes explorations, je suis redevable pour l'aide généreuse qu'il m'a apportée dans la préparation et la sélection des illustrations utilisées dans ce volume. Ces photographies furent prises par moi-même, sauf mention contraire, comme il est indiqué dans la table des illustrations. Les quelque douze mille photographies que nous prîmes en 1911, 1912, 1914 et 1915 sont conservées par l'Hispanic Society of America, la National Geographic Society, et l'Université de Yale.

NOTES

1. Cf. chap. 2, note 4.

2. Cf. chap. 4, note 21.

3. Cf. chap. 1, note 4.

4. Cf. biographie d'Hiram Bingham (Préface, note 8) et bibliographie.

5. *Inca Land, Explorations in the Highlands of Peru,* 1922.

6. Cf. chap. 12, note 2.

7. Edmund Heller, naturaliste et explorateur américain (1875-1939). Il accompagna Theodore Roosevelt en Afrique orientale (Smithsonian African Expedition, 1909-1910) et publia avec lui *Life Histories of African Game Animals* (1915). Après avoir participé à l'expédition de 1915 à Machu Picchu, il prit part au raid Le Cap-Le Caire organisé par la Smithsonian Institution en 1919-20.

8. Fondé en 1888, le *National Geographic Magazine* a été dirigé pendant près d'un demi-siècle par Gilbert Hovey Grosvenor (1875-1966), gendre d'Alexander Graham Bell. Lui ont succédé Melville Bell Grosvenor (son fils), Gilbert M. Grosvenor (son petit-fils, qui a pris sa retraite en 1980) et Bill Garett, l'actuel directeur.

# BIBLIOGRAPHIE
## (Hiram Bingham, 1948)

La série de monographies publiée dans le volume 2 du *Handbook of South American Indians* de la Smithsonian Institution (Washington, 1946) présente le dernier état des connaissances sur la civilisation des Incas. Les lecteurs désirant en savoir plus sur les bâtisseurs de Machu Picchu liront notamment avec profit les études suivantes:
— Wendell C. Bennett, « The Andean Highlands », pp. 1-60, et « The Archeology of the Central Andes », pp. 61-145.
— John Howland Rowe, « Inca Culture at the Time of the Spanish Conquest », pp. 183-330.
— George Kubler, « The Quechua in the Colonial World », pp. 331-409.

Pour l'histoire des Incas et de leurs prédécesseurs, on consultera avant tout les travaux de Philip Ainsworth Means, particulièrement précieux pour leurs appareils de notes et leurs bibliographies. On lira surtout ses *Ancient Civilizations of the Andes* (New York, 1931) et *Fall of the Inca Empire and the Spanish Rule in Peru, 1530-1780* (*ibid.*, 1932), ainsi que ses traductions des *Memorias Antiguas Historiales del Perú* (Londres, 1920, avec une introduction de Clements R. Markham) et de la *Relación del discubrimiento y conquista de los reynos del Perú* de Pedro Pizarro (2 vol., New York, 1921).

Les lecteurs qui souhaiteraient en savoir davantage sur les *Peruvian Expeditions* de l'Université de Yale et de la National Geographic Society trouveront une bibliographie quasi exhaustive dans *Inca Land*, d'Hiram Bingham (1922, 3ᵉ éd.), pp. 347-351. Des ouvrages et articles qui y sont mentionnés, les plus importants et les plus intéressants sont les suivants :
— George F. Eaton, *The Collection of Osteological Material from Machu Picchu*, New Haven, 1916.
— C.H. Matthewson, « A Metallographic Description of Some Ancient Peruvian Bronzes from Machu Picchu », *The American Journal of Science*, December 1915, pp. 525-602.
— O.F. Cook, « Staircase Farms of the Ancients », *The National Geographic Magazine*, May 1916, pp. 474-534. La plus importante étude qui ait été publiée concernant l'agriculture des Incas et de leurs prédécesseurs.
— Isaiah Bowman, *The Andes of Southern Peru*, New York, 1916.
— Hiram Bingham, « Vitcos, the Last Inca Capital », *Proceedings of the American*

*Antiquarian Societies,* April 1912, pp. 135-196; « The Discovery of Machu Picchu », *Harper's Magazine,* April 1913 ; « In the Wonderland of Peru », *The National Geographic Magazine,* April 1913, pp. 387-573. Voir aussi, du même auteur, *Across South America* (Boston, 1911) et, surtout, *Machu Picchu, a Citadel of the Incas* (New Haven, 1930), où l'on trouvera le récit complet des fouilles menées à Machu Picchu[1].

Les principales sources sont répertoriées dans les ouvrages de Ph. A. Means, mais les plus intéressantes pour notre propos sont :
— Antonio de La Calancha, *Corónica Moralizada del Orden de San Agustín en el Perú,* Barcelone, 1638.
— Titu Cusi, *Relación de la Conquista del Perú y Hechos del Inca Manco II,* éditée par H.H. Urteaga et Carlos A. Romero, Lima, 1916.
Voir aussi les nombreuses traductions de chroniques effectuées par Sir Clements R. Markham et publiées par l'Hakluyt Society. Leur liste complète figure dans l'ouvrage de Means, *Fall of the Inca Empire.*

Le Dr Paul Fejos a grandement fait progresser notre connaissance des sites archéologiques incas de la cordillère de Vilcabamba grâce à son excellent rapport sur les « Wenner Gren Expeditions », publié par le Viking Fund en 1944[2]. Ses nombreux relevés, cartes et photographies montrent à quel point la région de Machu Picchu était densément peuplée à l'époque des Incas.

NOTES

1. Pour la liste complète des travaux d'Hiram Bingham, voir Préface, note 8.
2. Cf. chap. 8, note 7.

# BIBLIOGRAPHIE COMPLÉMENTAIRE*

*Les Incas et les autres civilisations andines :*

L. Baudin, *La Vie quotidienne au temps des Incas*, 1955.

C. Bernand, *Les Incas, peuple du Soleil*, 1988 (contient, en annexe, la traduction de larges extraits du chapitre 7 « La Découverte » de *La Cité perdue des Incas* d'H. Bingham, trad. par M. Bonneau).

E. Della Santa, *Historia de los Incas* (3 vol.), Arequipa, 1970.

F. Engel, *Le Monde précolombien des Andes*, 1972.

H. Favre, *Les Incas,* Que sais-je ? 1972.

H. Horkheimer et F. Kauffmann Doig, *La Cultura incaica*, Lima, 1965.

R. Karsten, *La Civilisation de l'Empire Inca*, 1952.

A. Kendall, *Everyday Life of the Incas*, 1973.

P. Kosok, *Life, Land and Water in Ancient Peru*, New York, 1965.

E.P. Lanning, *Peru before the Incas*, New Jersey, 1967.

D. Lavallée et L.G. Lumbreras, *Les Andes, de la préhistoire aux Incas*, 1985.

D. Lavallée, M. Simoni-Abbat, J. Soustelle et P. Becquelin, *Civilisations précolombiennes*, 1978.

L.G. Lumbreras, *De los pueblos, las culturas y las artes del antiguo Perú*, Lima, 1969 ; trad. angl., *The Peoples and Culture of Ancient Peru*, Washington, 1979.

A. Métraux, *Les Incas*, 1961, rééd. Points Seuil, 1983.

J.V. Murra, *La organización economica del Estado Inca*, Mexico, 1978.

L.E. Valcarcel, *Historia del Perú Antiguo* (3 vol.), Lima, 1964.


*L'art et l'architecture incas :*

J. Alcina, *L'Art précolombien*, 1978.

W.C. Bennett, *Ancient Arts of the Andes*, New York, 1954.

J.F. Bouchard, « Contribution à l'étude de l'architecture inca », *Cahiers d'Archéologie et d'Ethnologie d'Amérique du Sud*, 1983.

*Essays in Precolumbian Art and Archeology* (Coll.), Cambridge, Mass., 1964.

G. Gasparini et L. Margolies, *Arquitectura inka*, Caracas, 1977 (trad. angl., Indiana Univ. Press, 1980).

R. d'Harcourt, *La Musique des Incas et ses survivances*, 1925.

R. d'Harcourt, *Textiles anciens du Pérou et leurs techniques*, 1934.

J.H. Hardoy, *Ciudades precolombinas*, Buenos Aires, 1964.

J.H. Hardoy, *Urban Planning in Precolumbian America*, New York, 1968.

J. Jones, *Art of Empire. The Incas of Peru*, N.Y., 1964.

F. Kauffmann Doig, *Arqueologia Peruana. Visión Integral*, Lima, 1971.

A. Lapiner, *Pre-Columbian Art of South America*, N.Y., 1976

L.G. Lumbreras, *Arte precolombino* (3 vol., avec J.W. Reid pour le vol. 3), Lima, 1977, 1978 et 1979.

L.G. Lumbreras, *Arqueologia de la America Andina*, Lima, 1981.

D. Menzel, *Pottery Style and Society in Ancient Peru*, Berkeley, 1976.

L.J. Ramos et M.C. Blasco, *Tejidos y Técnicas textiles en el Perú prehispanico*, Valladolid, 1977.

* Établie par Philippe Babo.

R. Ravines, *Ciento anos de arqueologia en el Perú*, Lima, 1970.

P. Rivet et H. Arsandaux, *La Métallurgie en Amérique précolombienne*, 1948.

A.R. Sawyer, *Ancient Peruvian Ceramics*, New York, 1966.

H. Stierlin, *L'Art inca et ses origines de Valdivia à Machu Picchu*, Fribourg, 1983.

G. Willey, *Introduction to American Archeology*, vol. 2: *South America*, New Jersey, 1972.


*La fin de l'empire inca :*

C. Bernand, *La Solitude des renaissants*, 1985.

J. A. del Busto Duthurburu, *Historia de la Conquista del Perú*, Lima, 1979.

P. Duviols, *L'Extirpation des idolâtries entre 1532 et 1660*, Lima-Paris, 1971.

W. Espinoza Soriano, *La Destrucción del Imperio de los Incas*, Lima, 1973.

A. Garcia, *La Découverte et la Conquête du Pérou d'après les sources originales*, 1975.

E. Guillen y Guillen, *Version inca de la conquista*, Lima, 1974.

J. Hemming, *The Conquest of the Incas*, London, 1970 (trad. fr., 1971).

*L'Inca, L'Espagnol et les Sauvages* (coll.), 1986.

F.G.Y. Pease, *Los Ultimos Incas del Perú*, Lima, 1972 (trad. fr., 1974).

F.G.Y. Pease, *Del Tawantinsuyu a la Historia del Perú*, Lima, 1978.

E. D. Temple, *Notas sobre el Virrey Toledo y los Incas de Vilcabamba*, Lima, 1949.

J.J. Vega, *La Guerra de los Viracocha. Manco Inca el Gran Rebelde*, Lima, 1969.

N. Wachtel, *La Vision des vaincus. Les Indiens du Pérou devant la Conquête espagnole*, 1971.


*Machu Picchu et sa région :*

J. Aguilar Paez, *Machupicchu*, Lima, 1961.

V. Angles Vargas, *Machupicchu, Enigmatica Ciudad Inca*, Lima, 1973.

A. M. d'Ans, *L'Amazonie péruvienne indigène*, 1981.

H. Buse, *Antologia de Machu Picchu*, Lima, 1963.

M. Chavez Ballon, « Cuzco y Machu Picchu », *Waika*, 4-5, Cuzco, 1971.

P. Fejos, *Archaelogical Explorations in the Cordillera Vilcabamba*, N.Y., 1944.

A. Giesecke, « El Misterio de Machu Picchu », *El Comercio*, Lima, 1961.

E. Harth-Terre, *El Urbanismo en el Antiguo Perú: Machu Picchu, Ciudad autarcica*, Lima, 1961.

A. Jochamowits, « Machu Picchu », *Archeologia*, 4, 1965.

J. Larrea, *Machu Picchu, Ciudad de la Ultima Esperanza*, Lima, 1960.

D.W. Lathrap, *The Upper Amazon*, London, 1970.

B. Lelong, *Cordillère magique*, 1955.

A. Molinie-Fioravanti, *La Vallée sacrée des Andes*, 1982.

O. Pecquet, « Le Mystère de la vallée sacrée des Incas », *Archeologia*, 8, 9, 10 et 11, 1966.

J.H. Rowe, « Archaeological Explorations in Southern Peru, 1954-1955 », *American Antiquity*, 22, Salt Lake City, 1956.

G. Savoy, *Vilcabamba, Last City of the Incas*, New York, 1970.

G. Savoy, « Imperio bajo la selva », *Caretas*, Lima, 1966.

J.C. Tello, « Expedición arqueologica al Urubamba », *Pueblo y Cultura*, 11-12, Lima, 1942.

L.E. Valcarcel, *Machu Picchu, el mas famoso monumento arqueológico del Perú*, Lima, 1964.

S. Waisbard, *Machu Picchu, Cité perdue des Incas*, 1974.

A. Yepez Miranda, *Grandeza de Machu Picchu*, 1968.

# INDEX
# SÉLECTIF

# A

Almagro 10, 80, 147
Almanzas, frères 127
Alvarez 190, 191, 192, 196, 215, 243, 244
Alvistur, don Tomas 182, 183
Amautas 68, 69, 70, 71, 294, 296, 297, 298, 299
Anaya, Atilano de 92
Antis, (tribu indienne) 88, 90, 104, 178
Arteaga, Melchor 138, 188, 189, 191, 192, 195, 196, 197, 198, 200, 251
Atahualpa 73, 75, 80, 84, 248

# B

Balboa 268
Bandelier, Adolph 131
Baudin, Louis 16
Betanzas, Juan de 232
Bolivar, Simon 9, 111
Bowman, Isaiah 132, 307
Bumstead, Albert H. 172, 268, 290, 304

# C

Caceres, lieutenant 116, 119, 121
Calancha, père Antonio de La 10, 11, 80, 85, 93, 94, 95, 97, 100, 101, 102, 128, 132, 133, 139, 141, 145, 146, 147, 148, 149, 151, 153, 154, 179, 180, 292, 303, 308
Campas, (tribu indienne) 154
Caras 260
Carrasco, sergent 125, 188, 189, 190
Castelnau, Francis de la Porte, comte de 134
Castillo 119
Chanca (confédération) 294
Charaja, Ricardo 268
Charles Quint 80, 81, 91, 92
Chinchon, comte de 68
Cisneros, Mariana 127
Cobinas, Tomas 196, 198

Cobo, père Barnabé 36, 256, 268
Condore 170, 172, 173
Congrès scientifique panaméricain (premier) 111, 200
Cook, O.F. 152, 303, 307
Cozque Huaman Titu 70
Cusi Puma 88

# D

De Laet (géographe flamand) 133
Diego, père 94, 95, 96, 100, 101, 102, 103, 104, 136, 143, 179, 194, 243, 290, 292
Dorsey 260
Duque, don Pedro 141, 154

# E

Eaton, George F. 200, 243, 244, 245, 248, 254, 304, 307
Erdis, Elwood C. 200, 255, 256, 257, 258, 263, 304
Erving, William G. 132, 187, 188, 304

# F

Fejos, Paul 15, 269, 271, 308
Ferro, Mariano 242
Foote, Harry Ward 132, 170, 175, 181, 187, 188

# G

Garcia, don Lopez 92, 93, 105, 106, 140, 142, 143, 144, 173, 180, 181
Garcia de Loyola, capitaine 105, 149, 180
Garcilaso de La Vega 11, 19, 56, 81, 82, 84, 87, 151, 267
Gibbon, lieutenant 116
Gonzalo Perez de Vivero 92
Guzman 174, 176, 181

# H

Hagen, Wolfgang von 73, 74

# TABLE DES ILLUSTRATIONS

# TABLE

# CHEZ LE MÊME ÉDITEUR

*Les Grandes Aventures de l'Exploration :*

## À L'ASSAUT DU PÔLE NORD
*par Robert E. Peary*
L'un des exploits les plus périlleux de toute l'histoire des explorations (6 avril 1909).

•

## LE PÔLE MEURTRIER
*par Robert F. Scott*
La tragédie de l'expédition britannique au Pôle Sud.

•

## VOYAGE À LA MECQUE ET CHEZ LES MORMONS
*par Richard F. Burton*
1853 - Odyssée clandestine au cœur de l'Islam.

•

## TROIS ANS DE LUTTE DANS LES DÉSERTS D'ASIE 1894-1897
*par Sven Hedin*
Vingt mille kilomètres sur les traces de Marco Polo.

•

## LE CONTINENT PERDU DANS L'ENFER VERT AMAZONIEN 1906-1925
*par le Colonel Fawcett*
— Mémoires posthumes — L'aventure qui a inspiré le Monde Perdu de Conan Doyle.

---

*Les Grandes Aventures de l'Archéologie :*

## LA FABULEUSE DÉCOUVERTE DE LA CITÉ PERDUE DES INCAS
*par Hiram Bingham*
Traduite pour la première fois en France, la passionnante histoire
d'une redécouverte devenue un classique du récit d'exploration.

•

## LA FABULEUSE DÉCOUVERTE DE L'EMPIRE DES INCAS
*par Siegfried Huber*
L'aventure de Pizarre et ses frères reconstituée à partir de documents originaux (1490-1548).

•

## LA FABULEUSE DÉCOUVERTE DE L'EMPIRE AZTÈQUE - 1
## LA CHUTE DE L'EMPIRE AZTÈQUE - 2
*2 volumes*
*par William H. Prescott*
« Les merveilleux récits de Prescott enchanteront des générations de lecteurs » (Hiram Bingham).

•

## CHAMPOLLION
*par Hermine Hartleben*
La biographie fondamentale consacrée au plus grand égyptologue français.

•

## LE SECRET DES BÂTISSEURS DES GRANDES PYRAMIDES
*par Georges Goyon, Maître de recherche au CNRS*
Nouvelles données sur la construction des monuments mégalithiques.

•

## L'AVENTURE ARCHÉOLOGIQUE EN ÉGYPTE
*par Brian M. Fagan*
Grandes découvertes, pionniers célèbres, chasseurs de trésors et premiers voyageurs.

•

## LA FABULEUSE DÉCOUVERTE DE LA TOMBE DE TOUTANKHAMON
*par Howard Carter*
Les mémoires inédits de l'auteur de la découverte.

•

## VOYAGE DANS LA BASSE ET LA HAUTE ÉGYPTE
*par Vivant Denon*
A l'origine de l'égyptologie, la découverte de l'empire des pharaons par le fondateur du Louvre.

•

## AVENTURES DE VOYAGE EN PAYS MAYA - COPAN, 1839
*par John Lloyd Stephens*
« Peut-être le récit de voyage le plus fascinant qui ait jamais été publié », Edgar Poe.

•

## LA FABULEUSE DÉCOUVERTE DES RUINES DE TROIE
*par Heinrich Schliemann*
Les fouilles « en direct » par celui qui les a vécues au jour le jour.

•

## VOYAGE EN ÉGYPTE ET EN NUBIE
*par Belzoni*
« L'un des livres les plus fascinants de toute la littérature concernant l'Égypte » (Howard Carter).

•

## TOUTANKHAMON
*par Christiane Desroches Noblecourt*
Vie et mort du plus fabuleux de tous les pharaons.

4m50. Inter

Imprimerie Hérissey, Évreux. N° 60011
N° d'édition : 346. D.L. Décembre 1992
*Imprimé en France*